常州市大运河文化带建设研究院/大运河文化带建设研究院常州分院资助课题（课题编号：2020CZDYH004）

PHILOSOPHY

人民日报学术文库

江苏水域的政治地理研究

计小敏｜著

人民日报出版社

北 京

图书在版编目（CIP）数据

江苏水域的政治地理研究／计小敏著．—北京：人民日报
出版社，2022.1
ISBN 978－7－5115－6818－2

Ⅰ.①江… Ⅱ.①计… Ⅲ.①水域—政治地理学—研究—江苏
Ⅳ.①K928.4

中国版本图书馆 CIP 数据核字（2020）第 253035 号

书　　名：江苏水域的政治地理研究
　　　　　JIANGSU SHUIYU DE ZHENGZHI DILI YANJIU
著　　者：计小敏

出 版 人：刘华新
责任编辑：宋　娜　刘思捷
特约编辑：梁　雁
封面设计：中联华文

出版发行：人民日报出版社
社　　址：北京金台西路 2 号
邮政编码：100733
发行热线：（010）65369509　65369846　65363528　65369512
邮购热线：（010）65369530　65363527
编辑热线：（010）65369521
网　　址：www.peopledailypress.com
经　　销：新华书店
印　　刷：三河市华东印刷有限公司
法律顾问：北京科宇律师事务所　　（010）83622312

开　　本：710mm×1000mm　1/16
字　　数：348 千字
印　　张：18.5
版次印次：2022 年 1 月第 1 版　　2022 年 1 月第 1 次印刷

书　　号：ISBN 978－7－5115－6818－2
定　　价：78.00 元

目 录
CONTENTS

绪　论

一、研究内容与选题缘起

政治地理学的创始者是德国地理学家拉采尔（Friedrich Ratzel）。1897年拉采尔写出《政治地理学》一书，正式提出了政治地理学这一学科概念。书中提出的国家有机体理论后发展为地缘政治学，该学科在1930年因被纳粹德国倚为侵略他国的理论依据而臭名昭著，"二战"后沉寂了一段时间，20世纪50年代在西方才又逐渐活跃起来①。

在中国，自从沿革地理脱胎为历史地理以来，史念海、谭其骧两位先生便开展了历史政治地理的研究。史念海先生在20世纪40年代写有《论战国时代的国际关系及其所受地理环境的影响：一个政治地理的研究》一文②，开始有意识地借用西方的这一概念分析本土的历史事件。谭其骧先生从1954年到80年代，历时30年主编《中国历史地图集》，将政治地理学的思想沿用到地图集的编纂中。80年代谭其骧先生写成的《中国历代政区概述》是一篇极为重要的历史政治地理文章，该文高屋建瓴地考察了"两千多年来政区的演变"，"演变的规律"及"近今的巨变"等，分析了传统时代中央与地方的关系问题③，为其后历史政治地理的研究做出了经典的示范。1988年谭其骧先生的《自汉至唐海南岛历史政治地理》一文，通过探讨海南岛政区的演变，分析了地方势力和中央王朝的政治关系，更明确提出了"历史政治地理"这一学科概念④。

---

① W. A. D. ジャクソン、横山昭市：《政治地理学》，大明堂，1979年，第1—17页。
② 史念海：《论战国时代的国际关系及其所受地理环境的影响：一个政治地理的研究》，《文史杂志》1942—1943年第2卷第9—10期。
③ 谭其骧：《中国历代政区概述》，该文第一至第三部分原载《文史知识》1987年第8期，第四部分原载《中国古代文化史讲座》，后合并收入谭其骧：《长水集续编》，人民出版社，1994年，第39—50页。
④ 谭其骧：《自汉至唐海南岛历史政治地理》，《历史研究》1988年第5期。

1990 年，周振鹤先生出版了《体国经野之道》①，该书在谭其骧先生《中国历代政区概述》的基础上对中国行政区划沿革史进行了周延的梳理。此书在大陆有多个版本，流传广泛，且构成了后来《中国地方行政制度史》②《中国行政区划通史·总论》③《中国历史政治地理十六讲》④ 的主干部分，影响很大，是一本重要的历史政治地理论著。1999 年，周振鹤先生又发表了《建构中国历史政治地理学的设想》一文，强调我国历史政治地理学的研究还相当薄弱，呼吁学界利用我国"丰富的历史学、地理学、政治学方面的文献资源"创建自己的政治地理理论⑤。

中国历史政治地理学研究薄弱的现状需要学者共同努力来解决。到目前为止，中国历史政治地理学的研究内容、方法手段等相较以往虽有很大进步，但实质性的研究仍相当单薄，突出表现为历史政治地理学的框架尚未成型，尤其是缺乏分析模式的探讨。比如地理学中极为重要的下垫面问题，在已有的历史政治地理学研究中还从未有过探讨或分析。一些学者在研究中往往习惯将不同类型的下垫面看作一个均质的地理空间，过于从宏观的视角将历代疆域的拓展视为对其形成的自然而然的控制，而很少考虑其异质性在国家政区内实际造成的影响。政治地理学研究的是政治的地理过程，地理问题的重要性是不言而喻的。

以水域为例，水域是行政区域的组成部分，这在现代政治地理学理念中自然是毋庸置疑之事。《诗经·小雅·北山》有云："普天之下，莫非王土；率土之滨，莫非王臣。"这句自古用来形容王朝疆域范围的话，只强调"土""土之滨"，对于与"土"相对的水面却语焉不详。事实上，水域纳入"王土"范围是一个漫长的政治地理过程。以往的中国历史政治地理研究由于不考虑下垫面的差异，总是默认内陆地区的水域早已与其两岸的陆地连为一体，或者将其当作政区间分界的几何线，对水域和水上人一直缺乏足够的重视。1957 年，一位人民日报社的编辑在去微山湖采风时曾注意到，"过去，湖民的最大特点是没有我们通常所说的户口，结帮而行，到处为家却无家"，而新中国成立后微山湖渔民的生活发生了巨大变化，"分别建立起乡级政权组织，每家都立了户口"，户

① 周振鹤：《体国经野之道》，香港中华书局，1990 年。
② 周振鹤：《中国地方行政制度史》，上海人民出版社，2005 年。
③ 周振鹤：《中国行政区划通史·总论》，复旦大学出版社，2009 年。
④ 周振鹤：《中国历史政治地理十六讲》，中华书局，2013 年。
⑤ 周振鹤：《建构中国历史政治地理学的设想》，《历史地理》第 15 辑，上海人民出版社，1999 年，第 1—19 页。

籍被固定在了山东微山县；并且政府向其发放了购粮证，"渔民尽管不限制在一个地方购粮，但无论到哪里，都必须记录在案，再不能像过去那样随意购买了"。① 这表明，在该湖区水域的政治地理问题是显而易见的。

顺着这一思路向下深挖，历史时期水域在王朝的疆域版图内处于何种地位，政府对水域有无管理，又如何管理，管理的雷同与差异何在？凡此种种都是非常引人入胜的学术话题。统计资料显示，目前我国内陆水域总面积为 17.471 万平方公里②，相当于一个贵州省的面积，约占国土总面积的 1.8%。国土中的这一部分如何加强行政管理，以及不同政区之间水面又如何进行区划，水陆之间的关系如何协调，对这些问题的学术探讨同时又具有非常强的现实意义。

本书研究的是江苏省内陆水域的政治地理过程，具体而言包括水上人是如何纳入国家的管控体系以及江苏境内水上政区的设治和流变。作为一项区域性的政治地理研究，本书旨在就水域作为下垫面的政治地理问题略做思考，希望对推进相关研究有所助益。

最后，对本书的选题缘起需要略做交代。本书的选题出自导师张伟然先生的建议，在笔者冥思苦想寻找选题的时候，导师建议笔者先读下当代一本类似回忆录的小书——《龙卷风》，看看从中能不能发现什么，然后师生再进行讨论，确定最终选题。在这种极富启发意义的提示下，上述微山湖区水域与水上人的问题浮出了水面。最终才确立了本书水域政治地理的研究内容。研究区域选择江苏地区，主要是因为笔者成长于该区域的水乡兴化，在船民家属区长大，父祖两辈皆是兴化运输船民，对苏北各地水面较为熟悉，笔者研究时可以保持很好的环境感觉与乡土认知。

二、学术史回顾

在中国古代，地方志中对水域的政治地理认知有集中的记载，尤其体现为以水为界的表述。江苏境内水网密布、湖泊众多，州县之间也多有以水为界的政治行为。南宋咸淳《重修毗陵志》记载常州州境"北九十里入扬州泰兴县扬子江中流"③，即指江南江北的两地以长江中流为界。明嘉靖《江阴县志》云"江阴东、西、南皆壤地，北则尽为江面"，成化七年（1471 年）靖江以江中马

---

① 蓝翎：《龙卷风》，上海远东出版社，1995 年，第 85 页。

② 中华人民共和国国家统计局编：《中国统计年鉴（2011 年）》，中国统计出版社，2012 年，第 396 页。

③ 咸淳《重修毗陵志》卷 2《地理二》，《续修四库全书》史部·地理类，第 699 册，上海古籍出版社，2002 年，第 32 页。

驮沙立县"而江遂中分矣"①，同样说的是以长江中流分界之事，但当时靖江还在江中，未与江北淤合，长江航道分歧，所以明代此中流非宋代彼中流。这无疑提醒我们，在以水道为对象的政治地理研究中，对其自然变迁需要细致考证，如雨季、旱季的区别，泛滥地的幅度，滩地、沙洲的涨落以及水道的分歧，航道中心线的变迁等一系列影响水体的自然地理因素。水的问题兹事体大，这是水域政治地理研究的基础。

不仅是大江，湖泊在方志中也往往表述为两分的状况。明代陶振《汾湖赋》称："是湖也，两界中分，南北无亏"②，指吴江与嘉兴分割汾湖的行为。此外，一般县际之间的河流也多用作区分此疆彼界的标识，如清代清河县的王家营镇与清江浦"分河为界"③；清代江苏吴江县新杭市与浙江秀水县王江泾接壤，时人亦云"江浙限一水为界"④，在这里，河流不仅是县界，随着政区等级的上升，同样也是府界、省界，一条河蕴含着大量的政治地理信息。

在江苏，水乡泽国的自然地理禀赋造就了不少既以湖分界，也以河为界的县份，如兴化。咸丰《重修兴化县志》载县界云"兴化疆界南至蚌蜓河与泰州分界，北至大纵湖心与盐城分界"，而与东台分界处亦是"东南四十五里至陶家舍外蚌蜓河心"⑤。兴化是一个典型的水乡，与同样是水乡的邻县为伴，历史时期一般就以湖心、河心作为县境区分，水界呈现出复合类型。在江苏，兴化并不是个例。

作为研究对象的水，不管是分河为界，还是中流为界，抑或湖心为界，我们在看到它发挥政治边界的作用时，更需要小心地考证水界是否存在，是如何形成，又是如何发生作用的。以震泽县为例，清雍正四年（1726年），分吴江县西半部置震泽县，二县"皆以水为界"，吴江作为鱼米之乡，分县以水为界看似顺理成章，但编纂者在卷首即坦承："分吴江为震泽，只计道里、田赋之均齐，不复能顾都图村镇、河港之割截。"⑥ 对水界到底如何语焉不详，实际可能也不太清楚。水域政治地理的研究需要处理大量晦暗不明的水的问题。

① 嘉靖《江阴县志》卷2《疆域》，天一阁藏明代方志选刊（13），上海古籍书店影印，1981年。
② 嘉靖《吴江县志》卷3《地理志三》，广陵书社，2013年，第56页。
③ 《续纂淮关统志》，《淮安地方文献丛刻》三，方志出版社，2006年，第75页。
④ 《盛湖志》卷2《形胜》，收入《盛湖志（四种）》上，广陵书社，2011年，第27页。
⑤ 咸丰《重修兴化县志》卷1《疆域》，《中国地方志集成·江苏府县志辑》第48册，江苏古籍出版社1991年影印本，第28页。
⑥ 乾隆《震泽县志》卷1《疆土一》，广陵书社，2016年，第38页。

（一）政治地理的研究

在早期政治地理学的研究中，由于受国家有机体理论的影响，习惯将水域视为国家的物理肢节，侧重分析河流的广狭、排列、位置以及干流、支流间的联系，据此来强调国家尺度内"物理构造的政治意义"①。地理学家沙学浚曾写过一篇名为《德意志》的文章，简要分析了水文因素对法、德两国政治上统一与分裂的影响，结论是法国以巴黎盆地为中心形成的蛛网式河流系统有助于其政治统一的及早完成和长久维持，而德国的四条主要河流，奥得河、易北河、威悉河、莱茵河皆平行北流，各自发展，这样的分布形式"有促成政治分裂的作用"②。

在弗里德里克·帕克森（Frederic L. Paxson）的美国边疆史研究中，美国疆域的扩张同时也体现为沿着水系的逐步推进。100多年的扩张史，使得其版图从大西洋、俄亥俄河推进到密西西比河、密苏里河、科罗拉多河，直到太平洋，而北部边疆著名的五大湖早期是印第安部落的活动区域，在1783年才成为美国和加拿大的边界。与此同时，白人国家的扩张造成了印第安部落民族的被迫迁移和主动逃离，帕克森提到，一些人甚至被迫逃到佛罗里达中部的森林和沼泽地避难③。在美国水的疆域变迁史中，宏大的国家叙事往往伴随着原住民的颠沛流离。

非常有意思的是法国年鉴学派学者费弗尔（Lucien Febvre）对莱茵河历史的考察。费弗尔也以边界为关注点，强调莱茵河在历史时期是一种纽带，而非"线形"边界，19世纪以后才成为德法两大帝国间的界河，形成鸿沟④；后来费弗尔在其另一专著《大地与人类演进：地理学视野下的史学引论》中又再次重申了河流其实是一个"边疆地带"而非"线状边界"的历史现实，提出了"边界的年代学问题"⑤。

澳大利亚政治地理学家普莱斯考特（J. R. V. Prescott）在其名著《边界与边

① 〔奥〕アレキサンドル·ズーパン：《政治地理学纲要》，〔日〕阿部市五郎译，古今书院，1933年，第178—182页。

② 沙学浚：《德意志》，《地理学论文集》，台湾商务印书馆，1972年，第274—276页。

③ Frederic L. Paxson, *History of The American Frontier, 1763—1893*（《美国边疆的历史，1763—1893年》），Houghton Mifflin Company, 1924, pp. 71、282.

④ 〔法〕吕西安·费弗尔：《莱茵河：历史、神话和现实》，许明龙译，辽宁教育出版社，2003年。该书1931年以非卖品的方式出现，公开出版则在1935年。

⑤ 〔日〕吕西安·费弗尔：《大地与人类演进：地理学视野下的史学引论》第四部分第一章"国家边界和自然边界议题"，高福进、任玉雪、侯洪颖译，上海三联书店，2012年，第296—357页。该书法文版初版于1922年。

疆》(*Boundaries and Frontiers*)中，梳理了欧美学术界对边界的概念认知、边界的演化以及国际边界争端问题，他特别强调边界（Boundary）与边疆（Frontier）的巨大概念差异："边界指的是一条线，而边疆所指的是一个区域"，并辨析了边境（Borderland）的概念，即指的是"边界所在的过渡地带"①。核心概念的辨析和厘清对政治地理学研究具有基础性的学术价值。2008 年在普莱斯考特和国际法专家崔格斯（Gillian D. Triggs）合著的研究中，除对相关政治地理概念的再次强调外，以各大洲为章节，列举了大量国际边界的争端案例，其中专辟一章"河流边界与国际法"探讨了河流划界的问题，指出在国际定界中一般通过三种方法确定边界，即河流的中间线、主航道中心线或深泓线、河岸。该著作指出国际法院在处理水界的争端中，强调"公平利用""权力平等""相称性原则""可持续发展原则"②。普莱斯考特和崔格斯这一专题研究极具国际视野，但仍有待充实完善之处，突出表现为，无论是划界还是处理纠纷，实际的政治运作与博弈在其研究中几乎是缺席的。原则和条约很多时候是实践的大原则，如何运用和实际运用的效果如何，需要更细致、微观地追踪。

美国的穆黛安（Dian H. Murry）在其关于华南海盗的研究中强调，华南的水上世界是一个权力真空的世界，"水上世界的居民根本就没有边界概念，使得含混不清成为管理上的难题"。官府人为地划分边界对两边官员越界办事造成了阻碍，并不能发挥效用。③

日本政治地理学界对水域的研究也颇有建树。岩田孝三是日本政治地理学大家，通过对日本诸侯国国界和藩界的研究，区分过两种类型的水界：其一，河川边界。岩田氏认为，河川具有线状的边界标识形态以及横断交通形成障碍的作用，在某些时候还伴随着两岸的悬崖、沼泽、湿地、林地，因而很早就被选作河川边界。在边界观念发展的初期，与他者隔绝是其存在的主要条件，河川体现出的难以横贯、无法相互联系的分割功能，大于两岸容易联系的结合功能，如果沿岸存在广阔荒芜地的话，河川边界是最理想的边界。岩田氏同时敏锐地指出，如果考虑河岸、河宽和河流本身的话，这种边界极易成为"空闲地域"，引起归属权的问题。其二，湖泊边界。岩田氏指出湖泊虽然也经常被选为边界的标识，但湖岸相关的交通、渔业等问题，使得与分割功能相比，耦合功能反而起了更强的作用。但湖泊在分界功能上明显有所欠缺，特别是与河川线

① J. R. V. Prescott, *Boundaries and Frontiers*（《边界与边疆》），Croom Helm, 1978, p. 31.
② 〔澳〕维克多·普莱斯考特、〔澳〕吉莉安·D. 崔格斯：《国际边疆与边界：法律、政治与地理》，孔令杰、张帆译，社会科学文献出版社，2017 年，第 212—226 页。
③ 〔美〕穆黛安：《华南海盗（1790—1810）》，刘平译，商务印书馆，2019 年，第 28 页。

状的形态相比，湖泊边界没有任何明显的边界标志，人为的标识也不易设置，是一种"合成边界"。岩田强调湖面在经济价值上越高，就越有被一种政治势力垄断的倾向，如果多方政治势力集中在此，就会出现"湖面分割"，各据一方的情形。①

岩田在两种水界的研究中，列举了众多日本的案例作为理论的佐证，如第一种河川边界，有常总的国界北利根川，信浓的国界关川，奈良、三重和歌山的县界十津川以及发生纠纷争议的姬川、鳄川等；第二种湖泊边界，有榛名湖、十和湖、最上川和北上川的湿地等。岩田孝三的研究虽然基于日本本土的案例，但对于我们认识域外不同水界的发展史，以及人类对边界的认知史都大有裨益。岩田氏另著有《関址と藩界》（《关址与藩界》）一书，系统地梳理了古代日本各藩国包括水界在内不同类型各种边界的形成、演变史②，在边界类型的比较研究上亦不无益处。水域政治地理是"在水沿水"的学问，同样也是从水看陆、从陆看水的比较研究。

日本学者在殖民地政治地理的研究中对水域也颇有心得。太田晃舜指出，从殖民史来看，河川被列强用作河口向内陆延伸的导线，在决定殖民地领土和"权域"膨胀的方向上贡献良多，例如北美的圣劳伦斯河、南美的拉普拉塔河、印度的恒河、中南半岛的湄公河。太田氏同时强调，河川对搬运土壤、灌溉农田、发展流域的耕作与聚落有着重要价值，再结合其他交通手段，对形成政治"统一地域"也起到了一定的作用。在水域的分界功能上，太田认为早期拥有湿地、荒地和泛滥地的河川具有很强的分界功能，但是随着周边的开发，其边界意义逐渐淡化，功能呈现出可弱化的性质。③

千叶立也在对东南亚的研究中注意到英法殖民主义者在印支半岛边界的划定中，一般采用河川航道的中间线、分水岭等几何直线作为清晰的标准，但在一个由殖民势力完全支配的领域内，标准则恰恰相反，一般采用"暧昧的标准"使得边界并不完整。④ 毫无疑问，划定边界是列强控制殖民地的重要手段，对内对外这两种完全背离的标准，体现出殖民主义的鲜明色彩，彰显出列强在政治

---

① 〔日〕岩田孝三：《境界政治地理学》，帝国书院，1953 年，第 122—163 页。

② 〔日〕岩田孝三：《関址と藩界》（《关址与藩界》），校仓书房，1975 年。

③ 〔日〕太田晃舜：《地域と政治》（《地域与政治》），明玄书房，1985 年，第 60—61 页。

④ 〔日〕千叶立也：《東南アジアにおける国境線画定の政治地理》（《东南亚国界线划定的政治地理》），载〔日〕高木彰彦编：《日本の政治地理学》（《日本的政治地理学》），古今书院，2002 年，第 197 页。

地理上的"良苦用心"。这说明边界具有极强的工具性。

下垫面是政治地理的前提和基础，除了水域，海外学者关于山地的政治地理研究也很有借鉴意义和启发性。

皮特·萨林斯（Peter Sahlins）在关于比利牛斯山作为边界的研究中，通过17世纪以来国家形成和国家建设的两个维度，探讨了在法国和西班牙之间出现的国家政治边界和领土主权概念，着重分析了法、西国家边界与国家政治身份的历史形成过程。萨林斯批评传统对边界的解释路径，即从一个人烟稀少、模糊的界限走向一条毫无争议数字上精确的分界线，认为其并不能解释很多事实。他强调线性边界是一个概念，边界的地域性在边界线划定后仍然存在。以比利牛斯山脉为例，1659年《比利牛斯条约》将此山脉定界为法国和西班牙的分界线，但边界线却是建立在山区当地的社会关系之上的，农民和贵族会利用国家来维护自己的地方利益，也从未放弃过其地方意识。边界并不是简单地被国家强加于当地社会，而是国家和当地社会共同构筑了领土边界、民族身份和政治认同。①

詹姆士·斯科特（James C. Scott）在其关于东南亚高地的无政府主义的经典研究中，描绘了一个从北至中国西南地区，南至柬埔寨北部和东部，包括缅甸、泰国、老挝、越南等国山区在内的"伟大的山地王国"，斯科特认为国家空间的维持需要提取大量的人力和粮食，山地的日常生活普遍存在反抗和逃避，他强调"山地并非仅仅是政治抵制的空间，同时也是文化拒绝的区域"②，斯科特指出这些高地边疆地区在过去半个世纪中，随着"技术能力的提高和统治者的野心"才逐渐被国家统合。斯科特所建立的宏大理论框架对分析国家与社会，中心与边缘，统治与被统治，同化与异化，定居与流动，农业与非农业等多重关系具有重大的理论价值，但其对谷地和山地的理解存在一定程度的二元对立，二者拥有的不光是对抗、逃避，也存在合作、交融的景象。

斯科特的研究在国际学术界影响了很多学者，日本学者松冈格是其中的一位。松冈氏研究的是台湾山地民族被纳入政治管控，实行"地方化"的过程，他将这一过程分为两个阶段，一个是日本殖民统治时期，另一个是国民党败退到岛上后的时代，即其所谓"蕃地统治"与"山地行政"两大阶段。松冈氏强调现代国家为了进行排他性统治，会打破区域区隔、重划地方界线，对国民展

---

① Peter Sahlins. *BOUNDARIES: The Making of France and Spain in the Pyrenees*（《边界线：在比利牛斯山脉法国和西班牙的形成》），University of California Press，1989，p. 276.

② 〔美〕詹姆士·斯科特：《逃避统治的艺术：东南亚高地的无政府主义历史》，王晓毅译，生活·读书·新知三联书店，2016年，第23页。

开形塑。按其理解"分隔山地乡间的界线，就和非洲的国界一样，阻断居民过去以来拥有的秩序和逻辑。这样设定界线的行为，确实阻碍原住民族和原住民民族意识的形成"①。但令人遗憾的是，松冈氏的研究对这些山地界线并未复原。对笔者的研究较有价值的是，台湾山地民族在国民党统治时期曾被分为30个"山地乡"进行区别对待，体现出因地制宜的管理思路，这与本书重点研究的"水上乡"有异曲同工之妙，台湾的山地提供了不同下垫面可资参照的案例。

到目前为止，就笔者目力所及，大陆学术界对水域政治地理的专题研究仍较为薄弱②。在理论层面，张伟然师和李伟按全国尺度梳理了水域从化外之地到政区化管理的基本轨迹，强调了下垫面对于政治地理研究的意义，并呼吁"建立基于本土经验的中国政治地理学"③。这一研究对发展水域政治地理的理论模型和研究范式极具启发意义。

在此之外，对这一问题开展的研究主要是历史地理学者从边界的视角对水域进行的一些探讨。周振鹤在《体国经野之道》中提出了历史时期行政区域划界的两条原则——犬牙相入与山川形便，并对其中"川"的应用进行了介绍④，这两条原则的提出对中国边界研究具有很大的启发性。胡英泽的《河道变动与界的表达——以清代至民国的山、陕滩案为中心》则对黄河作为界的历史进行过考察，指出传统认为陕西与山西以河为界是非常笼统的看法，黄河是有一定宽度的，"其实是一个疆域地带，即不可分解，为山陕所共有，山、陕边界线各自应以陆地边界线为准"⑤。2012年胡英泽在其博士学位论文的基础上，出版了《流动的土地：明清以来黄河小北干流区域社会研究》一书，该书除收录有前文外，另对1949年以后山西、陕西两省以河为界的边界变迁过程进行了探讨。⑥胡其伟的博士学位论文《民国以来沂沭泗流域环境变迁与水利纠纷》则对沂沭

① 〔日〕松冈格：《"蕃地"统治与"山地"行政——台湾原住民族社会的地方化》，周俊宇译，台湾大学出版中心，2018年，第25页。

② 相关专题研究主要有：计小敏：《水域政区化与水上人的消失——江苏兴化县境水域的政治地理过程》，《九州》第5辑，商务印书馆，2014年；田蕊：《"水上"的故事：1950年代的上海水上区》，《史林》2015年第2期。

③ 张伟然、李伟：《论中国传统政治地理中的水域》，《历史地理》第34辑，上海人民出版社，2017年。

④ 参见周振鹤：《体国经野之道》，上海书店出版社，2009年，第111—116页。

⑤ 胡英泽：《河道变动与界的表达——以清代至民国的山、陕滩案为中心》，载《中国社会历史评论》第7卷，天津古籍出版社，2006年，第199—218页。

⑥ 胡英泽：《流动的土地：明清以来黄河小北干流区域社会研究》第八章，北京大学出版社，2012年，第343—378页。

泗流域边界地带的水利纠纷进行了梳理。① 徐建平的两篇文章《从界限到界线：湖界开发与省界成型——以丹阳湖为例》《湖滩争夺与省界成型——以皖北青冢湖为例》，则分别对民国时期丹阳湖和青冢湖的划分问题进行了个案研究，强调湖泊作为边界有一个从大致界限到精确几何界线的动态变迁过程。② 徐素琴的专著《晚清中葡澳门水界争端探微》则复原了葡萄牙侵占澳门海域的过程，并对清代及民国初年中国政府与葡萄牙政府因水界问题发生的界址谈判及其影响进行了介绍和评述。③

需要强调的是，学术研究展示的是研究者的学术兴趣和思想观点，更多体现的是学术性，而非实践性，虽然严谨、绵密的学术成果能推动相关领域研究的再深入，但毋庸讳言，学者的成果不可避免地多多少少都带有"纸上谈兵"的嫌疑，具体到政治地理问题就可能会放大这一缺憾。执政者如何思考，如何具体操作，政治又如何与社会接榫？这些都是政治地理研究应有的题中之义。张伟然师在《归属、表达、调整：小尺度区域的政治命运——以"南湾事件"为例》一文中，就曾精辟地提出了政区设置时存在的主观性问题④，虽非言水，但指出的却是一个水陆适用的核心问题。

2000 年时任国务院勘界办公室副主任的靳尔刚曾写过一部反映其勘界工作的大部头，名为《职方边地：中国勘界报告书》⑤，书中对 20 世纪 80 年代启动、2002 年收尾的全国勘界工作，进行了提纲挈领的总结，其中对省与省之间水域的划界多有涉及，如晋陕的黄河问题、苏皖的丹阳湖问题及苏鲁的微山湖问题等。上述国内学者的一些研究成果如果追根溯源，即是从此获得灵感和线索，因而这部书虽非学术专著，但蕴含的政治地理研究的价值和信息量是非常巨大的。2003 年民政部又编过一套三本的《中国勘界纪实》⑥，对各省间纠纷背景、协调过程以及最终的树碑立界都有扼要式的介绍，同样可以作为学术研究的引子。

① 胡其伟：《民国以来沂沭泗流域环境变迁与水利纠纷》，复旦大学博士学位论文，2007 年。

② 徐建平：《从界限到界线：湖界开发与省界成型——以丹阳湖为例》，《史林》2008 年第 3 期；《湖滩争夺与省界成型——以皖北青冢湖为例》，《中国历史地理论丛》2008 年 7 月第 23 卷第 3 辑。后收入徐建平：《政治地理视野下的省界变迁——以民国时期安徽省为例》第二章，上海世纪出版集团，2009 年，第 101—179 页。

③ 徐素琴：《晚清中葡澳门水界争端探微》，岳麓书社，2013 年。

④ 参见张伟然：《归属、表达、调整：小尺度区域的政治命运——以"南湾事件"为例》，《历史地理》第 21 辑，上海人民出版社，2006 年，第 172—193 页。

⑤ 靳尔刚、苏华：《职方边地：中国勘界报告书》，商务印书馆，2000 年。

⑥ 民政部全国勘界办公室编：《中国勘界纪实》，中国社会出版社，2003 年。

2011 年，靳尔刚出版了其第二部关于边界的著作——《边界路漫漫》。由于靳氏是当事者，对其参与的各省官员之间的边界协商多有生动描写和内情披露。就水域而言，涉及苏皖七里湖的争端以及陕西与内蒙古关于红碱淖的争议，在调处的过程中，靳氏披露国务院在处理界湖纠纷时一条重要原则是"勘界不扰民"，一般不会将界湖变成一省的内湖，往往采取分湖的做法，同时将行政界线与资源划分、渔政管理分割，尽量维持现状不变。① 客观而言，这本书同样也并非严格意义上的学术专著，但其长期担任国务院勘界办副主任，亲身协调处理了大量包括水域划分在内的边界问题，学理之外向我们展示了决策部门对水域区划的实践做法，具有很强的现实意义。需要特别说明的是，本书的个案都出自笔者在史料爬梳中的"偶得"，不在上述几部官方纪实记录之中。从这一点不难看出，这些纪实仍有很大的不足之处，即在尺度上仅涉及省与省之间，对省以下的问题仍需研究者自行发掘。

（二）关于水面、水上人的社会经济史研究

在研究路径上，对水域的研究主要有人与水两种取向，从政治地理的视角来看，水域与水上人群密不可分，政府的行政管理既需要在水域空间上落地，又需要在水上人群中生根，因而对水域政治地理的研究需要兼及水上人的研究成果。除了政治地理学对水域有专门研究外，一些其他相关学科的研究成果对水面上的一些政治问题也有所涉及，特别是社会经济史学者积累的丰富成果。

傅衣凌先生 1963 年发表的《王阳明集中的江西"九姓渔户"——附论江西九姓渔户与宸濠之乱的关系》② 在"九姓渔民"研究的学术史上具有重要地位，他指出，"这一种水上浮家的九姓渔户，不仅存在于浙江，也存在于江西，而和闽粤两省的疍民，实皆为古代越族的遗胤"，这一思路对后辈学者关于此问题的继续深入研究无疑是具有启发性的。朱海滨的《九姓渔民来源探析》则结合文献史料和民族学的方法，将"九姓渔民"与华南疍民进行比较，认为"九姓渔民"源于疍民，由于"接受'汉化'较早，大多数已被融入当地汉族之中"，故宋以后的文献只提及福建、广东、广西的疍民。③ 张小也的《制度与观念：九姓渔户的"改贱为良"问题》通过分析清同治年间九姓渔户改贱为良的过程和制度背景，探讨了制度与文化之间的联系与差异，提出"九姓渔户是由不断

---

① 靳尔刚：《边界路漫漫》，商务印书馆，2011 年。

② 傅衣凌：《王阳明集中的江西"九姓渔户"——附论江西九姓渔户与宸濠之乱的关系》，《厦门大学学报》1963 年第 1 期。

③ 朱海滨：《九姓渔民来源探析》，《中国历史地理论丛》2006 年第 21 卷第 2 辑。

处于相对弱势的人组成的"。①

在水面经济产权问题上，徐斌的《明清湖池水域所有制研究》一文，对两湖水面的占有形式进行了分类。② 梁洪生的《捕捞权的争夺："私业"、"官河"与"习惯"——对鄱阳湖区渔民历史文书的解读》通过新发现的明清时期鄱阳湖区的渔民文书，更具体地探讨了水面的产权问题，并对 1949 年后政治变革造成水面产权分割的影响进行了分析。③ 李镇《驰利予民：宋元时期洞庭湖区水面与沙洲的经营理念》同样从社会经济史的角度考察了洞庭湖水面的产权问题。④ 张建明的《明代湖北的鱼贡鱼课与渔业》（注：题目为鱼课。本书除引文外，皆用"渔课"），探讨了明代湖北地区河泊所的设置及渔课征收的变迁，该文注意到早在明英宗天顺元年（1457 年）河泊所管辖下的渔户逃亡问题已经显露，渔产在荆州地区逃亡数额较大。⑤ 徐斌的《明代河泊所的变迁与渔户管理——以湖广地区为中心》，主要基于湖北的区域研究探讨了明代河泊所的废置，该文注意到"明代河泊所对渔户的管理，事实上就是对鱼课的管理，至于渔户是否真正从事渔业生产则并不太在意"，赋税意义上的渔户与真实的渔民之间存在脱节。⑥ 徐氏在其专著《明清鄂东宗族与地方社会》中对湖北渔户家族的发展有过探讨，强调了其与农民相似，并不属于疍民、九姓渔户一类的贱民。⑦ 此外，徐氏另撰有《明清河泊所赤历册研究——以湖北地区为中心》，该文注意到河泊所对渔户编排的赤历册有流于形式的趋势。⑧

近年来，徐斌基于其关于湖北水域社会的一系列研究，进一步强调要突破传统"土地史观"下的水域史研究，"补充从水上活动人群或是山民的角度去观察理解的维度"，建立以水为本位的"新水域史"研究，强调"新水域史"要

---

① 张小也：《制度与观念：九姓渔户的"改贱为良"问题》，《社会科学》2006 年第 4 期。
② 徐斌：《明清湖池水域所有制研究》，《中国社会经济史研究》2006 年第 1 期。
③ 梁洪生：《捕捞权的争夺："私业"、"官河"与"习惯"——对鄱阳湖区渔民历史文书的解读》，《清华大学学报（哲学社会科学版）》，2008 年第 5 期（第 23 卷）。
④ 李镇：《驰利予民：宋元时期洞庭湖区水面与沙洲的经营理念》，《云梦学刊》2014 年第 3 期。
⑤ 张建明：《明代湖北的鱼贡鱼课与渔业》，《江汉论坛》1998 年第 5 期。
⑥ 徐斌：《明代河泊所的变迁与渔户管理——以湖广地区为中心》，《江汉论坛》2008 年第 12 期。
⑦ 徐斌：《明清鄂东宗族与地方社会》，武汉大学出版社，2010 年，第 134—140 页。
⑧ 徐斌：《明清河泊所赤历册研究——以湖北地区为中心》，《中国农史》2011 年第 2 期。

涵盖中国内陆地区其他大型淡水水域。①

山东大学丁秀娟的硕士学位论文《建国后微山湖地区的省际湖田湖产纠纷情况研究》探讨的是山东、江苏两省省界调整下微山湖湖田、湖产的纠纷问题及新中国成立以来政府历次协商解决的过程。② 万振凡、周声柱的《清以来鄱阳湖区民间纠纷处理的历史惯性——以都昌、鄱阳两县为中心》虽也是谈水面纠纷问题，但侧重探讨了官方势力与民间势力对纠纷处理的影响，强调了背后"怕强欺弱"的历史惯性。③ 其后李敏的硕士学位论文《"权势格局"与业权归属：鄱阳湖草洲纠纷的历史考察——以银宝湖和黄土湖为中心》也得出了类似的结论，强调类似契约、官方布告、国家法并不能从本质上决定草洲的归属，起决定性作用的是乡土社会的权势。④ 另一篇涉及鄱阳湖草洲纠纷的文章是占小光的硕士学位论文《建国后鄱阳湖区渔业与草洲纠纷研究——以都昌县为中心》，该文对都昌县存在的渔业争端与草洲纠纷进行了介绍，强调了"历史习惯"与"国家所有"造成的产权紧张问题。⑤

陈瑶通过其收集到的族谱，探讨了湖南米谷贸易背景下湘潭县的河埠制度，分析了湘江沿岸宗族的组织演变，展示了内陆地区官府管理渔民和控制河道的方式方法。⑥ 刘诗古主要依据其在江西"鄱阳湖地区发现的 1500 余页明清契约、诉讼文书和渔课册籍"，结合族谱资料，通过制度史的分析，结合渔民视角，细致梳理了鄱阳湖区明清的渔课制度、产权制度、捕捞规则以及渔船户的日常生活和官府的社会治理，在结论部分提出了一个重要问题"鄱阳湖区以外的地方

① 徐斌：《以水为本位：对"土地史观"的反思与"新水域史"的提出》，《武汉大学学报（人文科学版）》，2017 年第 1 期，收入徐斌：《制度、经济与社会：明清两湖渔业、渔民与水域社会》，科学出版社，2018 年。

② 丁秀娟：《建国后微山湖地区的省际湖田湖产纠纷情况研究》，山东大学硕士学位论文，2007 年。

③ 万振凡、周声柱：《清以来鄱阳湖区民间纠纷处理的历史惯性——以都昌、鄱阳两县为中心》，《南昌大学学报（人文社会科学版）》2011 年 1 月第 42 卷第 1 期。

④ 李敏：《"权势格局"与业权归属：鄱阳湖草洲纠纷的历史考察——以银宝湖和黄土湖为中心》，南昌大学硕士学位论文，2009 年。2013 年李敏发表《权势格局与业权归属——清代以来鄱阳湖草洲纠纷个案研究》，题目虽稍有差异，但文中案例和观点与先前基本一致，载《地方文化研究》2013 年第 3 期。

⑤ 占小光：《建国后鄱阳湖区渔业与草洲纠纷研究——以都昌县为中心》，江西师范大学硕士学位论文，2014 年。

⑥ 陈瑶：《粜粜之局：清代湘潭的米谷贸易与地方社会》第五章，厦门大学出版社，2017 年，第 108—137 页。

又是如何?"强调区域研究要产生宏观分析。①

日本学者太田出在江南渔民的研究中也颇有斩获,通过挖掘档案材料,探讨了青浦渔民的保甲问题,指出渔民的保甲制度基于渔民社会关系而设计,这是笔者所见第一篇有关南京国民政府时期水上保甲的专题文章。同时,太田氏的另一篇文章则依据实地调查及陈俊才等人的成果,以吴江渔业村为例,探讨了太湖流域的渔民信仰问题及香社中的地域社会因素。②

此外,还有学者从中外关系史的角度结合社会史研究理路,探讨过水域与水上人的关系问题。李孝英的硕士学位论文《香港的越南难民和船民研究》系统梳理了 1975 年以来越南难民和船民流入香港后造成的困境和影响,并以此探讨了港英政府、特区政府和国际社会的不同应对政策。③ 库克(Nola Cooke)和李塔娜(Li Tana)曾联合主编过中文名可翻译为"水上疆域"的一本专著,该书仿布罗代尔地中海式的研究,将南海视为另一个地中海,强调这片海域在 18世纪实际游离于各国的控制力之外,并侧重分析了海域内的华人与东南亚各民族的冲突、交流与融合。④ 程美宝的《水上人引水——16—19 世纪澳门船民的海洋世界》一文,则在中西贸易交流的宏阔背景下,向我们还原了自 16 世纪欧洲人涉足华南的洋面后,澳门及广大珠三角地区的船民为欧洲人引水带路的生涯,指出"尽管在各式文献中,他们仍被认为是身份较低的'水上人',但他们是外国人进入中国最先碰到的中国人,而他们的见识也许比许多陆上人要多要广"。⑤

(三)历史人类学、社会学研究

20 世纪二三十年代,随着西方人类学和社会学的传入,中国的学术界除了

---

① 刘诗古:《资源、产权与秩序:明清鄱阳湖区的渔课制度与水域社会》,社会科学文献出版社,2018 年,第 314 页。

② 〔日〕太田出:《民国期の青浦県老宅鎮社会と太湖流域漁民——「郷鎮戸口調査表」の分析を中心に》(《民国时期青浦县的老宅镇社会和太湖流域渔民——以"乡镇户口调查表"的分析为中心》)、《太湖流域漁民の「社」「会」とその共同性——吴江市漁業村の聴取記録を手がかりに》(《太湖流域渔民的"社""会"及其共同性——以吴江市渔村的采访记录为线索》),收入太田出、佐藤仁史编著:《太湖流域農村の歴史学的研究——地方文献と現地調査からのアプローチ》(《太湖流域农村的历史学研究——地方文献和实地调查的研究方法》),汲古书院,2007 年。

③ 李孝英:《香港的越南难民和船民研究》,华东师范大学硕士学位论文,2004 年。

④ Nola Cooke;Tana Li, *Water frontier : commerce and the Chinese in the Lower Mekong Region, 1750—1880*(《水上疆域:湄公河下游地区的商业与中国人,1750—1880》),Singapore University Press,2004.

⑤ 程美宝:《水上人引水——16—19 世纪澳门船民的海洋世界》,《学术研究》2010 年第 4 期。

采用传统的考据外，开始采用社会科学方法对水上人群进行研究，具体而言，主要是岭南的学者对两广和福建地区疍民的研究。代表人物主要有钟敬文、罗香林、陈序经、何恩格、武锐麟、吴高梓等先生，当代学者凡涉及水上人问题，这些研究成果经常被反复引用，黄新美在其《珠江口水上居民（疍民）的研究》一书中曾对此有过详细梳理，是学术史回顾很好的参考。①

民国时期的疍民研究除了对其来源做了历史文献的考据外，最显著的特点是岭南学者结合文化人类学和社会学的理念和方法，对疍民所做的田野考察。1946 年陈序经将先前发表的文献考证文章，结合在珠江、西江和北江等地的实地调查，写成了《疍民的研究》，这是中国水上人群研究集大成之作。在书中陈氏详细论述了疍民的起源、地理的分布、疍民与政府、人口、职业、教育、家庭与婚姻、宗教与迷信、生活、歌谣等 10 个方面②，系统地分析了岭南疍民的生存状况，奠定了疍民研究的基本框架，对其他地区水上人群的研究也具有方法论的指导意义。

新中国成立后，20 世纪 50 年代开始了大规模的民族识别工作，在此背景下，疍民是否是一个少数民族，又重新成为一个热点问题。50 年代初，中央民族委员会曾派出中央民族学院杨成志教授指导广东省民族学工作者，对珠江水系、韩江水系的水上居民进行民族识别。最后认定，疍民在历史上可能是一个少数民族，但目前已是汉族的一个组成部分。③ 此外，韩振华的《试释福建水上民（白水郎）的历史来源》④，陈碧笙的《关于福州水上居民的名称、来源、特征以及是否少数民族等问题的讨论》⑤，也在此背景下展开了一些学术探讨。

80 年代以来，对岭南、福建水上居民的学术研究呈现出跨学科、多视角的新动向，研究成果相当丰富。中山大学的黄新美多年深入珠江的海岛、渔村，以体制人类学的方法，详细观察和测量当地水上居民的体质，编著的论文集《珠江口水上居民（疍民）的研究》认为，从体质特征来看疍族不似来自东南亚，最早应由越族构成，其后陆居汉人不断融入，"至迟于明初已不附于少数民族，实际上已构成为汉族的一部分"。⑥ 苏桂宁的《疍家女形象：澳门土生族群

---

① 黄新美编著：《珠江口水上居民（疍民）的研究》，中山大学出版社，1990 年，第 1—5 页。

② 陈序经：《疍民的研究》，商务印书馆，1946 年。

③ 主要调查报告收录在广东省民族研究所编：《广东疍民社会调查》，中山大学出版社，2001 年。

④ 韩振华：《试释福建水上民（白水郎）的历史来源》，《厦门大学学报》1954 年第 5 期。

⑤ 陈碧笙：《关于福州水上居民的名称、来源、特征以及是否少数民族等问题的讨论》，《厦门大学学报》1954 年第 1 期。

⑥ 黄新美编著：《珠江口水上居民（疍民）的研究》，中山大学出版社，1990 年。

诞生的母系符号》一文，通过对澳门土生作家文学作品的研究，指出由于澳门土生族群是一个由血缘和文化交融组合起来的族群，其对自身母系源头的追寻往往是以疍家女的形象来描述的，这种追寻不仅具有人种学、文化人类学、社会学的意义，也具有丰富的美学含义。①

陈礼贤的《海疍：斜阳岛疍民考察》上、下篇②，通过对居住在广西北海斜阳岛上疍民生产方式和生活方式的个案考察，指出疍民的社会文化具有相对的封闭性和浓郁的传统性，在与现代化的融合中，水上居民的文化传统正进行着良性或非良性的调试。钟毅锋的《厦门港疍民生计方式及其民间信仰》探讨了疍民渔业经济、生活生产方式与民间信仰之间的关系，指出厦门港"讨海人"和"山顶人"两大族群及内部亚族群的神明信仰是其生产生活方式的折射；随着新中国成立后人们社会地位和生产方式的巨变，原来信仰的界限变得模糊，呈现融合的状态。③

夏一红的《上岸的船上人——太湖小船渔民上岸过程中社会文化转变研究》探讨了新中国成立对渔民的经济、文化、社会生活等方面造成的影响和转变，以及渔民在陆上定居后如何重新定位自己的身份，如何展开新的生活的问题。文中对1949年以后的国家改造曾简略提及，但由于学术旨趣差异，未深入探讨。有新意的是，夏文指出80年代开始繁荣的螃蟹养殖业使得渔民"船上人"的身份与太湖水面资源的圈占具有了重要的关联意义，"船上人"这个词更多地与渔民新的生计联系在了一起，成为一种身份标识。④

历史人类学方面，有两篇文章无论在思路还是方法上都对疍民的研究具有很大的学术创新性。萧凤霞、刘志伟两位先生的《宗族、市场、盗寇与蛋民——明以后珠江三角洲的族群与社会》⑤，摒弃了以往以"中原移民说"来理解华南历史的做法，相反通过梳理历史文献和运用田野调查，揭示了疍民的形成是珠江三角洲强宗大族为控制沙田、市场、庙宇和王朝政治资源进行族群标

① 苏桂宁：《疍家女形象：澳门土生族群诞生的母系符号》，《东南亚研究》2004年第6期。

② 陈礼贤：《海疍：斜阳岛疍民考察》上篇，《广西民族学院学报》2002年3月第29卷第2期；下篇，《广西民族学院学报》2002年5月第24卷第3期。

③ 钟毅锋：《厦门港疍民生计方式及其民间信仰》，《中国社会经济史研究》2007年第1期。

④ 夏一红：《上岸的船上人——太湖小船渔民上岸过程中社会文化转变研究》，《田野与文献》2012年第67期。

⑤ 蛋民即疍民，在学界中两种说法皆可。除引文外，本书皆用"疍民"。萧凤霞、刘志伟：《宗族、市场、盗寇与蛋民——明以后珠江三角洲的族群与社会》，《中国社会经济史研究》2004年第3期。

签的过程，而疍民为改变自身身份除利用了某些政治机遇外，也巧妙地采用了文化的手段和符号象征来宣示自己的地位与特性。贺喜的《从家屋到宗族？——广东西南地区上岸水上人的社会》一文①，以弗里德曼"上岸之后水上人的社会会发生怎样的转变"为问题意识，考察了高雷半岛以及北部湾沿岸地区水上人上岸后祭祖方式的变迁，指出该地区的水上人是有宗族概念的，他们上岸后会选择不同的象征符号来拉近与正统社会的距离。文中贺氏借用了列维·斯特劳斯（Levi Strauss）和"家屋"（Carsten）的概念来理解上岸前不同水上人的社区与船上神明的关系，指出水上人上岸后其亲属结构则会发生一个从家屋向宗族的转变。不过该文对水上人上岸的国家层面的制度因素没有涉及，存在一定遗憾。

贺喜与科大卫主编的关于中国水上人群的英文著作②，是近年来影响较大的一项研究成果。该书通过诸多学者各自耕耘的领域和区域，以史料和田野调查为基础，广泛涉及珠三角、洞庭湖、鄱阳湖、太湖、微山湖和浙江、福建等地及沿海岛屿，强调将地方经验与整个中国社会历史相联系，从水上人的视角去了解他们在历史上发生了什么。该书对于矫正传统研究以陆看水的视角颇具价值。

上海大学刘群的博士学位论文《聚合与分化——新蔡船民的地位获得与社会资本分析》③从社会学的角度，以"社会资本"为核心理念，探讨了河南新蔡的社会网络、社会地位以及社会资本获得的问题。其文有两大特色：定量统计的运用、理论模型的构建。具体而言，该文运用了定量研究的方法和社会统计技术，分析了新中国成立后新蔡老、中、青三代船民地位获得的过程，运用了美国社会学学者林南的社会资本模型，指出新蔡船民"父亲的职业地位和自己目前的职业地位对社会资本总量有显著影响"，即人们的初始地位越高，攫取社会资源的机会就越多。该文与传统史学研究路径迥异，社会学特点鲜明，但对历史存在较大的理解误差，文中将新蔡船民的前生直接等同于两广的疍户，追溯新蔡船民历史时期的教育、技能和生活状况时直接引用两广疍民的历史文

---

① 贺喜：《从家屋到宗族？——广东西南地区上岸水上人的社会》，《民俗研究》2010 年第 2 期。收入贺喜：《亦神亦祖：粤西南信仰构建的社会史》第七章，生活·读书·新知三联书店，2011 年，第 222—247 页。

② Xi He and David Faure, *The Fisher Folk of Late Imperial and Modern China：An historical anthropology of boat-and-shed living*（《帝制晚期与现代中国的渔民：水上人的历史人类学研究》），Routledge Press, 2016.

③ 刘群：《聚合与分化——新蔡船民的地位获得与社会资本分析》，上海大学博士学位论文，2009 年。

献记载，略有不妥。2013年刘群出版的《中国内河流域船民研究》增加了安徽马鞍山和上海奉贤区船民的样本，但对历史时期船民的理解亦存在上述同样问题。[①]

在民间信仰方面，蔡志祥的《族群凝聚的强化：长洲醮会》强调，香港的长洲人分成陆上人与水上人两大族群，虽然不少水上人已移居岸上，但歧视与区分依然存在，在民间信仰活动中表现得尤为明显，"族群并不一定与地域界限相一致，而是取代了地域"，"地域界限显示了谁'有份'参与，谁没有"。[②] 蔡氏强调宗教强化了二者的族群对立。陈子安对香港渔村的研究则显示出地区经济发展摧毁了原有的经济模式和地方社会网络，"不同地域的界线被模糊化"[③]。

孙得雄的《八斗子渔村调查报告》，通过实地走访，调查了台湾基隆东北的一个小渔村的社会组织结构，包括人口数量、人口迁移、年龄组、婚姻圈、职业状况、受教育程度、家庭设施等[④]，体现了早期社会学者对渔民、渔村的研究旨趣和关注的焦点所在。王崧兴在宜兰龟山岛渔村为期一年的实地调查则细致很多，通过民族志的描述，除对渔家生活、教育、行政、人口、家族、捕捞技术等传统研究领域保持关注外，重点探讨了经济生活、社会结构及宗教活动的关系。王崧兴强调"岛上的社会、经济、宗教生活，则以渔业生产团体之船队为其活动单位"，船队是龟山岛"最主要的社会群体"，而船队的形成是资金、地缘、亲戚关系的组合，政府基层的"里邻长的组织，形同虚设"。[⑤]

海外对岭南水上社会的研究也有很深的学术成果积累。可儿弘明的专著《香港の水上居民》（《香港的水上居民》）从水上居民居住的船的构造、渔场的构造，到根据地的分布、方言的比较，再至家族关系、劳动时间、帮派组织、女性形象等都有精当的描述与分析，其在第七章"生者与死者的互惠关系"中更注意到两广及福建船民中存在两种对待死者的特殊仪式，一种是"洗骨葬"，即在特定的日子用一定的仪式来清洗亲人的遗骨，以表示生者对死者遗骨的尊重。可儿弘明同时结合文献史料，从《后汉书》《南史》《隋书》《通典》检出四条古代中国南方非汉族洗骨葬的记载，提出岭南的水上居民与大陆南方民族

① 刘群：《中国内河流域船民研究》，河海大学出版社，2013年。
② 蔡志祥：《族群凝聚的强化：长洲醮会》，收入蔡志祥、韦锦新编：《延续与变革：香港社区建醮传统的民族志》，香港中文大学出版社，2014年，第302页。
③ 陈子安：《渔村变奏：庙宇、节日与筲箕湾地区历史（1872—2016）》，香港中华书局，2018年，第41—42页。
④ 孙得雄：《八斗子渔村调查报告》，敷明产业地理研究所印行，1958年。
⑤ 王崧兴：《龟山岛——汉人渔村社会之研究》，"中央研究院"民族学研究所专刊之十三，"中央研究院"民族学研究所，1967年。

具有渊源关系。另一种是祭祀家族死者的木偶。可儿弘明结合日本学术界最新研究成果认为这一仪式也与古代中国大陆对死者容颜礼拜的习俗有关。全书最后结论高屋建瓴，即以岭南水上居民的起源为引，提出对岭南这一部分文化的理解要放入对大陆全体文化的理解中来，中国史的研究要跨越南岭。①

华德英（Barbara E. Ward）关于岭南水上人群的研究受列维·斯特劳斯"社会结构"理论的影响，她通过对香港水上居民的研究，提出了"意识模型"（Conscious Model）理论，认为有三种针对中国社会秩序而产生的认知模型：一是自身模型（immediate model），即人们对自己所属群体社会及文化制度的构想；二是内部观察者模型（internal observer's model），即针对其他社会文化群体的构想；三是意识形态模型（ideological model），即对王朝正统社会和制度的构想。华德英认为由于种种原因水上人必定会受到意识形态模型的强烈影响，极力寻求正统社会和制度对自身身份的认同。华德英在其研究中极力避免使用"汉化"概念，强调我们不单要研究水上人怎样成为中国人，也应探究其他的人成为中国人的过程。②

最后，需要说明的是，在笔者关注的江苏地区，一些学者从其他学科和视角提供的学术成果亦不无启发之处。

施国铭、宋炳良的《苏南地区渔民信仰天主教问题初探》根据法国传教士史式微《江南传教史》的记载，探讨了渔民信仰天主教的历史和现状，关注到了西方宗教与渔民信仰的问题。③ 刘平的《清末民初的太湖匪民》关注的虽不是渔民，但其中已注意到太湖流域的另一类水上人——水匪，该文详细介绍了太湖土匪土客帮的基本情况及其对地方治安的影响。④ 澳大利亚学者安东篱在《水道、爱情、劳动：性别化环境的各种面向》中注意到苏北地区船居者和陆居者婚俗仪式的不同。⑤ 吴俊范的《河道、风水、移民：近代上海城周聚落的解

---

① 〔日〕可儿弘明：《香港の水上居民》（《香港的水上居民》），岩波书店，1970 年。
② Barbara E. Ward, *Through Other Eyes, Essays in understanding 'Conscious Models' —mostly in Hong Kong*（《借用他者的眼光："意识模型"论文集——以香港为中心》），香港中文大学出版社，1985 年。
③ 施国铭、宋炳良：《苏南地区渔民信仰天主教问题初探》，《宗教学研究》1987 年第 3 期。
④ 刘平：《清末民初的太湖匪民》，《近代史研究》1992 年第 1 期。
⑤ 〔澳〕安东篱：《水道、爱情、劳动：性别化环境的各种面向》，载刘翠溶主编：《积渐所至：中国环境史论文集》下册，"中央研究院"经济研究所，1995 年，第 988—989 页。

体与棚户区的产生》研究的是聚落与棚户区的问题①，指出上海棚户区的产生有自然层面、文化层面和经济层面三方面的驱动，即河浜体系的瓦解、风水形势和家族精神支柱的涣散及农业的不能维持。该文还指出，受经济层面驱动的棚户贫民来自四面八方，其中由于自然灾害来上海的江北船民就有相当数量。胡勇军的《1927—1937 年吴县湖匪活动及时空分布研究》从历史地理学的视角出发，主要分析了吴县湖匪的分布地带、季节性变化和地方防护力量的配置。②

2019 年，美国学者大卫·布莱克本（David Blackbourn）研究德国水环境的专著出版了中译本，该书从环境史和景观史的角度，探讨了德国水环境的变迁、现代化地理景观的塑造及现代德国的形成。布莱克本揭示出德国为了宏大的国家目标和绝对主义的国家理念，通过水利改造、开垦湿地、筑坝防洪及借助现代化的多种技术手段，对其境内荒芜的水乡泽国景观进行了大规模的改造，实行了"水变土的点金术"，清理了沼泽的河道与居民，重塑了环境和景观，他强调"德国的'征服自然'与征服他人其实是密切交织在一起的"。布莱克本对其著作的目标是"一本书不仅可以把读者带到高处，也下到陆地与水面的交汇处"③。这也是笔者本书的研究期许。

三、研究资料与研究思路

（一）研究资料

本书所利用的资料大致可以分为以下四类。

1. 档案材料

政治地理学研究的是政治的地理过程，对政治的把握尤为关键。在近现代的研究中，若脱离了对第一手档案材料的有效利用，几乎很难构筑起坚实的研究基础。总体上，江苏的水上人群被纳入国家体系之中，对水域实施强有力的管理，是在新中国成立以后。水上镇反、民船民主改革、人口普查、人民公社化运动、连家渔船社会主义改造运动等一系列涉及水上人群的政治活动，无一不关联国家制度层面。对制度如何落地、如何施行及其影响程度的解析，无疑需要搜集大量相关的档案材料，同时也需要保持谨慎的态度，审查档案书写者

---

① 吴俊范：《河道、风水、移民：近代上海城周聚落的解体与棚户区的产生》，《史林》2009 年第 5 期。

② 胡勇军：《1927—1937 年吴县湖匪活动及时空分布研究》，《中国历史地理论丛》2014 年 10 月第 29 卷第 4 辑。

③ 〔美〕大卫·布莱克本：《征服自然：水、景观与现代德国的形成》，王皖强、赵万里译，北京大学出版社，2019 年，第 13 页。

的语境、立场和动机，关注档案之外的未书之意。自 2012 年至 2017 年，笔者走访过 16 家档案馆，分批次调阅了数千卷档案，涉及近千万字相关材料，其中在江苏省档案馆、兴化市档案馆、洪泽县档案馆、泗洪县档案馆、盱眙县档案馆、高邮市档案馆、高邮市高邮镇档案馆、常州市档案馆、常州市武进区档案馆、金湖县档案馆收获较丰；盐城市档案馆、镇江市档案馆开放程度较低，仅收集到零星资料；安徽省档案馆、宝应县档案馆、建湖县档案馆及一些城市的民政局行政区划与地名司因各种原因对方未能提供查阅便利。

虽然江苏不同水面资料的完整性存在一定差异，但所幸笔者在书中重点论述的核心区域都获得了准确度很高的材料，奠定了本书坚实的史料基础。具体而言，这些档案涉及工作计划、工作总结、行政指令、制度章程、调查报告、群众来信等，内容丰富，时间序列也较为完整。

2. 报纸杂志

对晚清、民国时期江苏水上社会的还原主要是利用时人所编的报刊。其中可分为几类：一类是政府公报，如《江苏省政府公报》《安徽民政公报》《安徽政务月刊》等，这类公报虽一般行文较简，但亦有全文附载的情形，如对 1911—1949 年间洪泽湖水县的提案《安徽民政公报》就全文收录，留下了珍贵的史料记载。一类是机关刊物，如《水警旬刊》《警高月刊》等，刊载文章以警务为主，在笔者了解水警时往往有事半功倍之效。一类是综合性报刊如《申报》《江苏研究》等，《申报》偏重社会新闻，其关于洪泽湖匪患的报道，对笔者了解当时的湖区治安状况很有帮助；《江苏研究》以省为主，但梳理下来亦有所得。此外，关于兴化保甲制度使用的是当时内部杂志《政情通报》，它对笔者评估当地水上保甲的实际覆盖面极为有用。

3. 地方史志

方志是进行区域研究的基础史料，由于其具有的地域色彩，往往能存一地一域之史实。书中主要利用的是江苏省境内重点水网地区的方志，如苏州、常州、兴化、淮安、泗州、高邮、宝应等地，其中关于水上人群、湖田、治安等方面有一些零星的记载，可资参看。洪泽湖是本书研究的核心区域，虽然洪泽县建县较晚，但现代新修的方志保存了很多 1956 年以后的材料，比如涉及洪泽县行政区划调整的公报对笔者复原县境幅员的变化就很有帮助。此外，一些专门志，如水产志、交通志因侧重渔民、船民，非常有针对性，也是本书重要的史料来源。

4. 内部资料

1949 年以后形成的内部资料，因阅读对象的限定，在市面上流通很少，但其中蕴含的信息量和价值都非常高。如笔者利用的 1953 年的《江苏省人口统计》、1955年的《江苏省农业生产情况》、1964年的《江苏省第二次全国人口普查统计资料》、1968年的《淡水连家渔船社会主义改造经验选编》，以及1977年的《江苏省农村人民公社基本情况一览表》等，在当时都注明内部流通，一般都只有500册左右，获得不易，较为珍贵。就笔者管见，上述文献本书都属于首次利用。

相对而言，另一类内部资料搜集不是太难，如江苏省各县的地名录、20世纪六七十年代的两套《江苏省地图集》及《太湖渔业史》之类，这些材料也都是本书重要的史料来源，在书中有所体现。

（二）研究思路

江苏水域的政治地理研究在时段上由古迄今，跨越古代、近代和现代三个时段，故在理念上需要通代整体地考虑，从长时段的视角进行探讨；同时其研究地域横跨江南江北，涉及渔民、船民及相关陆地百姓，需要坚持整体史的研究理念；同时在国家社会互动的框架下注重研究权力的下沉，边缘底层的反应。一方面本书在占有翔实的史料基础上，利用了历史学传统的考据法去爬梳、挖掘、整理、分析史料；另一方面本书结合历史地理学的时空分析法具体分析了水域的政治地理过程，辅以地图学的方法进行边界的复原、空间的展示，同时利用社会科学中常见的田野考察和口述访谈等方法来补充文献材料的不足。鉴于江苏的水上人群涉及社会、文化以及政治等诸多方面，故在理论上也借鉴了一些文化人类学、政治学等相关理论，力图以多学科的视角更好地展示这一研究命题的学术价值。

除绪论外，本书共分七章。

第一章《1949年以前江苏省域的水面管理》，考察了历代王朝及民国政府对水面的政策措施和实施状况，分析了江苏省域水面治安管理存在的缺陷和不足。

第二章《1934年水域政区化的设想》，考察了1934年安徽省拟将洪泽湖区作为一整体政区化，设立水县的政治动机，分析了这一方案最终流产的地缘政治因素，同时对湖区与政区的关系问题进行探讨。

第三章《水域政区化的实践（上）：因湖设县》，分析了国家因湖设县的考虑和实施状况，以洪泽县和震泽县为例，探讨了洪泽县从水上区到水县，震泽县从行政办事处到水县的政治地理过程，分析了湖区的政治治理以及水陆幅员的变动对其治县格局的影响。

第四章《水域政区化的实践（下）：因水设乡》，考察了水域政区化在基层水面的另一类实践——水上乡的设立情况。首先详细介绍了江苏省水上乡的建置概况，揭示了其设置的政治初衷和构成特点；其次选取了江南江北不同类型的水上乡分别探讨，通过分析其建立与消亡的不同背景和原因，来剖析这一特殊政区的特殊性质与管理特征。同时由上及下，讨论了湖区基层政治秩序的构建过程。

第五章《水陆关系的空间透视》，该章以事件史的视角，通过水陆关系来展示政治对空间的影响。首先详细考察了水县建县前后的水陆纠纷状况，分析了"以湖水定界"对县际关系的影响。随后通过对湖区渔农关系、水陆关系的梳理，探讨了洪泽县境内缩的原因，并着重分析了水陆之间激烈的政治博弈。该章同时考察了 1985 年湖区政区调整的政治背景，探讨分湖而治的政治影响。

第六章《水域政区化的影响因素：水上根据地的经验》，本章注意到抗战时期的根据地思想曾在苏北水面应用，党在水面形成了事实上的红色根据地，在此基础上考察了抗日民主政权建立水上政区的历程，及其对抗战胜利后的政局变动和 1949 年以后行政区划的影响。

第七章《水域政治地理过程的理论思考》，综合以上案例的分析和讨论，对全书进行理论总结和提升，凝练水域政治地理研究的核心议题。

四、当代江苏省内陆水域的结构

江苏是著名的水乡泽国、鱼米之乡，省境内陆地区河流纵横，湖泊密布，水网四通八达，水域辽阔。依托于巨大的水体资源，在华东地区，江苏省淡水产量一直是该区五省一市（江苏、安徽、山东、浙江、福建、上海）中最高的，据统计，1951 年至 1953 年，江苏省占华东淡水总产量分别达到 36.4%、42.3%、48.4%[①]，是华东最重要的淡水渔业基地。

但令人颇感意外的是，历史上对水域缺乏足够的重视，言及水域面积时仅会提及较大湖泊的幅员广狭，粗略地记载其周回多少里，由于这一数字仅是毛估，绝非近代严格意义上的科学测量，故其精确性很成问题。相较而言，河流则更易被忽视，其面积几乎从未有过估算。众所周知，湖泊与河流是内陆水域的主要组成部分，而二者统计数字的缺乏实际造成了江苏省境内水域总面积长期晦暗不明的状态。

1933 年，南京国民政府江苏省土地局曾根据南京陆军测量局五万分之一地图，对全省面积做了初步测算，其中各县按平地、山地、水地三项分别统计

---

① 据"华东区淡水产历年生产情况"计算，华东局农村工作部办公室编：《华东农村统计资料》，1954 年。

（见表 0-1），海洋不计算在内。经计算，"全省面积为 163023000 市亩"，其中
各县相加的水地总面积为 11736750 市亩，"占全省总面积百分之七"①。这一结
论被江苏省土地局在《江苏地政》创刊号中发表后，遂被诸家纷纷沿袭，如王
培棠著名的《江苏省乡土志》②，以及影响很大的今人王树槐先生的著作《中国
现代化的区域研究：江苏省，1860—1916》③。由于这一数字的来源仅依地图计
算，并非实测，故在图上较为细小的河流湖泊就很难被考虑进去，因而统计计
算时显然存在较大误差。

表 0-1　1933 年江苏各县的水陆面积

单位：平方千米

县别	平地面积	山地面积	水地面积	总面积
镇江	873	92.25	81.25	1046.5
江宁	1058.25	1122	92	2272.25
句容	982	479.25	13.75	1475
溧水	848.25	117	——	965.25
高淳	646.5	20.75	110.25	777.5
江浦	266.75	526	32.75	825.5
六合	900	739.75	34	1673.75
丹阳	1022.5	9.25	7.75	1039.5
金坛	738.25	80	213.25	1031.5
溧阳	1119.25	385.75	6.75	1511.75
扬中	231.5	——	56.25	287.75
上海	516	——	22.25	538.25
松江	863.75	——	5	868.75
南汇	998.25	——	2	1000.25
青浦	642	2.25	54.75	699
奉贤	586.5	——	——	586.5
金山	377.25	——	——	377.25

---

① 赵如珩：《江苏省鉴》（1935 年初版），台北成文出版社，1983 年，第 22—28 页。
② 王培棠：《江苏省乡土志》上册，商务印书馆，1938 年，第 18—19 页。
③ 王树槐：《中国现代化的区域研究：江苏省，1860—1916》，《"中央研究院"近代史研究所专刊》（48），1984 年，第 4 页。

县别	平地面积	山地面积	水地面积	总面积
川沙	104.25	—	—	104.25
太仓	637	—	255.5	892.5
嘉定	461	—	—	461
宝山	461	—	339	800
崇明	803.5	—	636.5	1440
启东	855.5	—	320.5	1176
海门	1043.25	—	228	1271.25
吴县	1446.75	220.25	861.75	2528.75
常熟	1513.5	—	485.25	1998.75
昆山	756	—	39	795
吴江	880.25	—	274.75	1155
武进	1664.75	51.25	743.25	2459.25
无锡	1109.25	60.75	139.25	1309.25
宜兴	1142	515.5	220	1877.5
江阴	1210	34.25	108.25	1352.5
靖江	621.75	—	115	736.75
南通	2203.75	—	253	2456.75
如皋	3505.5	—	44	3549.5
泰兴	1392.25	—	—	1392.25
淮阴	1903.75	4.25	310.25	2218.25
泗阳	2089	—	290.75	2379.75
涟水	2731	—	6	2737
阜宁	5759.25	—	7.5	5766.75
淮安	2287.5	—	22.75	2310.25
盐城	4726.75	—	118	4844.75
江都	2150.5	—	113	2263.5
仪征	657.25	28.25	39.75	725.25
东台	5744	—	—	5744

县别	平地面积	山地面积	水地面积	总面积
兴化	2001	—	51.5	2052.5
泰县	2116.25	—	—	2116.25
高邮	2116.5	—	482	2598.5
宝应	1862.25	—	261.5	2123.75
铜山	2788.25	604.75	275.5	3668.5
丰县	1238.5	—	—	1238.5
沛县	1372.5	—	10.25	1382.75
萧县	1916.5	439	11	2366.5
砀山	1271	—	—	1271
邳县	2262	112.75	4	2378.75
宿迁	2229.5	139.75	—	2369.25
睢宁	1742	56.75	5.25	1804
东海	1735.5	950.5	—	2686
灌云	2619.75	140.5	20.5	2780.75
沭阳	2305	42.75	—	2347.75
赣榆	1468.5	306.75	—	1775.25
总计	93575.25	7282.25	7824.5	108682

资料来源：据赵如珩《江苏省鉴》改制，第22—28页。原数据单位为市亩，经换算为平方千米。

　　江苏全省水域面积含混不清的状况直到1958年才有转变。该年江苏省组织大规模的水产资源勘察队深入各专区，以县为单位进行实地勘测，这一数字才算是第一次有了较为精确的统计。据调查统计，是年江苏省内陆水域约为2604.6万亩，占全省总面积的16.92%，"是全国水面积所占比重最大的省、区"[①]。进一步细分，江苏的内陆水域可分为湖泊、河流、池塘和水库四种主要类型，其比例如表0-2所示：

---

① 单树模、王维屏、王庭槐编著：《江苏地理》，江苏人民出版社，1980年，第54页。

表0-2　1958年江苏省内陆水域的构成

名称\n类型	水域				总计
	湖泊	江河	池塘	水库	
面积（万亩）	1452	911.9	168.8	71.9	2604.6
占总面积百分比	9.43%	5.92%	1.1%	0.47%	16.92%

资料来源：江苏省地方志编纂委员会编：《江苏省志·水产志》第一章《环境与资源》，江苏古籍出版社，2001年，第9页。

（1）湖泊。省内湖泊众多，据统计，100万亩以上的有太湖和洪泽湖2个；10万—100万亩的有高邮湖、骆马湖、白马湖、漏湖、阳澄湖、长荡湖、邵伯湖和石臼湖8个；1万—10万亩的有宝应湖、澄湖、斗湖、广洋湖、大纵湖、固城湖、独墅湖等27个；0.5万—1万亩的有赤山湖、白莲湖、玄武湖、鹅真湖、钱资湖等16个；此外，0.5万亩以下的小湖荡还有269个。从分布情况来看，全省湖泊主要集中在太湖流域和里运河东西两侧，北部最少，仅有一个骆马湖。

（2）江河。江苏河网密布，全省共有大小河道2000多条，按水道系统，可划分为：泗、沂、沭水系，淮河水系和长江水系。泗、沂、沭水系全部位于废黄河以北，主要河流有沂河、沭河、新沂河、中运河、北六塘河、南六塘河、灌河、盐河等；淮河水系主要分布在江淮之间，有淮河、苏北灌溉总渠、里运河、通扬运河、新通扬运河、串场河和通榆运河等；长江水系主要分布在苏南地区，有长江、江南运河、娄江、吴淞江、澄锡运河等。

（3）池塘。江苏的池塘"大体可分为农村家前屋后生产生活储水塘和养鱼塘两种类型"[1]，形状、大小、深浅不一，储水塘在全省各地都有分布，鱼塘则主要集中在太湖地区、洪泽湖地区和里下河地区。

（4）水库。江苏的水库规模不大，基本为新中国成立以后修建，如安峰山水库、沙河水库、八条路水库、横沟水库、房山水库等，主要分布于省境西部和北部丘陵地区，做灌溉和防洪之用。

需要说明的是，江苏水域的面积并非一成不变，而是处于一定幅度的波动之中。在1953年山东省在微山湖设微山县之前，省内沛县还约有微山湖一半的水面，但以南的洪泽湖还处于苏皖分割的状态。1955年3月苏皖省界调整，江苏以萧县、砀山与安徽泗洪、盱眙两县互换，洪泽湖才彻底变为江苏省内湖，

---

[1]　江苏省地方志编纂委员会编：《江苏省志·水产志》第一章《环境与资源》，江苏古籍出版社，2001年，第9页。

全省水域面积才与 1958 年相当。1958 年以后，江苏各地普遍围湖造田与水争地，使得水域面积总体呈下降趋势。如湖泊一项，据调查，至 20 世纪 80 年代初期，江苏湖泊总面积缩小了 237.75 万亩，"其中被消亡的中、小型湖泊约计 42 个"①，下降较为突出，而目前这一趋势仍在加剧，但江苏仍是全国内陆水系最发达的省份。

五、江苏省域水上人群的分布

江苏境内水上人群的历史源远流长，在江南江北广泛存在。虽然省境范围内长期流动着这些浮家泛宅的水上人，但其人数多少却也和水域面积一样长期是一个说不清道不明的问题。众所周知，对区域内人口数量的精确了解有赖于现代意义上的人口普查，就水上人而言，江苏省内这样的调查直到民国时才出现。但由于民国年间的船户调查只涉及水上人群的冰山一角，非常粗略，故依据这样的调查很难看出江苏省境水上人口的真实分布。

对水上人口的精确调查直到 1949 年后才全面普及。1953 年在全国进行了第一次人口普查，其中也列出了"水上人口"一项，"系指以船舶为家的水上人口，陆上有住所仅在水上营生的不包括在内"②。在江苏省，由于调查时深入码头船上，逐船逐户一一排查，故其调查质量非常可靠，可称得上是中国历史上对水上人群第一次精确、系统的"度地量民"。据统计，该年江苏全省水上人口总户数共有 77517 户，总人口为 372792 人，占全省总人口的 0.91%。需要指出的是，"在陆上有住所仅在水上营生"的半陆半水的渔民、船民 151456 人未计入"水上人口"统计之列。③

从地域范围来看，1953 年江苏省共辖 80 个县市，在全省只有"徐州市以及溧水、扬中、仪征、涟水、沭阳、东海、砀山、铜山、睢宁、沛县、丰县、新沂等十三个县均没有水上人口"④，其余各县均有分布。

江苏省境内水上人口的分布存在明显的地区差异。在废黄河以北，水上人口的数量和密度明显小于以南地区，全省 13 个没有水上人口的县市就有 10 个

---

① 中国科学院南京地理研究所湖泊室编著：《江苏湖泊志》，江苏科学技术出版社，1982 年，第 12 页。
② 江苏人口调查登记办公室编：《江苏省人口统计》图三注，1954 年。
③ 《江苏省人口调查登记统计说明》，江苏省档案馆藏：4007-002-0099（数字编号表示全宗号-目录号-卷宗号，下同）。
④ 《江苏省水上人口分区统计》，江苏省档案馆藏：3062-002-0005；注：原档即为十三个县，无误。

集中于此，呈现出明显的"南船北马"特色。另外需要说明的是，1953 年因洪泽湖仍是苏皖分管，湖西安徽省泗洪、盱眙两县还未划入江苏，其辖境水上人口自然不计入江苏统计范围，故废黄河以北的江苏省洪泽湖地区的水上人口数量也并不显山露水。而在废黄河以南的淮河流域和长江三角洲流域，我们则可以非常直观地看到其水上人群的两大集聚区——江北的里下河地区和江南的太湖地区。

江北的里下河地区地势低洼、水网密布，是省内著名的"锅底洼"，上河的高邮湖悬挂其西，一遇汛季行水下泄，导致下河地区水灾频仍，民众长期以水为患。在 20 世纪 90 年代公路普及前，该地区的高邮、宝应、兴化、盐城、建湖、姜堰等地行路即是行船，平时生活、劳作、做生意也皆以舟楫为伍，"非船不可"[1]。在这样的水乡环境下，渔民、运输船民、帮船户、行商船户及靠做手工艺生活的杂船户自然应运而生，很多人子承父业，"世代相传吃水上饭"[2]，甚至该地乞丐一类也是"寄托破船自为家"，呈现出水上人的特色[3]。据统计，1953 年全省水上人口过万人的县市共有 11 个，而里下河地区就独占 5 席，是江苏省重要的水上人口分布地和来源地。[4]

江南的太湖流域是历史上小桥流水人家的聚落景观地区，也是全省湖泊最集中的地方，太湖面积最大，其次为滆湖、洮湖、阳澄湖等，此外还有大量中小型湖荡"大部集中在吴江、吴县、昆山等几个县"[5]。太湖地区是江南水网密集区，也是江苏省水上人的另一大聚集地。1953 年国家在太湖设震泽县，浙江省湖州市、长兴县的太湖水面全部划归该县管辖，故震泽一县陆地虽小而包有全湖，水面巨大，管有全湖渔民。是年震泽县共有水上人 13754 人，规模庞大，几与江北大县兴化的水上人口数量相当。太湖周边的宜兴县、常州市、无锡市、苏州市境内的水上人数也都过万，和震泽县一道，共同构成了苏南水上人口分

---

① 缪炳辉、夏荫祖：《里下河民俗风情》D 册，人民日报出版社，2003 年，第 15 页。

② 建湖县交通志编纂委员会编：《建湖县交通志》，1999 年，第 194 页。

③ 阮性传著，王强校注：《兴化县小通志》，方志出版社，2013 年，第 164 页。

④ 苏北里下河地区虽是地理意义上的鱼米之乡，但近代以来在很多人的文化心理上却不被如此看待。叶兆言先生是苏州人，长期在南京生活，在去过该地区的溱潼后曾坦陈"要不是亲眼所见，真不相信苏北也有个与江南一样的水乡。江南水乡是个固定词组，看到江南就想到水乡，看到水乡便认定江南。我是在南京长大，父母是苏南人，亲戚生活在苏锡常一带，受环境影响，满脑子苏北的错误观念。读万卷书才能见多，行万里路方可识广，自忖读的书不算少，跑的地方也丰富，偏偏对近在身边的苏北有些糊涂，糊涂得几乎可笑"。参见叶兆言：《苏北水乡的感伤》，收入叶兆言：《水乡》，华东师范大学出版社，2008 年，第 48 页。

⑤ 江苏省农林厅水产局编：《江苏省水产资源概况》，1959 年，第 80 页。

布的高密集区。沿湖的武进、吴县和吴江人数略少，但三地相加也有近 2 万人的规模，成为苏南水上人群集中的次密集区。

除了南北差异外，江苏省东西两部也是判然有别。江苏东部是沿海平原，毗邻黄海，从事海洋渔业的水上人沿海各县皆有不等规模，射阳县人数最众有26460 人，位居全省第一，赣榆县人数最寡，仅有 173 人，其余各县皆有数千人，规模不等。而西部地区因地处内陆，水域相对较少，水上人口相应也较稀疏。如徐州专区所辖砀山、萧县、丰县、铜山、睢宁等县就无一人；仪征、溧水等县为丘陵地貌也相差无几；江宁、江浦稍强，不过二者相加也仅有 1034人。此外，六合有 2220 人，高淳有 1709 人，已算西部翘楚。

需要说明的是，1953 年江苏省域水上人群的地理分布状况大致可以精确反映 20 世纪中前期该区域的面貌。由于中国古代对这一人群缺乏详细的统计数据，故其当时的地理分布状况已难得其详，不过考虑到水域的分布状况，太湖流域与里下河地区作为省域内水上人群的主要集聚区至少在明清以来已大致形成。

第一章

1949 年以前江苏省域的水面管理

水域是人类重要的生存空间，根据地中海文明发展的经验，人类早期对生存空间的利用是"首先占领山丘、土岗、河边高地和山地边缘"，然后才"逐渐从高地扩展到热病流行、死水壅积的洼地"①。相对于陆地，水域不仅在开发、利用上相对滞后，在国家对"领土"进行政治整合时也长期被想象成"线状边界"②，或是默认内陆地区的水域早已与其两岸的陆地连为一体，对水域和水上人一直缺乏足够的重视。

从世界历史的情形来看，水域，特别是面积巨大的湖区、湿地多为政治权力鞭长莫及之地；出没其间的水上人也长期脱离国家的行政管理体系。日本中世纪琵琶湖的坚田长期是湖贼、海盗的据点，拥有着"湖上权"，在丰臣秀吉时代通过转移湖上特权和颁布海贼禁令，才逐渐控制住这一湖区。③ 17 世纪，北美五大湖区的大量难民集中在苏必利尔湖和密歇根湖上最好的渔场，以此躲避战乱与饥饿。④ 湖区如此，沼泽湿地亦不易控制。11 世纪末，在英格兰"湿地

---

① 〔法〕费尔南·布罗代尔：《菲利普二世时代的地中海和地中海世界》第 1 卷，唐家龙、曾培耿译，商务印书馆，1996 年，第 50、61 页。吴必虎在苏北的研究中同样也注意到先秦时期该区域的发展集中于西部和北部地势高亢的地区，而作为潟湖洼地的东部里下河地区"尽管考古地理的研究可以说明当时这里曾有居民，可以肯定，他们生活在较高的墩台上，或生活在低海面时期"，《历史时期苏北平原地理系统研究》，华东师范大学出版社，1996 年，第 96 页。

② 〔法〕吕西安·费弗尔：《大地与人类演进：地理学视野下的史学引论》，上海三联书店，2012 年，第 339—342 页。在中国的案例可参见胡英泽：《河道变动与界的表达——以清代至民国的山、陕滩案为中心》，载《中国社会历史评论》第 7 卷，天津古籍出版社，2006 年，第 199—218 页；《流动的土地——明清以来黄河小北干流区域社会研究》第八章，北京大学出版社，2012 年，第 309—368 页。

③ 〔日〕横仓让治：《湖贼の中世都市近江国坚田》（《湖贼的中世都市近江国坚田》），诚文堂新光社，1988 年，第 252—253 页。

④ Richard White, *The Middle Ground：Indians, Empires, and Republics in the Great Lakes Region, 1650—1815*（《中间地带：大湖区的印第安人、帝国与共和国，1650—1815年》），Cambridge University Press, 1991, p. 44.

和沼泽几乎难以触及"①。20 世纪 50 年代，英国人威尔弗雷德·塞西格（Wilfred Thesiger）在伊拉克、伊朗边境间的阿拉伯沼泽进行了探险，这片沼泽覆盖了约 6000 平方英里的土地，长期游离于伊拉克政府的控制范围，据塞西格观察，沼泽阿拉伯人"住在沼泽中，就像他们的水牛一样，害怕政府"，而"政府满足于把权力交给酋长"。这一自治的状况直到海湾战争后，萨达姆排干沼泽的积水才完全改变。②

江苏建省较晚，历史上在这一省域内的水面管理一直难称有效。本章即对 1949 年以前的这一管理状况予以揭示。需要说明的是，这里所说的水域指的是内陆水域，并不包括海洋，在档案材料中也经常表述为"淡水"。

第一节 水域：传统政区中的薄弱地带

江苏境内水上人群的历史源远流长。《尚书·禹贡》记载："淮夷蠙珠暨鱼"③，可见先秦时期苏北淮河流域已有捕鱼之人。《史记·货殖列传》亦云覆盖江苏大部分地区的"楚越之地"是一派"地广人稀，饭稻羹鱼"④ 的景象，可以想见，其中必然不乏出没风波里的水上人。元人萨天锡在射阳湖观察到渔民夫妇是"捕鱼湖中水，卖鱼城市里。夫妇一叶舟，白头共生死"⑤。明人杨基在路过高邮新开湖时有诗云："船头老翁一尺须，斗量菱角兼卖鱼。儿能鼓舵女荡楫，何用聪明多读书。"⑥ 依然可以看到这一地区水上人群的存在。明清时期关于江苏境内渔人、舟子的诗句更是不绝于史书。在江北的高邮，据称"城外人家半渔户"⑦，规模非常可观；而在江南太湖流域，水上渔户是"十叶相传渔世业"⑧，也是流动营生，靠水吃水。

毫无疑问，历史时期在江苏省境内的水上人群必已有相当数量，但令人吃

① 〔英〕W. G. 霍斯金斯：《英格兰景观的形成》，梅雪芹、刘梦霏译，商务印书馆，2018年，第 97 页。

② Wilfred Thesiger, *The Marsh Arabs*（《沼泽阿拉伯人》），Penguin Classics, 2007, pp. 68、78.

③ （清）胡渭：《禹贡锥指》，邹逸麟整理，上海古籍出版社，2006 年，第 133 页。

④ （汉）司马迁：《史记》卷 129《货殖列传》第六十九，中华书局，1963 年，第 3270 页。

⑤ 嘉靖《宝应县志略》，《天一阁藏明代方志选刊》（15），上海古籍书店影印，1981 年。

⑥ （明）杨基：《眉庵集》，杨世明、杨隽点校，巴蜀书社，2005 年，第 92 页。

⑦ （清）查慎行：《高邮道中》，《敬业堂诗集》卷 34，上海古籍出版社，1986 年，第 946 页。

⑧ 同治《苏州府志》卷 148《杂记五》，《中国地方志集成·江苏府县志辑》第 10 册，江苏古籍出版社，1991 年，第 766 页。

惊的是，数千年来这群人却多以化外之民的面貌出现，很少纳入国家的行政管理体系；承载其人的水域也多为王朝鞭长莫及之地，是政区中的薄弱地带。《晋书·毛宝传》记毛璩事曰：

> 海陵县界地名青蒲，四面湖泽，皆是菰葑，逃亡所聚，威令不能及。璩建议率千人讨之。时大旱，璩因放火，菰葑尽燃，亡户窘迫，悉出诣璩自首，近有万户，皆以补兵，朝廷嘉之。①

毛璩青蒲之事大约在东晋孝武帝时，其时青蒲属海陵县。青蒲，地处今东台市最西南端，西邻姜堰区溱潼镇，为海陵县北部地势最低的湖泊沼泽区，生存条件较差，但"四面湖泽，皆是菰葑"的自然地理环境反而成了吸聚流民的巨大优势，"逃亡所聚，威令不能及"透露出的是海陵县在湖区统治力量的薄弱。注意到湖区这一特点的不仅有"亡户"，还有逃亡的公卿，《晋书·庾亮传》曾记载庾希为逃避桓温的追杀"便与弟邈及子攸之逃于海陵陂泽中"，据称逃亡"经年"都安然无恙②。

一个有意思的现象是，朝代鼎革之际水域往往是治乱兴衰的晴雨表。《太平寰宇记·淮南道八》称兴化有一湖"故老传云隋末有千余人避难于此，得见太平，因号千人湖"。对王朝的行政管理而言，"有地牧民"缺一不可，王朝控制不及的水域，陆上"千余人"蜕变为水上流民，这种水上桃花源的存在尤为凸显王朝易代之时国家势力在陆地退缩的现状。兴化当地直至民国时期都流传着"自古昭阳好避兵"的民谚。在南唐、在明末，江南常州也都有类似的避难举动，而且是直接居住在"舟中"，甚至有"男女二舟分处"的分居行为③；明末的吴江则是"附城十里内，无不人人震恐，各具小舟，兵至则弃赀业走太湖求活耳"④，皆希冀靠水域庇护全家性命。

唐代，政府的行政力量也很难覆盖到水面。武则天时期民间私铸钱币之风盛行，其中"江淮之南，盗铸尤甚，或就陂湖巨海深山之中鼓铸"⑤，水域起到了很好的庇护作用。晚唐，江淮沿江一带又有所谓"劫江贼"，"上至三船两船百人五十人，下不减三二十人"聚集党徒在江上劫杀商旅，"水劫不便，逢遇草市，泊舟津口，便行陆劫"，危害极大。杜牧称"今长江连海，群盗如麻，骤雨

---

① （唐）房玄龄：《晋书》卷81《毛宝传》，中华书局，2011年，第2126页。
② （唐）房玄龄：《晋书》卷73《庾亮传》，中华书局，2011年，第1930页。
③ 康熙《常州府志》卷26《烈女》，《中国地方志集成·江苏府县志辑》第36册，江苏古籍出版社，1991年，第587、596页。
④ 乾隆《震泽县志》卷37《杂录一》，广陵书社，2016年，第534页。
⑤ （唐）杜佑：《通典》卷9《食货九》，中华书局，1992年，第200页。

绝弦，不可寻逐，无关可闭，无要可防"①，可见长江水面管控极为不易。

这一状况在后代略有改善，宋时政府开始有意识地加强对水域的统筹管理。宋仁宗康定元年（1040年），张锡曾上奏朝廷建议："沿江、淮南岸都、同巡检使臣、县尉，自今并乞令通管江、淮内贼盗公事，不得止以中流为界。如不获盗，依条科罚。"② 这一建议很值得注意。据黄纯艳的研究，"北宋平定江南后即没有系统的江防，水贼事件只能由各段地方官处理"③，毫无疑问，水域作为边界地带本是行政管理的薄弱环节，以中流为界必然会造成州县间相互推诿，宋人的"通管"即是对症下药，可见此时管理意识已有一定的提高。

宋神宗时苏东坡曾写有一首著名的《鱼蛮子》，其中对当时的水面状况有很好的写实。

> 江淮水为田，舟楫为室居；鱼虾以为粮，不耕自有余。异哉鱼蛮子，本非左衽徒；连排入江住，竹瓦三尺庐。于焉长子孙，戚施且侏儒；擘水取鲂鲤，易如拾诸途。破釜不着盐，雪鳞芼青蔬；一饱便甘寝，何异獭与狙。人间行路难，踏地出赋租；不如鱼蛮子，驾浪浮空虚。空虚未可知，会当算舟车；蛮子扣头泣，勿语桑大夫。④

从中可以看到，当时江淮一带的水上居民不纳赋税，是完全脱离于王朝编户齐民的行政管理体系之外的。结合前引材料来看，北宋政府看重的主要是水面治安的绥靖，相较而言，对水面上的水上人群恐怕并未特别在意。从这层意义上而言，国家权力在水面的深入程度还是较为有限的。

如果说鱼蛮子们在水面逍遥自在与政府算是相安无事，影响不大，那么一些水域蜕变成"水泊梁山"对王朝的政治稳定则会构成实实在在的威胁。南宋时，两淮地区为南北政权厮杀之地，地方武装盛起，湖区出现了大量的水寨，呈现出高度的武装化局面。一方面，"南宋之所以守淮者如此，其实皆恃新开等湖以为之险也"⑤，利用两淮水寨的天险地利拒阻北方强势的步骑；另一方面，湖区的民间武装建立的水寨也大量游离于王朝的控制范围之外。《宋史·李全传》云"射阳湖浮居数万家，家有兵仗，侵略不可制。其豪周安民、谷汝砺、

---

① （唐）杜牧：《樊川文集》，上海古籍出版社，1978年，第168—170页。
② （清）徐松：《宋会要辑稿》兵11，第7册，中华书局，1957年，第6945页。
③ 黄纯艳：《造船业视域下的宋代社会》，上海人民出版社，2017年，第277页。
④ （宋）苏轼：《苏东坡全集·前集》卷13，邓立勋编校，黄山书社，1997年，第243页。
⑤ 嘉庆《高邮州志》卷1《山川》，《中国地方志集成·江苏府县志辑》第46册，江苏古籍出版社，1991年，第91页。

王十五长之，亦蜂结水砦，以观成败"①，俨然已成一水泊梁山。虽然射阳湖的水上武装后被南宋政权招安，但不到30年又"饥民啸聚"，湖区仍离心于王朝统治之外。据张家驹考证，两宋之际，由于金军南侵，这样的水寨在两淮间的水域间曾大量出现（见表1-1）②，其游离在宋金之间，若即若离，保留了相当的自主性，南北政权对这些星星点点的水域并不具有绝对的支配权。

表1-1　两宋之际苏北地区的民间水寨

寨别	根据地	今地	领导者	出现年份	材料出处
水	淮阴军宿迁	江苏宿迁	赵琼	1129	《三朝北盟会编》下帙卷34
水	涟水军	江苏涟水北	丁襈	1130	《三朝北盟会编》下帙卷39
水	楚州鼍潭湖	江苏淮安	张荣	1130	《三朝北盟会编》下帙卷43
水	泰州缩头湖	江苏兴化东	张荣	1131	《三朝北盟会编》下帙卷45
水	楚州五湖峃北里	江苏淮安	卞宁	1131	《三朝北盟会编》下帙卷47
水	楚州	江苏淮安	—	1134	《建炎以来系年要录》卷81
水	承州	江苏高邮	—	1134	《建炎以来系年要录》卷81
水	承州	江苏高邮	徐康	1134	《建炎以来系年要录》卷82
水	承州驰潭	江苏高邮	仲谅	1134	《建炎以来系年要录》卷83
水	泰州陵亭	江苏兴化南	冯定	1134	《建炎以来系年要录》卷83
水	泰州	江苏兴化东	胡深	1161	《三朝北盟会编》下帙卷140
水	高邮军	江苏高邮	严宁	1161	《宋会要辑稿》兵14
山、水	楚州	江苏淮安	—	1161	《宋会要辑稿》兵1
山、水	盱眙军	江苏盱眙北	—	1161	《宋会要辑稿》兵1
山、水	淮东路	苏北	—	1161	《宋会要辑稿》兵14

资料来源：转引自张家驹：《宋代的两淮山水寨——南方人民抗金的一种武装组织》，上海人民出版社，2010年，第234—235页，摘录时略做调整。

　　水域的政治离心倾向在动乱时代尤易加重，相对而言在承平之时则表现得较为含蓄。水域对王朝的影响主要体现在治安与钱粮赋税上。元代江阴人王逢有诗云："江海壖，家家浮生多在船。船居无租出无禁，竞卖田宅行盐钱。私盐

---

① （元）脱脱：《宋史》卷477《李全传》，第39册，中华书局，1977年，第13840页。
② 参见张家驹：《宋代的两淮山水寨——南方人民抗金的一种武装组织》，原载《上海师范学院学报》1960年第1期，后收入《张家驹史学文存》，上海人民出版社，2010年，第233—240页。

渐多法愈密，陇里干戈攘白日。"① 水面上既"无租"又"出无禁"，加之水上盐枭的活跃，这些都反映出元朝政府对这些船居者及水域的管理均相当放松。明人谢肇淛的《男儿行》所描绘的太湖的情形也很能说明这一问题，"长兴男儿最轻死，多在公门少在里。水田力薄租税繁，十年逋负官仓米。私开菱荡争捕鱼，负盐夜向四安墟。不然东人太湖去，日望朝廷下赦书"②。由"私开菱荡"到贩卖私盐，再"东入太湖"，该诗清晰地勾画出长兴人铤而走险的过程，最终辽阔的太湖为"最轻死"的逋负者提供了庇护。虽然招安能解一时之急，但对明王朝而言如果不解决"租税繁"的问题还是会造成太湖的治安隐患。

不过客观而言，相较前代，明代官方对水面的管理已有了很大的提升。明初，朱元璋为了征收渔税，在全国范围内普设河泊所，在江苏境内应天府、镇江府、扬州府、苏州府和松江府曾共设有 15 个河泊所。③ 通过赋税的形式，渔民松散地依附到王朝的管理体系内，即"有渔户，有船户……仍当里甲正差"之谓。④ 但河泊所具体编定的渔户总数不详，也很难推定其覆盖面有多大。明宣德时，周忱巡抚江南时曾注意到，"苏、松五湖三八溇积水之乡"有大量"船居浮荡"的水上人"挈家于舟"，"脱免粮差"，而官府却"莫知踪迹"，里长、甲长实际也"无处根寻"，由于长期漂泊在外以致"长子老孙，不识乡里"。⑤ 在江北扬州地区，水上人也是"生涯常在风波间，名姓不等乡吏籍"；⑥ 在洪泽湖地区，"其中多渔船，旧例每岁委官量船纳料，以备县间鱼油翎鳔之税，额银止二十七两"，到正德年间"改料于里甲办纳，听民自采"，入清"则混一于洪泽湖而莫辨矣"。⑦ 无论是江南还是江北，河泊所管制能力都十分有限。另外，考虑到河泊所侧重渔课征收⑧，且正德以后河泊所普遍裁撤，其对水上人的管制能力似不可高估。从这一层意义上而言，水域依然是国家权力难以深入的薄弱地带。

---

① （元）王逢：《梧溪集》卷 2，中华书局，1985 年，第 78 页。
② （明）谢肇淛：《小草斋集》卷 8，《四库全书存目丛书》集部第 175 册，齐鲁书社，1997 年，第 198 页。
③ 参见尹玲玲：《明清长江中下游渔业经济研究》，齐鲁书社，2004 年，第 212—213 页。
④ 隆庆《仪真县志》卷 6《户口考》，《天一阁藏明代方志选刊》（15），上海古籍书店影印，1981 年。
⑤ （明）周忱：《与行在户部诸公书》，（明）陈子龙：《明经世文编》卷 22 第 1 册，中华书局，1962 年，第 174 页。
⑥ （明）王璲：《商贾行》，《扬州历代诗词》第 1 册，人民文学出版社，1998 年，第 575 页。
⑦ 《续纂淮关统志》，收入《淮安地方文献丛刻》三，方志出版社，2006 年，第 57 页。
⑧ 如在山阳县，清代"另征水面渔课银一十三两五钱三分，由湖泊及各八鲜牙行输纳"，不仅渔课微薄，且属于代征性质，对渔民的人身控制似极其微弱。同治《重修山阳县志》卷 7《民赋》，《中国地方志集成·江苏府县志辑》第 55 册，江苏古籍出版社，1991 年，第 116 页。

第二节　从军管到政管：水面治安管理的增强

一、内河水师营的建立

在帝制时代，县以下的基层组织负责日常治安的主要是巡检司，"无事预备，有警立功"[1]，其在一定程度上充当着今天派出所的功能。据研究，巡检司出现于五代，完善于宋代，元明清时期得到继承和完善，"其主要的趋势是巡检由一种掌管军队的使职逐渐转变为负责州县以下基层治安的职官"。[2] 据胡恒考订，以雍正末年为例，江苏省辖内江宁府有6处巡检司、淮安府有10处、扬州府有12处、徐州府有7处、苏州府有13处、松江府有9处、常州府有11处、镇江府有6处、通州直隶州有8处、海州直隶州有3处、太仓直隶州有4处。[3]平均下来大致是一县设一处，重要的关津要隘再增设。对于巡检司作用的发挥，目前学术界评价相对较低。王伟凯认为明代巡检司兵力不足、监控范围有限、职能监管缺失，维护社会秩序的能力"受到了很大的制约"；[4] 赵思渊同样指出明清时期苏州的巡检司分布和控制范围过小，无法应对大股盗匪，同时与舟船水运有关的设施"实际中的巡检司衙署未必都能达到这样的标准"，面临尴尬的境地。[5]

明嘉靖年间，倭寇泛海而来，东南扰攘，仅以日常治安维护尚弊端百出的巡检司应之，显然力有不逮。针对倭寇从水路进犯，朝廷在江南太湖地区普设水寨：

> 太湖向无官兵防守。嘉靖三十四年，巡抚都御史曹公邦辅因海壖告警，于东洞庭山置司马寨、梁山哨、渡船营、北湖口营、长圻寨、烽圻寨、毛园哨、嘶马哨、西洞庭山置鼋山寨、角头寨、石公寨、圻村寨，以耆民为团长，选练乡兵守御。[6]

---

[1] 雍正《高邮州志》卷5《兵制》，广陵书社，2018年，第146页。

[2] 赵思渊：《明清时代江南巡检司体制与社会控制——以苏州府的考察为中心》，华东师范大学硕士学位论文，2009年，第4页。

[3] 胡恒：《清代巡检司地理研究》，中国人民大学硕士学位论文，2008年，第60—69页。

[4] 王伟凯：《试论明代的巡检司》，《史学月刊》2006年第3期。

[5] 赵思渊：《明清时代江南巡检司体制与社会控制——以苏州府的考察为中心》，华东师范大学硕士学位论文，2009年，第7页。

[6] （明）郑若曾：《江南经略》，傅正、宋泽宇、李朝云点校，黄山书社，2017年，第88页。

从上引郑若曾这段史料来看，当时太湖的兵哨营寨是依靠地方乡兵充任的，主要分布于太湖中的东山和西山两大岛，以据点式的水寨扼守太湖要冲。按郑氏的思路，水寨要发挥作用，首先者民团长需"府县官间一亲阅，务期实用"，强调了人事安排要合适；其次要在湖中编组渔户，设甲长"以五桅盘箍船领之，有事责其在湖，与巡司一体巡哨"，指向的是妥善利用本地水上渔民；最后湖中各兵哨营寨以及陆地旱寨需互为声援，"湖中有警，责令夹击"，郑氏强调只有"无分秦越"才能保太湖安宁①，这涉及的是军事协作的难题。

明清鼎革后，清廷也面临着严峻的水面治安问题。在江南，"茫茫数百里，水光接天"的太湖，"盗舟凌风驾涛，齐躁竞进"，官府却"难以控御"②。除此之外，"一般来说，水路要害地方，向来是盗贼渊薮"③，也令官府非常头痛。据康熙时出任两江总督的于成龙观察，在其辖区内"苏属之太湖，松属之泖湖，庐属之焦湖，扬属之高邮、宝应湖，凤、淮等属之洪泽等湖"，皆因"水面辽阔，港汊丛多"，名为湖区"实为聚盗之薮"。而之所以这些湖区易转变为盗区，治安难靖，主要在于此类水匪"多系本处驾船捕鱼之奸民，往往出没芦柳丛密、汪洋巨浸间"，遇到官府捕拿"彼则沉赃水底，依然渔户"，因而很难治本清源。据称此种现象非常普遍，"凡滨江河汊等处无不皆然"④。不难看出，水域之难治，江南江北皆然。

但值得注意的是，清王朝在一些重点水域开始有意识地强化管理，其中一个非常典型的表征即是内河水师营的设置。在江苏境内，太湖是最早实行统一管理的水域。康熙四年（1665年），浙江总督赵廷臣会同江南总督郎廷佐联名上疏，建议清廷设立太湖水师营。

> 浙西杭嘉湖三府，半属水乡。如湖属之太湖，界在江浙两省之间，西近江南之宜兴，北近常州之武进、无锡，东北近苏州之吴县、吴江，西南近湖州之乌程、长兴。三府七县在外，太湖居中，其间支流细河，处处皆盗贼可出入之地，去来甚易，捕获最难。若非江浙两省设立专汛官兵一意缉防，必无以重责成而靖盗源。……今臣议游击一员、守备一员、千总两员、把总四员、兵一千名，居中驻扎，派拨巡缉；其太湖守汛无分江浙，

---

① （明）郑若曾：《江南经略》，傅正、宋泽宇、李朝云点校，黄山书社，2017年，第146、148页。

② （清）金友理：《太湖备考》，薛正兴点校，江苏古籍出版社，1998年，第168页。

③ 参见冯贤亮：《明末清初江南的地方防护》，《云南社会科学》2001年第3期。

④ （清）于成龙：《于清端公政书》卷7《两江书》，载沈云龙主编：《近代中国史料丛刊·续编》第33辑，台北文海出版社，1976年，第1056—1057页。

俱责成该营游击庶统辖不清，盗源可靖。①

清初，江南初入版图，盗贼猖獗，"太湖中最称不靖"。顺治二年（1645年）明败将黄蜚、卞胜曾逃入太湖，"欲劫掠洞庭东山"②；康熙二年（1663年）巨寇赤脚张三也曾盘踞太湖，"殊费当事忧"③，值得注意的是，据《林屋野录》云"张三巢穴在宜兴山中，每舞双刀渡太湖"④，看似湖匪的形象又有一副山贼的面孔，山和湖存在密切的联动。不独水匪为然，士大夫亦以太湖为庇护所，所谓"是时太湖有盗，胜国绅士亡命者咸托为逋逃薮"⑤。鼎革之际如此严重的盗匪问题刺激了地方大员加强水面管理的愿望，而在缉拿江洋大盗和盐枭的职责上，武弁显然重于文官。⑥ 赵的上疏最终获得了朝廷的认可，该年太湖水师营成立，统一管辖两省、三府、七县环绕之太湖。由于以军队性质的水师负责全湖水面之治安，故其管理具有明显的军管特色。

雍正二年（1724年），太湖水面曾依政区江浙分治。江南方面，添设参将1名、守备1名、千总1名、把总2名，兵500名，连同原有兵弁，共实有兵员939人，沙唬快船31艘，立为江南太湖营，隶江南提督标下；浙江方面，共实有兵员658人，沙唬船6艘、快船8艘、小巡船20艘，立为浙江太湖营，隶浙江提督标下。⑦ 太湖的这一分治虽然在将兵方面有所增强，但实际管理效果却并不尽如人意。乾隆十二年（1747年）江苏巡抚陈大受曾对此尖锐抨击：

> 但全湖汛守，原系一局，大员总辖，则呼应灵而责成专，分员各管，则推诿多而缉捕懈，此事势之必然者。况湖中江浙分界处，此不过就湖面约计，非如陆路之可以定立确界也。偶有失事，彼此互诿，各自通详上司会勘，动至数月，难免岐[歧]误。且江省参将仅驻湖东南一面，所辖辽阔，有鞭长莫及之虞；浙省游击所驻西山为江南之地，而管浙江之界，亦

---

① 《浙抚赵廷臣疏》，（清）金友理：《太湖备考》，薛正兴点校，江苏古籍出版社，1998年，第148—149页。

② （清）金友理：《太湖备考》，薛正兴点校，江苏古籍出版社，1998年，第182—183页。

③ （清）王绍绪：《新设江南太湖营记》，（清）金友理：《太湖备考》，薛正兴点校，江苏古籍出版社，1998年，第489页。

④ （明）杨循吉：《吴中小志丛刊》，陈其弟点校，广陵书社，2004年，第152页。

⑤ （清）王鲲：《松陵见闻录》卷4《轶事》，收入《道光吴江县志汇编》，广陵书社，2010年，第293页。

⑥ 〔日〕楢木野宣：《清代重要職官の研究》（《清代重要职官的研究》），风间书房，1975年，第444页。

⑦ （清）金友理：《太湖备考》，薛正兴点校，江苏古籍出版社，1998年，第150—153页。

党参差。①

有鉴于此，陈大受建议太湖仍应按康熙时的旧例，不分畛域，实行统一管理。这一建议同时得到了两江总督尹继善的支持，两人的奏议上达后最终得到了兵部的覆准。太湖全域再次出现水师统一管辖的局面。

除太湖外，清王朝在江南其他水面上也补充了一定的水师力量。康熙五年（1666 年），驻防京口的八旗营亦增设京口水师营，② 自此清廷的江南水师正式成型；康熙七年（1668 年），因江苏巡抚马祐、江南提督杨捷疏请，苏、松、常、镇四府"各塘汛设水师巡船三百二十五艘，以靖水盗"。此外，清廷"招降盗贼为官兵，以盗船为兵船"，收纳了大量水匪为其所用，③ 在江南内河水域巩固新政权的地方治安。

相较而言，苏北湖泊的统一管理则较为滞后。高邮湖、微山湖都没有统一的水面管理组织，而作为"淮北拨盐总汇，而枭匪每易出没"④ 的洪泽湖，直到 19 世纪才完成了这一进程。该湖位置冲要，原由江苏、安徽两省分割管辖，但水面治安极不理想。道光十三年（1832 年），两江总督陶澍在实行盐政改革时就敏锐地注意到这一现象：

> 该湖收纳汝、颍、淮、沘、涡、淝、雒、泗、濉、浍大小数十水，周回五、六百里，水面宽阔，四通八达。庐、凤、颍、泗、徐、淮各处棍徒，以及山东之沂郯、滕、峄、曹、单等处回匪，往来其间，为逋逃薮。其形势，与江浙两省界连之太湖相同，而纳污藏垢为更甚。太湖设有内湖水师专营，巡防严密，以故奸宄未易潜滋。洪泽湖为江、安两省商贾民船往来要道，并未设有内河水师专营，匪徒出没湖中，往往有乘机纠抢之案，且两省营汛窎远，声气未能联络，此挈彼窜，稽察［查］难周。⑤

为了查禁私枭，陶澍想到了其两江辖区内太湖的范例，在上疏中向清廷建议依葫芦画瓢在洪泽湖设立内河水师专营。获得准许后，即于洪泽湖南部的老子山特设洪泽湖水师营，专司缉捕湖匪，绥靖水面。营中设都司、千总、把总、

---

① 《巡抚陈大受奏疏》，（清）金友理：《太湖备考》，薛正兴点校，江苏古籍出版社，1998年，第 157 页。

② （清）赵尔巽：《清史稿》卷 135《兵六·水师》，中华书局，1976 年，第 4003 页。

③ （清）钱墀：《黄溪志》卷 7，收入《盛湖志（四种）》下，广陵书社，2011 年，第 683 页。

④ 乾隆《泗州志》卷 5《盐筴》，《中国地方志集成·安徽府县志辑》第 30 册，江苏古籍出版社，1998 年，第 233 页。

⑤ 《陶云汀先生奏疏》卷 48《筹议洪泽湖移设都司折子》，收入陈蒲清编：《陶澍全集·奏疏三》，岳麓书社，2010 年，第 245 页。

外委、额外等官，原辖马步战守兵 140 名，后因全湖水面太过辽阔，任务繁剧，在道光十四年（1834 年）增兵至 220 名，"分驻弹压"。[①] 至此，洪泽湖始有专门、统一的水面治安组织。据时人记载，水师营建立后，洪泽湖水面治安明显好转，"宫保遴派文武员弁，搜捕拏获巨枭戈三银等正法，湖路肃清"。[②] 由于洪泽湖是以太湖水师营为样板，军队组织代行了行政职能，故其管理同样带有鲜明的军管特征。

除此之外，苏北南部水域，顺治二年（1645 年）时由"专防江北水汛"的瓜洲营负责管理，康熙十一年（1672 年）瓜洲营改为瓜洲城守备，"其各县分防水师"，具体有："宝应汛船十五艘，氾水汛船十四艘，永安汛船二十三艘，高邮汛船十六艘，江都汛船十四艘"；沿江一带则由狼山镇负责管辖。而在苏北北部水域，清初陆续设立庙湾营、佃湖营、营城营、小关营、海州营、东海营，[③] 同样在重点地区铺陈水师以收管控之效。

有意思的是，对于意图颠覆政权的农民起义军首领，清廷也将缉拿的重点区域盯在了水域空间。乾隆年间，直隶发生段文经农民起义事件，事败后，段文经脱逃，清廷密令地方督抚严查。两江总督李世杰派出大量文武员弁"留心查看"，特别是"其沿河一带泊船码头及高邮、宝应各湖内渔庄、村落，经委员等时时亲赴密查"[④]，虽然未获段氏踪迹，但主政江苏的地方大员显然非常清楚水域易于藏人的属性。

道光末年，由于承平日久，"各省内河水师及沿江水师，船多朽敝，值操练之期，虚衍仪式"[⑤]，已难堪大用。水面管理也日趋松散，如在里下河地区，此间的水上人依然是一派逍遥景象，"时而捕鱼，时而觅食，行踪无定，来往自如"，而官府却"漫无稽查"。[⑥] 沿江河口，时人也注意到，"江北枭徒驾驶鳊板、黑鱼腮［鳃］等船装载私盐，络绎进口"，官府也疲于应付。据学者徐安琨的研究，江北淮南的私枭，分为长水和短水两种，以长水为最甚，"短水由盐场偷运至江口分售"，长水则流窜在镇江北岸上下游各口，"约计江程五、六百里，

---

① 《陶云汀先生奏疏》卷 56 《新设洪湖营地方辽阔，酌请添设弁兵，以重巡防折子》，收入陈蒲清编：《陶澍全集·奏疏三》，岳麓书社，2010 年，第 467 页。

② （清）谢元淮：《养默山房诗稿》卷 24 《胊海集》，收入《清代诗文集汇编》第 546 册，上海古籍出版社，2010 年，第 571 页。

③ （清）赵尔巽：《清史稿》卷 135 《兵六·水师》，中华书局，1976 年，第 4005—4008 页。

④ 《奏陈勘淮扬各厅工程催赶漕船及严缉逃犯段文经情形事》，收入《清宫扬州御档续编》第 3 册，广陵书社，2018 年，第 1392 页。

⑤ （清）赵尔巽：《清史稿》卷 135 《兵六·水师》，中华书局，1976 年，第 4022 页。

⑥ 《陶云汀先生奏疏》卷 39 《查覆穷苦鳊船带私设法查禁折子》，收入陈蒲清编：《陶澍全集·奏疏三》，岳麓书社，2010 年，第 7—8 页。

联船十百，备购枪械，与匪无异"。①

太平天国运动兴起后，清廷在江苏水面管理不力的弊端被充分放大。咸丰十年（1860年）太平军攻破江南大营，不久太湖水师"营伍船械全失"②，彻底丧失战斗力。据记载，太平军曾将太湖南岸的长兴分为两段，"西南一带属陆段，城中伪襄王领之；东北一带归水段，夹浦伪天将领之"③，显然对一些水面已有意识地强化控制。南京、镇江一带水面太平军也是牢牢占据，三进三出扬州皆取道于此。通州、海门、靖江"一带出江济匪者，帆樯相望，无如何也"④，情况也非常糟糕。鉴于水面控制权丧失的现状以及江苏省是水乡泽国的特征，湘军统帅曾国藩在《预筹淮扬宁国太湖三支水师摺》中，建议清廷重新建立三支水师——淮扬水师、宁国水师及太湖水师，其中淮扬、太湖二支皆是为江苏量身定做：

> 淮、扬二郡，自古成为泽国，北有长淮，南有大江，中有洪泽、邵伯、高邮、宝应诸湖，运盐、串场、人字、芒稻诸河，巨浸支流，互相灌注，一片汪洋。若能造战船二、三百号，多购洋炮，精选将弁，则不特可以保下河之米、场灶之盐，亦且可以辅扬州之陆军，使逆贼不敢北犯；助临淮之陆军，使川路不致梗塞，此淮扬水师急宜筹办之情形也。
>
> ……金陵所以久而无功，亦由水师一面始终不得丝毫之助。今苏州既失，面面皆水，贼若阻河为守，陆军几无进兵之路，城外几无扎营之所。臣愚以为欲攻苏州，须于太湖另立一支水师。

曾国藩的建议最终获得了朝廷的采纳。两支水师皆由曾国藩在上游造船、招勇建成，淮扬水师在咸丰十一年（1861年）成军，太湖水师稍晚，在同治元年（1861年）八月建营。虽然原先设想江北淮扬，江南太湖，二者分区驻防，但由于太平军未有北犯两淮之事，且江南战事紧张，故淮扬水师"并无下驶淮扬的举动"⑤，实际和太湖水师一道，主要在江南上海一带围剿太平军。⑥

---

① 徐安琨：《清代大运河盐枭研究》，《文史哲学术丛刊》13，文史哲出版社，1998年，第197页。

② （清）赵尔巽：《清史稿》卷135《兵六·水师》，中华书局，1976年，第4009页。

③ （清）胡长龄：《俭德斋随笔》，中国史学会主编：《中国近代史资料丛刊》《太平天国》第6册，上海人民出版社，2000年，第760页。

④ （清）赵烈文：《能静居士日记》，载太平天国历史博物馆编：《太平天国史料丛编简辑》第3册，中华书局，1962年，第254页。

⑤ 王尔敏：《淮军志》，"中央研究院"近代史研究所专刊（22），1981年，第40页。

⑥ 《淮扬水师石人庙获胜片》《水师芦墟胜仗片》，收入《李鸿章全集·奏议一》，顾廷龙、戴逸主编，安徽教育出版社，2008年，第87、102页。

　　这一时期，曾国藩为长江防务另筹建长江水师一支①。太平天国灭亡后，淮扬水师除一部调往淮北防备捻军②，大部并入长江水师。长江水师除提督直辖的提标中营外，另设有岳州镇、汉阳镇、湖口镇、瓜洲镇和狼山镇，具体负责江苏防务的为提标中营的提标前营、瓜洲营和狼山镇。其中，提标前营"分防自乌江以下江面至通江集止，并防江浦、六合之内河"；瓜洲营负责通江集至鹿苑港一带江面及至扬州之内河；狼山镇管辖靖江八围港至海门一带江面及"北岸江口海汊"。③值得一提的是，在进行长江水师规划时，曾国藩曾想重新组建一支淮扬水师负责"淮河自正阳关以下自洪泽湖止，并连接苏属之支河湖荡"的水面防务，意图按淮河流域将苏皖打通。随后曾将这一想法"与安徽抚臣往返咨商"，最终却因当年黄河大水南趋"恐糜费过巨"作罢，替代方案是"苏省之东海营水师、盐城营水师，自可酌修驳船，整理旧制。而皖省洪泽湖上下，亦可添立二三营，为一支水军，以诘奸而御侮"④，大意是小修小补，暂时维持现状。

　　在江南，曾国藩对水师设置也进行了一番调整，按长江水师营制建立起江苏里河水师。里河水师共辖有江南提督右营，太湖水师左、右营，淞北营，淞南营五营，具体防区范围是：

　　　　淞北营巡缉吴淞江以北之支河湖荡，如尚湖、昆城湖、阳城湖、金鸡湖之类，并查刘河、北茆、七丫、福山、江阴等出江之口；淞南营巡缉吴淞江以南之支河湖荡，如淀山湖、澄湖、庞山湖、莺脰湖，暨叶舍荡、王江泾等处与浙江接界枪船出没之所，汛地至三泖为止；太湖左营巡缉东路苏州所属湖面；右营巡缉西路常州所属湖面，并查运河、东沈、西沈、长荡湖、漏湖等处；提标右营巡缉自三泖起至吴淞口止，专防黄浦江驶入腹地之门户。⑤

　　太平天国平定后，江南水面治安却仍有恶化之趋势，原因主要在于引文中所提及枪船一类水匪的存在。据学者考证，此类水匪至迟在嘉庆年间已出现，

① 参见胡海燕：《晚清长江水师新探》，暨南大学硕士学位论文，2010年。
② 《胶莱河防已定驰赴前敌督剿折》，收入《李鸿章全集·奏议三》，安徽教育出版社，2008年，第87—88页。
③ （清）曾国藩：《会议长江水师营制疏》，收入（清）葛士浚：《皇朝经世文续编》卷63《兵政二·兵制中》，广陵书社，2011年，第1815—1817页。
④ （清）曾国藩：《酌议江苏水师事宜摺》，收入《曾国藩全集·奏稿》卷27，中国致公出版社，2001年，第1488—1489页。
⑤ （清）曾国藩：《酌议江苏水师事宜折》，收入《曾国藩全集·奏稿》卷27，中国致公出版社，2001年，第1485页。

原先只是在太湖水乡驾船猎鸟，后逐渐转化为水匪①，咸同之际江南动乱时乘势而起，"人数多至数万，划船多至数千"，凭借水乡港汊分歧的地形优势"肆行劫掠，杀人放火，掳诈勒赎，无所不至"②，成为严重的水面祸患。太平天国灭亡后，里河水师面临的一大任务即为剿灭此类水匪。按曾国藩的规划，里河水师五营"凡近水面有事，皆系水师之责，近水口岸亦可兼顾。若离岸稍远，水师不能兼顾"③，职责重大。

甲午战争后，清廷大裁兵勇，除长江水师外，水师裁撤尤甚，"江北水师，已与陆汛结为一体，所余水师无几"，光绪二十七年（1901年）仅剩约300人。在江南，水师兵力亦不断削减，光绪二十八年（1902年）水师均改为巡警军；光绪三十四年（1908年），江苏巡抚陈启泰另组建水师巡防队一支④。整体上，江苏境内的水师开始逐步退出历史舞台。

二、水上警察的建立

1912年12月，北洋政府内政部、海军部联名通电全国，要求将长江及内外河水师改为水上警察"一并划归内政部管辖"，江苏都督程德全奉电后遵令照办⑤，江苏的水面管理结束了军管时代，步入了民政管理的新阶段。时人曾对水师与水警有一区别"清季水上治安，属于水师范围，然其所事，几仅为查缉水上盗匪而已，不足以视为水警"，而水警的职责要宽泛得多，除了治安，还需担起"卫生，编查船舶户口，以及维持风化，查禁违禁物品"等任务⑥，在民政管理上发挥着相应作用。

1913年上半年，江苏省完成水师改组，4月24日正式成立江苏省水上警察总厅⑦，总厅下设第一厅和第二厅，第一厅设于宝山县吴淞，下分三个专署及一个外海游巡队，负责外海、内洋和长江防务；第二厅设在吴县，亦下分三个分

① 关于枪船，学界研究较为丰富，参见吴竞：《试论枪船研究中的几个问题》，《苏州大学学报（哲学社会科学版）》，1996年第2期；王卫平：《太平天国时期太湖地区枪匪研究》，《江苏社会科学》2003年第1期。

② 《办理划船土匪片》，收入《左宗棠全集·奏稿一》，岳麓书社，2009年，第431—432页。

③ （清）曾国藩：《酌议江苏水师事宜折》，收入《曾国藩全集·奏稿》卷27，中国致公出版社，2001年，第1485页。

④ 王树槐：《中国现代化的区域研究：江苏省，1860—1916》，"中央研究院"近代史研究所专刊（48），1984年，第276页。

⑤ 《内政部、海军部咨各省都督将水师改为水上警察并将从前编制及弁兵船只数目造册送部电》，《政府公报》1912年12月19日第232号。

⑥ 公任：《水上警察之概要与船舶管理之关系》，《水警旬刊》1935年第15期。

⑦ 《国内大事月表·四月廿四日》，《国民月刊》1913年第1卷第2期。

署，驻防太湖流域水面，此外该厅还辖有一支飞划游巡队，驻防吴县，加强苏、松、常、太等处水上防务（见表 1-2）。

表 1-2　1913 年江苏省水上警察内河的防务划分

厅别	专署	分署	防区
第一厅	第一专署	第一分署	狼山通为洲一带
		第二分署	崇明至小黑沙一带
		第三分署	芦泾港至任家港一带
		第四分署	东季港至兔于港一带
		第五分署	福山、常熟至常阴沙一带
	第二专署	第一分署	下申港、下夹港一带
		第二分署	上申港、沙头口一带
		第三分署	上申港、丹阳一带
	第三专署	第一分署	京口至螺丝沟一带
		第二分署	大窝子至惠门桥一带
		第三分署	新河、朱家墩一带
第二厅	第一专署	第一分署	南汇、川沙、奉贤一带
		第二分署	上海、闵行、南汇一带
		第三分署	松江、枫泾、金山、金山卫一带
		第四分署	青浦、南翔、嘉定一带
		第五分署	太仓、七浦、镇洋一带
	第二专署	第一分署	太湖一带
		第二分署	吴县、吴江一带
		第三分署	淀山湖、盛泽、周庄一带
		第四分署	常熟、阳澄湖一带
		第五分署	江阴、无锡一带
	第三专署	第一分署	武进一带
		第二分署	宜兴、马迹山一带
		第三分署	溧阳一带
		第四分署	丹阳、丹徒一带
		第五分署	金坛、句容、溧水一带
	飞划游巡队	第一分队	驻苏
		第二分队	苏属
		第三分队	常属
		第四分队	镇江、江宁一带
		第五分队	松江、太仓一带

（注：厅别列中"总厅"跨第一厅和第二厅）

说明：1. 第一厅的外海游巡队防区在外海，未计入；2. 据《江苏省水上警察编制管辖表》改制，见《江苏省都督府、行政公署修正江苏暂行水上警察组织条例》，《江苏省公报》1913 年第 150 期。

从表 1-2 可以看到，北洋政府时期江苏省水警的覆盖面仅及于长江以南，江北的广大水面还未纳入全省统一的管辖范围之内。而江北进入全省统一规划之中已迟至南京国民政府成立之后。1927 年鉴于"近来受时局影响，溃兵土匪，到处滋扰"，10 月 14 日江苏省政府第 44 次政务会议通过"整理水陆警务"议案，决定"将全省水陆警务彻底整理统一"以加强治安防范。原水上警察厅被撤销，新成立水上公安总队，隶属于江苏省民政厅。① 新的水警组织共分七区，分块布防，遍及江南江北。

而据表 1-3（见第 47 页）不难看出，总体上江南水面及长江一线警力布防较密，而苏北地区水警总人数仅为 613 人，占全省水警总人数的 10.8%，相较面积之广饶、治安之严峻，显然兵力布防较为稀松，加之其武器装备也明显劣于江南，实质上国民政府时期江苏全省水面治安苏北要比江南严重很多。省厅虽"屡拟量予补充，藉资整顿"，但却"格于度支不裕，议辄中止"，终归没有实质性增强。扬州民间俗语云"邵伯湖里巡警——管得宽"②，不经意间暗示出该地区水警对湖区的覆盖较为有限。

20 世纪 30 年代以后，江苏省水上公安队不断处于调整之中，几经变迁。1931 年因第七区有警官私通土匪事件发生，省民政厅报省政府批准将第七区裁撤，原防区一部分并给第四区兼管，另一部分"则分别划归盐城、东海、灌云等县各就辖境负责防范"。③ 1933 年 10 月，剩下的 6 个区被改编为 4 个区，同时为补充水面防卫力量，1935 年要求各县编组水巡队"以维持水面治安，防剿水上盗匪为任务"④。抗战爆发后，南京国民政府的水警组织彻底瓦解，汪伪江苏省政府限于经费，仅在水道交通重要县份设立过水警，1940 年计有南京、苏州、无锡、吴江、江都、江阴、武进、靖江、丹阳、昆山、常熟、南通 12 个县成立了水警组。

---

① 《设立水陆公安管理处》，《江苏省政府公报》1927 年第 8—9 期。
② 《邵伯镇志》编撰委员会编：《邵伯镇志》，江苏人民出版社，1996 年，第 458 页。
③ 《裁撤水上公安队第七区》，《江苏省政府公报》1930 年第 379 期。
④ 《江苏省民政厅整顿水上公安改编各县水巡队》，《警高月刊》1935 年第 2 卷第 6 期。

表 1-3 1929 年江苏省水上公安队的人员配置及防务划分

	区	驻地	所辖警队	警官数（人）	警士数（人）	总人数（人）	装备	防区
江苏省水上公安队	第一区	闵行	区本部及第1、2、3、4、5队	149	890	1039	快枪896支，杂枪13支，炮9尊，巡船124艘	上海、青浦、南汇、松江、金山、奉贤、嘉定、太仓一带
	第二区	苏州	区本部及第6、7、8、9、10队	149	890	1039	快枪370支，杂枪417支，炮19尊，船124艘	无锡、武进、宜兴及吴县西南一带
	第三区	无锡	区本部及第11、12、13、14、15队	149	890	1039	快枪436支，杂枪516支，船118艘	太湖流域、吴县、吴江、昆山、常熟一带
	第四区	吴淞	区本部及第16、17、18队	85	622	707	快枪286支，杂枪188支，炮11尊，海船12艘，江船14艘	海门、南通、崇明、宝山及川沙沿海一带
	第五区	十二圩	区本部及第19、20、21、22队	137	1108	1245	快枪146支，杂枪886支，炮22尊，帆船114艘	江宁、江浦至江阴、靖江沿江一带
	第六区	清江	区本部及第23、24、25队	46	327	373	快枪43支，杂枪181支，船29艘	江北淮扬一带
	第七区	海州	区本部及第26、27、28队	16	224	240	杂枪264支，船12艘	盐城、阜宁、东海、灌云海边一带

资料来源：《设立水陆公安管理处》,《江苏省政府公报》1927年第8—9期；《充实水上省公安队的力量》,《明日之江苏》1929年第2期；《江苏全省水上公安队人员月俸表（最近调查）》,《明日之江苏》1929年第12期。

抗战胜利后，1945年11月27日国民政府颁布《江苏省水上警察队组织暂行规程》，重建水上警察组织，共设5个总队："水警第一总队驻松江；第二总队驻苏州；第三总队驻东海；第四总队驻江都瓜洲；第五总队驻淮阴"，共计2730人①。1946 年 12 月 11 日江苏省政府第 71 次会议通过《江苏省水上警察局组织规程》议案，"依治安需要就太湖、长江、沿海、洪泽湖、微山湖分设水上警察局"②，将原 5 个水警总队改为水上警察局。1948 年 7 月，微山湖水上警察局撤销③，同年 12 月 15 日国民政府最后一次颁布最新的《江苏省水上警察队组织暂行规程》④，此时苏北已失，江南危如累卵，已毫无实质意义。

综上可见，从清代到民国，从水师到水警，江苏的水面管理经历了从军事管控到民政管理的数百年历史，无论是帝制清廷，还是中华民国，对水面管理都有强化治安的迫切心态，虽手段不一，但无疑都具有了一定程度的治安意识，数千年传统政区中的这一空白，也逐渐填充进官方色彩。站在政府立场来看，这是行政管理的一大进步。

对这一进程进行肯定的同时，其实还应该看到管理能力的严重不足，除了水陆下垫面迥异造成的管理不适外，水警组织自身的运转也极为重要，民国时官方亦承认这是"一大关键"。不过这一运转却是弊端丛生，当时官方对其曾进行过一番检讨，其中归纳的几点殊为切中要害。

（一）水警官警往常欠深切训练，称职寡鲜。

（一）分队长以下巡官，往者每以长官差弁，随意安插，人品极杂。一到汛地，习与污浊为伍。

（一）巡船沿太湖水师护卡旧例，每多零星分拨。凡护卡，或类似护卡之巡船，年深日久，养成惰性，忘其本责。又标之法，应一律分队集中。且零星分驻，调集不易，设有股匪，啸聚为患，转辗报告，去日已多，而区部调集巡船，又费时日。及至部队到达，匪已饱掠，由甲地窜入乙地，或即散去；徒见文电征调，匪则一名不获；虚糜饷项，无补事实。

（一）盗术日新月异，骇人听闻；而水上公安队又复徒守成法。且一般名为水警，平日舍舟登陆，缺少训练，临时安能有济。枪法不熟，往往器械亦不齐全，一旦与挟有利器，久经格斗之悍匪相遇，窃恐转为所乘。⑤

以上几条充分暴露出水警行政执行力的欠缺，在民国多事之秋更易凸显其

---

① 江苏省地方志编纂委员会编：《江苏省志·公安志》，群众出版社，2000 年，第 213 页。

② 《江苏省水上警察局组织规程》，《江苏省政府公报》1946 年第 1 卷第 36 期。

③ 江苏省地方志编纂委员会编：《江苏省志·公安志》，群众出版社，2000 年，第 213 页。

④ 《江苏省水上警察局组织规程》，《江苏省政府公报》1948 年第 3 卷第 37 期。

⑤ 《对于苏省水上公安之整顿》，《明日之江苏》1929 年第 1 期。

不足。1929年提出这些问题时江苏全省水警尚有5682人，到1938年10月由于经费紧张，全省水警裁撤得只剩下2604人①，尚不及原先定额的一半，水警的覆盖范围更趋萎缩。紧接着的抗日战争、解放战争，江苏水面政权愈加不稳定，水警管理能力更是大打折扣，已难以应对不同政权间的水面军事冲突。

第三节　编户齐民：水上保甲的实施及其评估

除了水师或水警对治安的维持，水面管理另一极为重要的方面即是对水上人户籍的管理问题。前述明初河泊所对渔户的编组即属于这一层面。明隆庆时，郑若曾为防备倭寇亲自入太湖调查，曾感慨："然大小渔船未经刷集，一旦用之，欲望其出死力不能也。"②郑氏此处"未经刷集"指当时太湖没有编组渔户之事。

清代江苏省境渔户的编组也较为松散。如江北宝应县渔户册籍至迟在乾隆年间已"无从考其在无"③；高邮湖西渔户在咸丰时"星散"，同治十二年（1873年）高邮知州莫祥芝招募新渔户顶替却"莫有应者"，其后一直空缺④；江南太湖马迹山数千"业渔者"在咸丰三年（1853年）军兴，才稍有编组"渔户保甲"之举动⑤，可见该辈此前在水面较为逍遥自在。

太平天国平定后，为了强化水面治安，江苏出现了数次编组渔户的官方行为。同治七年（1868年），针对江南枪船问题，江苏巡抚丁日昌制定了严格的章程，规定水陆百姓将军械悉数上缴，原有枪船限期改造，船行不得再造，同时要求对渔户编组保甲，"每船编写粉牌，填给户口船单。以十船为一甲"；对农民也有规定，"置有农船、渔船者，即于户下注明船数"，取具互结"一家为

---

① 国民政府主计处统计局编制：《中华民国统计简编》表19，殷梦霞、李强选编：《民国统计资料四种》，"民国文献资料丛编"第14册，国家图书馆出版社，2010年，第34页。

② （明）郑若曾：《江南经略》，傅正、宋泽宇、李朝云点校，黄山书社，2017年，第90页。

③ 道光《重修宝应县志》卷23《艺文一》，《中国方志丛书·华中地方》第406号，成文出版社，1983年。

④ 民国《三续高邮州志》卷1《民赋志》，《中国地方志集成·江苏府县志辑》第47册，江苏古籍出版社，1991年，第281页。

⑤ 光绪《武进阳湖县志》卷24《人物·忠节》，《中国地方志集成·江苏府县志辑》第37册，江苏古籍出版社，1991年，第630页。

匪，九家连坐"，丁氏认为这样水陆都"互有查考"，是"正本清源之道"。①

光绪九年（1883 年）六月，两江总督左宗棠也提出了著名的创设渔团摺，要求在江苏省沿江沿海的"苏、松、常、太、通、海所属川沙、太仓、镇洋、宝山、崇明、嘉定、华亭、金山、奉贤、南汇、常熟、昭文、上海、江阴、靖江、通州、海州、海门、东台、盐城、赣榆、阜宁二十二厅州县渔户水手，共一万数千人"中，挑选四五千健壮组建渔团以加强海防、江防，健壮之外的其余渔户"皆就近编入保甲"②；十二月进一步详细规定"每县设团一所"及"定操期，每船人数报齐，于百人中挑选二、三十人充当团丁，每十名为一牌，牌有长，五十名为一甲，甲有长"之类的编组方法③。不同于丁日昌局限于江南的做法，左宗棠的覆盖面已扩散至江北，更具全局眼光，但具体实施时却很成问题，左宗棠亲自督办时"数月得数千人"④，算是差强人意，但其后据刘坤一称"因奉行未得其人，遂至中辍"⑤，彻底夭折。

南京国民政府时期，水上户口的管理是交由水警具体负责的。1928 年南京国民政府由内政部发文要求全国进行户口调查，其中对水上人的调查以"船户"的名目单独列出，调查项目包括"内分户主亲属同居及佣工之姓名，性别，已未嫁娶，有无子女，年龄，及出生年月日，籍贯，曾否入国民党，职业，宗教等"⑥。调查项目可谓巨细靡遗。通过这一普查，南京国民政府的确掌握到一定数量的水上户口，但将这一数字与 1953 年第一次水上人口普查时的数字进行对比（见图 1-1 和图 1-2），不难发现，除东台、太仓、南汇等县数据相差不大外，其余各县差距极大，虽然相隔 20 多年，水上人的出生率、死亡率会造成一定幅度的自然波动，但 1928 年江苏全省人口普查的总数为 34125857 人⑦，1953 年全省人口总数为 40852192 人⑧，即使计入这一增长率后差距仍然巨大，显然这一时期政府掌握的船户数量太过稀少，应存在巨大脱漏。

---

① 《计黏钞章程》，（清）丁日昌：《抚吴公牍》中册，朝华出版社，2018 年，第 838—843 页。

② 《创设渔团精挑水勇以资征防折》，《左宗棠全集·奏稿八》，岳麓书社，2009 年，第 268 页。

③ 《遵旨布置海防并办理渔团详细情形折》，《左宗棠全集·奏稿八》，岳麓书社，2009 年，第 365 页。

④ 罗正钧：《左宗棠年谱》卷 10，岳麓书社，1982 年，第 398 页。

⑤ 《请敕沿海举办渔团疏》，（清）刘坤一：《刘坤一遗集》第 2 册，《奏疏》卷 23，中华书局，1959 年，第 846 页。

⑥ 内政部统计司编：《民国十七年户口调查之始末》，殷梦霞、田奇选编：《民国户籍人口史料汇编》，"民国文献资料丛编"第 4 册，国家图书馆出版社，2009 年，第 5 页。

⑦ 侯杨方：《中国人口史（1910—1953 年）》第 6 卷，复旦大学出版社，2001 年，第 160 页。

⑧ 江苏人口调查登记办公室编：《江苏省人口统计》，1954 年，第 2 页。

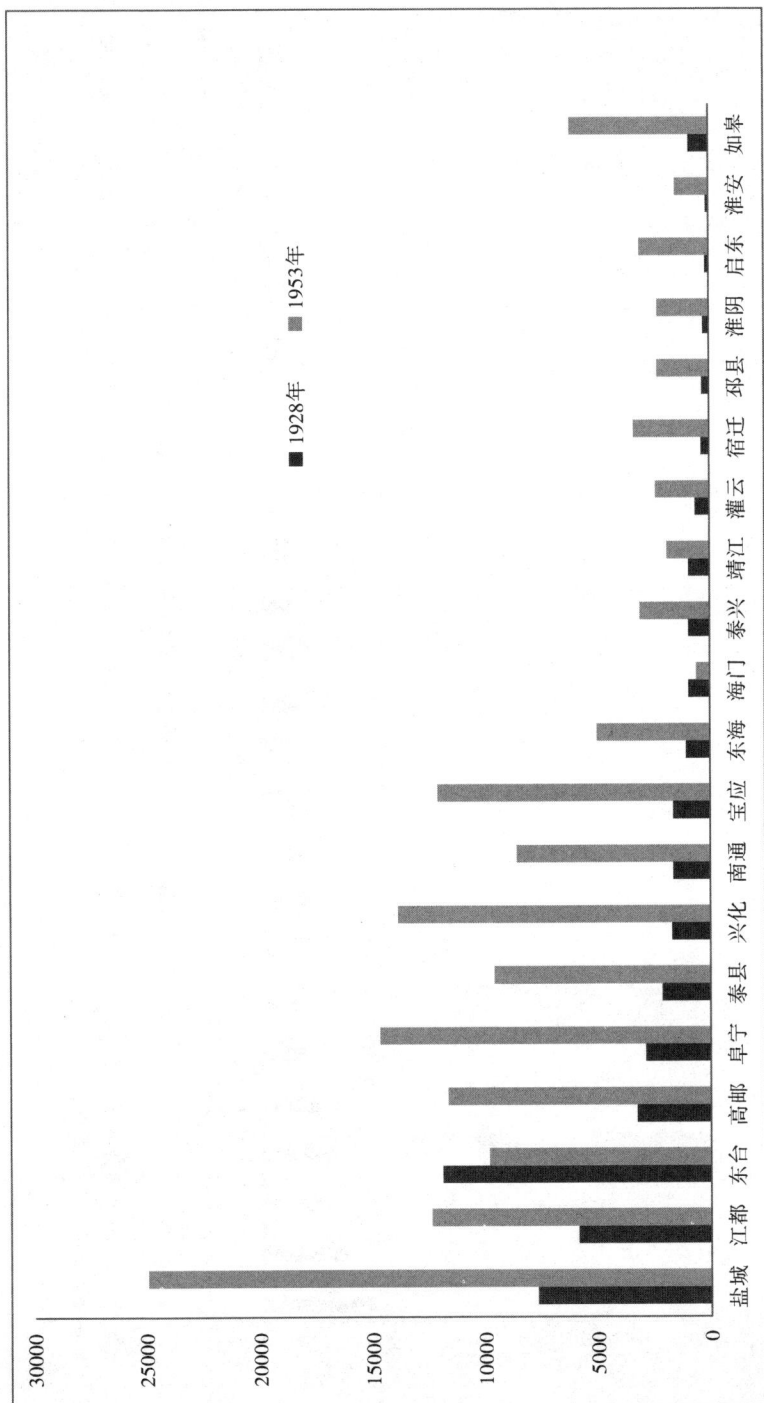

图 1-1　苏北地区 1928 年船户普查与 1953 年人口普查的数量对比

说明：因 1928 年与 1953 年苏北政区有一定变化，统计时以 1928 年政区为准，1953 年数据做调整。

资料来源：《江苏省水上人口分区统计》及内政部统计司编《民国十七年户口调查之始末》。

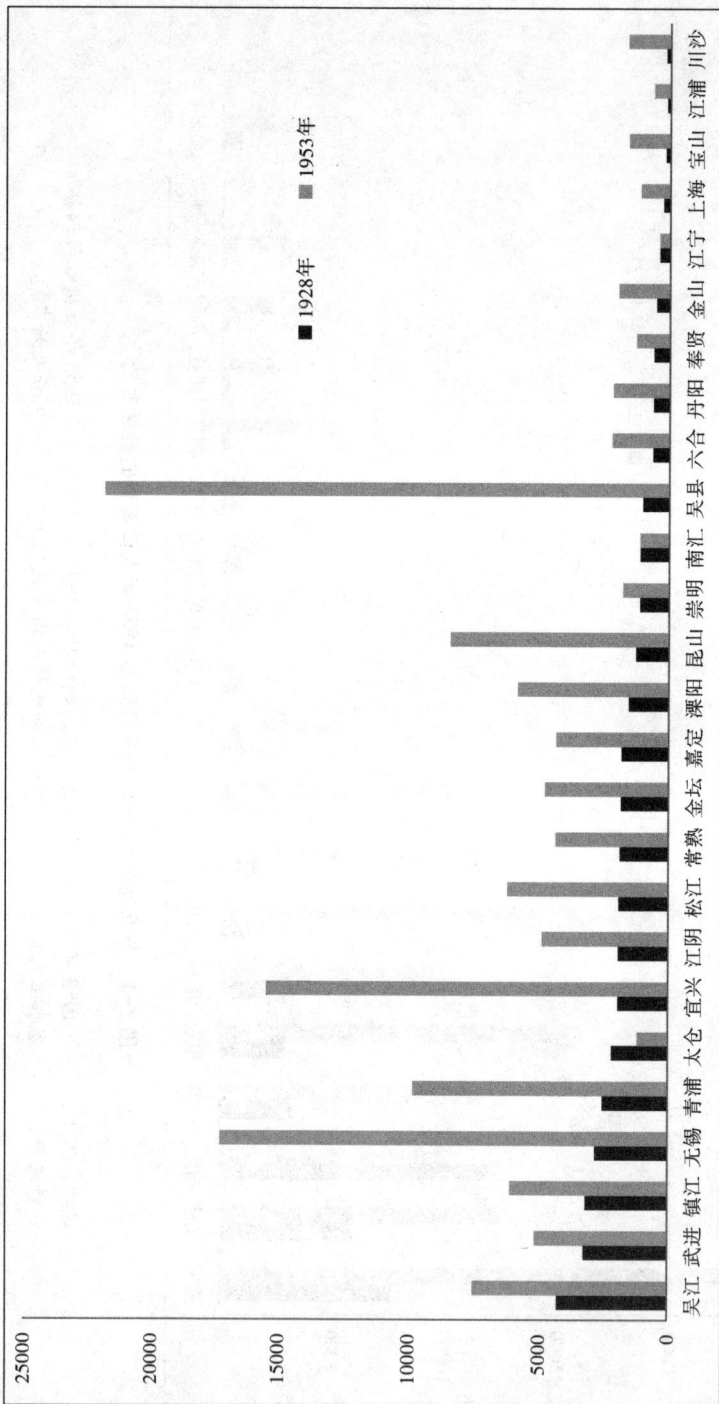

图 1-2 苏南地区 1928 年船户普查与 1953 年人口普查的数量对比

说明：1. 统计时以 1928 年政区为准，1953 年数据略做调整；2. 崇明、江宁、江浦、六合因历史时期长期属苏南统县政区，故计入本图；
3. 图中上海为上海县，非上海市；
资料来源：同图 1-1。

需要指出的是，虽然整体上水上户口的调查脱漏非常严重，但个别城市，如南京一度做得相对较好。1930年，南京市社会局派员对城市内河外江的民船做了一番调查。调查结果显示：中华门外有12个船帮，民船366只；水西门外有民船39只；外江有3个船帮，民船135只；浦口平浦路有运煤杂船35只；下关浦口两处有民船150只。① 虽然调查并非检括一清，也未详载船户人数，但对比1928年只列出28个船户，显然此次分区调查已有很大改善，当然这与南京当时贵为首都的地位是分不开的。

镇江作为当时江苏省省会后续也曾有类似的户口调查。1934年10月，江苏省民政厅在镇江市区举行"省会调查"，动用"一百余人，同时工作，垂两阅月而完成"，调查前户数是37954户，调查后是39751户，增加1797户，修正后数据显然精确不少。但笔者在仔细查阅"户口分类统计表"时却发现，"船户"一项数字居然是"0"，② 从常理推断，城区河道码头上不至于没有一户船民，最大的可能是当时调查时并未兼及市区的这一流动人口。

1935年为强化水上治安管控，国民政府又动了将保甲覆盖到水面的念头，对水上人实行了名目为"水上保甲"的编排，原则上以一船为一户，十户为一甲，十甲为一保，编入常泊码头统一管理③。江苏省实行较早，1934年已在江北南通、盐城、东海、淮阴、铜山五行政督察区试行④，但执行效果十分有限，如隶属淮阴行政督察区的宝应县此次共编组船户455户⑤，虽较1928年的309户之数量有一定的提升，但如果以一户四口计约1820人，对比1953年该县查得的12063人不啻霄壤之别。以此观之，江苏第一次水上保甲的编排其质量之粗疏不言自明。时人对水上保甲的重要性曾有这样的评价："水面与陆地的关系，在人民生活上说，又是不可能分离的，故水上的治安问题，可以影响到陆地上

① 《调查民航概况》，《首都市政公报》1930年第54期。
② 《江苏省会公安局各分局界内户口分类统计表》，镇江市档案馆藏：A009-1934-001。
③ 《江苏省清查户口编组保甲规程》中涉及水上户口的主要有六条。第七条：船户应就其常泊码头指定其为住所照普通住户编组保甲并编船字号数；第八条：船户系指帆船住户其轮船在海关及航政局及其他机关注册者仍需注明船籍港及其号数人数于常泊地之区长；第九条：船户不足五户者得附编于住所之家内满一甲者附编于住所之保内；第十条：船户不能定期常泊于其住所时应于出发前后将其目的地经路事由报告于甲长；第十一条：船户行船于一月内不能归还住所时应书面报告所属保甲长每月至少一次；第十二条：船户如系自成一甲其甲长于陆地须有住室仍以一户计之。总体思路是以陆控水。江苏省民政厅编：《江苏省保甲总报告》，江南印书馆，1936年，第30页。
④ 江苏省民政厅编：《江苏省保甲总报告》，江南印书馆，1936年，第28—29页。
⑤ 《宝应县县政概况》，宝应县地方志编纂委员会编：《宝应历代县志类编》，江苏人民出版社，1991年，第505页。

来，同时办理保甲，不是局部的问题，而是整个的问题，陆地虽办有成效，足使盗匪之属不能自足，但水上若没有编制保甲，实在是一个绝好的逋逃薮，能招致匪盗混足其间。"① 因而江苏水上保甲编组的不足不仅是一个水面的局部问题，还是一个极易引起水陆稳定的全局性大事。

1945 年抗战结束后，12 月底，国民政府在江苏为了配合"清剿工作"，省民政厅发文要求将"所有沿江各县船户保甲……迅速编组并严密管制"②，再次尝试编组水上保甲。1946 年年初，沿江各县奉令后虽有查编之举，但编组质量良莠不齐，如宝山和镇江的统计数字正误与否不论，甚至出现了简单的加减"讹误"，以致上报后受到了省民政厅的训斥，这从一个侧面反映出编组的粗枝大叶。1947 年为强化江北国统区治安，水上保甲的编排已扩展到江北兴化、高邮等县，但调查质量也并无起色。为了便于评估，笔者将目前调查已知的1946—1948 年江苏各县水上保甲编组口数与 1953 年第一次水上人口普查时的数字进行对比，制成图 1-3。从该图可以直观地看到，除太仓一县二者人口数字近似外，其余四县相差巨大，考虑到 1953 年水上人口普查的精确性，1946—1948 年间江苏的水上保甲编排必然存在较大脱漏。1948 年国民党江苏省主席丁治磐曾慨叹："江苏统计无基础，人无人籍，地无地籍，物无物籍，非独江苏为然，全国皆然，所以办事困难。"③ 在制度的设计初衷上，保甲的立意是治安，水上保甲的推行更为强调"严密管制"，但作为基础工作的编组都是漏洞百出，水上管制又能在多大程度上做到呢？斯科特认为"统计不足意味着政治上的不确定"④，这一判断同样可以概括国民政府水上管理混乱的现实。

---

① 《保甲制度的水上适用问题》，《水警旬刊》1935 年第 20 期。

② 《为遵令编组船户保甲呈报业已办竣附送统计表祈鉴核由》，江苏省档案馆藏：1002-乙-3166。

③ 《丁治磐先生访问记录》，"中央研究院"近代史研究所，1991 年，第 117 页。

④ 〔美〕詹姆斯·C. 斯科特，《国家的视角——那些试图改变人类状况的项目是如何失败的》，王晓毅译，社会科学文献出版社，2012 年，第 67 页。

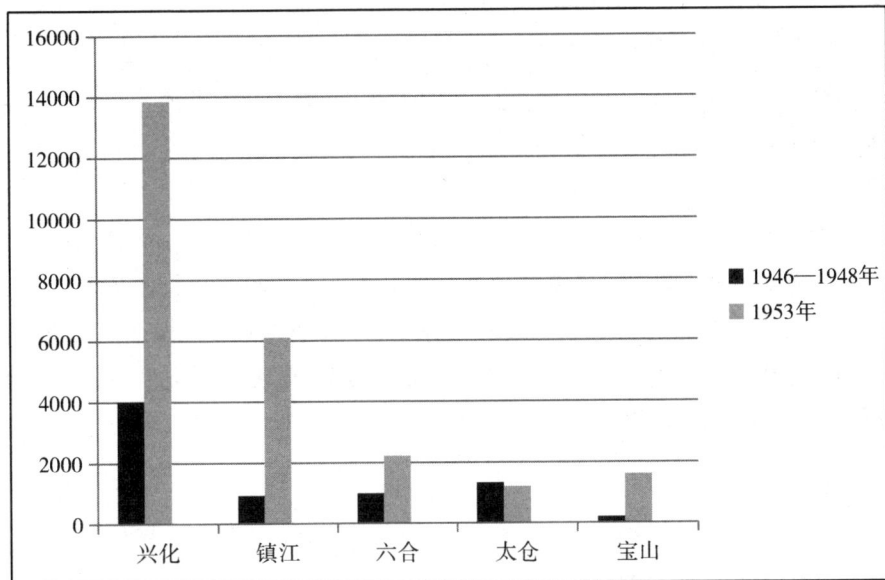

图1-3 20世纪40年代水上保甲与1953年人口普查的对比

说明：兴化的水上保甲人数为1948年数字，该年兴化编有10个保，估为4000人；其余各县市为1946年数字。

资料来源：《施政报告》，兴化市档案馆藏：103-1-35；《船户保甲户口统计》，江苏省档案馆藏：1002-乙-3166。

即便对已编入水上保甲的船户，国民政府的管理实际也非常松散。以兴化为例，1947年4月，为了防止共产党游击队潜入活动、"便于控制河面交通起见"，该县成立了船舶指挥所奉令编组水上保甲，除了给编入的船户"佩发船户证"，以及原则性地强调"船舶控制由戒备部队严格实施管制与检查"外，就只是规定了船只进出城区的停泊地点和时间：

船舶停泊地点：

1. 小东门外：北至蛋厂南至源隆油坊。

2. 宝塔湾：东至瓢庵西至宝塔湾。

3. 补锅塘：东至百花洲西至补锅塘。

4. 西门外：大教场附近。

5. 北门外：南至北闸桥北至观音阁。

船只进出时间：

1. 上午6：30点后放行。

2. 下午6：30点后就泊。

3. 非在通行时内禁止进出。①

　　这样的规定类似古时的宵禁，时间上留意的是月黑风高的晚上，空间上自然是对政府机关麇集的城区青睐有加，但对广大农村水面恐怕力难从心，已有听之任之之嫌。此外，由于兴化是水乡，除了水上船户有船外，一般农家也都备有小舟，水面上此船彼船实际模糊难分，如何识别大有难度，而官方所谓的"管制与检查"即使能在河道港汊落实，也需要极强的行政执行力才能持之以恒，但兴化直到1948年才勉强编成10个水上保，而此时国民政府在江北的统治已是日薄西山、难以为继。一江之隔的江南情况稍好，但也只是程度上的差异而已，没有实质性的改观。

---

① 《政情通报》第1期，兴化市档案馆藏：296-1-36。

第二章

1934 年水域政区化的设想

在传统的政治地理认识中，具有相当长度或面积的水域一般是以"山川形便"的原则应用于政区间的分界，这在《禹贡》关于九州的分界中早已有之，所谓"济、河惟兖州""黑水、西河惟雍州"，都有以水为界的区划意识。在欧洲，类似的观念也同样根深蒂固，莱茵河被视为一条线性的边界自《高卢战记》以来就长期存在，非洲的尼日尔河在欧洲人的认知中也莫不如此①。不过这种将水域"根据地图只是将其想象成一条线"的观念，在 20 世纪初遭到了法国年鉴学派学者费弗尔的强烈质疑，费弗尔认为河流本身存在一个"河边社会"，进而提出用"边疆地带"取代"线状边界"的研究理路②。21 世纪以后，国内学者在对水域的研究中也出现了类似的研究取向。如胡英泽在对传统时期陕西与山西间作为界的黄河的研究中指出了其宽度问题；徐建平则注意到湖泊作为边界由模糊的界限划定成精确的几何界线的动态变迁过程③。

1911—1949 年间，洪泽湖界在苏皖之间，湖之西、南分属安徽省泗县、盱眙县，湖之北、东分属江苏省泗阳县与淮阴县。洪泽湖既为两省之界湖，又为四县共管之水域，由于水面辽阔，盗匪横行，成为危害苏皖各县治安甚巨的匪区。晚清咸丰以降，随着黄河北徙，滨湖地区逐渐淤出大片湖滩，环湖各县纷纷放领垦殖，造成苏皖两省边界局势骤然紧张。1934 年 5 月，在治安与滩地问

---

① 〔法〕吕西安·费弗尔：《莱茵河：历史、神话和现实》，许明龙译，辽宁教育出版社，第 14—15 页。

② 〔法〕吕西安·费弗尔：《大地与人类演进：地理学视野下的史学引论》，高福进、任玉雪、侯洪颖译，上海三联书店，2012 年，第 335—346 页。

③ 参见胡英泽：《河道变动与界的表达——以清代至民国的山、陕滩案为中心》，载常建华主编《中国社会历史评论》第 7 卷，天津古籍出版社，2006 年，第 199—218 页、《流动的土地——明清以来黄河小北干流区域社会研究》，北京大学出版社，2012 年，第 309—368 页；徐建平：《从界限到界线：湖界开发与省界成型——以丹阳湖为例》，《史林》2008 年第 3 期、《湖滩争夺与省界成型——以皖北青冢湖为例》，《中国历史地理论丛》2008 年 7 月第 23 卷第 3 辑。

题的刺激下，安徽省第六行政督察专员鲁佩璋向蒋介石提出借鉴日本琵琶湖"水县"的范例，将洪泽湖区作为一整体政区化，设置洪泽县。揆诸史实，一湖水面单独设置一县是中国行政区划史上从未有过之举，这一设想代表了水域从边界向政区转变的一种政治尝试，而这一点与以往学者聚焦于水域作为界的性质的讨论有根本不同。

第一节　水涯利薮：洪泽湖的滩地纠纷

洪泽湖区在宋以前只存在人工修筑的如白水陂、破斧塘一类的零星湖泊，并非大湖。黄河夺淮入海后淮河水系逐渐紊乱；明后期，潘季驯为了治河，在黄河两岸大修堤防，将其固定在今废黄河道上，受此影响淮河下游河道迅速淤高，淮水东去受阻，不断扩散，"零星小湖和洼地连成一片，遂形成了洪泽湖"。为"蓄清刷黄"，隆庆、万历年间官府在湖东修筑高家堰，又人为地抬高了洪泽湖水位，湖水不断向西、北扩展，遂成巨浸大泽①。由于湖水弥漫，湖区"水沉抛荒田地"日益增多，在枯水季虽间有滩地淤出，但数百年间湖面总体呈扩大趋势，"水患频仍，久沉田亩旋涸旋没"②，滩地问题并不显著。

咸丰五年（1855 年）黄河改道北徙，这一重大变动是湖区滩地生成的重要转折点。"黄不逼淮，虽值甚涝，而湖水不致弥漫宅宅田田"③。洪泽湖滩日益淤出。据张煦侯实地调查，淮阴沿湖滩地多于咸丰五年后承领，时河道总督放领招垦，"一时官绅承垦如狂"④；湖西泗县也不甘人后，在光绪三十二年（1906 年）"设局清丈，逐段招领"⑤。

毫无疑问，各县争先垦占皆因利益驱动。据称，地主之有力者在芦苇初生及枯后专门卖"票"才许贫民采割，有所谓"放草飞子"之收入；水巡队则将水面菱茨之利垄断专享；一些大族亦直接在滩地种植落花生、豆类等五谷杂粮，再运销扬州、江南等地，实行产销一体经营。还有一点很重要，由于滩地性质

---

① 参见邹逸麟主编：《黄淮海平原历史地理》，安徽教育出版社，1993 年，第 204 页。
② 光绪《泗虹合志》卷 5《田赋》，《中国地方志集成·安徽府县志辑》第 30 册，江苏古籍出版社，1998 年，第 431—432 页。
③ 光绪《泗虹合志》卷 5《田赋》，《中国地方志集成·安徽府县志辑》第 30 册，江苏古籍出版社，1998 年，第 428 页。
④ 张煦侯：《淮阴风土记》，收入淮安市地方志办公室编：《淮安文献丛刻》第 9 册，方志出版社，2008 年，第 446 页。
⑤ 沈君豹：《洪泽湖》，《运工周刊》1932 年第 11 期。

不同于普通农田，很多滩地开垦成熟后，往往拖延改赋，并未升科大粮田亩，赋税较轻①，性价比更高。

新涸滩地获利颇丰自然多受觊觎，但是由于界址不明，往往频生事端：

> 然湖旷无垠，水面尤多变迁，沙岸毗连，占有之家最易互起争执。或伐其芰蒲，或夺其柴柳，或竟捏名蒙领其滩，或兴械斗，则杀人盈野，或兴诉讼，则用钱如洒，甚不惜也。沿湖各县居民因此时遭惨祸，沙田官署，足不涉湖河之大，听其蒙混，坐收渔人之利，以致滩上累滩者有之，一地两领者有之，指鹿为马者有之，设官至此不徒无益于民，而又害之！②

利益驱使之下，湖区充斥着暴力、强权与血腥。张煦侯《淮阴风土记》称"小有不和，挥拳取决；甚有清早纠众，各执武器，围攻敌人之门者，谓之打闪仗"③，对此种械斗张氏的概括一针见血——"力大为雄"，可见湖区暴力之盛行。

围绕洪泽湖湖滩，苏皖两省的关系也渐趋紧张，特别在盱眙和淮阴老子山交界的泰安七乡滩田，双方势同水火。此事《淮阴风土记》载之较详：

> 缘此间一带滩田，旧亦曾报永沉，同治放领，除砂礓、水塘、官路、黄冈不计外，凡得游滩草田二百九十二顷六十八亩，南界直抵盱眙之都灌塘。原领花户，各有清册。中有三十二户，因地多在水，不便耕植，先后退出地九十六顷。光绪年间，拨为犹龙书院学田。滩田有界碑，学田亦有勒石两方。徒以地处荒僻，无人经理，致被附近盱眙人民逐渐盗占至一百二十七顷之多。民国五年，盱人邹骥昌又肆意北占，当被我县拘押，退出侵地，建立封墩，而久占之一百二十七顷，则仍被占如故。民国十八年，经两县依界碑形势会勘，甫丈出二十余顷，界碑南之百余顷尚未丈及。而骥昌兄弟有邹俊昌者，竟不服勘丈，擅自割麦。山民前往理论，邹突出男妇二百余人，拳械交加，当下砍伤李排长，架去民夫丁祖道、刘得标二名，邹子亦中流弹殒命。自此次血案之后，至今无明确之划界，以证据言，在我虽视为铁案，在事实上已成悬案矣。④

---

① 《令淮阴查复洪湖滩地应升亩数》，《江苏省政府公报》1931年4月1日。
② 高天：《洪泽湖老子山实录》下，《江苏研究》1936年第2卷第11期。
③ 张煦侯：《淮阴风土记》，收入淮安市地方志办公室编：《淮安文献丛刻》第9册，方志出版社，2008年，第462页。
④ 张煦侯：《淮阴风土记》，收入淮安市地方志办公室编：《淮安文献丛刻》第9册，方志出版社，2008年，第422页。

引文显示，围绕泰安七乡曾有 1916 年和 1929 年两次纠纷，其中 1929 年尤为严重，光盱眙一方就出动了 200 余人，按常理推断暗中应有相当的组织调度。因张煦侯是淮阴人，语涉淮阴之处较轻描淡写，但从淮阴方面有李排长被砍伤事情看，淮阴方面是出动了军队，而邹俊昌之子"中流弹殒命"，可知淮阴方面是开枪了，场面显然相当失控。另外，从张文来看，淮阴县在清代可能已经先行垦殖泰安七乡滩田，并曾单方面竖立过界碑和勒石，在盱眙邹骥昌垦占后，又有封墩划界之举，但在湖滩利益面前，盱眙人显然并不承认。

冲突发生之后，1930 年 5 月，苏皖两省、县代表 11 人曾前往勘丈，但江苏"主解决省界，皖方则谓先决问题在刑事，划界当留为第二步。议论不合，终于流产"。此后皖省提出了高妙的釜底抽薪之案——将老子山乡改隶盱眙县。对此，苏省淮阴人大为不满，认为皖方"耽耽 [眈眈] 于涸滩之利薮，欲划老子山而利得之"，并指出"倘能将老子山划归盱眙，不但学地纠纷从此胜利；而导淮成功，涸出良田，盱人亦得坐享其利"。① 不过皖省的如意算盘并未得到国民政府的批复，两省省界仍然维持现状。虽然提案被中央搁置，但从实际得利来看，安徽省和盱眙县还是赢家，因为争议滩田仍在其实际控制之下。

围绕滩地诱发出的水利纠纷也是苏皖两省矛盾所在。高家堰三河坝为淮水入运的第一重门户，是控制里运河水量之关键，此处盱眙县有河滩若干顷，"水涨则没，水涸则现"。1914 年 6 月，盱眙蒋坝清乡局局长刘永泰曾欲将此滩地丈量放领，但江苏省以湖防为由交涉；1915 年 8 月，安徽省财政厅委丈官产委员方国治又前去丈量放领，苏方再次咨行盱眙县，"声明该项滩地性质与别项滩地不同"，希望免予放领，但"当时未能解决，后此纠纷益繁"；1919 年 7 月，江苏省省长齐令开据情转咨安徽省省长请查核办理，但安徽省未有明文判决，遂拖成悬案；1928 年 10 月，江苏省建设厅再次"转呈江苏省政府函请安徽省政府令行盱眙县垦务专局将洪湖、新旧义河及仁河淤滩免予放领以维湖防"②，但皖省依旧态度不明。

到了 1929 年 7 月，南京国民政府成立导淮委员会整治淮河后，形势发生了重大变化。因缺乏经费及综合整治的考虑，国民政府以中央政府的名义将黄、淮、运及洪泽湖新涸滩地收归国有，充作导淮经费，洪泽湖滩地渐渐从局部地区斤斤计较的蝇蝇之利转变成统一规划的全湖性的丰腴利源。导淮委员会曾有

---

① 高天：《洪泽湖老子山实录》下，《江苏研究》1936 年第 2 卷第 11 期。

② 《呈江苏建设厅为据情呈报盱眙县垦务专局放领洪湖滩地拟请转呈省府函请皖省政府令饬免予丈放以维湖防仰祈鉴核文》，《江北运河工程局丛刊》1929 年第 3 期。

一个毛估，"谓淮河下游疏浚后，洪泽湖即失蓄潴之效，中部即无泛滥之虞，洪泽湖滩自然出现，而两岸湖滩至少可获四百七十万亩，均系极肥沃之土地，尤适宜于稻作，生产额将三倍于其他水田"①。对此，安徽方面自然不会无动于衷，在1934年5月提交水县方案前，安徽省民政厅已经派人"详细查勘全湖面积，湖滨滩地及沿湖陆地之处理"②，显然谋划在胸。

第二节 湖区与匪区：匪患丛生的洪泽湖

洪泽湖的匪患由来已久。清陶澍改革盐法前，由于"洪泽湖为淮北拨盐总汇，而枭匪每易出没"③，已引起时人注意。道光十二年（1832年），票运准行，私枭失利，流为剽劫，渡洪泽湖视为畏途。道光十三年（1833年），陶澍因"匪徒出没湖中，往往有乘机纠抢之案"，且江苏、安徽"两省营汛窎远，声气未能联络，此拿彼窜，稽查难周"④，为查禁私枭，于洪泽湖老子山特设洪泽湖水师营都司，专司缉捕湖匪，绥靖水面。营中设都司、千总、把总、外委、额外等官，辖马步战守兵140名；后因全湖水面太过辽阔，道光十四年（1834年）增兵至220名，"分驻弹压"⑤。至此，洪泽湖始有专门、统一的水面治安组织。

同治以后，为节省饷银，清廷裁撤淮军营勇，"其所裁之勇或习于行伍不愿回里营生，或孑然一身无家可归，游荡江湖，遂不免流为匪类"，洪泽湖即为其巢穴之一，据称"船艇既多，枪械尤利，横行无忌，出没不常"，一旦"遇有官兵兜拿，则公然拒捕，炮火轰天，如临大敌"，而"涣散之兵卒不敌亡命之悍党，非死即伤，时受惩创，故地方官吏皆畏之如虎，莫敢谁何"⑥。显然，时局的动荡已使得洪泽湖的水面治安变得相当严峻。

1911年以后，洪泽湖水师营曾一度改组为江北湖河水巡团第三营，但旋复裁撤，洪泽湖的水面治安更迅速恶化。时人注意到，以前"淮盐出湖与皖米运

---

① 《导淮垦殖计划》，《地政月报》1933年第1卷第4期。
② 《安徽省政府民政厅二十三年五月份行政报告》，《安徽民政公报》1934年第4卷第5期。
③ 乾隆《泗州志》卷5《盐策》，《中国地方志集成·安徽府县志辑》第30册，江苏古籍出版社，1998年，第233页。
④ 《洪泽湖移设都司折子》，《陶文毅公全集》卷22《奏疏》，《续修四库全书》第1503册，上海古籍出版社，2002年，第158页。
⑤ 《新设洪湖营地方辽阔酌请添设弁兵以重巡防折子》，《陶文毅公全集》卷22《奏疏》，《续修四库全书》第1503册，上海古籍出版社，2002年，第160页。
⑥ 《论洪泽湖盐枭之蠢动》，《申报》1905年4月17日第1版。

苏（红米）往来船只，尚无障碍"，但"顷据最近经过该湖来苏米船称说，沿湖各处股匪甚多，大股数百，小股数十，各据地段，遇船则抢，其较大船只苟无军队保护，即不能行驶自由云云"①。

水面不宁，滨湖地区也多受波及。1932年扬州人李伯通出版的小说《丛菊泪》在记洪泽湖事情时，除了讲高家堰，就是讲"哨风的帮匪"②。讲前者是因为该地有历史上著名的俗语——"倒了高家堰，淮扬两府不见面"，讲后者则是暗示现实治安状况的不良。据报道，由于湖匪的猖獗，沿湖乡民不敢下湖割麦，因公欲往湖滩者也都裹足不前，滨湖集市的生意也非常冷淡，时人哀叹"萑苻满目，民不安枕"③。今据上海《申报》材料，举其剧者，列表于下（见表2-1），以窥一斑。

需要说明的是，表中所列匪徒"不仅刀、棒之类早已弃置不用，便是老式毛瑟枪也不屑一顾，人人尽有来复枪、手枪等"④，武器精良，实力不容小觑。每年青纱帐未起时此类强人就已在滨湖一带"聚众会议，筹画分区劫扰等事"⑤，具有高度的组织性与危害性，绝非一般毛贼可比。据称光湖中枭匪就有土帮、红帮、河南帮等十余帮之多⑥。军阀混战后，一些"散兵游勇乃又结伙为匪"⑦，也往往在此落草为寇，其组织更是照搬军队"凡大小头目，仍称为营连长等名目……所用旗帜，仍沿其旧"，故时人感觉"与官兵仿佛"⑧。据称洪泽湖最大的土匪魏友三，其"部下约有60%是退役士兵"⑨，加上收罗的各处强匪，鼎盛时据说可达万人。

---

① 《洪湖匪讯一斑》，《申报》1923年9月18日第10版。
② 李伯通：《丛菊泪》中册，江苏广陵古籍刻印社，1998年，第37—38页。
③ 《淮扬杂讯》，《申报》1926年6月16日第9版。
④ 陈经山编著：《盛世说湖匪——洪泽湖匪事调查与研究》，中国戏剧出版社，2006年，第27页。
⑤ 《清江》，《申报》1926年4月24日第10版。
⑥ 《洪泽匪势复张》，《申报》1918年1月4日第7版。
⑦ 孙天骥：《江苏省第七行政区清乡纪要》，收入台北市淮阴同乡会编印《淮阴文献》，1984年，第37页。
⑧ 《宝应》，《申报》1927年11月1日第9版。
⑨ 陈经山编著：《盛世说湖匪——洪泽湖匪事调查与研究》，中国戏剧出版社，2006年，第7页。

表 2-1 1911—1934 年间洪泽湖地区的匪患事件

年份	匪徒情况	劫掠地点	事件经过	出处
1914	徐老五、方老三、马学仁等聚集党羽数百人	盱眙县洪泽湖附近	肆行抢劫，烧杀淫掳，无所不为	《呈请都督剿匪》1914年1月20日第6版
1917	王小秃子、唐三嘲、裴俊六等各带数百名	苏皖交界地方洪泽湖边	架人勒索	《南京快讯》1917年9月8日第7版
1918	大帮枭匪	洪泽湖盱眙、天长等县	骚扰	《镇江》1918年1月25日第7版
1921	魏六率股匪100余人	淮阴赵家集	致伤数命	《赵集又来股匪》1921年8月4日第11版
1925	匪徒200人	淮阴洪泽湖地区	被杀者80人，受伤者甚多，全村遭劫，房屋被焚，产业被毁	《洪泽湖匪之残酷》1925年1月19日第6版
1926	大股土匪七八百名	苏皖交界洪泽湖套一带	被苏军及民团击溃	《滁州快信》1926年2月7日第9版
1926	股匪约500人	由洪泽湖窜入睢宁	肆行骚扰	《徐州快信》1926年8月17日第9版
1926	股匪数百名	泗县洪桥	陆军连阵亡排长1名、中士2名，伤兵士5名	《蚌埠》1926年11月3日第9版
1928	积匪刘五捻，率匪徒数百名	洪泽湖	抢劫商船，架人勒赎	《淮北人民请兵剿匪》1928年10月29日第7版
1930	三条腿之蒋国常，啸聚千余人	盱眙、泗县	劫掠焚杀	《皖苏边界之匪氛》1930年10月16日第8版

年份	匪徒情况	劫掠地点	事件经过	出处
1931	盱东著匪裴四、陈五、韩杰臣、吴其林、王学诗等股，纠集千余人	洪泽湖老子山、盱眙、宝应	前后数役，警团阵亡兵士6名，伤4名	《明光》1931年10月28日第10版
1932	魏友三、左良凤等股匪近500人	洪泽湖、泗阳	绑架肉票200余	《梁冠英剿匪报捷》1932年4月3日第8版
1932	魏友三、高元龙等	洪泽湖滨归仁集等处	绑架肉票70余	《江北匪窜扰洪泽湖》1932年5月22日第8版

　　另外可以想见，新闻所报道的事件要少于实际发生的数量。从现有的地方文献来看，洪泽湖区还曾发生过两次规模浩大的匪祸——老子山的"四二七惨祸"和"一六四八浩劫"，淮阴人每每提及，言称"痛史"。

　　"四二七惨祸"乃1925年4月27日盱眙匪徒涂二瘪嘴洗劫老子山之事件。当日，老子山水巡队杨姓连长召集地方绅耆于犹龙书院商议御匪之策，突遭匪徒入室偷袭，全体遇难；水巡队营房亦被"分批登岸"的匪徒攻击，死伤18人，余皆逃散。匪徒破营后杀人劫市，恣其所取，后虑有援兵才裹挟"男女肉票及所掠财物，入湖张帆而去"①。此次事件有两点值得注意：一是匪徒先破营后劫市，其气焰之嚣张，筹划之严密，组织之有序，祸害之严重，令人震惊；二是匪徒先"分批登岸"，再"入湖张帆而去"，其进进出出如此从容，视洪泽湖有如自家院落。显然，政府对湖区的控制力是极度薄弱的。

　　"一六四八浩劫"也是指洪泽湖老子山乡被洗劫之事，时在民国十六年（1927年）4月8日，故有此称。1927年年初，匪首高八在洪泽湖"聚众千人，依滩结寨，凭水为险，杀人越货，莫敢谁何"②，后高部被两度招抚，暂时安稳。时年3月，因国民革命军北伐，孙传芳在苏皖势力瓦解，高部饷源断绝，遂盘踞洪泽湖边龟山叛乱，"一月之间，百里之内，焚劫一空"。老子山在4月8日也惨遭蹂躏，乱后"阴气森森，俨如鬼域"。当地人对此乱有两点认识：第一，

---

① 此次事件详见张煦侯：《淮阴风土记》，收入淮安市地方志办公室编：《淮安文献丛刻》第9册，方志出版社，2008年，第411—412页。

② 高天：《洪泽湖老子山实录》下，《江苏研究》1936年第2卷第11期。

地理上，洪泽湖边"荒滩水浒，柳苇丛生，数十里不见天日，尤为天然藏匿之渊薮"；第二，政治上，安徽"地方长官，力不能制，舍剿尚抚，苟安旦夕，遗祸邻境，尤属不关痛痒"，这一点既表明了苏人对皖人的不满，也凸显出湖分两省管制上的尴尬。二者统而观之，即为洪泽湖的政治地理形势。

更令人心惊的是，一些湖匪甚至想到了占湖自立。1924年3月，土匪魏友三曾经在江苏睢宁县王官集召开了一次大型的秘密会议，与众头目商讨是开展游击战还是在熟悉的洪泽湖区建立一个永久性根据地①。会后魏帮匪徒流窜洪泽湖烧杀劫掠，魏友三则成了湖区谈之色变的"上下湖总瓢把"（上湖指骆马湖，下湖指洪泽湖）。此后，随着环湖各县匪祸愈演愈烈，洪泽湖最终成了名副其实的盗贼渊薮，时人称"每届青纱帐起，顿成恐怖世界，'匪区'之称，已被举国公认"②。湖区几等于匪区。

南京国民政府成立后，苏皖两省都有水警之建制，江苏省将水上公安队按次第分，安徽省则按地域分③，二者于洪泽湖都有鞭长莫及之势。如皖属洪泽湖隶长淮水上公安局洪湖区水巡大队管辖，水警仅32人，钢板划船也仅3艘④，相较于湖面之辽阔，匪盗之烦扰，其管理几乎可用形同虚设概之。

第三节　洪泽湖面的界线表述

滩地与治安问题皆与湖面界线息息相关。自清代江南省分治以来，在行政区划上洪泽湖长期为江苏、安徽两省的界湖，但沿湖州县对该湖如何划分却一直没有定说。乾隆《江南通志》卷2《泗州图说》在描述云泗州州界时，称"东接淮安，南连六合，西通灵璧，北抵下邳，为水陆都会，与淮郡以洪泽湖为界"⑤，虽然说了该州的四至，但对湖面上与其他州县间的分界并无任何说明。同书云桃源县（即泗阳县）界时则称"东四十里至高家湾清河县界，西六十里

①　陈经山编著：《盛世说湖匪——洪泽湖匪事调查与研究》，中国戏剧出版社，2006年，第25页。

②　范成林：《淮阴区乡土史地》，收入淮安市地方志办公室编：《淮安文献丛刻》第9册，方志出版社，2008年，第220页。

③　内政部第一期民政会议秘书处编：《内政部第一期民政会议纪要》，收入沈云龙主编：《近代中国史料丛刊三编》第53辑，文海出版社，1989年，第158页。

④　《拟呈洪泽湖设立水警方案》，《安徽民政公报》1934年第4卷第4期。

⑤　乾隆《江南通志》卷2《泗州图说》，广陵书社，2010年。

至白洋河徐州府宿迁县界，南四十里至洪泽湖心泗州界"①。此处清河县大致相当于民国时的淮阴。该条记载笼统地提到了桃源县南界在洪泽湖的中心，即所谓的"以湖心分界"，相较前者虽已有所交代，但具体如何划分依然语焉不详。

乾隆《盱眙县志》凡例载有一幅洪泽湖图，此图用文字的形式对湖上的界限进行了一番说明，主要有以下几条："泗州西岸自临淮口北行水面六十里至胡家牌楼与桃源县交界"，交代了泗州与桃源的水面界限；"泗州长河二十里与清河县老子山交界"，交代了泗州与清河的水面界限；"其东沿石工一带，自武家墩至三滚坝、南坝之南，系山阳县境与盱眙交界"，交代了山阳与盱眙的水面界限；"洪泽滩起至河口三十里系清河县地方"，交代了清河与桃源的水面界限；此外在该图右下方杨家皋下方水面另标出了"桃泗交界"，算是对两县在该处分界的说明。且不论这几条说明是否可信，单就图说本身而言，可以肯定沿湖州县间形成的只是笼统、粗略的大致界限，绝非精确的几何界线，故图上没有用线条划分湖面的此疆彼界，这一做法实是当时情形的真实反映。

光绪二十二年（1896 年）刊印的《江南安徽全图》曾收有一幅泗州直隶州图，该图对湖面划分也有一说。该图在洪泽湖面上画有两条界线，正中间一条将全湖一分为二，洪泽湖西半部圈入泗州境内。东半部沿湖岸另画有一 U 形界线，开口朝西，与中线形成闭合，闭合区中的一大片水域被划入盱眙县境，江苏淮安府仅有线外一点寡水。依该图，洪泽湖几乎全入皖境，显然这种画法是站在安徽立场上所作。该图由刘筹纂修，而刘氏为安徽候补知县，曾参与过安徽巡抚沈秉成主持的安徽舆图测绘，为总纂，地位很高②；该图完竣后刘氏又因安徽巡抚保举，受到过清廷"奖叙"③。了解到这一层背景，图上的画法就不足为奇了。

民国时，时人对洪泽湖面上的界线划分也没有什么"定于一"的认识。1926 年的《泗阳县志》所附的洪泽湖图在湖面上有三条界线，中间一刀切，湖西划入泗县；在湖东另作两条"三家分晋"，西北部水面划入自家，东北部水面划入淮阴县，南部水面则划入淮安县界，盱眙县几乎完全不占水面。同光绪二十二年刊印的《江南安徽全图》曾收入的那幅泗州直隶州图一样，这张图带有

① 乾隆《江南通志》卷 10《舆地志》，广陵书社，2010 年。
② 中国第一历史档案馆：《清光绪朝各省绘呈〈会典·舆图〉史料》，《历史档案》2003 年第 2 期，第 43 页。
③ 《光绪朝实录》卷 380，光绪二十一年十一月丙辰条。

明显的政治倾向，代表的主要是泗阳县的利益。最为夸张的是该图将泗阳县拥有的湖面一直划到了最南端淮阴县老子山附近，明显违背客观现实。此外，该图另有一明显讹误：1926年淮安县并不临湖，不占任何湖面，该图却划给淮安县洪泽湖东南方向如此份额的水域，实在是张冠李戴。综上可见，该图虽有精确界线，但不过是单方面的主张而已，没有任何历史或现实依据，不能视为实际界线。

同为苏属的淮阴人对湖面划分也有看法，认为："以政治区域言，苏、皖二省各有其半；在苏境者，泗阳、淮阴又二分之"①。此外，淮阴方面还有更为极端的说法，认为洪泽湖面大部分属于江苏省，苏省占水域80%，皖省只占20%②。此二说都不足为凭。

安徽方面，《泗县志略》在涉及本县县境时只有"东接苏省泗阳、淮阴两县，南接五河、盱眙两县"寥寥数语，③ 并不涉及湖面界线如何。采用这一笔法的还有《江苏省地志》，言淮阴县时称"县境南北狭长，北界沭阳，东界涟水、淮安，西界泗阳，南跨洪泽湖，含有湖南岸之老子山地，与安徽之盱眙接界"④，也巧妙地回避了这一问题。

从对清代以来历史资料的梳理来看，无论是文献记载，还是地图区划，江苏、安徽两省都说法不一，但都没有足够有说服力的强证来证明自己能多划一片水，实际情形是洪泽湖湖面上是没有界线可言的，即使粗略的界线也非常含混。而且尤其需要强调的是，水位对界线亦有很大影响。由于汛期和枯水期的差异，湖区水位会呈现季节性的变化，而这自然会使得洪泽湖湖面呈现出一定幅度的自然盈缩，直接导致作为"边疆地带"水界的变动不居。其实早在康熙六年（1667年），两江总督麻勒吉在查勘洪泽湖区抛荒田地时就已注意到这一现象，"又勘水沉处，所见一片汪洋，不分亩畔，昔日新耕之地，今皆泛舟而行"⑤。显然，对领有湖区水陆的政区而言，湖面的盈缩不仅会影响境内水陆的消长，而且会模糊政区之间的界线。1912年后，安徽方面曾有一种说法是"一湖之水，划分苏皖，既无天然形势之可分，又无人工界限之可据，是苏是皖，

---

① 张煦侯：《淮阴风土记》，收入淮安市地方志办公室编：《淮安文献丛刻》第9册，方志出版社，2008年，第396页。

② 邢祖援：《淮阴地形及沿革概况》，收入台北市淮阴同乡会编印《淮阴文献》，1984年，第21—22页。

③ 鲁佩璋修：《泗县志略·形势》，1936年铅印本，第2页。

④ 李长传：《江苏省地志》第四编《地方志》，1936年铅印本，第334页。

⑤ 光绪《泗虹合志》卷17《艺文》，《中国地方志集成·安徽府县志辑》第30册，江苏古籍出版社，1998年，第620页。

虽湖中土著莫得其详"①，就是考虑到水位变动的重大影响。

湖面界线不明，体现在方志或图集中就是各执一词，诸方口头和笔头上"公说公有理，婆说婆有理"倒也无妨，但具体到政府的行政管理上就难免出现诸多漏洞，而这种漏洞在前两节所述湖区治安与滩地问题上表现得尤为明显。

民国时，苏皖边界地带匪患丛生，一直是两省行政力量薄弱的地区，在画地为牢的行政管理体制下，作为两省界湖的洪泽湖实际为四县共管的水域，但由于湖面辽阔却无界线可分，遇有匪患，各县多持"遗祸邻境，尤属不关痛痒"②的心态，湖区遂逐渐沦为令人谈之色变的匪区。

相对治安问题放任自流，水涯滩地则成为两省都意图染指的利薮。由于水面本无界线可言，水退之后形成的浅水滩地也多是无主之地，在经济利益驱使之下，环湖各县自然纷纷争占，占有之家从具体的势家到乡、县直至行政督察专区、省。时人在言苏皖边界滩地纠纷时称："迄今三年，地方人士，历次抗争，虽本县人士，不无愤慨。"③可见苏皖边界矛盾已不断激化。

第四节　水警还是水县？

1934 年 5 月，安徽省政府向国民政府军事委员会委员长蒋介石提交了《拟呈洪泽湖设立水警方案》④，方案如下：首述陶澍所设洪泽湖水师营之历史与"盗匪遂复啸聚"之现状；次叙现有兵力、形势；再提新设水警之编制、管辖区域、指挥权、经费诸项；最后提出"欲求根本一劳永逸计"，请蒋同意增设水县。

全案立足于盗匪问题。案首便铺陈背景："洪泽湖地跨苏皖，广饶数百里，港汊纷奇，芦苇密布，久为盗匪渊薮，吾皖直接受其害者为泗、盱二县；间接受其害者为灵、宿、凤、嘉、来、天等县。"前文已证湖区匪患确属危害甚深，皖省并无夸大之嫌，其祸害区域实际远过皖省所言己方县份。

毫无疑问，在辽阔的湖面缉拿盗匪需要统筹兼顾，但实际状况是"洪泽湖治安之责，由苏皖两省分任之"，已有畛域之分，且湖面界线双方又各执一词，

---

① 《拟呈洪泽湖设立水警方案》，《安徽民政公报》1934 年第 4 卷第 4 期。

② 《呈请都督剿匪》，《申报》1914 年 1 月 20 日第 6 版。

③ 高天：《洪泽湖老子山实录》下，《江苏研究》1936 年第 2 卷第 11 期。

④ 提案全文见《拟呈洪泽湖设立水警方案》，《安徽民政公报》1934 年第 4 卷第 4 期。

权责并不清晰。

另外，老子山乡的地理位置也让苏皖双方管理为难。此乡紧扼洪泽湖南沙嘴，与盱眙县比邻相依却属水陆隔绝的淮阴县管辖，故淮阴县以苏省之飞地视之，单列为直属乡。由于此乡位于水陆之间，去苏去皖较为灵便，盗匪多取道于此。泰安七乡滩地纠纷械斗后，据高天《洪泽湖老子山实录》，安徽为划老子山属皖通过报纸造势时，理由就是"老子山为两省交界之地，盱眙常遭匪祸，每次剿匪，匪必退至老子山，泛湖而散，甚至诬为捕逃之渊薮"；而高氏站在淮阴立场反唇相讥："盱眙县内深山大泽素称多匪之区，加以颍、亳、寿、灵一带豪强之徒，或盘踞大滩，或潜踪山野，杀人越货，吾人以毗连盱境，每受盱匪波及。"[1] 洪泽湖的盗匪问题很难说非此即彼，苏皖双方意气之争显然都有推诿之嫌，但边界地带管理为难却是实实在在的。

故四年后"皖省方案"第六条再次提出"将老子山划归管辖，以一事权"，并进一步强调"洪湖之管辖区宜合不宜分也明甚，即洪湖区域可以统一，不可划分明甚"，建议在全湖设立跨越苏皖两省的统一水警营，"以其面积之防务情形预计，可分三中队，队设官兵一百十七员名，以湖水深浅之需要，须特制装甲、浅水、平底明轮汽油艇三艘"。其管辖权则隶属军事委员或鄂豫皖三省剿匪总司令部总部之下，意在如两江总督般可调动两省警力。

不过，通览全案，方案虽言水警，但醉翁之意却落在第九条水县的设置问题上：

> 九、拟增设水县中国水面向无设县之治，设立水县诚属创举，而日本则恒有之，以其为岛国也。考日本设立水县，县治则设于坐船之上，一切行政皆在船上行之，非常便利，洪泽湖设立水警，以苏皖分界之故，一时权宜之计则可，究非根本办法。欲求根本一劳永逸计，惟有参照日本水县之法，设立洪湖水县；但在中国殊觉新奇，可将洪湖附近伸入湖中之陆地，及湖中之洲渚，均划为该县县境，县治即设于老子山，并于平底汽油艇上分治，湖中水陆其领土也。湖中船户其居民也，所养水警，其保安团队也，水上收入其田赋也，其一切行政与陆地无大差异，诚属万年安谧之大计矣。[2]

方案中所言日本水县是指本州岛中部的滋贺县，因滋贺县以琵琶湖立县，

---

① 高天：《洪泽湖老子山实录》下，《江苏研究》1936年第2卷第11期。
② 《拟呈洪泽湖设立水警方案》，《安徽民政公报》1934年第4卷第4期。

故皖省引为理论依据，而借鉴于洪泽湖管理上。琵琶湖是日本的第一大淡水湖，面积约 700 平方公里，相当于洪泽湖面积的 1/3，在明治维新前为近江国的藩地。明治四年（1871 年）废藩置县，同年 11 月 22 日近江国被一分为二。其西南部设大津县，管辖高岛、滋贺、栗太、野洲、甲贺、蒲生等地；东北部则设长滨县，管辖神崎、爱智、犬上、阪田、东浅井、伊香诸地，两县分湖而治。明治五年（1872 年）1 月 19 日，大津县改称滋贺县，长滨县改称犬上县，同年 9 月 28 日犬上县废入滋贺县，自此琵琶湖又成为一县之内湖①。近江国与滋贺县皆因湖而显，在日本享有"湖国"之美誉，提案中称水县在"日本则恒有之"，恐怕语出于此。

不过仔细查阅滋贺县史及相关地图后，笔者发现安徽省对日本滋贺县的实际情形存在明显的误读。滋贺县虽拥有琵琶湖，但其水域面积并不占县的绝对比例，与洪泽湖水县几乎完全以水为境的设置相差甚大，而鲁佩璋所谓"考日本设立水县，县治则设于坐船之上，一切行政皆在船上行之"也并非事实，滋贺县县治定于琵琶湖西南大津市，未有设于坐船之事。② 另外两国"县"之含义有本质区别，中国的县是基层政区，日本之县则相当于中国的高层政区，直属中央，二者名同实异。

据当时记者访谈，提出水县计划的是安徽省第六行政督察专员鲁佩璋③。鲁佩璋为《泗县志略》的编撰者，其志有鲁氏自撰简历：

> 兼泗县县长鲁佩璋，现年四十六岁（1889 年生，笔者注），籍隶和县国民党党员。南京金陵大学校农学院林科毕业，得林学士学位。民国九年一月，充山西公立农林专门学校林科教授……二十年三月任实业部渔牧司司长……二十一年十月任豫鄂皖三省剿匪司令部上校秘书。……（二十二年）十一月任安徽第六区行政督察专员，兼保安司令及军法官。二十五年五月奉令兼泗县专管区司令，泗县为专员驻在地，兼任县长，土地呈报处成立，兼任处长。任事以来，对于县政，锐意刷新。二十三年度安徽省政府考核各县成绩，列为甲等，颁给奖状。④

考水县方案提交前鲁氏经历如下：安徽人，名校毕业，由学者而从政，实业部渔牧司司长、豫鄂皖三省剿匪司令部上校秘书、行政督察专员、保安司令、

---

① 《滋贺县史》第四卷《最近世》，昭和三年三月刊行，第 1—3 页。
② 《滋贺县史》第四卷《最近世》，昭和三年三月刊行，第 3 页。
③ 《洪泽湖水上新县》，《安徽政务月刊》1935 年第 4 期。
④ 鲁佩璋修：《泗县志略·现任县长略历》，1936 年铅印本，第 41—42 页。

军法官，鲁氏之仕途可谓平步青云。其背景中渔与军二点尤可注意，皖省调其于湖西泗县可能有选贤任能，对症下药之考虑。鲁氏自称"对于县政，锐意刷新"，《泗县志略》载其政绩较详，可资佐证，1934年皖省考核获甲等也可说明其绝非碌碌之辈。鲁氏提出水县之案很难说其学、政、军哪一种经历促之产生，但在湖区管理上，以水为县确实别出心裁。

鲁佩璋曾向记者言及其水县计划，"该县包括洪泽湖沿岸各陆地及全部湖面，县政府建筑于巨舰之上，另于半城（现属泗县第五区）、蒋坝（属淮阴）两地设置办事处，以利工作"，而"新县县政，将注重渔民教育、湖面绥靖，及滩地湖套之整理云"。[①] 显然，鲁氏设水县并非仅出于剿匪之一端，而有较系统、长远之规划。

揆诸史实，1934年以前中国行政区划确无以水面为县境主体，以船艇为分治所，以船户为主体居民之事，所谓"中国水面向无设县之治，设立水县诚属创举"，绝非虚言。《申报》就曾对此连续关注。[②] 虽然案中未提及水县设立后归苏、归皖的问题，但安徽的如意算盘是归皖。[③]

第五节　水利、财政与改隶：水县方案的流产

将一湖划为安徽单独管辖，是鲁佩璋或有意或无意通过解读日本范例提出水县计划的关键点。如果准行，不难推测，县政专司绥靖，湖区治安应该会有明显的改观。但治本仍需清源，不解决江淮地区的民生问题，匪患总会以此起彼伏的状态出现。另外，水县对于洪泽湖滩地纠纷解决的意义，站在皖省的立场上才是最优的方案。因为水县即使实行，洪泽湖滩地的争占也绝不会消歇，但它可以通过行政区划的手段将原来两省间的纠纷消解为一省的内部矛盾，协调处理总会易于省际纠缠。何况环湖湖田利益之大，水县是最好的独占形式。皖省所谓"盖因县治设立，政治能力集中于该湖，消极的，可消弭该湖数十年

---

① 《洪泽湖水上新县》，《安徽政务月刊》1935年第4期。

② 参见《皖省府将在洪泽湖设水县》，《申报》1934年6月15日第10版；《洪泽湖新县区划归皖省管辖》，《申报》1935年2月7日第11版；《皖省请就洪泽湖内设水上县》，《申报》1935年4月8日第3版；《洪泽湖设县暂难实现》，《申报》1935年5月25日第8版。

③ 《洪泽新县归皖省管辖》，《中央日报》1935年2月8日。

未除之匪患，积极的，可振兴该湖数百里未垦之利源"①，也确是有的放矢。

应该讲，由于湖区特殊下垫面的存在，水县在理论上是可以成立的。以水为县能保留湖区独立地理单元的完整性；政区设立的主观性也允许政府有这样的操作手法②。一旦成形，政府将职能管理聚焦于水域，在统一组织渔业生产、渔民生活及滩地垦殖方面都可以做到"以一事权"，对振兴湖区经济民生大有裨益，这也就是鲁佩璋所云"新县县政，将注重渔民教育、湖面绥靖，及滩地湖套之整理云"之设想。

水域政区化的设想虽妙，但阻力重重。水县方案提交后，南昌行营曾派员会同苏皖两省官员"叠经查勘在案"③，但蒋介石最终并未批准设立水县。现有材料显示，主要有三点反对理由。

第一，导淮计划之影响。国民政府认为在导淮计划成功前，水县之案应从缓④。这中间考量的主要是水利和滩地收益两大问题。整个民国时期，淮河一直是困扰南京国民政府的重要问题，1929 年后虽有导淮委员会统筹协调，但苏皖两省因利益攸关，在导淮工程计划上存在巨大争议。对于导淮关键的洪泽湖，安徽省"反对继续把洪泽湖作为蓄洪区"，认为"在江苏洪泽湖东岸兴建大型水利防御工程就是要牺牲洪泽湖西岸的安徽省的利益"⑤，而与江苏省走得很近的导淮委员会却希望扩大洪泽湖的蓄洪能力，这就意味着洪泽湖西岸的安徽地区可能成为泄洪区，对此安徽代表曾痛陈此举"直置我皖于万劫不复之境矣"⑥。此外在淮河入海水道上，安徽省也有自己的如意算盘，"希望采纳一个涸湖增垦的入海河道计划"，而江苏省在河道选址上存在地区差异⑦。导淮计划本来就是在地方矛盾重重的背景下实施的，此时若安徽的水县计划准行，洪泽湖完全圈入皖境，无疑是横生枝节，削弱导淮委员会的行政职能，自缚手脚显然并非智举。

① 《呈军委会南昌行营奉电饬筹议洪泽湖设立水警等因经派员会勘兹据呈复拟增设水县可否呈请示遵由》，《安徽民政公报》1934 年第 4 卷第 4 期。

② 关于政区设立的主观性，参见张伟然：《归属、表达、调整：小尺度区域的政治命运——以"南湾事件"为例》，《历史地理》第 21 辑，上海人民出版社，2006 年，第 172—193 页。

③ 《洪泽新县归皖省管辖》，《中央日报》1935 年 2 月 8 日。

④ 《苏皖两省筹办洪泽湖水上警察》，《警高月刊》1935 年第 2 卷第 6 期。

⑤ 〔美〕戴维·佩兹：《工程国家：民国时期（1927—1937）的淮河治理及国家建设》，姜智芹译，江苏人民出版社，2011 年，第 54 页。

⑥ 裴益祥：《导淮计划意见书》，《安徽建设月刊》1931 年第 3 卷第 2 号。

⑦ 〔美〕戴维·佩兹：《工程国家：民国时期（1927—1937）的淮河治理及国家建设》，姜智芹译，江苏人民出版社，2011 年，第 55 页。

在滩地收益上，皖省的水县方案与导淮委员会、江苏省的利益也难以调和。各方对导淮成功后洪泽湖可能会淤出的巨大滩地一直心存觊觎。1933 年江苏清江浦工程局"特呈南京导淮委员会将整顿洪湖一项，列入第二期工程中"，获得导淮委员会批准"并令该局负责计划进行"，江苏方面也明确列上了"垦殖湖滩"的计划，导淮委员会也指望借此"补充导淮工程费之不足"①。而安徽抛出的水县是完完全全要"将洪湖附近伸入湖中之陆地，及湖中之洲渚，均划为该县县境"。利益诉求冲突，根本不能调和。

个中利益纠葛，导淮委员会副委员长、江苏省主席陈果夫曾有过这样的评论："淮河全体以洪泽湖为枢纽，运河全体以微山湖为枢纽，苏皖之争在是，苏鲁之争在是"②，可谓一语中的。

第二，"水县财政殊难以自立"③。设县并非一纸政令下达等可办，中间牵动的大量人员、物资调配无一不涉及经费问题，皖省方案第八条提及设立水警的经费筹措，据其称收入繁多，有"茨、莲、鱼、虾、芦草，暨往来船捐、船舶登记费等等"，暗示财政可以自立，但关键的开办经费，却"请委员长蒋指定款项担负之"④。而这段时期蒋为了筹措导淮经费只能靠中英庚款的借贷来维持，财政并不宽裕也是实情⑤，中央政府并不想为安徽的提案买单。

第三，苏省的抵制。水县之案前，一个老子山乡的改隶问题就已经引起淮阴人三年数次抗争，而改隶主体——老子山当地人对划给安徽盱眙县并不认可，高天披露泰安七乡滩地械斗之惨已使得"双方民众恶感之深达于极点"⑥；更何况苏省所属的洪泽湖沿岸各陆地及其所宣称的一半或 80% 的水域都归皖省，于公于私，淮阴县及苏省沿湖其他县份都会强烈反对。淮阴人张煦侯评价皖人筹设水县的行为是"舔糠及米，得寸进尺"⑦，鲜明地表达了利益受损方的不满。

虽然名义上的反对理由有以上三项，但细看下来，财政问题太过表象，并非难以解决，恐怕只是借口；水利问题虽关泄洪之责，但背后长远利益也指向滩地；苏省之抵制改隶更是不遗余力。

---

① 《导淮委员会计划整理洪泽湖》，《山东省建设月刊》第 3 卷第 10 期。
② 陈果夫：《导淮之过去与未来》，《自觉》1935 年第 31 期。
③ 张煦侯：《淮阴风土记》，收入淮安市地方志办公室编：《淮安文献丛刻》第 9 册，方志出版社，2008 年，第 423 页。
④ 《拟呈洪泽湖设立水警方案》，《安徽民政公报》1934 年第 4 卷第 4 期。
⑤ 《导淮委员会七十七万五千余元借款案》，《管理中英庚款董事会半年刊》1933 年第 5 期。
⑥ 高天：《洪泽湖老子山实录》下，《江苏研究》1936 年第 2 卷第 11 期。
⑦ 张煦侯：《淮阴风土记》，收入淮安市地方志办公室编：《淮安文献丛刻》第 9 册，方志出版社，2008 年，第 423 页。

最终，"一时权宜之计"的水警方案蒋表示同意，让苏皖两省会商办理，皖省仍派鲁佩璋负责，最终与江苏省达成八项原则。八项原则的核心是"洪泽湖全部水面治安事宜，由苏皖两省会同筹组洪泽湖水上警察统一办理之"，其中涉及的经费蒋也没有买单，"由苏皖两省另行筹措，平均负担"。关于最为关键的指挥权，协议规定：

> 洪泽湖水上警察队，由苏皖两省民政厅共同监督指挥之，但遇必要时，得由苏省或皖省民政厅径行指挥，办理该管水面防剿事宜，并得受滨湖地方行政长官及安徽长淮水上公安局江苏水上公安队第四区之调遣，如属紧急调遣，须同时分报苏皖两省民政厅备案，平时则应呈候核准行之。①

相较皖省前案将水警隶属军事委员会或鄂豫皖三省剿匪总司令部总部来统一事权，此案无疑是巨大退步，共同筹组洪泽湖水警对双方无多大实际意义。

1937年，江苏省第七区行政督察专员王德溥向江苏省政府提出设立"江苏省洪泽湖水上警察队"的提案②，获得省府批准。其驻地淮阴县高良涧，共有警察52名，其中警官3名，职员3名，警士46名，船只与枪支不详③。所谓八项原则最终也成一纸空文。

1934年的水县之案是鲁佩璋立足现实和长远考虑提出的创新建议，无论是对湖区本身还是安徽省而言都大有裨益，但从地缘政治的视角来看，这一设想很难实施。洪泽湖区并不是处女地，而是两省四县共之地域空间，存在苏皖两大政治势力的对立与平衡，任何一方企图单方面打破这一态势都不可避免地会遭到另一方强有力的抵抗，指望江苏省成人之美无异于与虎谋皮。中央政府是唯一能打破此种平衡，重新调整政治格局的决定性力量，但从维护省际边界地带稳定的角度来说，强势介入不如中立协调明智，看似中央主导地方配合，实则抽身和事，仍由利益攸关方自行决定。均势政治格局未能打破，水县方案的流产也就在情理之中。

虽然民国水县之案并未实行，但其提出了一个重要的政治地理研究命题——具有相当面积的湖区能否作为政区单独存在，而非仅仅以分割湖心的方式作为政区间的界限而隐现？

---

① 《洪泽湖设置水警原则业经订定》，《安徽省政府政务月刊》1935年第7期。
② 《洪泽湖设水上警察队》，《警察杂志》1937年第34期。
③ 国民政府主计处统计局编制：《中华民国统计简编》表19"水上警察"，收入殷梦霞、李强选编：《民国文献资料丛编》第14册《民国统计资料四种》，国家图书馆出版社，2010年，第34页。

第三章

水域政区化的实践（上）：因湖设县

1949 年新中国成立后，国家开始全面进行水上工作。1952 年年底，在全国水面强力启动民船民主改革，历史上第一次将水上人完全纳入政府的行政管控体系。民改后为对一些重点水面加强管控以及对水上工作实行统一管理，国家将水域政区化的想法付诸实践。具体到江苏省，在行政区划上的具体做法是设立两级政区：因湖设县与因水设乡。本章即对其中县级政区层面的因湖设县进行探讨。1953 年后国家曾先后设置震泽县、微山县和洪泽县。本章以江苏境内的洪泽县、震泽县为个案，通过两县的设置，考察湖区政治秩序的构建过程及湖区全湖、分湖治理的影响。

第一节　因湖设县的考虑与实施

新中国成立后，水域政区化的实践，源自中央的一则重要指示：

> 做好渔民工作的首要关键，是按湖设治。较大湖沼设渔民县，小者设渔民区、渔民乡，以统一湖上渔民（包括该湖上所有之船民）之管理，改变过去分割数县，彼此不管状态。沿海渔民亦应根据打鱼区域，以一个港口为中心划分渔民县、渔民区，设立专管机构，归一个专署或行署管辖。这些渔民行政区，主要管水上，但为便于渔民安家腌鱼及买卖起见，应划出一定码头归其管辖。湖上副产物如莲藕、芦苇等，统归水上行政区支配，但应照顾到沿湖农民的一定采割权。

这份指示提出了要"按湖设治"，建立水上行政区，同时也提示地方可以因地制宜"划分渔民县、渔民区"，按这一设想，湖沼等水域可以通过政区化的改造来达到加强渔民工作的效果。在江苏，省里明确强调要贯彻中央精神，"湖泊采取按湖设治办法，建立区、乡村政权组织"，即在水面建立陆地一般的政区，在实际操作层面，具体做法是设立两级政区：因湖设县与因水设乡（因水设乡的讨论详见第四章）。

因湖设县，即将一湖单独设为一县，水面居于幅员主体，湖面上的渔民全部纳入水县为其居民主体。江苏最早的因湖设县是1953年5月太湖震泽县之设置①。太湖原为江浙两省四市六县共十个县市分割管辖，因湖设县后太湖全域皆归震泽一县统辖，该县水域面积占全县总面积高达89%左右②，是典型的水县。第二个水县虽不在苏省境内，但与江苏大有干系。1953年8月22日经政务院批准，微山湖由山东省设微山县统一管辖，江苏沛县所辖16个村连同约一半湖面全部划入，自此江苏彻底丧失微山湖水面，微山县水域面积占总面积的73.77%③，也是一个标准的水县。第三个水县是1956年设立的洪泽县④。洪泽湖本为苏皖两省四县分割，1955年3月苏皖省界调整，江苏北部砀山、萧县改隶皖省，而安徽盱眙、泗洪两县则并入江苏，为拼成一湖一县按湖设治做了预先准备。洪泽建县后，湖面积占全县总面积达90%以上，亦为典型之水县。

至于政府为何要因湖设县，来自洪泽湖的一份档案为我们透露了其间的政治考虑。

> 洪泽湖原为安徽、江苏两省交界地区，过去涉及三个专区和三个县的管辖问题，相互之间即常有争执和闹纠纷，同时湖上纯系水上工作，过去泗洪县管的绝大部份［分］和盱眙、淮阴两县管辖部份［分］，因与陆上一切工作都有决［绝］对区别，同时县的党政领导均主要集中于农村工作，所以对湖上的管理与加强领导都有困难，致工作上不免疲踏［沓］拖拉，从来未能搞好，且湖上政治情况较为复杂，并且湖上还有好多出产和可供收入的财源，都必须建立统一领导统一的集中予以加强管理，才有利于生产和各种工作开展。前安徽省意见拟准备设立县的建制，为此我们认为洪泽湖划进江苏之后，虽然解除了两省和三个专区的分管局面，但三个县的领导管理仍难集中统一，故仍有设立县的必要。⑤

这份珍贵的档案材料极好地阐述了为何要破天荒地"按湖设治"，其间的政治考量主要基于两点：自然地理的集中统一与行政管理上加强水上工作。前者

---

① 《吴县水产志》编纂委员会：《吴县水产志》，上海人民出版社，1989年，第60页。
② 《震泽县水产资源勘查调查报告》，江苏省档案馆藏：4072-010-0021。
③ 山东省微山县志办公室编：《微山县情》，1985年，第23页。
④ 《江苏省人民委员会关于国务院批准设置洪泽县的通知》，洪泽县档案馆藏：201-1-1，亦收入洪泽湖志编纂委员会：《洪泽湖志》附录，方志出版社，2003年，第740页。
⑤ 《关于接收泗洪、盱眙情况的报告》，淮安市档案馆藏：D1-1-30。

可视为对独立地理单元的尊重，后者则是对原先领导工作集中于陆上农村的矫正。在政府看来，湖区自然区与行政区的统一才能避免党政领导对水面的忽视，设成水县，干部们的目光就只能盯着湖面，自然有利于水上各项工作的开展。而且当时认为湖面统一后对解决政区间围绕湖滩产生的纠纷似乎也大有裨益。

特别需要解释的是为何因湖设县的时间节点是在 1953 年。因为这一年全国水面进行了意义深远的"民船民主改革"（以下简称"民改"）。这是极为重要的一次水面运动，是因湖设县的基础，完成了民改才催生了因湖设县的政策落地。

1949 年后，很长一段时间党的工作重心都集中于陆上的土地改革和镇反运动，对水面的重视程度还较为薄弱。1952 年 2 月 12 日，华东水产管理局拟定了1952 年水产工作计划，并经华东军政委员会第九十四次行政会议通过，强调"应立即加强水产工作的行政领导"，"组织渔民协会、合作社及互助组"并"调查水产资源"。彼时，江苏还未建省，原省区由苏南人民行政公署、苏北人民行政公署和南京市分管。同年 2 月 26 日，中央人民政府农业部对全国水产工作做出重要指示，强调全国各区省"要加强渔港渔村的生产领导"，包括组织渔民互助合作以及"在还有封建剥削势力的渔区，采取适当措施发动渔民进行民主改革"[①]。全国性的水上革命已呼之欲出。

1953 年前江苏在局部水面虽曾有过一定的户口登记和剿匪运动，但总体上江苏这一时期水面尤为鱼龙混杂，"土匪、特务、恶霸（帮头、把头、渔霸、船霸）反动党团、反动会道门样样都有"；据称由于水面改革滞后，在历年的镇反运动中已有不少反革命分子由陆地潜逃水上，将水面"作为他们的活动巢穴"以逃避政府打击。对这样的状况，江苏省委曾做过一个非常形象的比喻——"三面朝水，一面朝天，就是不见毛主席"。不过很快中央开始将注意力集中到水面，数千年来流移不定的水上人进入视野。1952 年年底，中央向全国发出了"民船民主改革"的工作指示：

> 依靠船工和贫困的独立劳动者，团结一般真正船民（包括船主），打击反革命分子、封建把头、反动的帮会首领、逃亡的恶霸地主及走私贩毒主犯，以肃清反革命分子，打倒封建把头制度，同时进行爱国主义教育，提高所有船民政治觉悟，组织起来发挥运输能力。……在发动群众同时，着手建立水上户口工作，健全和加强水上公安工作。[②]

---

① 《关于一九五二年水产工作的指示》，《华东水产》1952 年 2 月第 7 期。
② 《关于开展民船民主改革工作的初步计划》，兴化市档案馆藏：301-3-27。

对全国所有的水上人而言，这是一份具有革命性意义的纲领性指示，他们的生活因此发生了颠覆性的改变。江苏省委①在 1952 年 11 月 29 日向省内印发了《关于开展民船民主改革工作的初步计划》，同时抽调公安、工会、交通、银行、水产等有关部门组成"一级民船民主改革委员会"，统一领导改革工作；此外另"抽调三百至五百干部成立工作队，由省直接掌握"下基层督导水上改革。时间安排上分两步，"一九五三年二月底以前，主要是摸情况，搞典型；三月以后分批开展民主改革"，要求在 1953 年 6 月底基本结束。自此，轰轰烈烈的民船民主改革运动在江苏境内水面全面展开。

民改任务下放到基层各县后普遍得到了极高的重视，一般做法是县里组织公安、水产、银行等相关部门组成民改办公室和民改工作队，由县委直辖，学习领会中央精神后再派往乡镇码头具体执行。江苏省内的各市县普遍在 1953 年正式启动民改运动，如盐城在 1953 年年初成立"民船改革委员会"②；无锡县在 1953 年 1 月 8 日成立民船工作委员会③；吴县在同年 2 月④，常熟县在同年 2 月、3 月间⑤，无锡市则在当年 3 月⑥陆续成立民船工作委员会。在水城苏州市，由于水上人口数量庞大，苏州市委不仅成立了民改工作委员会，还抽调干部 100 余人组建水上民船民主改革工作队，下设金阊、胥盘、平齐、娄葑 4 个分队⑦，划片分区，拉网式开展民改运动。

考虑到水上人的流动性，工作队一般在码头将船民、渔民集中起来开会，在水上人口众多的县份则分批次一一过堂，如盐城分了 10 批⑧，兴化分了 12 批⑨，几乎不留死角，做到了全覆盖。在江南，根据船民流动不定的特点，当时针对性地"利用船只在港时间，以通俗实例大力宣传社会主义美好生活"，并在此基础上"进一步加强人民与政府之间的亲密联系"。武进民改后的总结报告显示，"百分之八十以上的船民受到一次广泛深刻的政治教育"，部分船民甚至接

① 1952 年 11 月 18 日，中央人民政府委员会第十九次会议通过决议，成立江苏省人民政府，并于江苏省人民政府成立后，撤销苏南人民行政公署、苏北人民行政公署。中国科学院江苏分院历史研究所：《江苏十年大事记》，江苏人民出版社，1959 年，第 167 页。

② 葛定山：《盐城市航运史》，同济大学出版社，1991 年，第 53 页。

③ 无锡县志编纂委员会：《无锡县志》大事记，上海社会科学院出版社，1994 年，第 36 页。

④ 吴县地方志编纂委员会：《吴县志》，上海古籍出版社，1994 年，第 347 页。

⑤ 常熟市交通局：《常熟市交通志》，上海人民出版社，1990 年，第 37 页。

⑥ 无锡市地方志编纂委员会：《无锡市志》第一册，江苏人民出版社，1995 年，第 664 页。

⑦ 苏州市地方志编纂委员会：《苏州市志》第三册，江苏人民出版社，1995 年，第 189 页。

⑧ 《盐城县民船民主改革工作情况综合报告》，盐城市盐都区档案馆藏：219-1-1。

⑨ 《兴化县民船民主改革工作计划》，兴化市档案馆藏：301-2-32。

受了十次革命教育①。

民改既是水面政治秩序的构建，同时也是水上经济制度的重新规划。以武进为例，武进原有"民船公会"，1950年7月1日由徐锡嘉、韦永春等人组织，数年间控制了当地大部分水运生意，新中国成立初期很多船民为寻求庇护纷纷入会，据称1951年会员竟达到3000多人之众。由于会员众多，县公会之下，在各个乡村另设分会和办事处"把持货源和船只"。而在1952年武进县政府出于"加强和健全组织机构"的考虑，也建立了一个木帆船运输队。相对于民间自发组织的民船工会，这一组织"一般采取由上而下、从少到多、随来随编，先打架子，逐步扩大的方式进行成立"②。显然，政府和行会对运输市场的争夺存在极大的竞争关系。值得注意的是，民船公会曾在武进县工商科备案，但在民改的狂风暴雨中，官方已难以认可，认定先前的备案是"蒙混政府"，公会的组织者则是"水上封建把头"，船民会员是被"招摇撞骗的方法"骗入会的，并列出了大量剥削船民的具体行为。在当时，显然独立运营的行会与社会主义经济体制是难以兼容的。最终公会被解散，几位主事者被取代，重组的木帆船协会由县交通科直接管理③。

在某种意义上，民改也是陆上土地改革和镇反运动在水面的复制。在其开会过程中，一方面政府通过对比新旧社会好坏、强调阶级压迫、灌输爱国主义思想等措施有意识地培养船民们的阶级觉悟和对国家、政府的认同感；另一方面则在开会时增加诉苦和自觉坦白环节，以群众运动推动水上"匪特"的清理工作。这一点非常成功。档案材料披露，到1953年6月，"对潜藏在水上的反革命分子，已受到打击的979名。（占目前已掌握材料，残存在水上的反革命分子总数1231名，占79%）其中关押182名，管制226名，斗争162名（另有409名作了坦白交代，或低头认过）"④。水上的秩序得到了稳固。

对没有政治问题的广大水上人而言，民改并非仅仅是痛陈家史和检举揭发那么简单，由于在民改中国家实行民改证和户口证制度，"民改证户口证就是饭碗证，没有民改证户口证就吃不到饭"⑤，水上人普遍自觉参会学习，承领"水上户口簿"，接受政府领导。1953年民改后，凡是获得户口证的水上人都发放了

① 《武进县民船整顿组织试点工作总结》，常州市武进区档案馆藏：328-1-4。

② 《总结报告》，常州市武进区档案馆藏：328-1-2。

③ 《武进县民船整顿组织试点工作总结》，常州市武进区档案馆藏：328-1-4。

④ 《民船民主改革的基本情况》，高邮市档案馆藏：301-3-674。

⑤ 《兴化县第三批民船（行商）民主改革工作总结》，兴化市档案馆藏：301-2-32。

流动购粮证，可在各处粮店凭证购粮。到 1953 年年底国家实行粮食统购统销政策后[1]，户口证的重要性就更不言而喻了。

户口证还有一大功能，即由此确定水上船只的港籍。按江苏省规定"凡从事经营运输之民船，其港籍与户籍必须相同，即甲地港籍船只，不得加入乙地之户籍"[2]。港籍与船主户籍地一致，这样等于给船只也上了户口，一有风吹草动都有案可查。

最终在 1953 年，江苏"结合民船民主改革工作，对水上流动人口加强管理"[3]，完成了一次"编户齐民"式的水上革命。水上人领到户口证，确定了港籍，与陆上人一样，凭证吃饭，终于成了法律意义上的居民。

民船民主改革的完成，水面户籍制度的确立，因湖设县才有了坚实的社会基础。

第二节　因湖设县之洪泽县

一、从水上区到水县

洪泽县是一个新县，也是苏北地区唯一的水县。1947 年 11 月，共产党主力部队重返两淮，占领了洪泽湖地区，随即成立洪泽湖管理局管理湖区。1949 年 4 月，洪泽湖管理局撤销，湖区由新成立的泗洪县代管，成立洪泽区，洪泽湖完成了从准县级政区的管理局到基层政区——区的过渡，泗洪县所称"洪泽湖是我县一个水上区"之谓[4]。洪泽区辖临淮、肖河、溧河、安河、成河、龙淮、湖东、台口、刘咀（也作"刘嘴"）、三坝 10 个乡以及淮河港。全区以水为境，理论上"仍辖有全部湖面"[5]，水域面积比重估计可达 95% 以上，是一个水上区。因该种类型的区陆地面积较少，侧重管理湖区的渔、草民，故官方视之为水上区。

---

① 江苏省自 1953 年 12 月上旬开始实施粮食计划供应。先从南京、无锡等 12 个主要城市开始，然后逐步普及到中小城镇和广大农村。中国科学院江苏分院历史研究所：《江苏十年大事记》，江苏人民出版社，1959 年，第 217—218 页。

② 《关于运输民船港籍、户籍管理的暂行规定》，兴化市档案馆藏：421-3-12。

③ 东台市地方志编纂委员会：《东台市志》，江苏科学技术出版社，1994 年，第 681 页。

④ 《关于洪泽湖渔业生产合作社的初步规划》，洪泽县档案馆藏：124-1-24。

⑤ 洪泽湖渔业史编写组：《洪泽湖渔业史》大事记，江苏科学技术出版社，1990 年，第 109 页。

抗战时期，中共淮北苏皖边区行政公署主任刘瑞龙谈及基层行政改造时，曾痛斥飞地问题在管理上的弊端："江苏的地区飞到安徽，安徽的地区飞到江苏，推行政令上极感不便。就以中国各省论，也是划得犬牙交错，便利于君主统治，便利于封建势力的人事相互拉拢。不打破这点，政权民主化便要发生很大困难。"[1] 1943年刘瑞龙在公署召开的第二次县长会议上再次重申要重划行政区："这里还有一个县界问题，犬牙交错处，需要进行适当的调整，各县界址要划好"[2]，这一理念为湖区边界调整埋下了伏笔。数年后，在洪泽区时期，洪泽湖周边主要的飞地问题得到了一定程度的解决，主要是原属安徽的盱眙县的蒋坝和江苏辖下的淮阴县老子山完成了交换，各取所需后两省两县间利益得到一定平衡。

飞地的调整并不涉及泗洪县洪泽区，也无关洪泽湖水面，理论上洪泽区对洪泽湖水面的绝对占有，也仅仅是理论上的。如湖南的老子山、湖东南的蒋坝、湖东北的顺河，这几乡都临湖，历史上也都占有一定的邻近水面，相应地，这些乡镇的渔、草民不属洪泽区管，造成了在湖面的实际控制上各县都能分一杯羹，如缺少了对蒋坝的控制，不仅关系到洪泽区境内滨湖陆地的增减，更直接影响到对3000多水上人管辖权的丧失。当时普遍的管理模式是通过管水上人来管水，在这一层意义上，洪泽湖并不是洪泽区完全严丝合缝的内湖。虽然泗洪县对此颇有怨言，但由于牵涉复杂的苏皖两省边界问题，最终也无可奈何[3]。

洪泽区的设置主要是出于强化治安的考虑。这一时期由于政权的剧烈变动，在共产党占领湖区后大量国民党的散兵游勇与土匪逃入湖上，受此影响湖区治安状况迅速恶化。此时专设水上区即为维护湖区稳定。

在洪泽区时代，湖区主要完成了两大工作。一个重要工作是剿匪。当时共产党在湖区曾设立两大公安局——泗洪县洪泽湖水上公安分局与淮阴县洪泽湖公安局，两局警力相加不及百人，难以应付辽阔的湖面，在剿匪问题上屡肃不清。为了治本清源，1951年4月25日，泗洪县洪泽湖公安局联合泗阳、淮阴、盱眙以及泰州专区、滁县专区、淮河水上公安局等有关部门，集中组织13000

---

① 刘瑞龙：《三年来的政府工作》，1942年10月在淮北苏皖边区第二届参议会上所做的报告，收入《刘瑞龙淮北文集》上卷，中共党史出版社，2005年，第128页。

② 刘瑞龙：《一年来政权工作和今后任务》，1943年12月7日在淮北苏皖边区行政公署第二次县长会议所做的报告，收入《刘瑞龙淮北文集》上卷，中共党史出版社，2005年，第386页。

③ 《泗洪县洪泽区人民政府报告》，泗洪县档案馆藏：124-1-10。

余人，对洪泽湖划片清剿。据称"经过清剿，湖区治安状况好转"①，湖区秩序得到巩固。另一个重要工作是洪泽湖的水上人完成了户籍与港籍的确立。如前所述，1953年的"民船民主改革"是全国水上人户籍与港籍建立的一个标志性事件，但在洪泽湖区，建立水上户口的工作启动稍早。1951年，泗洪县洪泽湖公安局向渔民发放船舶户口簿，开始建立户口管理制度②。与此同时，沿湖的淮阴专署也组成两个户口登记工作委员会，开展水上户口登记管理工作，这一工作的展开是通过宣传教育以及召开群众大会来逐步推进的。在中共中央发出"民船民主改革"的指示前洪泽湖区完成了试点，民改中建立水上户口的工作继续深入实施，这一工作最终也在1953年彻底完成。最终的统计显示，湖区"登记船只4227只，载重量49016吨，船渔民24735人"③，数量不可谓少。自此，洪泽湖水上人第一次被检括一清并纳入国家行政管理体系之中④。

通过剿匪与建立户籍、港籍，1953年上半年洪泽湖实际已经具备了中央"按湖设治"的条件，但洪泽县最终的设立时间是1956年4月，中间相隔约3年。这一停顿中的政治心态由于没有直接的档案材料说明，只能做一大概推测。主要原因可能是苏皖各县的相互掣肘。前章论及民国时期的边界纠纷已经造成民众剑拔弩张、情绪对立的局面；共产党在渡江战役前设洪泽区属于战时特殊体制，二者带有很大的特区性质，与和平年代牵一发而动全身的行政区划调整不可同日而语。这一时期洪泽湖的区划调整涉及江苏省淮阴专区淮阴县、泗阳县，安徽省宿县专区泗洪县与滁县专区盱眙县，共2个省、3个专区、4个县，牵涉面不可谓不广，贸然变动难度必然不小。实际操作手法上，政府也较为循序渐进。1955年3月苏皖省界调整，江苏以萧县、砀山换得安徽泗洪、盱眙两县，四县"组织、编制、人员干部一律原封不动随县转移"⑤，归淮阴专署领导，这一边界调整的用意自然是围绕洪泽湖做文章。

---

① 洪泽湖志编纂委员会：《洪泽湖志》，方志出版社，2003年，第578—579页。

② 洪泽县地方志编纂委员会：《洪泽县志》，中国大百科全书出版社，1999年，第607页。

③ 洪泽湖志编纂委员会：《洪泽湖志》，方志出版社，2003年，第582页。

④ 洪泽湖区的民改同样也伴随镇反运动的开展，湖区公安局在经过摸底调查和动员船渔民检举揭发后，到1953年9月"共查出一般匪伪人员和罪行轻微者300余人，发现特务、土匪、恶霸、反动党团骨干和反动会道门头子等五个方面的反革命分子74人，逮捕27人，枪决2人"。洪泽湖志编纂委员会：《洪泽湖志》，方志出版社，2003年，第580页。

⑤ 《江苏、安徽关于萧县、砀山、泗洪、盱眙交接问题的协议》，盱眙县档案馆藏：301-1-19。

省界调整前安徽省曾主动提议设立水县，先于江苏省①。虽然安徽没有明说新县的归属权问题，但和民国时安徽人鲁佩璋提议设县一样，安徽应该也是意欲新县归皖。中央基本赞同了其提案，但管辖权却并未给予安徽。由于材料阙如，已难得详情细节，但历史的既成事实是江苏省后发制人，得到了新县。经过这一调整，洪泽湖从苏皖两省的省际界湖，一下子变成江苏省内湖②，在"按湖设治"前就已经将阻力无形间化到了最小，毕竟一省之内政协调好过两省间的相持不下。完成了湖区高层政区管辖权的统一，水县已呼之欲出。

1956 年 4 月 3 日，"国务院以'按湖设治'的精神"③ 在全体会议第 26 次会议上"批准江苏省人民委员会关于设置江苏省洪泽县的请示报告"，正式设立洪泽县：

> 一、设置洪泽县，其行政区域以原属泗洪县洪泽（水上）区十个乡、一个港为基础，并将沿洪泽湖原属泗洪县的雪枫镇、习仁乡、淮滩乡和大嘴乡的大嘴选区，原属淮阴县的蒋坝镇、高良涧镇、顺河乡和周桥乡的周桥小街，原属盱眙县的老子山镇、永弼乡和龟山乡的龟山选区，以及原属泗阳县范集乡的肖河头选区等地区，都划归洪泽县管辖。
>
> 二、洪泽县划归淮阴专员公署领导，县人民委员会驻高良涧镇。④

获得泗洪、盱眙两县后，江苏省对"按湖设治"也很认可，利用一年的时间积极筹备设县。由于区划中牵涉的县份皆已是江苏属县，故不存在省一级的掣肘力量影响提案的最终通过，洪泽湖设县也就顺风顺水。洪泽县由泗洪、淮阴、盱眙、泗阳四县滨湖地区析置而来（具体见表 3-1），总计有 12918 户、61687 人、7742 只船，是一个地广人稀的县份。

---

① 《关于接收泗洪、盱眙情况的报告》，淮安市档案馆藏：D1-1-30。

② 按苏皖两省原先协议，洪泽湖从两省界湖变为江苏一省之内湖后，江苏省应准予安徽"五河、凤阳、嘉山等县渔民仍按历史习惯在原定作业范围内生产"。但政区调整后，这一协议未能有效执行。安徽省渔民前往洪泽湖捕鱼遭到了湖区当地政府的阻拦，为此 1955 年安徽五河县干部曾"去北京水产管理总局申诉"；1956 年洪泽县设立后，洪泽县政府对安徽渔民亦秉持拒绝态度，安徽省大为不满，但湖面丧失，手中已无筹码，只能咨请江苏省商业厅行文洪泽县当地政府给予照顾，"适当安排生产"。从中可概见洪泽湖政区调整对安徽省之消极影响。《安徽省农业厅请转知洪泽县准予沿淮渔民进入洪泽湖生产由》，洪泽县档案馆藏：240-2-8。

③ 《洪泽县志》称"按湖设置"，提法稍有不同，内涵一致，应是"按湖设治"的讹误。洪泽县地方志编纂委员会：《洪泽县志》，中国大百科全书出版社，1999 年，第 45 页。

④ 《国务院关于设置江苏省洪泽县的决定》，收入洪泽县地方志编纂委员会：《洪泽县志》附录，中国大百科全书出版社，1999 年，第 948 页。

表 3-1　1956 年洪泽县设县时的地域构成

县	区、镇、乡	户数（户）			人口（人）		
		陆上	水上	总户数	陆上	水上	总人口
泗洪县	洪泽区	—	—	5631	—	—	30392
	雪枫镇	1101	80	1181	4843	347	5190
	习仁乡	473	—	473	2125	—	2125
	淮滩乡	497	—	497	2157	—	2157
	大嘴乡 大嘴选区	61	—	61	287	—	287
淮阴县	蒋坝镇	1533	607	2140	5305	3156	8461
	高良涧镇	467	19	486	2054	57	2111
	周桥乡 周桥小街	186	—	186	852	—	852
	顺河乡	467	143	610	2566	643	3209
盱眙县	老子山镇	753	184	937	1943	1665	3608
	永弼乡	651	—	651	3029	—	3029
	龟山乡 龟山选区	44	—	44	169	—	169
泗阳县	范集乡 肖河头选区	21	—	21	97	—	97

资料来源：《江苏省人民委员会关于国务院批准设置洪泽县的通知》，洪泽县档案馆藏：201-1-1。

二、治县格局的变动：从"以水为主"到"兼顾湖区"

洪泽县是极为典型的水县，在地图上最直观的感受是水面的辽阔，1956 年全县总面积约 2263.4 平方公里，水域面积竟占 90% 以上[1]，体现出以水为境的典型特色。因为是"按湖设治"，故洪泽的县界"原则上以湖水定界"[2]，以确

---

[1] 按国务院规定当时洪泽湖蓄水的水位线应为 12.5 米，对应的湖面积是 2068.9 平方公里。1956 年洪泽县的陆地面积比重据《洪泽县志》第一章"建置沿革"推算而来，第 45、50、58、60 页。

[2] 洪泽县地方志编纂委员会：《洪泽县志》，中国大百科全书出版社，1999 年，第 45 页。

保洪泽湖管辖权的绝对统一。以湖为中心，沿湖各县所割让的陆地呈放射状分布将洪泽湖环抱，但并不闭合，传统时代言县界时多有"四至八到"的说法，这里用来形容洪泽县的陆地形态再贴切不过。

不过据档案材料，在筹建洪泽县的过程中，1956年4月将洪泽县的县境结构设成如此形状却并非唯一方案，当时管辖整个洪泽湖的淮阴地委曾向江苏省委上报了两个方案：方案之一是"以水为主，适当增加一些'渔民生产、生活习惯经常聚居的地点，或靠近的供应点及小市镇'"；方案之二则是将"洪泽湖周边陆包水"，大量增加陆地范围，完全包裹洪泽湖。最终一番权衡之后，江苏省委批准了前者，否定了后者，并对方案的取舍做了相关解释："陆地面积不宜划得太大，搞'水陆兼顾，势必使领导精力分散，形成顾此失彼'"，希望地方以洪泽湖为主发展县政。洪泽县设县伊始的规模即体现了方案一的精髓，水域面积占绝对比例，"当时百分之七十三的人口在水上，陆上只有几个水产品、渔需物资和渔民生活物资的集散点"，而且"陆上工作都是为水上服务的"[1]。

设县后，江苏省委仍再三指示"淮阴地委要坚持这一原则"，新县要将全部精力放到湖区工作上。但渐渐地洪泽县的县政工作就出现了背离"以水为主"的倾向，这一倾向直接源自淮阴专区两次对其陆地幅员增补的影响。第一次增补在1957年，其时淮阴专区从淮阴县划入双沟区11个乡；第二次增补在1963年，又从淮安割入岔河、仁和与黄集3个公社[2]。两次增补使得洪泽县的东界获得较大扩展，全县总面积也达到约2850平方公里，至1985年年底洪泽湖行政区划调整前，洪泽县的县境东部一直维持这样的稳定状态。

淮阴专区之所以要在专区内"拆东补西"，背离洪泽县设县时的行政区划，大量增加其陆地面积，的确存在管理上的苦衷。第一次割界双沟区完全是为了"解决渔草船民口粮生活问题"。洪泽县以水为境，以水上居民为主，粮食不能自给，县际之间调配多有不便。补进双沟11个乡后，粮食勉强可以自给自足，一县之内调拨粮食也相当方便，省去了原先相当烦琐的行政审批手续和周转环节，避免了受制于人，故淮阴专区有此举动。第二次"把仁、岔、黄划归洪泽县的本意则是为了解决上游排涝和下游灌溉的矛盾"。岔河、仁和与黄集在洪泽县下游，原属淮安县管辖，与洪泽县多有水利纠纷。调整后洪泽县兼有上下游，手心手背都是肉，有利于克服原先以邻为壑的漠视心态，同时也省去了专区在

---

① 洪泽湖综合开发规划研讨会管理体制组：《关于洪泽湖管理体制的调查（讨论稿）》，洪泽县档案馆藏：101-1-184。

② 洪泽县地方志编纂委员会：《洪泽县志》，中国大百科全书出版社，1999年，第48页。

两县之间协调处理的麻烦。

第一次增补，淮阴专区在湖东增加了洪泽县的陆境，从结果来看其影响深远，自此确定了洪泽县潜在的发展方向。第二次增补可视为对这一方向的坚持。不过相对而言，由于第一次补入的陆地并不算太多，因而"没有能够动摇洪泽县委、县人委'以水为主'的工作重点"；第二次因一下补入 3 个公社，无论从面积还是人口而言体量都具相当分量，县境的水域比重从建县时的 90%下降至1957 年的 82%，再降至 1963 年的 73%，1985 年年底分湖而治后进一步下降至56.88%（见图 3-1）。

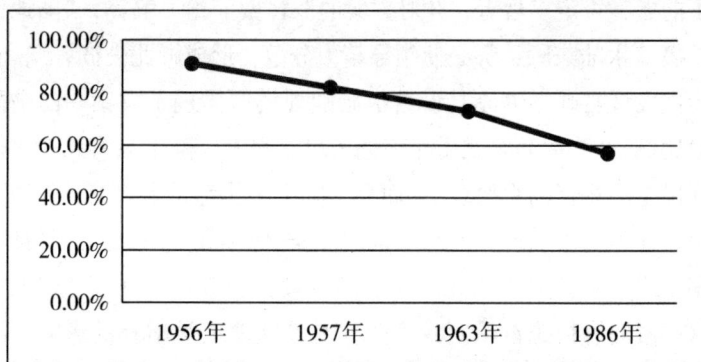

图 3-1　1956—1986 年洪泽县境的水域比重变迁

水陆结构的变动造成了工作重心的迁移，用官方说法是"意想不到这一划竟然促成全县工作着重点的转移"。洪泽县的治县格局明显从"以水为主"变动为"以陆为主，兼顾湖区"，湖区的工作在县里的地位是"越来越低，也越来越难"。后来，官方曾对这一现象的形成做过一番较深刻的检讨：

造成这种状况的原因是多方面的。六十年代初也就是三年困难时期，吃饭问题的压力很大，客观上要求县里把主要精力从水上转移到陆上；陆域面积扩大，陆上人口增加，加之事业发展较快，陆上工作量已经不比纯陆域县少多少，也是促成这个"转移"不可忽略的一个重要原因。当然，主要还是在工作的指导上受"左"的支配和影响。六四年县委提出了"粮进攻，草退却"的口号，继而在"文革"和"学大寨"运动中又全面推行了"以粮为纲，全面挤光"的政策。党的十一届三中全会以后，经过拨乱反正，虽然工作的指导思想得到了端正，但长期形成的"以粮为纲"的思想在有些同志的头脑中还很难一下子清除。①

这种背离设县初衷的思想，其实在 20 世纪 60 年代已大行其道。湖西基层渔业干部颇有怨言，当时不少渔业生产队长反映，"近来上面对水上工作比过去放松了，存在的问题长时期得不到解决，他们对公社、大队都有意见，当面不敢提，说公社党委重农轻渔"。当然有的渔业公社党委也曾向县里反映，"水上问题很多"，坦承"精力转向陆上，对水上工作确有放松"，但另一方面夹在中间的公社也很委屈，"他们说水上工作放松不要紧，县委一点不找我们，如果陆上忽视一点县委一步也不让"②，显然县里工作重心的转移不是基层可以左右的。

除了来自上层指导思想的影响，湖区经济的孱弱客观上也造成了洪泽县从上到下对水上工作的普遍忽视：

> 由于长期以来的"重陆轻水"、"重粮轻渔"和其他方面的一些原因，湖区经济发展很慢，八四年湖区五个水上乡工农业总产值只有四千六百七十九万元，仅占全县工农业总产值的百分之十四点七；偌大的水面，全县渔业产值只有一千五百〇五万元，仅占农副业产值的百分之七点三，占全县工农业总产值的比例还不到百分之五，由于湖区经济在全县国民经济中处于无足轻重地位，放松一点也并不为人责难，加之湖区生活条件差、矛盾多，工作难度大，很多人都不愿到湖区工作。县直不少单位都把工作船换成了小汽车。现在不少人把调往湖区工作都看作是"惩罚"，而从湖区调出则认为是"转运"。不仅是换了一个较好的工作生活环境，而且似乎还意味着领导恢复了对自己的信任。因此往往要送迎请吃，热热闹闹地祝贺一番。③

洪泽县境的陆域大幅度增加后，县政的发展方向和工作重心出现了明显向东倾斜的态势，西部的湖区生活条件艰苦，在心理上被视为洪泽县的贬谪之地，大多陆地出身的干部主观上呈畏难心态。改革开放后，以经济建设为中心，在此影响下，因为渔业产值太低，短时间内也不可能有质变，政绩太过隐性，所以指望领导干部们完全不计名利发展湖区经济显然过于理想化。两股合力之下，

---

① 洪泽湖综合开发规划研讨会管理体制组：《关于洪泽湖管理体制的调查（讨论稿）》，洪泽县档案馆藏：101-1-184。
② 《关于洪泽湖水产工作情况调查》，江苏省档案馆藏：4072-010-0179。
③ 洪泽湖综合开发规划研讨会管理体制组：《关于洪泽湖管理体制的调查（讨论稿）》，洪泽县档案馆藏：101-1-184。

湖区就逐渐被边缘化。在治县格局上，呈现出东部高地，西部塌陷的利益落差。

三、洪泽县政区幅员的变动

洪泽县建县之初地域构成多样，主体是原先洪泽区，但又有镇、乡、选区等单位，因而建县时就很有必要统一调整以规范划一。"根据渔、船民生活习惯与渔、船民生产、消费、供应关系情况，以及地理条件等"，原先地域被整合为4个镇、16个乡，即高良涧、蒋坝、老子山、雪枫4个镇；顺河、红滩、湖东、三坝、龙淮、刘咀、双沟、溧河、安河、台口、成河、肖河、临淮、习仁、淮滩、永弼16个乡，"这些乡镇都作为一级政权，县以下不设区，县人民委员会直接领导各乡镇"①，其中高良涧为县委驻地。这是洪泽湖成为水县后最初的基层政区建制。

1957年，淮阴县双沟区11个乡划入洪泽县，即双沟乡、南甸乡、沈渡乡、长堤乡、绍武乡、新集乡、严渡乡、万集乡、联堡乡、草泽乡、朱坝乡，形成了27个乡、2个港的规模。1957年8月，洪泽县撤区并乡，基层政区出现了一波行政区划调整的风潮，不同于先前主要以乡为单位的裁并，这一时期的调整已可精确到高级合作社一层。主要出现了如下变动：

（1）顺河乡和湖东乡的洪祥、洪明、洪星三个渔业社，以及高良涧镇的十五堡农业社，合并为新的顺河乡。

（2）蒋坝镇和长堤乡的同心、联盟两个农业社，联堡乡的团结农业社，以及淮河港的大圩头渔业社，合并为新的蒋坝镇。

（3）习仁乡、永弼乡和淮河港的光明、前进渔业社合并，组建淮河乡。

（4）雪枫镇、安河乡和湖东乡的洪胜渔业社，合并为新的雪枫镇。

（5）临淮乡、双沟港合并为新的临淮乡。

（6）肖河、台口、成河三个乡，合并为新的成河乡。

（7）老子山镇、刘嘴乡、龙淮乡和淮河港的光华渔业社，以及三坝乡的新淮渔业社，合并为新的老子山镇。

（8）邵武、新集两乡和南甸乡的光明、兴旺两个农业社，长堤乡的合兴、联合两个农业公社，合并为新的邵武乡（1965年后改称共和乡）。

（9）万集、严渡、草泽三个乡和朱坝乡的热心、民主两个农业社，合并为新的万集乡。

（10）双沟乡和南甸乡的展望社，联堡乡的太平、庆祥、联合三个农业

---

① 《江苏省人民委员会关于国务院批准设置洪泽县的通知》，洪泽县档案馆藏：201-1-1。

社，朱坝乡的新河农业社，合并为新的双沟乡。

（11）高良涧的沈渡乡和朱坝的越城、浔河两个农业社，合并为新的高良涧镇。①

1958 年人民公社化运动前，洪泽县经过一番调整后，最终将基层政区整合成 11 个乡镇，形成了湖东 5 个乡镇、湖西 6 个乡镇的政区格局。总体上是水陆两分，东境是陆上乡，西境是水上乡，作为县治所在的高良涧镇处于水陆接合部，联络东西。

1958 年人民公社化运动后，顺河乡和成河乡合并，组成洪湖人民公社，后改称顺河公社，地跨洪泽湖东西；雪枫镇和临淮乡合并成立新的雪枫人民公社，在湖西一家独大；高良涧镇改称高涧公社；其余 6 个乡镇仅改换人民公社招牌而已，管辖地域都一仍其旧。

与先前的调整不同，这一次的合并乡镇并非出于理性选择，而是基于政治热情。以雪枫公社为例，1958 年该公社合并雪枫、临淮两乡镇后，并未取得预想的规模效应，相反公社过大给渔民的生产生活带来了诸多不便，干部、群众对此颇有怨言："公社设在雪枫镇，渔业生产阵地在临淮头，一套班子抓生产，有些渔业生产大队离公社一、二百里，公社党委书记一年难得能沾一次边。"与此类似，合并后的顺河公社也存在类似弊端，"一在顺河集，一在尚咀，社员到公社买一次粮食或出售鱼虾，往返几百里，跑上多少冤枉路，遇到阻风耽搁，十朝半月是常事"②。合并后，雪枫公社是南北距离过大，顺河公社是东西间距过宽，渔民出行需要横渡洪泽湖，在渔民普遍靠风力与人力行船的当时，到公社驻地的数百里水程实在显得太过遥远，遇上雨雪冰冻天气更是苦不堪言。

至于流动经营的渔民之所以要到公社驻地，除了与公社政府发生行政隶属关系，最要紧也是麻烦的就属买粮与卖鱼两项活动，而这与国家的粮食和水产供销政策密不可分。以买粮为例，1953 年 10 月 16 日，中共中央政治局讨论通过了《中共中央关于粮食的计划收购与计划供应的决议》，严禁私商自由经营粮食贸易，决定由国家对粮食实行统购统销③。渔民买粮不再自由交易，需凭购粮证购买。一般情况是到所属水上乡驻地购粮，公社化后地点改到公社驻地，由于公社范围过大，生产阵地较远的渔民就只能长途跋涉去买粮。令人吃惊的是，

---

① 洪泽县地方志编纂委员会：《洪泽县志》，中国大百科全书出版社，1999 年，第 48 页。

② 《中共洪泽县委员会关于讨论水上公社几个政策问题的报告》，洪泽县档案馆藏：101-1-27。

③ 参见林蕴晖：《向社会主义过渡——中国经济与社会的转型（1953—1955）》，《中华人民共和国史》第二卷，香港中文大学当代中国文化研究中心，2009 年，第 103—107 页。

"大跃进"时期陆上的公共食堂也曾在渔业公社兴办过，一天数顿都要集合统一吃饭，无疑更令渔民们头疼。为了在水面贯彻实施这一"形象工程"，公社将渔民的口粮扣下强迫渔民上岸吃饭，渔民"流动性很大，有时遇到阻风不可能按时归港"，导致"食堂和生产矛盾很大"。①

此外，渔民生活所系的卖鱼活动也越来越不自由。1953 年 4 月 1 日，江苏省水产公司在南京成立，省内重点水产地区另设立分公司、办事处或运销站，1955 年洪泽湖支公司成立。通过水产公司，政府开始争夺私营鱼行的收购市场，并对其加强了市场监督和管控力度。1956 年对私营工商业的社会主义改造完成后，江苏省最终取消了鱼行。1958 年国家"对水产品实行统购包销"②，在洪泽县"为确保调拨和出口任务的完成，对水产品实行派购"，具体的派购任务从县里下达至公社，再由公社层层下达至生产大队、生产小队，"派购指标一般占产量的 80%"③，除渔民自食外捕获的水产品几乎需完全上缴。1959 年，洪泽县召开全县渔业大会，县委提出"四基本"口号——"基本工分，基本口粮，基本鱼产，基本交售"，要求渔民切实履行国家的水产品交售任务。了解到这一背景，上述顺河公社渔民为什么"往返几百里，跑上多少冤枉路"，甚至"十朝半月"去公社卖鱼虾就变得易于理解了。

1961 年 3 月 22 日中共中央在广州召开工作会议，在此次会上中央通过了《农村人民公社工作条例（草案）》，开始改弦更张，决定划小社队规模④。中央的这一精神传到洪泽县后，洪泽县委顺势而动召开了社员代表大会，"从头至尾一字不漏地"进行宣读和讲解⑤，对全县数年的工作也做了一定的检讨，随即在当年停办公共食堂，并对公社化时期的政区设置重新进行了考虑。

同年顺河人民公社被重新拆分为顺河、成河两部分，雪枫人民公社同样恢复回雪枫、顺河各占一地的局面。此外，按城乡分治，从县政府驻地的高涧公社分离出一个高涧分社，单独管辖城区。洪泽县形成了 11 个公社和 1 个分社的政区规模。

---

① 《中共洪泽县委员会关于讨论水上公社几个政策问题的报告》，洪泽县档案馆藏：101-1-27。

② 江苏省地方志编纂委员会编：《江苏省志·水产志》，江苏古籍出版社，2002 年，第244 页。

③ 《洪泽湖渔业史》编写组编：《洪泽湖渔业史》，江苏科学技术出版社，1990 年，第96 页。

④ 林蕴晖：《乌托邦运动——从大跃进到大饥荒（1958—1961）》，《中华人民共和国史》第四卷，香港中文大学当代中国文化研究中心，2008 年，第663 页。

⑤ 《关于水上公社规模调整的方法与步骤的意见》，洪泽县档案馆藏：101-1-27。

1963 年，淮安县的岔河、仁和与黄集并入洪泽，高涧分社改为高良涧镇；1965 年三河从蒋坝独立建立三河公社，蒋坝与岔河、老子山则改公社为镇；1980 年岔河、万集、高涧、黄集各划出部分土地，新设立朱坝公社，至 1985 年年底洪泽湖"分湖而治"前，洪泽县的政区保持在 17 个乡镇的规模。

第三节　因湖设县之震泽县

一、匪区与政区：国共两党不同的治理政策

1947 年冬，负有太湖治安之责的国民政府太湖水上警察局发布了一道严厉的宵禁令：

一、本局在冬防期内，为确实控制防区治安，杜绝匪徒窜扰期间特订办法如下。

二、宵禁时间每日暂以下午八时开始，至翌日上午六时解除。

三、宵禁后禁止船只捕鱼行驶，暂出入港口，并禁止人民通行，但医生及公务员持有夜行证件者，不在此限。

四、宵禁后，其有违反第三项之规定者，即以盗匪论，致遭发枪被击伤毙及击沉船只者，本局概不负责。

五、各沿湖驻地，除派舰艇常川巡弋湖面外，得与邻近军警机关及自卫队密切联络，会同当地乡镇保长举行不定时之户口检查，各船户或住户不得拒绝，查有匪嫌送局法办，违犯保甲规约者，就地由乡镇公所处理。

六、宵禁地区范围，暂以本局防区沿太湖各港及湖面为限。

七、非常警戒后茶坊酒肆各商店，及娱乐场所，一概停止营业。违者依照违禁罚法处罚。

八、本办法适用于冬防期间。[①]

国民政府统治时期，太湖地区治安混乱，匪患频仍。太湖地区各县普遍流传着"打不完田里的稗草，捉不完太湖里的强盗"[②] 的民谚，水匪给民众造成的恐怖气氛非常浓烈。大湖如此，小湖河道也并不见得太平无事。阳澄湖"盗

---

① 《太湖水上警察局东山划为防区　冬防期内实施宵禁　以沿太湖港口及湖面为限》，《莫厘风》1947 年第 2 卷第 5 期。

② 吴江市地方志编纂委员会编：《吴江县志》，江苏科学技术出版社，1994 年，第 586 页。

匪出没，居民惊恐万分，有迁居苏城者"[1]；傀儡湖湖匪"船面均盖芦苇等物"，抵镇即大肆抢劫，甚至连警察也不放过，昆山警察局第五分局内枪械竟也"悉数被劫"[2]；武进"当丝茧上市时，横林、戚墅堰等处须由水警厅派船保护云"；无锡在冬防吃紧和丝茧上市时亦需水警特意保护[3]。

水匪中，除了本地水匪肆意妄为，其他区域的很多水匪也顺时而动流窜到江南，多股势力互相合流，流为顽疾，尤为著名者当属水火帮。据称该帮大约形成于光绪二十年（1894年），"代代相传，封建江湖义气浓厚，内部立有帮规，用切口暗语"[4]，组织较为完善，因偷水上的鸭称"水"，偷陆上的鸡谓"火"，船称"帮"，故合称"水火帮"。除了小偷小摸，该帮也有很多水匪"专在水面上杀人越货"[5]。据载水火帮又可称为网船帮，"以苏州为发祥之地，横行于太湖附近"，表面上佯装以捕鱼为业，实际却以此做遮掩，混淆视听。该帮又可细分，"分苏帮，无锡帮和江北帮三大帮"[6]，苏北籍的水匪一般统称为"江北帮"或"苏北帮"，其中盐城帮势力较大，占据了江南京沪线以东的地盘，故又称"东帮"[7]，是彼时水上的一大毒瘤。新中国成立前常州境内则有水火帮大小18股，散居沪宁铁路南、滆湖及武进、宜兴、无锡三县交界处的杂船上[8]，隐蔽性很强。苏州警察曾抓到一名叫王胜法的匪徒，按其供词"渔船强盗在苏州开会时，共有一千多家！"[9]人数之众、势力之大令人震惊。

从作案手法上看，这一帮水匪每到一处一般先派帮中妇孺上岸扮作卖糖、贩鱼的小商贩，然后窥探查找下手目标，确定后再记熟行径路线，最后向匪首汇报，"等到夜色皆暗，就大队光临，蜂起行劫了"。组织、分工堪称细致。作案时间上，选的是黑幕掩护、防范薄弱的夜晚。知道这一规律，自然就理解了太湖水上警察局宵禁时间晚8时至早6时的限定。

另一时间关注点则是宵禁令中强调的"冬防期间"。从犯罪学角度来说，冬

① 《吴县》（二），张研、孙燕京主编：《民国史料丛刊》第829册，大象出版社，2009年，第151页。

② 《江苏湖匪劫掠正仪之详情》，《兴华》1927年第24卷第39期。

③ 东南大学农科：《江苏省农业调查录·苏常道属》，江苏省教育实业联合会印行，1923年，第21、24页。

④ 《宜兴公安志》，1993年，第81页。

⑤ 《骇人听闻之仇杀案》，《申报》1918年8月2日第7版。

⑥ 藕公：《纵横太湖十万八千顷的水火帮强盗世家》，《快活林》1946年第9期。

⑦ 杜吉华：《横行江浙水域的水火帮》，《江苏地方志》2000年第4期。

⑧ 江苏省《武进县志》编纂委员会：《武进县志》，上海人民出版社，1988年，第833—834页。

⑨ 藕公：《纵横太湖十万八千顷的水火帮强盗世家》，《快活林》1946年第9期。

季是一年中犯罪高发的季节，这一季节，白昼时间短，黑夜时间长，利于匪徒出没隐藏；同时年底一般是经济往来频繁，如清账、回款的重要时节，便于匪徒搜刮钱财；加上年末农闲时间较多，无业游民为了过年易于铤而走险，故冬季成为太湖水警重点关注季节。1928 年 1 月 18 日夜，太湖水匪百余人持械洗劫宜兴蜀山镇，与警察激战两小时，警察不仅付出了巡官、伙夫各 1 名阵亡，分队长被击伤的惨痛代价，枪械也被缴去大部①。足见冬季、夜晚确属高危时段，警察也并非绝缘人群。太湖水上警察局冬防期间禁止捕鱼、通行，严禁各港店铺、娱乐场所营业，从侧面反映出 1947 年相较 20 年前太湖治安并无本质改观。

需要强调的是，1947 年太湖水上警察面对的治安问题尚不复杂，主要是水陆间的盗匪，彼时共产党在江南并未给国民党施加太多压力。重庆谈判后，中共遵守协定在 1945 年 10 月将江南新四军北撤，江南成为彻底的国统区。1948 年 5 月，中共华中工委成立江南工作委员会，专门负责江南工作；5 月 20 日成立华中第二地委江南工作委员会；7 月 2 日成立华中第一地委江南工作委员会；8 月 5 日成立华中第九地委江南工作委员会，三个委员会"隔江领导了苏南国统区的都整"②。江南工委的任务主要是"大力开展群众合法斗争，隐蔽地发展武装力量"，以及"大力开展各种辅助工作，团结组织反美反蒋的统一战线。争取建立分散隐蔽的小块游击基地，以配合全国反蒋胜利而斗争"③。

1948 年中共江南专门机构的设立，标志着江南地区斗争的日趋激烈。1948 年 9 月 1 日，国民党陆军中将丁治磐接任江苏省政府主席。丁氏是江苏东海人，回到桑梓之地任职，面对严峻的形势迅即进行了警政革新，"将江苏省每个县市划分为若干警勤区，市区二到四公里一区，乡间四至八公里一区。每区由一位警员负责，一天可走路巡逻辖区二、三次。两个警勤区合成一个巡守所，即现在的派出所，由两、三名警员负责"，具体任务是警员"考察区内一切事务"，并"让警员兼小学教师"接近百姓，再做统计向政府报告。这一时期江苏境内江北地区大部分被共产党实际控制，主要实行区域实际是江南地区。丁氏军人出身，对警察寄予厚望，对民众则相对隔膜，"大家都说要在地方组训民众，但民众组训是空的，脱离生产，没武器，也无力量，我认为没有用。组训民众虽有必要，但重要的是建立警察，警政建立就能控制地方，若警察办不好，地方事务无所知"④。

---

① 《宜兴公安志》，1993 年，第 263 页。

② 江苏省中共党史学会编：《江苏解放战争史》，中共党史出版社，2009 年，第 301 页。

③ 《中共华中工委（1947.9—1949.9）》，江苏省新闻出版局，2000 年，第 196 页。

④ 《丁治磐先生访问记录》，"中央研究院"近代史研究所，1991 年，第 118 页。

太湖当时主要由太湖水上警察局专管，连局长带雇员共538人①，人数相对于太湖面积并不算多。全局共有四个警队，每队辖三个中队。其中第一队分驻木渎、胥口、香山一带；第二队分驻无锡、南方泉、马迹山一带；第三队分驻光福、潭东、西华等地；第四队分驻东山、西山等地②。除南太湖的浙江省部分水面外，理论上，江苏省太湖湖面皆在该局管辖范围内。

在警民关系上，丁氏完全偏重一端，寄希望于警察，而其所谓"组训民众"大致是共产党"组织群众"之谓。主政江苏的一方大员认为组训民众是空想的、没有用的，地方上仅依靠警察能做到何种程度就不难想见了。而中共自抗战时期进入江南后，就把群众工作提升到极为重要的地位，"只有党和群众密切联系起来，才是不可战胜的力量""党是群众的""群众运动是党的物质基础""群众是政府的支柱""广泛的去发动群众，普遍的去组织群众"③ 等工作理念不断强化。两相比较，两党之差距不可以道里计。

1948年12月13日，丁治磐对太湖水上警察分局全体警察进行了训话，宣称"警察是人民的保姆，社会的导师，责任很重"，重申了警察对地方秩序起着最核心的作用，而在共产党的理念和实际政治实践中，充当丁氏所言诸种功能于一体的是党员和党组织。丁氏的观念还停留在近代，属于新瓶装旧酒，共产党的理念无疑是现代化的，领异标新自辟新路。1949年4月，渡江战役前夕，在华中第一地委江南工委的领导下，"苏州地下党组织动员了近百名船民、农民、驾船偷渡长江，或转道上海到达苏北"，担负解放军渡江向导任务；澄西则组织发动300多条渔船到江北隐蔽待命。④ 历史充分证明，经营规划地方、民众仅依靠警政，不发动群众难有作为，普罗大众才是政权的基本盘。

在丁氏的训话中对共产党多冠以"共匪""大匪""有政治性国际阴谋的匪"之蔑称，从其政治立场来看，其在江南惨淡经营是为了避免江南如同江北成为"匪区"，他认为治安之匪区尚可治理，一旦江南成为政治之"匪区"就再无转圜之地。

1949年4月20日，中共发起渡江战役，23日南京、镇江、常州、无锡解

---

① 中共华中工委会调研室编印：《无锡概况》，收入《民国时期无锡年鉴资料选编》，广陵书社，2009年，第719页。

② 吴县地方志编纂委员会：《吴县志》，上海古籍出版社，1994年，第884页。

③ 邓振询：《组织群众与秋收问题——在苏南民运工作会议上的报告》，原载《江南党刊》创刊号，1942年9月10日，收入《苏南抗日根据地》，中共党史资料出版社，1987年，第230—239页。

④ 江苏省中共党史学会编：《江苏解放战争史》，中共党史出版社，2009年，第307、384页。

放，27 日苏州、湖州解放，5 月 7 日嘉兴解放，至此，太湖成为中共合围的内湖。随着政权的更迭，大量国民党匪特逃窜到太湖，与水匪合流，不断袭击、暗杀中共党政军工作人员，破坏交通工业设施，勒索、绑票、杀害无辜群众，造谣、蛊惑人心，甚至策反基层干部①，气焰嚣张，危害巨大。时任苏州地委书记的宫维桢曾回忆，当时"太湖里常常浮出被害群众的尸体"②，足见湖区恐怖气氛之烈。

1949 年 5 月 26 日，中共苏南军区颁发剿匪作战第一号命令，指示各地区成立剿匪机构消灭匪徒"确定先剿湖中，积极配合夏收夏征的方针"，同时将 6 个团拆散建制，组建苏南 27 个县（区）总（中）队，强化地方武装力量③。6 月 17 日，时任中共苏南区党委书记、苏南军区政治委员的陈丕显在中共苏南区委员会第一次扩大会议上提出，"将来太湖剿匪工作，我想要成立一个统一的剿匪司令部"，有了统一湖区军事的想法。陈氏宣称"如果说京（宁）沪线上的治安都不能保证，那真是太无能了"④。主政苏南一方的负责人说出了如此重话，剿匪已是刻不容缓。

根据陈丕显的提议，7 月 10 日，中共苏南军区"为迅速彻底剿灭窜匪太湖之残匪"，特别成立太湖剿匪指挥部，并在江苏苏州、常州及浙江湖州设立分指挥部，统一指挥苏、常、湖分割分区的剿匪武装，及沿湖无锡、武进、吴县、吴江、宜兴、长兴、吴兴 7 县县区武装⑤。太湖成为中共倾尽全力治理的两重匪区。治安匪区主要包括太湖中"水火帮 44 个，1300 多名匪徒"及遍布沿湖港口难以计数的大小各股土匪；政治匪区主要包括"盘踞在南太湖的金阿三""活动在西太湖的蔡三乐""东太湖龚国良的日伪警卫三师"及受到丁治磐资助的"阳澄湖地区的胡肇汉"。⑥

---

① 刘振纲、章彩法、赵卫东：《太湖（地区）剿匪斗争史略》，《吴县文史资料》第 10 辑，1993 年，第 29—32 页。

② 宫维桢：《依靠群众建设新苏州》，《苏南行政区（1949—1952）》，中共党史出版社，1993 年，第 550 页。

③ 朱传保：《回忆太湖剿匪斗争》，《苏南常州行政区（1949—1952）》，南京大学出版社，2012 年，第 266 页。

④ 陈丕显：《苏南接收工作检查及目前工作与政策》，《苏南行政区（1949—1952）》，中共党史出版社，1993 年，第 67 页。

⑤ 《太湖剿匪指挥部成立》，《人民报》1949 年 7 月 24 日第 959 期。

⑥ 张振东著、陈俊才整理：《太湖剿匪始末》，《苏州史志资料选辑》，2003 年，第 199—201 页。

战略上，"政治军事双管齐下，以政治分化为主"①。在军事方面，党政军配合，调集 11 个主力营的警备部队，5 个县总队的大部及沿湖各区队全部兵力参加剿匪，此外从江阴炮台抽调 8 艘炮艇和常州军分区两艘机动船，组建水上大队。在政治方面，大力开展政治攻势，普设"匪特登记处"，号召悔过自新、立功赎罪，同时分化匪特内部，孤立打击匪首，瓦解争取下层。政治军事辅助进行，避免了早期剿匪军政上偏重于军，"部队一走，匪特复回窜扰，群众重遭迫害"的现象②。

战术上，"以分散对分散，以游击制游击，以隐蔽对隐蔽"。外线以主力部队重点打击大股匪特，在沿湖设点布网重点清剿，加强与公安机关的联系，通过公安组织连排小分队，在内线分散清剿。此外，建立内线情报网络，地毯式扫除匪特的秘密据点和地下特务。

宣传上，发动舆论战，发动群众。利用党报、电台"整版整版地登，而且透明度高"的优势，向群众宣传党的政策方针和匪特活动的特点，声势浩大地进行剿匪消息的密集宣传③。同时在剿匪部队中深入动员教育，守政策，严纪律，"切实组织群众、依靠群众"，协助群众成立各种群众团体，巩固群众基础。④

组织上，编组船只，扎口管理。发布《苏南太湖船舶管理补充办法》，要求渔民配合政府做好船舶登记、发证等工作⑤，沿湖政府则"将太湖船只登记造册，按港口编组停泊，实行扎口管理"⑥。同时分批成立渔民协会，将渔民纳入政府的管理范围之内，"分清匪民、孤立匪船"，隔绝渔民与匪特的联系。

行政上，专设太湖行政办事处，统管全湖。1949 年 7 月 10 日，太湖剿匪指挥部成立的同时，"太湖区行政特派员办事处"相应建立（档案、志书一般简称为太湖行政办事处），苏州军分区司令、太湖剿匪指挥部指挥王治平兼任太湖区

---

① 朱传保：《回忆太湖剿匪斗争》，《苏南常州行政区（1949—1952）》，南京大学出版社，2012 年，第 268 页。

② 《关于开展太湖地区肃清残匪发动群众建设政权工作的决定》，《苏南行政区（1949—1952）》，中共党史出版社，1993 年，第 104—105 页。

③ 刘振纲、章彩法、赵卫东：《太湖（地区）剿匪斗争史略》，《吴县文史资料》第 10 辑，第 37 页。

④ 《关于开展太湖地区肃清残匪发动群众建设政权工作的决定》，第 106—107 页。

⑤ 刘振纲、章彩法、赵卫东：《太湖（地区）剿匪斗争史略》，《吴县文史资料》第 10 辑，第 38 页。

⑥ 张振东著、陈俊才整理：《太湖剿匪始末》，《苏州史志资料选辑》，2003 年，第 208 页。

行政特派员办事处特派员①，军政一体，统筹管辖。太湖行政办事处统一管理"东山、西山及太湖中的渔民和大小岛屿"②，是一个准县级单位。

据不完全统计，到1950年年底，中共"共歼灭匪特200余股，3466人。其中匪首130人"，控遏太湖最重要的吴县"共歼灭匪特87起，抓获匪特474名"③。历史上素为盗薮、素难治理的太湖被新政权荡涤一新，社会秩序基本恢复正常，而少部分漏网之鱼在接下来的镇压反革命运动和民改中被更细致地梳篦了多遍，再难兴风作浪。

同样一个太湖，国共两党在治理的思路、方式、方法上存在极大的差异，效果也截然不同。江苏地方编修的《庙港镇志》对本港的剿匪曾有过这样的评价："旧中国历代政府面对太湖匪患，都是有剿匪之举，无剿匪之力，往往出现官兵来，强盗退，官兵回，强盗返的恶性循环。民国年间，庙港沿湖匪患严重，省军警连年数番调集重兵，配备舰船、飞机围剿湖匪，浙江警界亦曾来庙港会剿，但屡次剿匪都是遏其势，未除其根。"④ 这一判断可谓卓有见地。整体上，国民党对太湖匪区的治理趋向内向、消极、保守，效果并不理想；共产党的治理则呈现出全方位、多层次、立体式的面貌，从历史实践考察，效果显著。

二、合湖与分湖：震泽县的建立与裁撤

对于湖区而言，除了剿匪，影响较为深远的无疑是太湖行政办事处从虚入实，正式成县这件事。1951年，太湖行政办事处撤销，另设太湖水上公安局管理湖上治安。1952年7月1日经中央批准，苏南人民行政公署太湖行政办事处重新建立，据1986年江苏省太湖渔业生产管理委员会编纂的《太湖渔业史》，之所以重建"主要是由于太湖的地理环境重要，横跨江、浙两省水域，政治和经济上很复杂。同时经过陆地上的土地改革、镇压反革命、抗美援朝等三大运动，水陆密切配合，群众基本上发动起来"，客观的地理环境与主观的群众基础都具备了设县条件。彼时剿匪未远，统一治理全湖显然较分湖更能巩固治安成果。

太湖行政办事处重建时，吴县东山、西山划入，归其管辖；10月，太湖行

---

① 《关于开展太湖地区肃清残匪发动群众建设政权工作的决定》，《苏南行政区（1949—1952）》，中共党史出版社，1993年，第105页。

② 《吴县水产志》编纂委员会：《吴县水产志》，上海人民出版社，1989年，第60页。

③ 刘振纲、章彩法、赵卫东：《太湖（地区）剿匪斗争史略》，《吴县文史资料》第10辑，第41页。

④ 《庙港镇志》编纂委员会：《庙港镇志》，浙江大学出版社，2002年，第266页。

政办事处在全湖建立5个水上区，各区以数字命名，最终形成7个区的基层架构：2个陆上区，5个水上区。从分布来看，太湖行政办事处的管辖范围包括太湖全部湖面，基层政区非常分散，一区东山、二区西山是2个陆上区，其余5个水上区散落环湖各处：三区管辖冲山、漫山、平台山一带太湖中部的大、中船；四区管辖自无锡壬子港至宜兴乌溪港一带湖面；五区管辖自浙江省夹浦自小梅口一带湖面；六区管辖吴县横泾、越溪以及吴江湖滨、庙港、吴溇一带湖面；七区管辖东山席家湖、渡桥、杨湾、陆巷以及西山金庭一带湖面①。

不同于陆上区画地为牢式的管理模式，水上区主要是以港系人、以人管湖，各水上区主要在沿湖港口监管渔民、渔船，渔民、渔船游移不定，故水上区分布星散，管理半径极大，如典型的七区，横跨东山、西山，以陆地视角看是飞地性质，但转换成水域视角来看，则湖面即是纽带，四通八达，并非飞地。此外，三区区政府设在吴县潭东、四区设在无锡县大渲、五区设在浙江小梅口、六区设在吴县叙庄、七区设在一区杨湾，全是"寄居"性质，凸显出水上区土地资源的极度缺乏，需要寄居他人屋檐之下的特点。据老渔民回忆，这些寄居的渔港看似是渔村，"实际上是停靠在太湖边上的一排渔船"，渔民不仅在岸上没有房屋，"村委会也没有办公室"②，可谓一穷二白。行政管理上，区政府主要对渔民出港、进港进行管理，从全域来看，这样的行政区划和管理手法自然是为"加强水上工作的领导"③，也体现出剿匪后匪区转换成政区，政府为确保湖区治安稳定、恢复渔业生产的良苦用心，但这样的管理显然还较为粗放。

1953年太湖行政办事处撤销。20世纪80年代以来太湖周边县市编修的志书普遍都提到，撤销后紧接着在1953年5月1日设立震泽县④。揆诸史实，实际江苏省内的政治考虑要更早。据1959年9月《江苏十年大事记》记载，1953年1月2日，江苏省人民政府委员会第一次全体会议通过决议："原太湖行政办事处所辖地区改设太湖县"⑤。这一决议有两点值得注意：一是时间。裁撤太湖行政办事处，建立一个县级政区，此时刚好是江苏重新建省之际。1952年11月15日，中央人民政府委员会第十九次会议通过决议，成立江苏省人民政府，撤

---

① 江苏省太湖渔业生产管理委员会：《太湖渔业史》，1986年，第119页。
② 《运河记忆——嘉兴船民生活口述实录》下册，上海书店出版社，2016年，第43页。
③ 江苏省太湖渔业生产管理委员会编：《太湖渔业史》，第120页。
④ 吴县地方志编纂委员会：《吴县志》，上海古籍出版社，1994年，第94页；《吴县水产志》编纂委员会：《吴县水产志》，上海人民出版社，1989年，第60页；东山志编纂委员会：《东山镇志》，东南大学出版社，2002年，第18页。
⑤ 中国科学院江苏分院历史研究所：《江苏十年大事记》，江苏人民出版社，1959年，第177页。

销苏南人民行政公署、苏北人民行政公署。1953年1月1日，江苏省人民政府召开第一次政府委员会议，宣布江苏省人民政府正式成立。1月2日，太湖行政区划即发生巨大变动。二是县名。新成立的这个县，名称最初不是震泽县，而是太湖县。

至于时间和名称为什么和决议有所差异？笔者猜想，时间差了4个月，可能是因为当时江苏刚建省，百废待兴，还未能第一时间将决议付诸实践。同书载1月26日江苏省人民政府发出的《调整后的江苏省专区及市、县区划的通报》，提及太湖行政办事处时称"太湖行政办事处（相当于县）"[1]，虽然前次已有决议，但当时对设立一个如此特殊的水县具体如何操作，还需再仔细斟酌，故有4个月的时间间距。至于为什么没有用太湖县命名，很可能是为了避免与安徽省安庆专区的太湖县重名，故舍弃了以湖名冠县名的正常操作。

明清以来太湖长期是江苏、浙江两省的界湖，为"三州十邑"环抱之湖，湖面上大致以湖中大雷山、小雷山一线为两省界限，浙江界在此线西南，湖面为其湖州所属，但湖上两省界限只是大致如此，并无固定界线划定此疆彼界。乾隆年间江苏巡抚陈大受云："况湖中江浙分界处，此不过就湖面约计，非如陆路之可以定立确界也。"所言非虚。在南京国民政府时期，这一习惯线也顺其自然地默认了下来，如1914年浙江陆军测量局实测的五万分之一地形图上，太湖的水界主要标识物也是大雷山、小雷山[2]。

1949年7月太湖剿匪指挥部和太湖行政办事处成立，其对江浙两省影响深远的是太湖水界的变动。因统一剿匪和统一加强水上工作的需要，太湖完全被纳入苏南行政公署管辖范围，后被江苏省继承，明清以来拥有部分南太湖的湖州不再拥有太湖水面，自此湖州无湖，浙江北界南缩。1953年5月1日，震泽县的设立强化了这一既成事实，江苏顺其自然继承了太湖行政办事处拥有的整个太湖水面。从政治地理视角来看，要控制太湖，最佳的地理区位是如臂膀般伸入湖中的东山、西山两大岛，而这两大臂膀历史上长期属于苏州府管辖，苏州府因此也拥有了太湖最多的水面；浙江省不仅水面份额小，也缺乏在湖中可对峙的据点，这是一个一体两面的事情。无论是1949年剿匪，还是1953年设县，如若要统管全湖，东山、西山必须有之，最佳方案和最小行政阻力，都是

---

① 中国科学院江苏分院历史研究所：《江苏十年大事记》，江苏人民出版社，1959年，第182页。

② 参见1914年浙江陆军测量局五万分之一地形图之图1"夹浦镇"、图5"小雷山"、图6"长兴县城"，杭州档案馆编：《民国浙江地形图》，浙江古籍出版社，2013年，第6—7、14—17页。

将太湖划给江苏省。

需要补充的是，2000 年江浙两省就太湖水界达成了最终协议，算是湖面上水界的最终确立。1999 年，民政部全国勘界办公室发文《关于下达一九九九年全国省界勘定任务的通知》，浙江省抓住这一千载难逢的良机，在苏浙线勘界工作中要求获得太湖水面，江浙两省两次核界因"存在较大分歧"，未能达成协议。2000 年，在民政部全国勘界办公室的召集下，两省省政府在杭州黄龙饭店"进行了长达 7 天的磋商回忆"，依然未能达成一致意见。同年 8 月在民政部的施压下，最终达成全长 64.5 公里的太湖段边界协议①。据披露，在最后一次谈判中，起初双方"没有丝毫妥协的余地"，"谈判进行得异常激烈"，最终是民政部、水利部和农业部的联合协调组拿出了协议意见：

> 一、两省太湖段行政区域界线的具体走向，从父子岭起，沿浙江段环湖大堤迎水坡脚向垂直延伸 70 米，到湖娄止。界线以实测为准。
> 二、从父子岭直线经大雷山北侧、小雷山北侧到湖娄，接两省太湖段行政区域界线所构成的水域范围内，浙江方享有开发利用的权益并承担相应的责任，相关事项的管理维持现状。

太湖水界协议最终达成，民政部终于解决了悬而未决的边界争议，这可能是江苏省能接受的极限了，浙江省也达成部分要求，太湖重新成为两省界湖。

作为正式的县级行政区，1953 年震泽县拥有太湖全湖。和洪泽县一样，震泽县也是一个典型的水县。据 1958 年苏州专区水产资源勘察调查队的统计，全县总面积为 4051630 亩，水面面积 3628846.341 亩，水面面积占比达 89.57%，水域居于绝对比重。震泽县的水面包括太湖、西石湖，还有陆地的河沟、池塘和航道，其中太湖湖面面积 3603520 亩②，是震泽县水域的最主要部分。一湖完全纳入一县，充分体现出因湖设县的特征。自此，在沿湖渔民的心中也树立起"太湖是江苏省的，不属浙江省管，浙江省只管内河，管不到太湖"之印象③。

在县境的陆地幅员上，震泽县主要增加了吴县的横泾区，太湖北部武进的马山区也在建县时一度划入。这使得震泽县达到了包含 9 个区的极盛版图。1954 年 6 月马山区改隶无锡县，到 1959 年 3 月震泽县撤销，县境一直维持着初始 8 个区的幅员。

1953 年 7 月，"5 个水上区在完成民船民主改革的基础上合并成湖中、湖

---

① 浙江勘界纪实编纂委员会编：《浙江勘界纪实》，浙江大学出版社，2001 年，第 38—40 页。
② 《震泽县水产资源勘察调查报告》，江苏省档案馆藏：4072-010-0021。
③ 《运河记忆——嘉兴船民生活口述实录》下册，上海书店出版社，2016 年，第 45 页。

东、湖西 3 个区"，一区、二区也恢复原名，彼时震泽县共有横泾区、东山区、西山区、湖中区、湖东区、湖西区 6 个区，总户数 30896 户，总人口为120319 人。

据统计，震泽县的 3 个水上区中，湖中区有 5 个水上乡，总户数为 933 户，总人口为 5347 人，全区拥有大小渔船 972 只，其中五帆至七帆的大船 101 只，生产方法分为三种："冬季牵繻缆，春末夏初牵银鱼，夏秋季牵小兜和闸虾网"；三帆至四帆的渔船有 181 只，生产方法与大船同，"但不牵小兜网"；小船 690只，生产方法较多，有踏网、丝网、大滚钩、小钓、抄虾、虾笼、张箔、扁鱼窝等多种。整个湖中区渔民生产活动地区分布极广。"大船一年到头在太湖中随风飘荡，除了无风天气随地停泊外，很少有停泊时间"；中等的渔船与大船类似，不同的是时间，"白天生产，晚上进港停泊"；小渔船"早出晚归，到处流动"。①

湖东区也有 5 个水上乡，总户数为 927 户，总人口为 3431 人，拥有大小渔船 1080 只。该区渔民分散在东太湖湖面，此外还有部分渔民"流动在东山、苏州、嘉兴、昆山、吴江等地区进行生产"。渔民按帮生产，生产帮别众多，有大罨帮、小罨帮、滚钩帮、麦钩帮、老鸭帮、张箔帮、摸鱼帮、网狩帮、拖虾帮、抄虾帮、扛网帮、刺罩帮、打枪帮、张黄鳝等 28 个帮别。东太湖属于浅水湖泊，湖东区大都是小渔船，需要每天捕鱼卖鱼，一年四季几乎无休捕鱼。

湖西区同样存在 5 个水上乡，"分布在二百多里长的太湖边上"，总户数为851 户，总人口为 3951 人。渔民帮别也很多元，有背网帮、银鱼帮、丝网帮、钩子帮、虾笼帮、吊子帮、尖网帮、小网帮、摆渡帮、黄鳝帮、老鸭船、踏网帮、捣网帮、罨网帮、钩子帮等，"渔民依捕鱼为生，副业收入是鱼池、菱塘和稻田的生产"②。

1953 年 5 月 5 日一份江苏省委给华东局关于渔民工作的报告披露，当时江苏省曾对如何设水县、水上区、水上乡有过一个设想："根据中央按湖设治的精神，我们意见在五千船以上设县，一千船以上设区，三百只船以上设乡。"③ 这一份报告在震泽立县后的第五天发出，标准是按照震泽县的情况来制定的，虽

---

① 《中国共产党江苏省吴县组织史资料（1925—1987）》，中共党史出版社，1991 年，第106 页。

② 中国共产党江苏省委员会办公厅编：《江苏省农业生产情况·震泽县》上册，1955 年，第 10—15 页。

③ 《江苏省委关于渔民工作的报告》，中央档案馆、中共中央文献研究室编：《中共中央文献选集》第 12 册，人民出版社，2013 年，第 391 页。

然湖西区船只统计数字不详，但参照湖中区 972 只、湖东区 1080 只，船只数量大致也在 1000 只左右。这 3 个水上区是震泽县船只的主要来源，水上区的船只标准基本达到。但东山区、西山区与横泾区以及马山区几乎纯是农民，渔船或运输船的保有量应该不会过高，按理如果船只纯以渔船或运输船统计口径计算，震泽县应该没有"五千船"，对这一标准唯一合理的解释是震泽县三个陆上区的船主要是农用小船，在震泽县湖区的 10 多万农民保有着大量出行必备的此类船只。实际上清代吴县西山人王维德就曾写道："俗以舟楫为艺，出入江湖，动必以舟，故老稚皆善操舟。……然皆有庐舍，非若他处渔人挈妻孥与外姓为伍者。"[1] 点明了在同样有船的情况下，西山农民与渔民的区别。

1955 年 11 月 28 日，苏州人叶圣陶从胥口坐轮船"行太湖中两小时有余"参观访问了震泽县，叶氏对水县印象颇佳："此县受国民党反动派与土匪蹂躏极深，农民、渔民生活最苦，解放以后，反动势力与土匪肃清，人民觉悟颇高。"在出行方式上，典型地反映出湖区，特别是水县非船不行的交通状况。叶圣陶当时住在县政府所在地的东山，在其日记中，访问几乎一路与船相伴，"乘汽船至龙头山""复乘汽船至杨湾""后乘汽船而归招待所""乘汽轮往西山""返汽轮，指石公山""四点半返汽轮、六点回招待所""八点半上汽轮，至横泾区"，叶氏最后从横泾区乘小汽轮返回苏州[2]。叶圣陶当时为教育部副部长，在震泽县全程有县长相陪，一路考察下来赖舟出行，在有政府特派轮船渡湖的情况下，一般也只能半天访问一地。从这一层意义上理解，以船只数量定设县、区、乡的标准有一定的合理性。

在西山区石公山，叶圣陶眺望太湖，看到了"渔帆群集，日映湖明"的壮阔景象，这些群集的渔船当时多以帮的形式存在。太湖渔民的帮是"一种从生产互助出发自助形成的生产组织，既无帮规，又无任何组织形式"，和旧社会帮派唯一类似的是"重江湖义气"。从渔业生产的角度来看，同帮渔民的渔船、鱼汛和渔场相同，"一起捕鱼、一同停泊"[3]，在地域上非常接近。除了大船渔民生活较富裕外，小渔船生产方式非常原始落后：一方面造成了这些渔民生活的贫困，"一天不捕鱼就一天没得饭吃"，部分小渔船渔民由于船只破损、工具缺乏，因此渔业产量低下，进一步加剧了生活的艰难；另一方面，渔业生产方式的落后对太湖鱼苗繁殖和幼鱼成长构成很大的威胁，太湖渔业生态也面临过度

---

① （清）王维德：《林屋民风（外三种）》上，侯鹏点校，"苏州地方文献丛书"第四辑，上海古籍出版社，2018 年，第 153 页。

② 叶永和、蒋燕燕整理：《叶圣陶未刊日记（1955 年·续完）》，《出版史料》2012 年第 4 期。

③ 《席家湖村志》编委会编：《席家湖村志》，香港文汇出版社，2004 年，第 136 页。

捕捞的问题。在这两方面影响下，渔民间的生产纠纷很多，不但大、小渔船之间有，小船之间也有矛盾，据称"由于生产纠纷多，往往发生殴斗，以致破坏工具，损伤身体"[①]。太湖全湖合为一湖，以一县统之，但内部渔民还是原先那一帮人，建县之初实际已存在分裂的极大可能。

在震泽县内部，基层政区的合并、划分较为频繁。1956 年 3 月，震泽县撤销了东山区，建东山镇，全县调整为 1 个镇、5 个区。1957 年 3 月起，震泽县又撤销西山、横泾两区，9 月，撤销湖中、湖东、湖西 3 个区，全县调整为后山、渡桥、东河、建设、石公、横泾、浦庄、渡村、越溪、尧峰、湖中、湖东、湖西和东山 14 个乡镇。1958 年 2 月，渡桥乡并入东山镇，同时撤销尧峰乡，在人民公社化前夕，震泽县共设有 12 个乡镇[②]。全县共有 32791 户、158734 人，农业社 87 个，渔业社 19 个，渔业户数为 4110 户，渔业总人口为 19509 人。其中专业捕捞渔民 2111 户，10131 人；副业捕捞渔民 107 户，144 人；专业养殖渔民 1800 户，8890 人；副业养殖渔民 92 户，344 人。湖东、湖中、湖西 3 个水上乡除 216 人以渔业为副业外，其余 10078 人都是专业捕捞渔民[③]。水上乡稀疏的人口与广阔的水域空间形成了强烈的反差。

人民公社化运动开展后，1958 年 10 月，震泽县 12 个乡镇合并为洞庭、金庭、横泾、浦庄、渡村、越溪、太湖 7 个公社和东山镇[④]，其中太湖人民公社由湖东、湖中、湖西 3 个水上乡合并形成，公社驻地在东山陆巷[⑤]。公社内根据工具类型组成 5 个营，"一营为大船；二营为背网船；三营为大钓船；四营为小网船；五营为农业即冲山、漫山"，除五营外，其余全部从事渔业，在这一时期，湖上全民皆兵，建制军事化，"公社称团、大队称营、小队为连"，生产战斗化，生活集体化，营连设大食堂供应饭菜，甚至渔民出港生产也要一条龙，渔民积极性和渔业生产都遭到极大破坏。这一水上"大跃进"一直持续到 1959 年冬，太湖公社才取消营连建置，以数字称之，即改为一队、二队、三队、四队以及从事农业生产的五队[⑥]。而这时震泽县早已不复存在。

---

① 中国共产党江苏省委员会办公厅编：《江苏省农业生产情况·震泽县》上册，第 12 页。

② 《中国共产党江苏省吴县组织史资料（1925—1987）》，中共党史出版社，1991 年，第 264—265 页。

③ 《震泽县水产资源勘察调查报告》，江苏省档案馆藏：4072-010-0021。

④ 吴县地方志编纂委员会：《吴县志》，上海古籍出版社，1994 年，第 97 页。

⑤ 《陆巷村志》编纂委员会编：《陆巷村志》，古吴轩出版社，2014 年，第 16 页。

⑥ 《席家湖村志》编委会编：《席家湖村志》，科学出版社，2004 年，第 8、9、30 页。

三、分湖分治的影响

1959 年 3 月，震泽县被撤销，原辖下 1 镇 7 公社全部并入吴县。自此，太湖第一个也是唯一一个水县结束了短暂的历史。

震泽县并入吴县意味着吴县拥有了太湖全湖。吴县的这一幅员在苏南几乎相当于 3 个县，从历史经验来看是很难长期保有的，而东陆西湖的治县格局也使得政府的行政管控鞭长莫及。在浩瀚的太湖上仅仅以一个太湖公社进行管辖，无疑更是"小马拉大车"。日后两大难题暴露得非常突出：一是"太湖渔业生产体制存在着社、队规模过大打乱了原有渔民按港口、帮别进行生产的历史习惯等原因"，造成不同帮别和地域的渔民生产生活极其不便，一些渔民要求回到原属地；二是"由于吴县太湖公社是属吴县一个人民公社，对管辖宽阔的太湖和复杂的渔业队伍是力有不及之事"①。二者一个从渔民立场出发，一个从政府管理立论，可谓切中要害。

1961 年 11 月，太湖管理体制发生重大变动，由江苏省水产局牵头，苏州行署、镇江行署、吴县、无锡县、武进县、宜兴县以及太湖公社参加的调整太湖渔业管理体制专业会议在苏州召开，会议决定吴县将太湖公社"644 条渔船，3259 个捕捞渔民"划给无锡市、常州市、宜兴县以及浙江省湖州市领导，同时决定全湖成立 3 个渔业公社，即原先的吴县太湖人民公社、常州市太滆渔业公社以及无锡市太湖渔业公社②。

合湖统管的时代回归到分湖分治的传统。

无论是统一治理还是分而治之，任何一种治理模式都不可能是完美无缺的。分湖而治解决了统一治理的某些弊端，但相应地也催生出自身的内在矛盾。

第一大矛盾是影响太湖水产资源的繁殖保护。虽然政策上实行了分湖，但当时"太湖水域没有明显的行政界限，渔民不受省县水域限制，可以全湖通渔"③，1961 年的苏州会议在渔业生产上曾委托吴县太湖公社对全湖渔业进行专业管理，但离开了属地的行政区划管辖权，吴县根本指挥不动沿湖其他地区的渔民，"各地不遵守吴县太湖公社的规定，经常出现停船禁捕不一，你早我迟的

① 《关于太湖渔业近几年管理情况及意见》，江苏省档案馆藏：4072-009-0105。

② 无锡市太湖渔业公社在 1961 年 12 月 1 日成立，开始成立时并非公社，为"无锡市太湖人民公社渔业分社"，下设 6 个大队，28 个生产队。1962 年 4 月 23 日分社才改名为公社。驻地起初在无锡太湖之滨的大渲口，后迁移至无锡市河埒口、梅园公园、渔港等地。渔业公社编写组：《无锡市郊区太湖渔业人民公社志（初稿）》，1982 年，第 2 页。

③ 《庙港镇志》编纂委员会编：《庙港镇志》，浙江大学出版社，2002 年，第 366 页。

情况"，同时"伤亲害幼的渔具渔法不断的恢复和发展"。据统计，太湖公社1957年鲜虾总产为6795担（不包括白虾等），但到了1962年仅产4979担，下降42%，1963年只产1609.51担，还不到1962年的一半。值得关注的是，无视禁渔、滥捕幼鱼的现象，不仅是渔民个体的行为，甚至有属地政府的暗中支持，"特别是近几年来各渔业社队没有统一领导，统一管理的情况下，各单位自顾本单位本帮别的高产，就将原来高产渔具渔法存在大量捕获幼鱼的不足之处不但不加改革，反而加以发展作为合法化"①。1955年叶圣陶在震泽县访问时曾语谓："今后将规定禁渔区与禁渔期，以保护幼鱼。以明年开始实行。但此事须环湖各县联合为之，震泽县渔民已明晓此义，其他各县尚未也。"② 叶氏20世纪50年代的诸语在60年代同样适用。

第二大矛盾是渔场的矛盾。太湖是一个水面宽阔、渔法复杂的渔区，据称在震泽县统管时曾根据老渔民的经验和生产习惯划定了各种渔具的作业地区，但1961年分管后各地频繁出现渔民不按规定的作业区生产的现象。如大船冬季作业不顾小船利益闯入钓业作业区生产，特别是夜里出现得更多；在秋、春季梅齐鱼和银鱼生产汛期，小船的鱼浮、虾浮密布沿湖而影响大船作业；此外一些外地渔民闯入太湖，捕鱼更是肆无忌惮、横冲直撞。大船与小船、固定与流动作业之间发生纠纷后，各属地的主管部门出于地方本位主义，"往往站在本单位、本地区的角度考虑问题，加之又无统一组织机构来解决已发生的矛盾，使矛盾逐步扩大而变成渔民与渔民当中的成见"。

第三大矛盾是"渔业政策贯彻和执行得不统一"。自从1961年太湖渔民分管后，各县渔业社、队对政策的贯彻执行出现不统一的现象，如吴县太湖公社反映有四个不统一：一是相同的帮别生产指挥不统一；二是产品处理不统一；三是分配方法不统一；四是工具维修增添不统一。在这样的背景下，沿湖各渔业社、队"在渔业上'八仙过海，各显神通'各搞一套"，而渔民在生产时经常碰面，消息灵通，若处理不善，往往相互影响③。

1963年江苏省吴县与浙江省长兴县就曾发生过一起典型纠纷。事情的起因是江苏渔民的外流，长兴县以县人民委员会的名义发函江苏吴县：

最近，本委接到密福生，金云龙等二十九户渔民一份报告，因他们原

---

① 《关于太湖渔业近几年管理情况及意见》，江苏省档案馆藏：4072-009-0105。
② 叶永和、蒋燕燕整理：《叶圣陶未刊日记（1955年·续完）》，《出版史料》2012年第4期。
③ 《吴县太湖人民公社关于太湖渔业各地分管后出现几个问题的报告》，江苏省档案馆藏：4072-009-0105。

系本县渔民，世居本县鸿乔、新塘、杨家浦一带，以往行政户口，粮油关系一向属于本县。51年起先后外出迁至贵县太湖公社地区，全县共有90余户，但生产活动多数时间仍在本县太湖境内，水产销售运往江苏途程较远，往返过湖甚感不便，对多捕水产提高质量，降低损耗有些困难；同时对购买生产生活资料也需多费许多往返时间。因此，他们要求迁回本县，同时他们原地的当地群众和亲属亲友也要求他们回长兴。

……经本委研究同意他们迁回本县。为此，今来函与贵县联系，将这二十九户渔民的户口、粮油等关系给予办理手续，迁来本县为感。①

这份函件的落款时间显示是3月18日。令人颇感意外的是，7月13日，吴县才由太湖人民公社做出回复。这份复函反映出不同属地之间的心态和利益之争。首先复函开头就在政治上进行"扣帽子"：

当前出现外流到长兴县境原因主观上是我们对阶级与阶级斗争认识肤浅，政治思想工作抓得不够，对破坏集体经济行为反击不力。客观上是一九六一年十月调正[整]了部份[分]太湖渔业管理体制，思想有些影响，资本主义自发势力抬头，企图少留多分重个体轻集体个人发家的老路，最根本的问题还是少数不纯份[分]子投机倒把，站国家一度付[副]食品困难的空子，并在暗中起点火煽风作用，再加上鸿乔公社和金星大队个别同志偏偏考虑了本地区的工作，暗中支持，这样就造成外流的歪风越刮越大。②

吴县的回复充分体现了在特定历史时期，阶级斗争的政治话语的特点，从情绪上来说也充满了火药味，同时也毫不留情地对浙江省长兴县的相关公社和大队进行了激烈的抨击，将长兴县的行为置于破坏集体经济、漠视政治思想工作的境地。紧接着吴县太湖公社就事论事，对渔民个人的行为进行了梳理：

如湖胜大队原付[副]大队长密福生因贪污大量公款，领导上追查时，就在六二年上半年潜逃外流入湖州市，调正[整]渔业管理体制时密亦一同划归湖州市渔业联社，在[一九]六二年底由于情况介绍去后，因未当上干部，即又带了一条船外流在长兴鸿乔公社金星大队，为了达到当干部

① 《长兴县人民委员会关于要求将现居于吴县的一部分本县渔民迁回长兴的函》，江苏省档案馆藏：4072-010-0181。

② 《长兴县人民委员会关于要求将现居于吴县的一部分本县渔民迁回长兴的函》，江苏省档案馆藏：4072-010-0181。

目的，擅自在今年三月一日、三月十二日利用亲戚关系拉拢动员湖胜大队十八条渔船开会，说"到长兴县来指标比太湖公社低一半，自己可以卖，工具全部归个人，价格比吴县高，长兴县竹头多，自己可以运输，分配可得95%"等引诱，并扬言说："长兴县长讲的，浙江的船不要，江苏的船我们大船开好哩。"在会上就叫10户社员盖了章，会后密又派儿子个别进行欺骗，叫8户社员盖了章。①

再回归纠纷本身，吴县对引起纠纷的渔民进行了剥洋葱一般的层层剥皮：首先从动机上进行否定，认为是未能当上干部才外流到长兴县，存在动机不纯；其次对其拉拢其他渔民行为的正当性也进行了解构，认为是"引诱"和"欺骗"；最后对其完全以经济利益作为去吴县入长兴的驱动因素，也做了隐隐的抨击。接下来，对长兴县接收方表达了愤慨：

> 事后鸿乔公社金星大队派了许文琳（据说是撤职付［副］支书）和下放干部倪玉庭暗中先后到我社湖胜大队动员渔民外流。我社发现这情况后，在社员中进行了教育，经过教育后有部分渔民准备回队，密即威胁"你们章也盖了，不去是不来事的"；并说："上面说过如不来今后长兴县地界不让你们停船。"在动员、引诱、威胁之下，就有20条渔船就在三月底召开了所谓成立大会，并供应了粮食和收购了鱼产品。②

渔民捕鱼为生，在1953年粮食统购统销政策实施后，粮食的供应受计划限制，以渔换粮成为当时太湖渔民日常生活的常态，原先由震泽县供应，在分湖后，湖区县市各据一方，在某种意义上理解，一统式的垄断转变为分散式的垄断，一旦有一地提供政策优惠，打破平衡，极易在渔民的引进上起到挖墙脚的效果。

> 这批渔船外流去后，说22条船（其中苏州市苏渔公社2条）成立大队太小，即由金根土（因贪污被取消领导社员和撤职付［副］生产队长）和金留根出面，一方面向上跑，要求批准，另一方面即利用少数落后渔民的亲戚关系，个别动员，说："到长兴每担鱼多卖10元，年终分配95%归社员，原吃32斤的女劳力过来后也吃35斤，100斤大米中还附加5斤。"因

① 《长兴县人民委员会关于要求将现居于吴县的一部分本县渔民迁回长兴的函》，江苏省档案馆藏：4072-010-0181。

② 《长兴县人民委员会关于要求将现居于吴县的一部分本县渔民迁回长兴的函》，江苏省档案馆藏：4072-010-0181。

而除原来外流在金星大队的 20 条没有回来后,在六月底又发现有 16 条渔船思想动摇,要外流到长兴,现在只顾个体不顾集体国家利益而把生产的鱼货不肯卖给国家。①

长兴县的金星大队在 1982 年的人口规模为 310 户,1390 人②,虽然金星大队在 1963 年还达不到 1390 人的规模,但比照外流来的渔民规模(江苏外流的 22 条渔船,29 户,人口应该在 120 人左右),应该还是远远超出的。长兴县以单独成立渔业大队为诱饵,而非并入农业大队,从后续事态发展来看,对渔民的吸引力的确很强。据《长兴县地名志》记载,洪桥公社(上引档案中所称"鸿乔公社")在 1969 年成立了一个洪桥水产大队,"以水产养殖、捕捞为业",1982 年也才拥有 40 户,157 人③,大队规模是全公社最小的,仅相当于一个农业生产队。虽然地名志未载明这些渔民来源何处,但结合这一纠纷事件来看,隐约透露出与"招降纳叛"大有干系。

档案披露,吴县太湖公社在复函前曾与洪桥公社进行沟通,但"公社态度并不十分明朗,个别同志抱着敷衍应付的态度",公社如此,辖下的金星大队自然更难说通,"金星大队则是坚决要这批渔船,因此我们的工作就无法进行"。在浙江省丧失太湖湖面的背景下,拥有了渔民实际上也就享有了太湖的渔业资源,在距三年困难时期不远的 1963 年,想对方发扬风格退还人、船,颇有些与虎谋皮的意味。

在复函的最后一段,吴县将沟通无果,对方还发函要求确认既成事实的状况,进行了毫不留情的嘲讽:

> 给外流的社员发展资本主义有了伺机,个人发家为"引诱",那里低一些,那里有利可图,就往那〔哪〕里流,在这批渔船中,个别的户开始外流在无锡,动员回来后又外流到湖州,看看无利可图时,继而又外流到长兴,出现了"有奶就是娘"。有些渔船大队帮助添置了大量工具,用亏了成本,就想一走了事,想在有机可乘的地区,成为自己的"赖债所"和"防空洞"。④

---

① 《长兴县人民委员会关于要求将现居于吴县的一部分本县渔民迁回长兴的函》,江苏省档案馆藏:4072-010-0181。
② 浙江省长兴县地名委员会编:《长兴县地名志》,1983 年,第 214 页。
③ 浙江省长兴县地名委员会编:《长兴县地名志》,1983 年,第 227 页。
④ 《中共吴县太湖人民公社委员会关于我社部份〔分〕渔船外流在你县鸿乔公社请求支持解决的报告》,江苏省档案馆藏:4072-010-0181。

　　抛开情绪化的言辞，吴县的嘲讽揭示了当时太湖渔民在滨湖地区存在一定流动的现实，也反映出太湖分湖分治后，沿湖市县在渔业政策上存在一定的差异，政策的空隙自然引起水面下一些渔民的暗流涌动。

　　这样的例子不是吴县和长兴两县独有的，一份江苏宜兴渔民的口述史材料从渔民视角提供了同样的故事。原籍宜兴的王云根家，"为了谋生，要想活下来"，在1959年10月由父带领从宜兴过太湖到浙江乌镇讨生活。据其回忆，外流的原因是1958年江苏省出台政策取缔大小鱼虾都吃的鱼鹰，而王家原先靠鱼鹰捕鱼，因此饭碗丢失。虽然政府取缔鱼鹰后曾将其父母安排至化工厂工作，但不久化工厂倒闭，所有工厂人员被迫自谋出路，"我父母想想自己没有什么本事从事其他行当"，遂取出偷藏在亲戚家的两只鱼鹰，"萌生了一个铤而走险、过太湖到浙江来赶鸟捉鱼谋生的想法"。政策上浙江省当时并未有取缔政策出台，对其有很大的吸引力。经过一程辛苦的水路抵达乌镇后，王家找到乌镇管治保的渔业社副社长陈有财帮忙。陈氏也非乌镇本地人，早一年来到乌镇，当上了渔业干部。陈爽快地开了"一张接受我们到乌镇渔业社的接受证"，王父再一个人回宜兴将全家户口都迁落在乌镇，"从此，我们就成了乌镇渔业社的人员"[①]。从王氏渔民的这段家史来看，在人民公社化初期高度集中的政治经济体制下，太湖地区政府仍然有一些变通之处。

　　人文主义地理学家段义孚认为，在现代面积广大的国家"边界更依赖于人的意志而非自然界限"，涵盖的区域的混杂性抑制了人对地方的情感，消弭了"恋地情节"[②]。在太湖这样一个地方尺度的环境中，要建立渔民对政府人为划定的属地的认同，显然不是一个寿元只有不到6年的震泽县所能建立起来的。吴县太湖公社痛斥的到处流动、"有奶就是娘"的现象，凸显出一部分基层渔民对政府行政边界划定的不满，弱者的意志存在"用脚投票"的现实。

①《运河记忆——嘉兴船民生活口述实录》下册，上海书店出版社，2016年，第24—25页。

②〔美〕段义孚：《恋地情节》，志丞、刘苏译，商务印书馆，2019年，第148页。

第四章

水域政区化的实践（下）：因水设乡

　　水域政区化的另一类实践方式是因水设乡，是地方政府在水面上建立水上政权机构的重要表征。相较因湖设县的水县只局限在大湖地区，水上乡的设置更为普及，既有在湖泊地区的设置，也有在河流密布区的推行。本章选取了江南江北不同类型的水上乡分别进行探讨，通过分析其建立与消亡的背景和原因，来剖析这一政区的特殊性质与管理特征。

第一节　因水设乡的考虑与实施

　　除了因湖设县，水域政区化的另一类实践为因水设乡。从概念上来说，因水设乡是指市、县一级在其境内水面编入一定数量的水上户口单独成立水上乡，由其直属，实行专门领导，即"水上乡以领导陆上无家，全定居水上的居民为主，参加农业生产合作社的渔民一般宜划归陆上乡领导，但有关水上生产应受水上乡管理"[①]。

　　至于其设置的初衷，可以从 1954 年盐城县长的一份报告中看出一些端倪：

　　　　我县水上渔民、船民共有二千九百六十二户，人口一万三千三百贰拾三人（庞楼、横塘、尚庄三区不在内），这些户都是一贯以船为家，处于水上个体劳动，自解放以来，他们不但在政治上翻了身，改变了过去受压迫、剥削的地位，而且亦从散漫到逐步组织起来有领导的进行生产，但迄今水上政权机构仍未建立，致使渔民、船民很多困难无法解决，如对一千多户的渔民仍无专人负责领导进行有组织的计划生产，对船民的水上供应工作，由于没有政权组织系统的领导以及他们的流动性很大，亦不能做到经常确定掌握他们的统销情况，同时其政治思想情况亦较为复杂，现为了加强领

---

　　① 《关于同意建立两个水上乡的批复》，江苏省档案馆藏：4001-002-0402。

导，适应工作需要，特请求批准建立两个水上乡（拾二个村）的政权机构。①

从中可以看出，地方政府对境内水上人的流动、政治思想的复杂以及经济活动的不确定非常担忧。在其看来，"水上政权机构仍未建立"是造成这些现象的根本原因。按这一政治心理，建立水上政权组织就极有必要。因水设乡即是将水上人从散漫状态纳入组织系统的一剂良药，在宣传中称为"照顾他们的特殊利益，帮助他们提高文化和政治觉悟"②。

从文件落款来看，盐城县长的报告报送省里的时间是 1954 年 11 月 30 日。同年 12 月江苏省民政厅给予批复：

请补报建立水上乡的具体情况，以便处理由

　　主送：盐城县人民政府

再补报下列情况，以便提请省府研究批覆［复］。

（一）所称水上二，九六二户，一三，三二三人，这些船只是包括哪些地区？经常停泊在何处？

（二）这些船只包括有哪些不同的生产性质，其流动情况怎样？目前对他们是怎样领导和管理的？已建立了哪些组织？

（三）两个水上乡建立后属区还是直接属县领导？每乡配备几个干部（脱产还是补贴）？乡政权下准备建立哪些组织？

（四）庞楼、横塘、尚庄三区还有多少船只？拟作何打算？③

民政厅肩负全省行政区划调整的专业职责。从省民政厅的批复函来看，省厅对设立水上乡的申请比较审慎，除了人口数据，其对水上人群的分布状况、停泊点、生产性质、流动情况、管理状况、组织架构、人事安排等方面有特别的关心和精细化的要求。易言之，从行政职能的角度而言，1953 年民改后至1958 年人民公社化前，江苏水上乡的设置主要的政治考量即在此。

民改后江苏已有水上乡之设置，当时在行政区划体制下，县下分区，区内设乡，乡属于基层政区。据当时中共江苏省委员会办公厅所编的资料统计，1953 年震泽县建立和微山湖划归山东后，全省共有 1 个水县、17 个水上乡、2个水上选区，主要集中在江南太湖和江北高邮湖、宝应湖，其中太湖 10 个水上

---

① 《为请准予建立水上政权由》，江苏省档案馆藏：4001-002-0402。
② 孙敬之主编：《华东地区经济地理》，科学出版社，1959 年，第 15 页。
③ 《请补报建立水上乡的具体情况，以便处理由》，江苏省档案馆藏：4001-002-0402。

乡皆归震泽县管辖，是江南地区最大的也是唯一的水上乡分布区。江北分布密集区在高邮湖、宝应湖，高邮在湖南的菱塘区内设有 3 个渔民乡，与此相对的是宝应在湖北北湖区设有两个渔民乡，"湖荡地区群众依靠割柴草、捕鱼虾维持生活"[①]。在洪泽湖地区，当时该湖仍是苏皖界湖，并非江苏省内湖，故沿湖地区只有淮阴县在交通要津蒋坝区专设一个船民乡，据调查，"船民以捕鱼、砍柴及运输为生"[②]，相较渔民乡捕鱼虾割柴草，船民乡谋生方式多了运输一项，二者主要差异即在此。此外，在盐城专区建湖县荡东区也设有 1 个渔民乡，以渔业为主；在六合县和射阳县，另有两个水上选区，从学者对当时江苏省基层选举研究来看，江苏"各地农村一般以自然村作为选区，以选区为单位"[③]，这两个水上选区应该相当于两个渔村的体量。整体上，1953 年江苏省水上乡的分布是贯彻了按湖设治的要求，加强了对水上人群的重点关注，将民改后的水上政权建设落在了实处，也为全省其他水网地区设立类似政区提供了可供借鉴的范本。

水上乡的设置此后几经变迁，到 1957 年，人民公社化运动前夕，江苏全省共形成 13 个水上乡，集中于三大区：太湖、洪泽湖与里下河地区。其中，洪泽湖水上乡最众，有顺河、成河、雪枫、临淮、老子山、蒋坝 6 个水上乡。此六乡紧遇洪泽湖沙咀包裹全湖，皆隶属洪泽县。太湖则有湖西、湖中、湖东 3 个水上乡：湖西乡"管辖无锡、宜兴、常州、武进西太湖一带的渔船"；湖中乡"管辖包括太湖中的大中船和光福以及杨庙、大庙、抢港以西直到浙江小梅的渔船"；湖东乡"管辖吴江、吴县（横泾、越溪、东山、抢港以东）东太湖一带的渔民"。[④] 此三乡皆隶属震泽县。太湖地区的苏州市因渔民众多另单设苏渔一乡，主要"以金鸡湖、漊墅湖、黄天荡为主要捕捞水面"[⑤]。里下河地区，兴化、盐城、建湖三县亦分别设有 1 个水上乡。兴、盐两县直接以"水上乡"名之，而建湖则称"渔民乡"，名异实同。这 3 个水上乡皆设于城区，但理论上除河沟与小型河流外，县境内渔民作业的水域都属于水上乡。

从人口构成来看，水上乡的设计充分考量了水陆下垫面差异的问题，是对

---

① 中国共产党江苏省委员会办公厅编：《江苏省农业生产情况·宝应县》下册，1955 年，第 23 页。

② 中国共产党江苏省委员会办公厅编：《江苏省农业生产情况·淮阴县》下册，1955 年，第 35 页。

③ 熊秋良：《"选举下乡"与建国初期农村基层民主政治建设》，《贵州社会科学》2012 年第 11 期。

④ 江苏省太湖渔业生产管理委员会：《太湖渔业史》，1986 年，第 8 页。

⑤ 《苏州市郊区水产资源勘察调查报告》，江苏省档案馆藏：4072-010-0021。

水上人因人设治的一种特殊行政区划手段，其最大的特色在于居民构成中渔民占绝对比例。在图4-1中这一比例最低的震泽湖中乡都达到85%左右，而在成河、湖西、湖东、苏渔、建湖渔民乡、盐城水上乡则达到了100%的比例，兴化情况略有不同，因该县有在水上做小生意的杂船户近3000人属于水上乡管辖，故渔业人口的比重也未能封顶。不过综合而言，这些水上乡都极为鲜明地体现出以渔为主的特色。

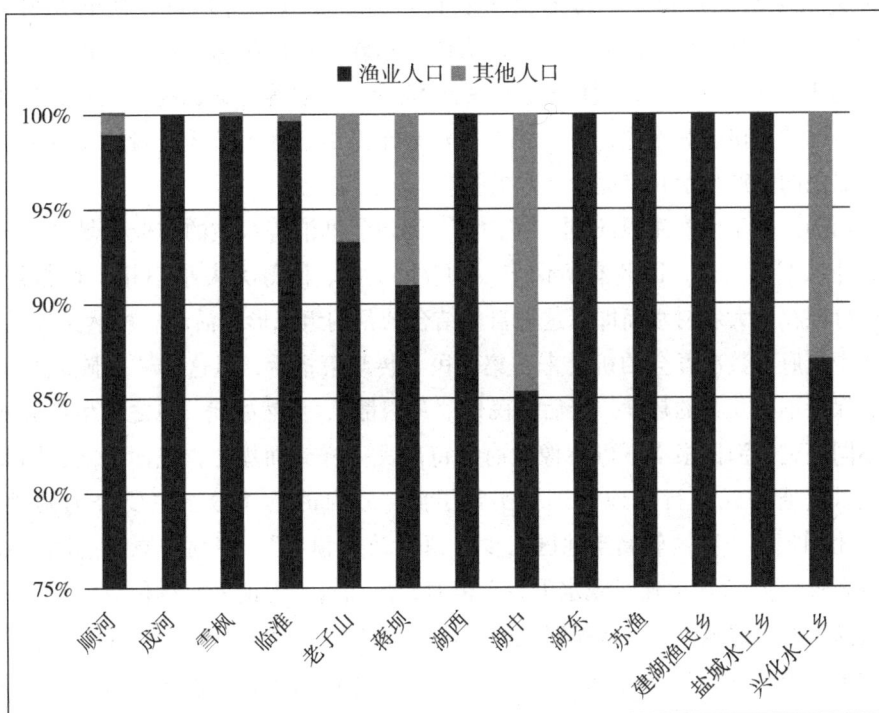

图4-1 1958年年初江苏省水上乡的渔业人口比重

资料来源：《苏州市郊区水产资源勘察调查报告》，江苏省档案馆藏：4072-010-0021；《震泽县水产资源勘察调查报告》江苏省档案馆藏：4072-010-0021；《洪泽县水产资源勘察调查报告》，江苏省档案馆藏：4072-010-0016；《关于建湖县水产资源勘察调查报告》，江苏省档案馆藏：4072-010-0017；《盐城专区各县水产资源勘察调查报告》，江苏省档案馆藏：4072-010-0017；《江苏省扬州专区兴化县1954-1958年渔业发展概况（参考资料）》，兴化市档案馆藏：428-1-8；《兴化县水上乡人民委员会关于水上杂船各行各业组织安排的报告》，兴化市档案馆藏：301-7-20。

1953年水上乡的设置主要是在民改完成的基础上，在基层政区"区—乡"

模式下对水上人群的特殊处置。但如果从基层政治秩序的稳固程度来看，乡以下渔民、船民内部组织仍有进一步加强管理，甚至是重新塑造的可能。

1957年全省的水上乡达到如此规模，经历了一个"稳步地发展互助合作生产组织"的过程。江苏的水上人群主要有两大类：运输船民和渔民，对这两类人群政府是分而治之的。民改后通过合作化的方式，运输船民被编入木帆船合作社进行管理，其单位挂靠在城镇，后改组为航运公司，直接受交通局领导。船民所领是水上户口本，待遇高于农村户口，近似城市户口。据笔者祖父（1930年生，兴化船民）介绍，船民为国家运输，身份相当于工人，每月一般可领到30斤—32斤粮食，而农村人只有28斤，粮油等补助也高于农村，故船民对自己的身份较为看重，一般不会外流单干，加之水上航运实行的是计划运输，船民的生产生活几乎完全受政府控制，较为稳定。

而渔民由于生产工具不同，在沟塘、河流、湖泊等水域的作业区域泾渭分明，井水不犯河水，因此有所谓卡、钩、网、钓、罱等大大小小几十种帮别，平时分散在广大农村水面即以这种自然结合的帮的组织形态活动。虽然民改后，一年中政府有数次开会的机会来召集渔民宣传政策指示，但这种"一阵风"的形式保持不了几天的热度，会后渔民作"鸟兽散"，依然故我。总之，生产方式的不同决定了渔民根本不可能像政府对待船民一样聚而拢之，统而治之，因此只能以变通方式实行属地管理。实践层面，政府的具体做法主要分为两种：（1）上引档案所称"转属当地区、乡（镇）政府领导"，即利用原有的陆上农业乡来管控；（2）单独建立水上乡。但对政府而言，无论采取哪种方式都需要重塑渔民的内部组织，以替换旧社会遗留的"帮"，毫无疑问，合作化就是这样的尝试。1954年以后政府为尽快打破这种"帮"的组织，在各地强力植入互助组并推动其向高级合作社转化，水上的合作化进度大大加快（表4-1就反映了这样的趋势）。

表4-1 1953—1957年江苏省淡水渔民合作化情况

年份	合作社情况		互助组情况		合作化的总户数	渔民总户数	覆盖率	转入农业生产合作社	
	合作社数	合作社户数	互助组数	互助组户数				户数	人数
1953	—	—	556	4353	4353	72120	6.04%	—	—
1954	19	523	1692	12403	12926	65633	19.69%	—	—
1955	279	9577	2084	18346	27923	70359	39.69%		

年份	合作社情况		互助组情况		合作化的总户数	渔民总户数	覆盖率	转入农业生产合作社	
	合作社数	合作社户数	互助组数	互助组户数				户数	人数
1956	389	27334	133	2257	29591	35389	83.61%	28391	116752
1957	429	33552	57	952	34504	40814	84.54%	30472	120290

资料来源：江苏省农林水产局编制《江苏省水产统计资料》（二）《渔业互助合作组织发展情况统计表》，江苏省档案馆藏：4072-002-0012。

到1956年，政府对渔民的改造已达到惊人的83.61%的覆盖率，大部分渔民已被纳入渔业高级合作社这一基层组织，整合初见成效。正是在这样的基础上，体现出国家意志：政府一方面将渔民转入农业生产合作社，分流给邻近的陆上乡管理；另一方面又灵活地在重点水产地区设立水上乡。双管齐下，渔民皆纳入政区管理之中。魏特夫指出，在土改后中共进行了比苏联迅速得多的集体化，"表明中共决心立即从半管理的秩序过渡到全面管理的秩序"[①]，这一论断在渔民的合作化运动中体现得淋漓尽致。

1958年8月29日，《中共中央关于在农村建立人民公社问题的决议》通过，人民公社化的热潮席卷全国[②]，全国的水上人步入公社化时代，水上乡的体制改变为水上公社，或称为渔业公社（见图4-2）[③]。在这一时期，江苏的水上政区屡经变迁。在水县这一县级政区，1959年4月震泽县撤销并入吴县，标志着太湖水县的裁撤。在水上乡这一层面，公社化后各地普遍撤销水上乡，建立渔业人民公社，到1965年几番变动后，江苏省共有"淡水渔业公社十五个，分别属无锡、常州、苏州、镇江市及洪泽（五个）、金湖、高邮、建湖、吴县、邗江、靖江县"[④]，遍及江南江北，大江、大湖和内河。

---

① 〔美〕卡尔·魏特夫：《东方专制主义》，徐式谷、奚瑞森、邹如山等译，中国社会科学出版社，1989年，第469页。

② 张乐天：《告别理想——人民公社制度研究》，上海人民出版社，1998年，第68页。

③ 从时间脉络上具体而言，在图4-2中，第一层的"水上乡—渔业合适社—渔业互助组"主要是1953—1958年间实施的管理体制，第二层的"渔业人民公社—渔业生产大队—渔业生产队"是在1958年人民公社化运动后形成的管理体制；1983年10月中央要求农村政社分开后就演变成"渔业乡—渔村—村民小组"的管理体制。

④ 《关于研究设置和调整渔业公社建制意见的报告（草稿）》，江苏省档案馆藏：4007-002-0658。

```
┌─────┐   ┌───────┐   ┌──────────┐   ┌──────────┐
│ 水县 │──▶│ 水上乡 │──▶│ 渔业合作社 │──▶│ 渔业互助组 │
└─────┘   └───┬───┘   └────┬─────┘   └────┬─────┘
              │            │              │
              ▼            ▼              ▼
       ┌──────────┐  ┌──────────┐   ┌──────────┐
       │ 渔业人民公社 │◀─│ 渔业生产大队 │◀─│ 渔业生产队 │
       └────┬─────┘  └────┬─────┘   └────┬─────┘
            │             │              │
            ▼             ▼              ▼
       ┌─────┐      ┌─────┐        ┌────────┐
       │ 渔业乡 │◀────│ 渔村 │◀───────│ 村民小组 │
       └─────┘      └─────┘        └────────┘
```

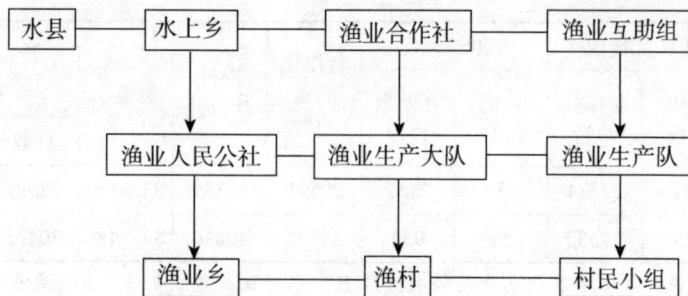

图 4-2　水上政区的体制演变

相较水县的屈指可数，水上乡的设置相对普及，下文笔者将选取洪泽县、兴化县、高邮县、常州市四地的水上乡（水上公社）分别论述。整体而言，不同地区的水上乡（水上公社）时代上具有明显的差异，在类型上也有所不同：其设置点有河流密布区，有大型湖泊区；有县境内部，有县际界湖间。江北江南各有典型，在样本选取上具有多样性的特点，基本可以涵盖不同类型水上乡（水上公社）的基本特质。

<h2 align="center">第二节　环湖林立的洪泽县水上乡</h2>

一、从渔帮到渔业合作社

洪泽湖渔民以船为家，靠水吃水。在湖区"此邦百业莫如渔"①，长期的生产实践使得渔民们发展出多种捕鱼工具，使用这些不同渔具及渔法的渔民为了获得更多的捕获量自发形成了各种互助性组织，也就有了所谓的渔帮。张煦侯在《淮阴风土记》中曾记载了民国时期老子山的四种主要渔具，钩、网、卡、簖及其捕鱼之法：

> 钩长盈寸，每百余钩系之以绳，如网之有网。渔者植竿湖中，缀钩于竿之四围，上下凡五列，其上出水寸许，望之每延数里。寒风暴起，鱼逆水触钩而跃，愈跃而钩愈密附，愈不得脱，故恒得大鱼。网有大网，有泥

---

① 张煦侯：《淮阴风土记》，收入淮安市地方志办公室编：《淮安文献丛刻》第 9 册，方志出版社，2008 年，第 405 页。

网。大网张风雨中，船大且坚，不畏波浪，望之如海马，其得鱼既大且饶。泥网施之浅水，取鱼不择巨细，是乃洞东田家之副业。用钩网者多大舠……卡为专取鲫鱼之具。取寸许小竹签，裂之而置饵焉，鱼张口就饵，卡裂如人字，鱼口小不得脱，遂遭毒手。簖编竹为之，置浅滩草际迎溜之处，取鱼兼以取蟹。①

除了这四种外，湖区的取鱼工具还有罱、笼、罾、篓、叉、鸭等多种，但根据当年的调查，使用最普遍的主要是钩、网、卡、簖、罱五类，与此相应地也就形成了钩帮、网帮、卡帮、簖帮、罱帮五类主要帮别。

帮的作用主要体现在技术协作上，如罱帮每到冬季"打围箔"，需要集结几十条小船在水面形成较大的包围圈才能发挥集团优势，相比个体单干，团队合作的渔获量更为可观②；网帮也是如此，"合数船共张之，每举一网，可得鱼半船"③，效率也很好。虽然有种种利好，但渔帮的组织极为松散，"还是有季节性，有成帮的时候（一定时期），也有散帮的时期"，并不固定。如簖帮每年八月至次年二三月间才结帮，平时都是个体经营下小簖；罱帮结帮月份亦与簖帮相似，其余月份也是漂泊不定；卡帮和钩帮则没有明确的结帮月份，"一年到头，老是东一家、西一家的"④，流动性最强。此外，"一般说来，帮与帮之间很少发生关系"⑤，故整个洪泽湖的渔民组织其实是在似有似无之间来回摆动，秋冬两季帮的特征较为显著，春夏时节则呈现一船一户的生存状态。

对渔民基层组织的改造（以下简称"渔改"），在20世纪40年代共产党建立水上根据地时已开始尝试（详见第六章）。当时以"互助"为号召，本着自愿结合的原则，将渔民结成若干互助组合伙打鱼，捕鱼前民主议定捕鱼水段，售鱼后每组成员平分鱼账。到1945年7月，经过数年努力，共产党在湖区建立起21个渔业互助组。不同于国民党编组水上保甲对治安的强调，互助组着意的是渔民的生产。生产事关穿衣吃饭，日日必需，是常态活动，在此处如能有效管理，无疑能极大稳固革命政权在湖区的基层政治秩序。

---

① 张煦侯：《淮阴风土记》，收入淮安市地方志办公室编：《淮安文献丛刻》第9册，方志出版社，2008年，第408页。

② 《洪泽湖渔业史》编写组：《洪泽湖渔业史》，江苏科学技术出版社，1990年，第43页。

③ 张煦侯：《淮阴风土记》，收入淮安市地方志办公室编：《淮安文献丛刻》第9册，方志出版社，2008年，第428页。

④ 子夫：《洪泽湖工作中的三个问题》，《人民通讯》1941年11月第15期，收入《洪泽革命史料选辑》第4辑，1983年，第89页。

⑤ 《洪泽湖渔民和草民的生活》，《人民通讯》1941年11月第15期，收入《洪泽革命史料选辑》第4辑，1983年，第111页。

1946 年中共中央发出《关于清算减租及土地问题的指示》，决定"从反奸、清算、减租、减息、退租等斗争，从地主手中获得土地，实现耕者有其田"①。受此影响，江淮地区召开了华中五地委扩大会议，会上传达了中共中央要求在解放区实行土地改革的重要指示，虽然地理上水陆有别，但政治上无差别，"土改"的精神迅速传入洪泽湖区，在洪泽湖区称之为渔改。

1946 年的渔改主要是做了一些渔民调查和试点工作，根据在成子湖区和湖东区的试点调查，调研的干部发现"渔民中的富户（富渔），占有很多捕鱼工具，船也大，雇工从事捕捞作业，带有地主资本家剥削工人的性质"，在剪草沟到淮河一带的滩地，"草滩滩主对砍草的草民分草留成，也有剥削"②。既然湖面上存在与陆地类似的剥削关系，改造就有必要在水面上同样展开。

此后由于国共内战爆发，湖区军事斗争激烈，渔改和渔业互助运动都付之东流，未能长久。

1947 年 11 月共产党再次完全控制洪泽湖，湖区又从白色国统区变为红色解放区，但这一步仅仅是驱逐了国民党军队，完成了军事占领，如何巩固政权、凝聚民心，工作的核心明确指向了重新整合湖区政治经济秩序这一内在诉求，此时原先被搁置的渔改又提上了议程。11 月 26 日洪泽湖管理区召开乡以上干部大会，再次做出发动渔民的决议，12 月湖区率先进行渔改。渔改的目的和要求为："发动广大贫苦渔民进行反封建帮头剥削斗争，反迷信思想教育，进行分船分簖、簖地，分渔具、分浮财、分草滩，使广大贫苦渔民皆能翻身抬头，生活上改善，做到有船住有饭吃有衣穿"③。这一宗旨基本上是陆上土改在水面的投射，其具体政策更能反映这一点：

> 坏蛋渔民全家逃亡种草（即取渔的草地）簖地全部分给贫苦渔民。
> 上中渔民种草簖地拿出一部，富渔封建帮头的种草簖地全部拿出给贫苦渔民分。
> 船户生产工具多（如簖钩篮等）的富裕渔民拿出一部给贫苦渔民。
> 封建帮头神头富渔地主性的渔民船工具钱（有的都保存几百块白洋）粮食衣服大部分拿出交给贫苦渔民。
> 根据生产工具性质，要什么分什么。
> 出渔具出钱即渔具生产量折，出船要工具篙棹等。

---

① 《洪泽湖志》编纂委员会：《洪泽湖志》，方志出版社，2003 年，第 609 页。
② 陈硕峰：《解放战争时期的洪泽县》，《洪泽革命史料选辑》第 5 辑，1983 年，第 48 页。
③ 《洪泽湖志》编纂委员会：《洪泽湖志》大事记，方志出版社，2003 年，第 35 页。

家住湖中，本人在敌方干事反我坚决，家属与之勾结联系进行买卖活动者，家属驱出湖，船及渔具一切没收，交给贫苦渔民。

渔民分薪柴，贫苦渔民分草滩，如自己无法砍割，可出包给别人砍，分草。①

渔改一方面要求对生产关系进行革命，另一方面又强调对敌对分子家属实施清理，前者是扩大群众基础的必要举措，后者则包含着内战正酣时排除敌对势力、巩固政权的用意。为了推进渔改，管理局组成小型工作队"分头到各村去搜集苦主及坏人的事实材料"②，同时对渔民个人动员，进行政策教育和思想打通工作，一番准备后再以乡为单位召开全乡渔民群众大会来推动渔改进程。会上既有对渔改政策的宣传，以此来解决群众思想上的顾虑，又有诉苦环节来调动群众的阶级情绪，潜移默化中渔民的立场与利益诉求被激发出来，取得了干部们意想之中对渔改的认同和对新政权的支持。被拘捕的渔霸、地主和前国民党保甲长纷纷认罪，一部分罪行较轻的交由群众处理，敲诈的退还钱粮，打人的赔礼道歉；罪行严重的则在会上公审后直接枪毙。会后富裕的渔民开始主动交出船只、渔具，管理局再按政策平分给贫苦渔民③。渔改大势所趋，顺利推行下去。

值得注意的是，1948 年 1 月 17 日，《新华日报》转载了洪泽湖渔民劳军时的一封慰问信，信中提到"现在也在分草滩、分土地，分船只，分浮财，惩办坏蛋了。我们能够进一步改善生活，巩固家乡，达到彻底翻身，完全靠你们。饮水思源，感恩不尽"④。对长期处于社会底层的贫苦渔民来说，渔改使其真切感受到政治地位的提升和经济生活的改善。在笔者所查阅到的关于这一时期的档案材料中，洪泽湖渔民社会地位的低下和生活的贫困极为触目惊心："常年吃不饱穿不暖，挨打骂，受压迫"是普遍状态，一位老渔民"年长五十五岁未穿过鞋，未盖过被"⑤；另一户渔民全家六七口人"挤在一只丈把长的小船上"，

---

① 刘兆南：《洪泽湖贫苦渔民即将争得平分利益》，《拂晓报》1947 年 12 月 9 日，收入《洪泽革命史料选辑》第 5 辑，1983 年，第 204 页。

② 陈一石：《惩奸伸冤农民抬头》，《拂晓报》1947 年 12 月 3 日，收入《洪泽革命史料选辑》第 5 辑，1983 年，第 200 页。

③ 刘广林：《打垮水里的封建势力溧河渔民分渔船》，《拂晓报》1947 年 12 月 30 日，收入《洪泽革命史料选辑》第 5 辑，1983 年，第 206 页。

④ 《洪泽湖草民渔民新年劳军》，《新华日报》华中版，1948 年 1 月 17 日，收入《洪泽革命史料选辑》第 5 辑，1983 年，第 207 页。

⑤ 《刘五捻的滔天罪行之一——记王道成、蒋法友两贫渔家史》，泗洪县档案馆藏：532-1-42。

由于小船漏水需要一边烤火一边刮水，烤火是因为"全家大小都无衣服，只能围在一起互相取暖"①。而渔改就扭转了这一局面，通过均分富人财产带来了船只、工具和衣服，等等，渔民对共产党及其政府产生了认同。

渔改也提升了渔民的社会地位。由于生活困苦，较陆上农民为甚，洪泽湖渔民多被陆上人戏称为"渔花子"，即"叫花子"之意。国民党地方官员对渔民也无所不用其极，敲诈勒索、强奸侮辱、滥用私刑更是家常便饭②，渔民敢怒不敢言。渔改自上而下的强力推行则解除了渔民身上的多重枷锁，将渔民拉拢到革命可以信赖的群众队伍中；释放出的信号是以贫为贵，陆上人的嫌贫爱富、旧官僚的作威作福此刻都丧失了生存土壤，被荡涤一新。在直接受益的情形下，渔民的政治立场很自然地渐趋向共产党一边。

1948年10月，洪泽湖区接到紧急支前的动员指示，到17日已有几百条船参加，很多船主表示："今年春天不是给政府运粮就饿死了，哪个现在不愿意运粮打差，真是没良心。"成湖一孙姓渔民听说支前运粮，连船的上口还未捻好就推下河去，参加运粮。湖西罱帮村接到支前任务立即召开村民大会进行动员，会上村长、主任带头报名，最后全村22户就有11条船报名参加，并且都是最大最好的船。③ 1949年3月渡江战役前夕，洪泽湖区抽调出千余艘渔、商船在三河、淮河搭建浮桥，支援解放军过淮参加渡江作战。④ 严格算起来，共产党重新占领洪泽湖区不过一年左右的时间，却能形成如此有效的战前动员着实令人惊叹，这种动员能力除了源于共产党自身组织管理的高效外，渔改对湖区民心的争取亦不无关系。

渔改之后是互助合作化运动的重新启动。20世纪50年代初洪泽区临淮乡再次建立起互助组，虽然第一个互助组只有12户渔民、25个劳力、24条船，但却发出了政府重建基层组织的强烈信号。1952年，泗洪县政府通过培养典型，全面推广渔民合作化运动⑤。按照改革路线，渔民需要从个体单干或松散的帮结成劳动互助组，再逐步过渡到渔业合作社。具体操作上，互助组分为三种：临时性互助组、季节性互助组以及常年互助组；合作社则有初级合作社和高级合作社两类。临时性互助组"不计工、不算账，就是你帮我下小卡，我帮你起大

---

① 《我恨旧社会》，泗洪县档案馆藏：532-1-42。

② 《十八年前洪泽湖渔民》，泗洪县档案馆藏：532-1-42。

③ 洪泽县交通局：《洪泽交通志》，1987年，第72页。

④ 洪泽县地方志编纂委员会：《洪泽县志》大事记，中国大百科全书出版社，1999年，第17页。

⑤ 《洪泽湖渔业史》编写组：《洪泽湖渔业史》，江苏科学技术出版社，1990年，第32页。

钩"，非常自由；季节性互助组是在"渔汛季节到来时，几户组织起来集中下
簖，集体卖鱼，按劳论资，作业期完毕即行解散"①，具有一定的组织性；常年
互助组，顾名思义即将季节性互助组常态化，在非鱼汛季也不解散。渔业合作
社"是将渔船、渔网折价入股，统一管理，统一收支，共同劳动，收益按股分
红"，其中的初级合作社主要按劳力、工具、股金分红，高级合作社则按劳分
配②。从临时到常态，从互助组到合作社，生产资料的集体公有化程度越来
越深③。

　　为了合作化运动的顺利推进，政府对渔民广泛开展了集体主义和互助合作
优越性的教育工作，既有个体说服动员，又采取"以群教群"的方法，即"二
比和算两笔账的教育"。二比是"比解放前后政治经济情况；比互助合作前后单
干户不如合作社增产的实例"；算两笔账则是算"单干户到粮站买粮误工，少生
产和单干在旺季取鱼少，烂鱼多"的经济账，相对地另一笔账的好处很明显，
即干部口中互助合作后的锦绣前程④。毋庸讳言，虽然合作化本着"自愿互利"
的原则，但运动中亦不可避免存在一丝杂音。1954年11月，洪泽区溧河乡在总
结该乡互助合作经验时提及运动"历经数年的中间，也发现出大小不同的问题，
和几组织几垮台的现象"⑤，个中缘由可能有干部工作的不到位，也可能有部分
渔民对立情绪的影响。总之，洪泽湖渔民的合作化运动正是在这样的情况下被
启动、加速与扩大的。

　　如表4-2所示，从1953年开始，除了被剥夺政治权利和被管制的反革命分
子，大量渔民被动员加入合作组织，被组织起来的渔民占渔民总数的覆盖率不
断攀升。1955年夏季以后，中共中央要求加快发展农业合作化的浪潮席卷全
国⑥。在洪泽湖，当年渔民合作化的覆盖率就已达到77.4%。1956年3月，江
苏省委农村工作部召开全省渔业互助合作运动座谈会议，会上提出全省渔民一
年合作化的要求⑦，再次督促地方加快合作化进度。洪泽湖设县伊始，95%的高
覆盖率几乎就已率先完成了省里要求的任务，对洪泽县而言，渔民的基层组织
被完全重塑。

① 《盱眙县第三季度水产工作总结》，盱眙县档案馆藏：301-2-20。
② 江苏省水产局史志办公室编：《江苏省渔业史》，江苏科学技术出版社，1993年，第
　143—144页。
③ 《一九五四年下半年渔业生产工作初步意见》，盱眙县档案馆藏：336-1-1。
④ 《关于洪泽湖渔业生产合作社的初步规划》，洪泽县档案馆藏：124-1-24。
⑤ 《洪泽区溧河乡支部如何领导渔业互助组织》，洪泽县档案馆藏：124-2-32。
⑥ 林蕴晖：《向社会主义过渡——中国经济与社会的转型（1953—1955）》，第194—201页。
⑦ 江苏省水产局史志办公室编：《江苏省渔业史》，江苏科学技术出版社，1993年，第144页。

表 4-2 1953—1956 年洪泽湖渔民合作化情况

时间	合作社情况		互助组情况			覆盖率
	高级合作社数	初级合作社数	常年互助组数	季节性互助组数	临时性互助组数	
1953	—	—	18	53	44	31%
1954	—	2	23	53	57	67%
1955	—	45	67	—	23	77.4%
1956.7	35	—	—	—	—	95%

资料来源：洪泽湖渔业史编写组《洪泽湖渔业史》，江苏科学技术出版社，1990 年，第 32—33 页；《一九五六年上半年水产工作总结》，洪泽县档案馆藏：240-1-1。

二、流动与星散：水上公社的空间特质

因湖设县后，洪泽县的工作重点是渔民，在地理空间上工作重点是洪泽湖。我疆我理，全湖又以因水设乡的方式对渔民进行区域管理。1958 年年初，全县有 6 个水上乡：湖东 2 个，顺河、蒋坝；湖西 4 个，成河、雪枫、临淮、老子山（见表 4-3）。渔民占全乡人口的绝对比重，副业人口数量极少，且绝大多数为沿湖割柴草的草民，在某种程度上也是靠水吃水的百姓。据当时水产资源勘察队的调查，1958 年人民公社化前洪泽全县总人口为 132681 人，同一年另一个水县——震泽县的总人口是 158734 人，两县总人口位列全省倒数二位，洪泽县排名最末。在渔业人口上，洪泽县不在 6 个水上乡的渔民仅有 9 人，6 个水上乡的渔业人口几乎占全县渔民总数的 100%，占全县总人口的 22.8%。这一时期，洪泽县经历了第一次县境的东扩，水域比重已下降到 82%，但对比渔业人口比重，这一数据凸显出水域面积的庞大、渔业人口密度的稀疏。在人口规模上，1958 年人民公社化前江苏省 13 个水上乡，人口最少的建湖渔民乡有 1884 人，最多的是兴化县水上乡有 19676 人，平均人口数量为 6704 人，洪泽县水上乡的平均人口数量为 5170 人，处于中等偏下的规模。

表 4-3 1958 年年初洪泽县 6 个水上乡的人口情况

乡别	总人口（人）	专业渔民		副业人口（人）
		户数（户）	人口（人）	
雪枫	3326	604	3324	2
蒋坝	3655	643	3325	330

乡别	总人口（人）	专业渔民		副业人口（人）
		户数（户）	人口（人）	
老子山	5371	970	5010	361
成河	8184	1357	8184	—
临淮	5824	1102	5804	20
顺河	4663	762	4616	47
合计	31023	5438	30263	760

资料来源：据《洪泽县渔业组织调查表》改制，《洪泽县水产资源勘察调查报告》，江苏省档案馆藏：4072-010-0016。

1958年9月7日，洪泽县委在顺河举行全湖渔民誓师大会，通过了全湖渔民大办人民公社的决定，6个水上乡皆经历了较大规模的合并重组，蒋坝镇合并了数个农业社，人口结构发生改变，自此不再被视为水上乡，其余仍看作以渔民为主的渔业人民公社，或"渔业专业公社"①。在人口规模上，1964年第二次全国人口普查时，5个渔业公社人口数量分别为：老山公社11021人，淮河公社15782人，临淮公社8069人，雪枫公社9338人，成河公社10288人。当时中央原则性规定"渔业公社的规模，大致相当于原来的渔民乡（镇）。有的可以大一些，有的也可以小一些"，从人口规模上来看，洪泽县渔业公社的规模普遍是超过原来的水上乡的。当时中央认为渔业公社成立后主要任务有10条，核心任务其实是三条：一是认真贯彻执行中央的方针政策和法令，完成国家交给的各项任务；二是拟定全公社的发展生产规划，向渔业生产大队、渔业生产队提出关于生产计划的建议，并检查生产计划的完成情况；三是加强对社员的思想政治工作②。涵盖政治、经济和思想三大部分。

尤其值得关注的是，这份下达的中央文件对渔民连家船所有制的理解，"改造小连家船的办法，主要是实行渔农结合、养捕种结合，或者在有条件的水域将部分的连家船逐步地改为大船。根本的改造方向是固定的作业内容和固定的作业区域逐步走向定居"，核心理念是要改流动性为固定性。但文件中又强调"纯住家船永远属社员所有"，实际上只要连家船仍为渔民私有，渔民的流动性就无法避免，固定性也很难达成。在洪泽湖，从当时的调查情况来看，公社内

---

① 《关于洪泽县当前渔业生产情况和问题的报告》，江苏省档案馆藏：4072-010-0179。
② 《中共中央关于农村人民公社渔业若干政策的问题的补充规定（草案）》，江苏省档案馆藏：4072-009-0082。

部和公社之间都出现了一些要船的现象，政府在处理渔民连家船的时候也坦承"这是一个十分复杂的问题，遗留下来长期未得到解决，渔民对住家船十分关心，而且意见很大，据公社大队同志谈，一有放松就有发生闹事的可能"①。

船的问题在湖区非常敏感。水上"大跃进"时期，大兵团作战曾一度强制征收渔民连家船，造成部分渔民外流他县，仅老山一个公社，从1958年到1963年，就外流渔民174户、821人，带走渔船173只，以及随船的所有渔具②。1958年11月，湖西一部分渔民开始到陆上定居，"住家船，有变无，无变有、小变大、大变小的情况普遍"，船的问题似乎出现了政府希望的结果。但在反思"大跃进"和三年困难时期的经验教训后，渔民们开始索还船只，船只所有权问题集中爆发，公社疲于应付，雪枫公社的解决办法是"提出现住不动，谁住谁有，得船的出钱分年还清，丢船承认分期还本，在排船时优先安排"。但据称"因为省的领导未表示态度，怕搞出乱子，至今来未一直行动。据说现在有140户渔民没有住家船，只定陆地搭个棚子。他们对政府的意见很大"③。

船的问题与湖西的水路交通息息相关。建县伊始，洪泽县出于对湖西加强管理和改善百姓出行方便的考虑，进行了水陆交通的建设。1958年的调查显示，当时洪泽湖内由政府官营的运输船只并不多，只有高良涧—老子山—盱眙的隔日班轮和高良涧—大柳巷的机帆船，此外是小型的运输船和为数不多的渔民生产船④。大柳巷在盱眙和老子山之间，也就是说整个洪泽湖政府的航路只有一条南线，运输能力极其有限。湖西与湖东的联络完全依赖渔民们自己的船只。船只是建立和强化官民之间、水陆之间联系的重要工具，洪泽县在这方面则非常薄弱。

高良涧船闸地处城关镇，勾连湖东湖西，是洪泽县水路交通的枢纽，1952年在苏联专家的援助下兴建，1967年到1984年，经历了三次大修工程，从早期人力手摇过渡到自动化阶段。三河闸位于蒋坝南首，上接洪泽湖，下通入江水道，1970年建成，是洪泽县第二大船运枢纽。这两处人工船闸的竣工，加之历史时期就是天然优良港口的老子山，构成了洪泽县航运体系的铁三角。20世纪70年代随着成河、临淮、半城渔港的形成，政府管理的水上航运线拓展到湖西，洪泽湖上的水路交通网络大致成型，分为三条主航线：一条是高良涧—蒋坝的

---

① 《关于洪泽湖水产工作情况调查》，江苏省档案馆藏：4072-010-0179。
② 《关于洪泽县当前渔业生产情况和问题的报告》，江苏省档案馆藏：4072-010-0179。
③ 《洪泽县雪枫公社渔业大队几年来生产情况的调查报告》，江苏省档案馆藏：4072-010-0179。
④ 《洪泽县水产资源勘察调查报告》，江苏省档案馆藏：4072-010-0016。

蒋坝线，30 公里；一条是高良涧—老子山—盱眙的洪泽湖南线，其中高良涧—老子山，32 公里，高良涧—盱眙，56 公里；一条是洪泽湖西线，其中高良涧—成河，20 公里，高良涧—半城，53 公里，高良涧—临淮，46 公里。此外，从历史习惯而言，民间运输船和渔船也可从小的渡口横渡全湖，但时间、安全和效率难以保障。1964 年 2 月，洪泽湖曾发生冰雪封冻天气，竟有 1338 条渔船、7222 人被困在湖上，后南京军区空军派出飞机侦察，并空投食物和慰问信，淮阴专区派来破冰船，才将渔民解救[1]。在传统航运技术条件下，汪洋无际的大湖，无论对政府还是渔民，都是严峻的考验。

在交通之外，船对渔民卖鱼也极端重要。"大跃进"时期，渔民被强制要求去公社驻地卖鱼，给渔民生产生活造成了极大不便。1961 年后随着对"大跃进"的反省，渔产品的销售改变了强制、统一、"一刀切"的做法，越来越从渔民的实际和湖上的地理条件考虑，"全湖实行生产队推销船统一到收购站卖鱼"。以生产队为核算单位，分散与集中相济，兼顾到渔民和政府两端，洪泽县水产局在实践中总结称，"这是一个好的办法，对开展收鲜收活，运鲜运活，增加渔民收入都是有利的"[2]。在洪泽湖水产销售问题上，洪泽县实行了三级销售架构，在城关镇高良涧设有江苏省水产供销公司，公社驻地设收购站，次一级的渔民聚集地设收购组。湖上总计有收购站 6 处：临淮收购站、老子山收购站、半城收购站、成河收购站、淮河收购站、蒋坝收购站；收购组 6 处：新河头收购组、顾勒收购组、高渡嘴收购组、龟山收购组、穆墩收购组、尾渡收购组。

除了生产队推销船的正向流动，水产收购组和收购站也"派出大批收购船只，流动于各生产阵地随船收购"[3]，采取逆向流动提高收购率。通过双向流动的船只，从水产收购组收购来的鲜鱼源源不断地汇集到水产收购站，水产收购站再利用船将鲜鱼运送到县水产公司。除了在当地预留部分鲜活水产品，水产公司经过冷藏制冰厂、水产品加工厂将鲜鱼加工成鱼货，发往省内或调配到全国各地。

湖区经济自由化的提高，对渔民是一大利好，但在部分受"左"倾思想影响的干部看来并不一定正确，按其说法是"洪泽湖上刮起了一股'包产到船'和'物质刺激'的妖风"，造成"大批已经组织起来的渔民重新走上了单干的

---

① 《洪泽湖渔业史》编写组：《洪泽湖渔业史》，江苏科学技术出版社，1990 年，第112 页。

② 《关于洪泽湖水产工作情况调查》，江苏省档案馆藏：4072-010-0179。

③ 《洪泽湖渔业史》编写组：《洪泽湖渔业史》，江苏科学技术出版社，1990 年，第 97 页。

道路，不少渔民四散漂流，各奔一方"①，话中虽带有意识形态话语的批判，但反映出"四散漂流"的现实状况却是客观存在的，拥有连家船的渔民逐水草而居，控驭为艰，长期属于"不定居住"的持续状态②。洪泽湖水产资源调查队调查显示，洪泽湖"所有渔民分布在全湖各个生产阵地，终年从事以渔业为主的生产"③。从洪泽县渔民最多的成河公社的调查报告中可以看出（见表4-4），以生产队为基本核算单位的成河公社，渔民分布状况极度分散，几乎遍及洪泽全湖。

表4-4 1965年成河公社各生产队的分布点

地点	队数	队名	地点	队数	队名
顾勒	2	成河2、3队	麦登	4	洪成1队；肖河3队；成河5、6队
二河闸	2	洪祥4、5队	双台	1	成河2队
小凹口	3	洪祥6、7、8队	三沙	1	成河3队
高良涧	1	洪祥9队	左楼	2	成和4、5队
高渡	3	和平1、2、7队	高咀	1	肖河1队
柳山	3	和平3、4、5队	罗咀	1	肖河2队
成河里	1	和平6队	坝场	6	肖河4、5队；大兴3、4、5队；成河4队
大沟头	1	和平8队	相老凹	4	尚咀1、2、4、5队
尚咀头	1	台光2队	南店	1	尚咀3队
二河口	1	台光3队	临淮头	2	大兴1、2队
小明塘	1	台光4队	全湖	6	洪祥1、2、3队；和平9队；台光1队；成河1队
黄码头	1	台光5队	—	—	—

资料来源：《成河公社渔业生产调查报告》，江苏省档案馆藏：4072-010-0461。

成河公社在连改前共辖成河、和平、洪祥、洪成、肖河、尚咀、台光和大

---

① 《淡水渔业社会主义革命的一个重要问题——老山公社连家船渔民上岸定居的调查报告》，洪泽县档案馆藏：240-2-036。

② 陈芳惠：《村落地理学》，五南图书出版公司印行，1984年，第3页。

③ 《洪泽湖水产资源综合调查报告专刊》，"调查研究报告"第二十八号，1960年12月，第132页。

兴 8 个渔业生产大队，大队以下共管理 49 个渔业生产队，从表 4-4 来看，这些渔业生产队在洪泽湖中分布极广，主要有 23 处分布点，与陆地农业生产队各守一亩三分地的状况迥然有异，而且一个渔业生产队分布数处的情形也并不乏见，给人的感觉是狡兔三窟。另外，表中洪祥、和平、台光、成河有 6 个生产队是"满湖飘，无一定停泊地点"，几乎是完全摸不着边际。尚咀头是成河公社最大的一块陆地，也是其驻地所在，但此地只有台光 2 队"固定挂靠"，其余各队平时并不归港，"离公社近者 20 里，远者 100 余里"，基本上属于放羊式管理，流动分散性可想而知。成河公社的一个渔业生产队的规模在 29 户左右，因为当年调查时是以其为关注对象，故反映的是这 29 户的总体概况，已属微观视角，不过可以稍微想象一下，如果观察视角再向下，能具体到"包产到船"后的一船一户，其在洪泽湖面上的分布、流动实态到底是何景象？喻之为满天星斗应该是恰如其分。

这样的分布状态对长期浮家泛宅的渔民而言是再平常不过的，但却让公社的管理凸显鞭长莫及之无奈，"生产分散，自己的生产阵地尚未建立，情况难以掌握，不便领导，工作难以开展，渔民离公社远，但买米、付款还非得来公社不可，遇到大风大雨，不但耽误生产，还有一定危险"①。需要强调的是，成河公社面临的管理困境并非特例，在渔民众多的水上公社极为普遍。整个洪泽湖面总体上呈现出渔民错杂，你中有我、我中有你的分布状态。对于政府而言，散乱和不透明的生产充斥洪泽湖面，监管的有效性在由陆及水的转换中，受到了下垫面不兼容的阻碍。斯科特在对国家的考察中注意到，在地理逻辑上国家更青睐"长久和固定定居点的形成"，也"更喜欢集中的人口而不是分散的人口"，因为调拨谷物、征发徭役和军事服务更为便捷②。遵循这一逻辑，志在将渔民迁居上岸的连改的政治意义也就毋庸赘言了。

三、村化：渔民上岸与渔村着陆

1966 年国家水产部党组向中央提出了《关于加速连家渔船社会主义改造的报告》，指出：

> 由于连家渔船作业的流动性、分散性，由于领导缺乏足够的重视，至今全国还有十万多户连家渔船基本上处于单干状态。他们之中大部分虽然

---

① 《成河公社渔业生产调查报告》，江苏省档案馆藏：4072-010-0461。

② 〔美〕詹姆斯·C. 斯科特：《国家的视角：那些试图改善人类状况的项目是如何失败的》，王晓毅译，社会科学文献出版社，2004 年，第 231—232 页。

名义上入了社，但生产资料仍为私有，一船一户个体生产的方式也没有改变，经济上只是上交些公积金、公益金，也没有统一核算，生产队实际上只起分发票证和分配渔需物资的作用。

如何强化水面管控是重要的政治经济问题，对此，水产部提出要在全国范围内开展连家渔船的社会主义改造运动，将渔民迁居上岸，改变个体生产的方式，最终达到"逐步实现陆上定居""彻底实现生产资料集体化"的目的。

作为重要的渔民大县，洪泽县面临非常艰巨的连改任务，全县共有34个渔业大队，229个渔业生产队，"在总人口中有专业渔民5214户，28372人，13446个劳力，有渔船7448条"[①]。其中绝大部分渔民在岸上无片瓦寸地，都属于需要改革的对象，此外副业渔民和草民也有相当部分需要集中定居，整个洪泽县需要连改的人数在3万人以上。对于连改的任务，洪泽县委看得很重，视为"巩固、发展社会主义阵地"与"不断克服资本主义倾向"的两条道路、两条路线的激烈斗争，认为"只有组织连家渔船渔民上岸定居，结束单独出湖、四处为家的局面，建立起比较固定的生产和生活基地，才能加强无产阶级的政治领导；才能巩固、发展社会主义所有制和实行大寨式的社会主义分配制度；才能经常进行社会主义教育和加强对阶级敌人的监督改造"。连改在方方面面兹事体大。

洪泽县的连改主要采用了三种方式：第一种方式是插队转农，即将水面上"无船无具无技术"的渔民转到农业生产队，让渔民从事农业生产。1966年洪泽县共有这类渔民"九百多户，四千五百人"需要改革。第二种方式是"围湖开荒，实行亦渔亦农、多种经营生产"，通过在湖滨筑堤围垦滩地获得土地，实行定居及农作物的种植。第三种方式是"垫台定居，实行亦渔亦付［副］，开展多种经营"，和第二种方式不同的是，"垫台"选取的是较高的地点，通过夯土抬高地基形成平台以供渔民搭建房屋。所谓的"亦渔亦付［副］"是指一方面进行渔业生产，另一方面在滩涂水面"发展柴柳、水草，种植鸡头、菱角、莲藕等水生植物"[②]。

尤其值得关注的是，洪泽县的渔业生产已经从早期单纯的捕捞生产，发展为捕捞、养殖结合的渔业模式。建县初期，洪泽全县几乎都是捕捞作业，1962年养殖才稍有起色，此后长期停滞，在1970年后重新被启动、加速，在20世纪

---

① 《洪泽县水产调查报告》，江苏省档案馆藏：4072-010-0461。

② 《洪泽县水产局关于连家渔船社会主义改造的初步规划报告》，洪泽县档案馆藏：240-2-33。

80 年代养殖产量大幅攀升，突破 2000 吨，洪泽县也先后提出"捕养并举"和"以养为主，养殖、增殖、种植、捕捞相结合的方针"①，养殖产量所占水产品产量比重逐年增长（见图 4-3）。松冈格在对台湾山地民族的研究中注意到，稻作普及、农业形态的变迁在部落改造、迁移、合并的过程中，扮演着"带动地方化的角色"，对"语言或生活习惯的一元化上也收成效"②。可以说渔业经济结构的变动对构建渔民在水土上更紧密的联系也大有益处。经济在很大程度上是政治的体现。

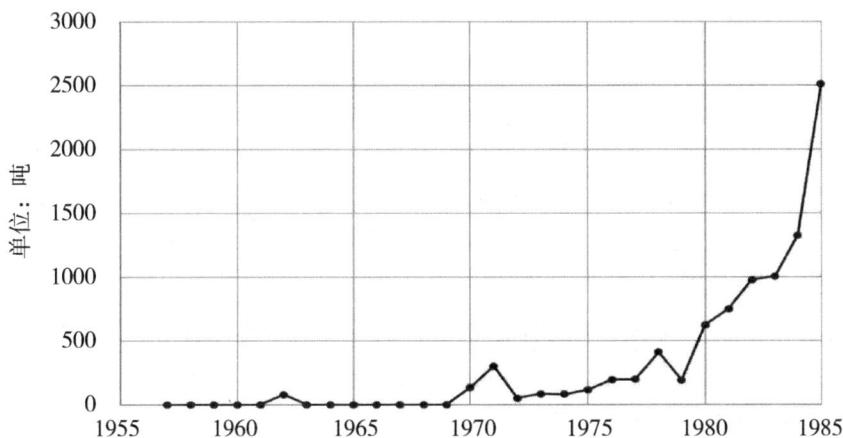

图 4-3　1957—1985 年洪泽县水产品养殖产量

资料来源：洪泽县水产局编《资料汇编》，1986 年 4 月，第 49—63 页。

三种连改方式都需要大量人力、物力和财力的投入，虽然名义上采取经费"国家扶持、地方资助、渔村自筹的办法"③，但实际执行时主要还是由渔业生产队自力更生。以老山公社为例，连改启动时公社共筹措到不到 8 万元的经费，其中 4 万元来自原来的公共积累，3 万元源于公社出面动员得到的投资，剩下的 9000 多元还是紧急抽调一部分劳力搞渔副业获得的收入，县里没有出钱，到一期工程快结束时"才借三万斤粮食"④。后两种连改方式——围湖开荒和垫台定

① 《洪泽县农业区划》，1982 年 10 月，第 62 页。
② 〔日〕松冈格：《"蕃地"统治与"山地"行政——台湾原住民族社会的地方化》，周俊宇译，台湾大学出版中心，2018 年，第 200—202 页。
③ 《洪泽湖渔业史》编写组：《洪泽湖渔业史》，江苏科学技术出版社，1990 年，第 64 页。
④ 陈学经：《关于贯彻毛主席"五·七"指示对连家渔船进行社会主义改造的情况汇报》，中华人民共和国水产部淡水渔业司编：《淡水连家渔船社会主义改造经验选编》，第 34 页。

居工程尤其浩大，所需调动的巨大劳力也基本上是各公社自行解决。如成河公社在 1966 年"搞围垦、栽草、垫台子时"抽调了全公社近 1/4 的劳力，甚至渔民儿童也被投入工地，"共挖廿六万方土，实做义务劳动十五万五千个"[1]，可谓艰苦卓绝；老山公社第一阶段围垦从 1966 年 6 月 15 日开工到 1967 年 5 月底竣工，完成了 12 华里长的围堤，开垦出 5000 亩粮田，"实做三十万五千另[零]九十四方土"[2]，实际投入时间达 7 个月之久，也是连续作战。

从目前的材料来看，洪泽县的连改进度自 1966 年始一直在平稳进行，据官方统计，到 1977 年年底全县共有 3520 户渔民定居，1979 年年初这一数字提高到 5659 户[3]，同年年底达到 6500 户，据称人数已占到需定居渔民总数的 80%[4]。20 世纪 80 年代以后，随着湖区经济体制的变革和渔民生活方式的转变，未定居的渔民也陆陆续续地自发上岸。统计数字显示，截至 1987 年年底"全县有 85% 的渔民在陆上定居，10% 左右的渔民住在船上，5% 左右渔民常年生活在湖区"[5]。如国家所愿，通过连改，历史上长期以船为家、流移不定的渔民终于离船上岸，居有定所。

这一转变意义非凡，当时称有十大好处："有利于学习政治""巩固了社会主义制度""有利于'向生产的深度和广度进军'""解放了生产力""促进了集体经济的繁荣""减少了国家的粮食供应""加强了无产阶级专政""有利于加强战备""促进了文化教育事业的发展""改善了渔民的居住条件"[6]。从当时的实际效果来看，既带来了渔民居住条件在一定程度上的改善，同时也体现出国家层面宏伟的改革初衷。

除了渔民上岸，渔民自然村的形成也是连改的显著成果。连改前，渔民以船为家，流动水面，没有固定定居的自然村。虽然合作化运动在组织层面为渔民重新配置，水域的政区化进一步限制了渔民的流动性，但如果相较陆地农民，二者漂泊与定着的差异依然醒目突出，在聚落地理上的表征就是自然村的有无。

---

① 《高举毛泽东思想伟大旗帜突出政治闹翻身自力更生搞围垦》，洪泽县档案馆藏：240-2-034。

② 陈学经：《关于贯彻毛主席"五·七"指示对连家渔船进行社会主义改造的情况汇报》，中华人民共和国水产部淡水渔业司编：《淡水连家渔船社会主义改造经验选编》，第 35 页。

③ 《姜万国同志在全县水产工作会议上的讲话》，洪泽县档案馆藏：240-1-40。

④ 《洪泽湖渔业史》编写组：《洪泽湖渔业史》，江苏科学技术出版社，1990 年，第 64 页。

⑤ 洪泽县地方志编纂委员会：《洪泽县志》，中国大百科全书出版社，1999 年，第 816 页。

⑥ 《淡水渔业社会主义革命的一个重要问题——老山公社连家船渔民上岸定居的调查报告》，洪泽县档案馆藏：240-2-036。

1958 年人民公社化时，渔业社变成渔业生产大队，但渔业生产大队并无陆地依托，渔民以船为家的居住状态实际造成渔业生产大队及其渔业生产队更像一种并不落地的生产组织，内里缺乏自然村的有效支撑，在行政管理上陆上常有的双重羁绊到了渔民这里只剩了一重。洪泽湖渔民的上岸定居是构建渔民村的必然途径，与其先前流动、分散、复杂的居住状态迥异，渔村的着陆蕴含着"固定化""集中化""大幅度的简单化"的明显倾向，体现出国家进一步强化管理的要求。

根据《江苏省洪泽县地名录》及《洪泽县志》记载，至 20 世纪 80 年代初期洪泽县的村化（villagization）进程非常迅速，集中定居的渔村主要有：老子山公社的新渔村、淮流前村、淮流后村、淮仁村、小兴滩村、丁滩村、旗杆村、贾滩村、新淮村；淮河公社的大洲村、洪建村、前进村、花园村；临淮公社的临淮村、洪胜村、新河村、二河村、汴河村、溧河村、刘台村、骈台村、团结村、胜利村、汴南村、双淮村；半城公社的洪安村、濉河村、穆墩村、安河村、新建村；成河公社的大兴村、成河村、洪成村、高咀村、尚咀村、肖河村。此外，在高家堰以东主要有三河公社的头坝、五里牌和中渡 3 个村[1]；岔河公社与仁和公社也各有 1 个渔业村。

从分布上来看，洪泽县的大部分渔村集中于洪泽湖地区，特别是水上公社的滨湖地带，高家堰以东的陆地部分只有 5 个渔业村，总体上渔村的分布与洪泽县境的水陆结构较为一致，呈现出东疏西密的特征。因为这些星星点点的渔村在形成过程中主要利用了荒滩、沼泽等先前未能利用的低湿地，在聚落地理可视为新田村落[2]；同时从居民构成上来看，村落中渔民占绝对比例，其上岸后也仍以从事渔业捕捞、水产养殖为主，故村落带有明显的渔村性质。

渔村建立后渔民的生活到底发生了怎样的改变呢？一个最明显、最直观的现象是渔民家属普遍"腾船上岸"，传统时期一船一户，全家老小居于一条船上的情形彻底改观。通过渔村的分流，渔民家庭的劳动力与老弱脱离，生产与生活分离，一在水一在陆，行政力量集中于陆地的政府顿时有了按图索骥的便利，可以收以陆控水之效。同时，入湖捕鱼的渔民因渔村中家与感情上的暗示作用，

① 《关于洪泽县三河乡水上三个村合并为五里牌村的批复》，洪泽县档案馆藏：201-1-174。

② 〔日〕别技笃彦：《地理の完全研究》（《地理的完全研究》），清水书院，1971 年，第277 页。

其个体的生活时间也逐渐趋向"到天晚船归港"① 的规律状态，与先前东漂西流，随处停船泊岸的状态有了明显的差异，变得有案可稽。

20 世纪 80 年代初，经过长期连改的成河公社，已经拥有了耕地面积 3500 亩，全社共辖 10 个生产大队，其中 2 个是农业大队，8 个渔业大队从事捕捞生产，年捕获量占全县渔业总产量的 40%，仍然是一个以渔业为主的水上公社。在经济结构之外，在聚落地理上，成河逐渐以渔村作为渔民的栖息之地，但"13 个自然村村庄分布在成子湖内河陆上的不同方位"，呈现出散村的聚落形态，成河依然保持着水上公社流动、星散的重要特质，类似的还有老子山公社和临淮公社。1985 年分湖方案出台前，在上岸定居和产业结构的影响下，严格意义上洪泽县从 5 个渔业公社减为了 3 个。

还有一点可能容易被忽视，即连改促进了文化教育事业的发展。洪泽湖地区的渔民在历史时期非常贫困，没有读书识字的风气，普遍都是文盲，"在没有上岸定居的情况下，流动、分散，不易组织集体学习"，革命思想的洗礼严重匮乏；"定居后队队办起了毛泽东思想讲习所，有了集体学习的地方"，国家的宣传便于传达，使渔民"开了窍"②。在改革开放后则是便利了国家政策方针的上传下达。对渔民的下一代，政府则加强了初等教育的培训，既动员渔民子弟入普通小学读书识字，同时又在一些渔村附近建立起专属的渔民小学、渔业中学，并且因地制宜地发展出"滩头小学"和"船头小学"，前者是建在滩地和湖心沙岛上，后者是"在大网船船舱里教学"，这两种水上学校可以"随时插班上课"③，较为灵活方便。在这样的教育环境下，大部分"渔家的孩子，得以入学就读"④。戴着红领巾，长在红旗下，渔家的下一代自然容易在思想上培养起比从旧社会过来的父、祖辈们更浓厚的国家认同与政治觉悟。

连改在经济生活上亦有很大影响。在连改前的一段时间，洪泽湖湖面上普遍是"包产到船"，而上岸后国家对渔民生产资料私有制改造的诉求在渔村有了大展拳脚的天地，直到 1983 年定居渔村的渔民都普遍受到了所谓"四统一"政

---

① 陈学经：《关于贯彻毛主席"五·七"指示对连家渔船进行社会主义改造的情况汇报》，中华人民共和国水产部淡水渔业司编：《淡水连家渔船社会主义改造经验选编》，第 33 页。

② 《淡水渔业社会主义革命的一个重要问题——老山公社连家船渔民上岸定居的调查报告》，洪泽县档案馆藏：240-2-036。

③ 汤道言：《湖区的渔民教育》，载荀德麟主编：《洪泽湖研究》，江苏古籍出版社，1993 年，第 200—201 页。

④ 中共洪泽县仁和镇委员会、洪泽县仁和镇人民政府：《仁和镇志》，1990 年，第 44 页。

策的约束——"劳动力统一安排，船具统一使用，鱼货统一出售，收益统一分配"①，自然这一政策的实施使得政府对渔民的组织、调度更加强化，渔民的个体生产完全纳入公有制的轨道。从渔民的立场来说，上岸后的生活相较船居时显然受到了更强的束缚。在笔者查阅的档案材料中不时出现一些不理解之词："渔民到陆上定居，就等于去坐牢"，以及讽刺"渔民上岸头，吃鱼上秤勾；渔民下船头，行动不自由"等不满情绪宣泄，实际也就不足为奇了②。

1983 年，洪泽湖渔业全面实行联产承包责任制，其主要内容包括"集体船只和渔具折价归渔户所有，渔民捕捞的鱼货归渔民处理，取消统购，自由买卖"③，渔村中的"四统一"政策自此结束，渔民的生活从高度集中的计划经济中松绑，回归了平常。此外，在一些渔村"由原捕捞改为水上运输的渔民逐年增多"④，在上岸后不断转型，开始在市场经济的浪潮中大显身手。

第三节　水陆两分的兴化水上乡

一、兴化县境的水域结构与水上人群

兴化位于江淮之间，地处江苏里下河腹地，地面高程一般在 1.5 米—3 米之间，地势低洼，素有"锅底洼"之称。全县总面积为 2393.3739 平方公里，折合 359.0061 万亩。境内河流纵横交错，湖荡星罗棋布，水域面积巨大。新中国成立初期，在县年报和有关总结报告中记载：全县水域面积是 183 万亩；1958 年扬州地区水产资源调查勘察队，依 1.6 米的水位测量计算，水域面积是 84.7 万亩；1965 年江苏省水产资源勘察队调查面积为 63.8 万亩；1974 年兴化县水利局依万分之一的图纸计算水域面积为 65.2 万亩。⑤ 上述各种测算结果相去甚远，因技术限制，实际误差都较大。

1986 年兴化县农业区划办公室、水利局组织 46 个监测小组，以村为单位，利用航片及新万分之一地形图，历时 8 个月，对全县土地资源进行精确测量。经计算，1986 年水域面积约为 92.22 万亩，占全县总面积的 25.7%，比 1982 年

---

① 洪泽县地方志编纂委员会：《洪泽县志》，中国大百科全书出版社，1999 年，第 214 页。

② 《连家船渔船社会主义改造工作情况汇报》，泗洪县档案馆藏：533-2-69。

③ 洪泽县地方志编纂委员会：《洪泽县志》，中国大百科全书出版社，1999 年，第 214 页。

④ 《关于合并三河乡水上三个村为"五里牌村"的请示》，洪泽县档案馆藏：201-1-174。

⑤ 《兴化县水产资源调查和区划》，兴化市档案馆藏：430-3-10。

修正后的水域面积减少 18603.1 亩,约少 0.51%①。考虑到 20 世纪 60 年代以来各乡镇对湖荡地区的围垦,水域面积一直呈下降趋势的状况,新中国成立初期全县水域面积估计占 30% 左右。

进一步细分,兴化县的水域面积可分为河流、湖泊、滩地、池塘四种主要类型。据 1982 年的资料,其比例如表 4-5 所示。

表 4-5　1982 年兴化县的水域构成

名称\ 类型	水域				总计
	河流	湖泊	滩地	池塘	
面积（亩）	669767	85748.9	162704.8	22562.5	940783.2
占总面积百分比	18.66%	2.39%	4.53%	0.63%	26.21%

资料来源:兴化县农业区划办公室、兴化县水利局编《江苏省兴化县土地资源动态监测综合报告（1982.5—1988.10）》,第 1—2 页。

在表 4-5 所列 4 类水域中:

（1）河流。主要有南北向的南官河、卤汀河、下官河、上官河、猪腊沟、渭水河、西塘港、东塘港、盐靖河、雄港、雌港、串场河,东西向的蚌延河、梓新河、车路河、白涂河、海沟河、兴盐界河。这些河流一般河床宽 60 米—120 米,常年水深 1.8 米左右,除县西北湖荡地区外,在全县分布较为均匀。

（2）湖泊。境内湖泊虽面积不大,但数量众多,有大纵湖、得胜湖、吴公湖、平望湖、郭真湖、团头荡、乌巾荡、官庄荡、南荡、花粉荡等。主要分布在县西北部的沙沟、中堡、李健等地,城区及中部垛田、林湖等地亦有分布。

（3）滩地。意为浅水湖荡,没有统一名称,主要分布在县西北部湖荡地区的沙沟、舜生、荡朱、东潭等地,中部垛田及北部海南等地亦有不等规模。

（4）池塘。多为湖荡演化而来,全县各乡镇都有分布,但主要也集中于西北部湖荡地区,中部垛田、林湖及南部陈堡也有相当规模。

需要说明的是,上述四类水域并非一成不变,20 世纪 60 年代围垦湖荡,使得湖泊面积较先前有不同程度的缩小;70 年代兴建鱼塘,对湖泊、池塘的构成比例亦有较大影响②。虽然缺乏精确的统计,但总体而言,在人工干预相对较少的 50 年代,河流、湖泊面积要较 1982 年广大,滩地、池塘面积则相对较小。

---

① 兴化县农业区划办公室、兴化县水利局编:《江苏省兴化县土地资源动态监测综合报告（1982.5—1988.10）》,1987 年 5 月,第 7 页。

② 中国科学院南京地理研究所编著:《江苏湖泊志》,江苏科学技术出版社,1982 年,第 192 页。

作为水网密布的水乡，兴化是"开门见水，迈步坐船"①，日常生活、劳作都离不开舟楫，在 20 世纪 90 年代公路普及前，行路即是行船。历史上兴化一直生活着一些以水为生的水上人，《宋史》记载在县西北部的古射阳湖曾有"浮居数万家"②，但民国以前政府对这一人群知之甚少。1919 年，兴化县公署曾经调查全县户口，总人口计 570537 人，船户 1714 人；1937 年再次统计，全县总人口 758671 人，船户 2513 人③。但对照 50 年代初对水上人群的调查数字，民国时期所了解的不过是冰山一角。

据 1953 年兴化县民船民主改革时的调查，兴化的水上人群主要分为五大类：渔船户、运输船户、交通帮船户、行商船户和杂船户（见表 4-6）。

表 4-6 1953 年兴化县的水上人群及船只统计

船只类别	专业船只数	半专业船只数	船只总数	吨位/条	人数
渔船	4758	2239	6997	0.5—5	21899
运输船	928	594	1522	3—26	3235
交通帮船	51	96	147	—	710
行商船	1050	344	1394	5	2546
杂船	—	—	—	—	10000
总计	6787	3273	10060		38390

说明：1. 资料来源于《兴化县民船民主改革工作总结》（301-1-18）、《兴化县选举工作步骤与计划（草案）》（401-2-15）、《水上居委会情况初步调查丛报》（601-3-20）。2. "专业船只"指以船为家，岸上无土地的船户所使用的船只；"半专业船只"指既种田又水上经营的船户所使用的船只。3. "杂船"一项，船只无精确统计，人数数据根据《水上居委会情况初步调查丛报》整理。

渔户是兴化水上人群的主要组成部分，主要以捕鱼为生，按捕鱼工具形成若干帮，"有卡帮、网帮、罱帮、索帮、钩帮、罩帮、鸦帮各种之区别，而卡帮又分大卡、小卡；罩帮又分戳罩、笼罩；钩帮又分滚钩、靠钩、环钩、土线钩；网帮又分大网、跑网、箱网、洒网、捣网、丝网诸船，其余披风帮、摸鱼帮、捣鳖帮，以及张簖、张叉、扳罾、踢罾等无非以捕鱼为业"④。各帮多分散经营，取到鱼后一般是到农村以鱼换米，也有少数渔民在淡季到陆上帮助农民收割粮

① 兴化县地名委员会编：《江苏省兴化县地名录》，1983 年，第 101 页。

② （元）脱脱：《宋史》卷 477《李全传》第 39 册，中华书局，1977 年，第 13840 页。

③ 《续修兴化县志》卷 7《自治志》，《中国地方志集成·江苏府县志辑》第 48 册，江苏古籍出版社，1991 年，第 548—549 页。

④ 徐存义编：《兴化地理》，兴化市档案馆藏：106-1-213。

食补贴生计。总体上，渔户生活非常贫困。

运输船户在兴化的水上人群中也占有一定数量，一般是代客装运货物，1949年后也替政府部门装运粮食、砖头等物资。无固定地方，哪里需要就去哪里，主要流通在兴化、泰州、泰兴等地。船只最大吨位26吨，小的只有3吨—5吨。一般15吨以下的家里有几亩田，属于半专业运输船户。总体上，大船生活较好，小船生活困难些①。

交通帮船户是在城乡间往来以船载客的水上人，人数并不显眼，一般帮船"停泊地点多设于四郊以外；起讫之程长短各殊，行驶时间分逐日、隔日及不定期三种"②。专业的交通帮船户活动半径较大，并不限于本地，远至泰州、高邮、东台、邵伯、临泽等地；半专业帮船户则主要在县境内活动，很多以种田为主，不定期开船。

经营行商船的是拥有一定资金、从事货物贩运的船户，按1953年民船民主改革时的分类，这一人群"属于小商人范畴"③，他们把兴化本地产的粮食、土特产品运到外地销售，又从外地购买布匹、杂货等物运回兴化投行出售，一般生活条件较好④。

除了上述四类水上人外，还有一类水上人在兴化水面占有较大的比重，有1万余人，政府一般以杂船视之。此类人群主要从事手工业个体经营，分散在农村水面，以船为家，做生意时才挑一只担子上岸，靠代农民打制农具，做铜、锡器物，箍桶，订秤，扎制生活用具等维持生活。依行业类别，有铜匠、锡匠、箍桶匠、扎匠、订秤的、卖糖的、磨剪刀的等几十种帮别，流动性较大，除本地乡村外，在东台、大丰、泰州、江都、高邮、盐城等地频繁流动，远者甚至活动于苏南各地。杂船户中一般铜匠、锡匠生活最好，其他各帮生活较为贫困⑤。

二、水上乡的建立及其管理

兴化的水上人虽然在历史时期长期存在，但往往游离于国家的行政管理之

---

① 《兴化县民船民主改革工作总结》，兴化市档案馆藏：301-1-18；《兴化县民船民主改革第一批（运输）工作总结》，兴化市档案馆藏：301-2-32。

② 《续修兴化县志》卷9《交通志》，《中国地方志集成·江苏府县志辑》第48册，江苏古籍出版社，1991年，第577页。

③ 《兴化县第四批民船（行商船）民主改革工作总结》，兴化市档案馆藏：301-2-32。

④ 兴化市交通志编纂委员会编：《兴化市交通志》，1990年，第55页。

⑤ 《兴化县第九批民船（行商、运输、杂船）民革工作总结》，兴化市档案馆藏：301-2-32。

外。南宋时，县西北部的古射阳湖曾有"浮居数万家"，但显现出的却是"家有兵仗，侵略不可制"的无政府状态。明代，据万历《扬州府志》卷4《赋役志》记载，兴化曾有河泊所之设，但具体编定的渔户数量不详，也很难推定其覆盖面有多大，考虑到河泊所侧重渔课征收，且正德十六年（1521年）兴化河泊所即被裁撤①，其对水上人的管制能力似不可高估。清代，包括兴化在内的里下河地区依然是一派逍遥景象，水上人"时而捕鱼，时而觅食，行踪无定，来往自如"，而官府却"漫无稽查"。

民国时期，兴化曾有两次水上保甲的编排。第一次在第一章已有所提及。1934年南京国民政府出于治安考虑，在江苏省江北的南通、盐城、东海、淮阴、铜山五个行政督察区实行保甲制，包括对水上流动的船户编排保甲之事。其时兴化县属盐城行政督察区，亦有此举。第二次在1947年，为强化国统区的治安，再次编组水上保甲，到1948年在全县总共编组了10个水上保②。按十户为一甲、十甲为一保的编组原则，国民政府总共控制的也不过4000人左右，效果非常差。

笔者父祖辈均为兴化船民，写作本书前曾向祖父询问民国时期他及曾祖船民有无户口，得到的回答是否定的。其他年龄相仿的老船民答复也基本一致。这一点在1949年后的档案中得到了印证。据称1953年民船民主改革前，兴化的水上人是"既无户口清册，又无粮油供应证"，以致"当时党委多少不知底细"③。

1953年1月14日，兴化县委按照省委指示精神，抽调公安、水产、银行等单位人员成立了民改办公室，第一阶段先在全县水面开展轰轰烈烈的宣传教育活动。同时，宣传面也包括"与船民有来往靠近河边的陆上群众"。其后，进入第二阶段，在县城、戴南、周庄、大垛、沙沟、安丰和戴窑成立7个民船登记处，调查"船民中各种关系，尤其是封建关系及剥削关系，劳资关系等"，要求做到"帮帮清""摸到底"；与此同时，组织民兵等流动巡查，对过往船只"内外夹攻，使一般杂船不得漏网"④。

基本情况调查完毕后，则进入第三阶段——革命思想教育。这一阶段是以开会的方式实现的。由于水上人群数量庞大，兴化分12批逐个开会，少的3—4天，多的11天。开会流程分为四步，首先进行教育，包括阶级教育和抗美援朝

---

① 参见尹玲玲：《明清长江中下游渔业经济研究》，齐鲁书社，2004年，第185—190页。
② 《施政报告》，兴化市档案馆藏：103-1-35。
③ 《水上居委会情况初步调查丛报》，兴化市档案馆藏：601-3-20。
④ 《兴化县民船民主改革工作计划》，兴化市档案馆藏：301-2-32。

爱国主义教育；其次对比新旧社会，开展诉苦运动；再次召开自觉坦白，识别水上匪特；最后培养积极分子，进行组织建设。

在整个民船民主改革中，虽然水上人普遍都有担心民改如土改最终"船归公家"的顾虑，但主动配合程度还是非常高的。起初笔者颇为不解，为何自由散漫惯的水上人会如此配合？仔细研读档案材料后，才发现"民改证"和"户口证"在中间发挥了巨大作用。一位船民在开会时坦露："民改证户口证就是饭碗证，没有民改证户口证就吃不到饭。"另一位船民则表示"我在这里就是烧粥吃，也要等民改证拿到手才走"①。这种现象并非个案，一位余姓船民改革时人在外地，为了赶回兴化参加民改，居然两天两夜不睡觉，日夜兼程返乡。

从后来的实际生活看，上述船民并没有夸大民改证的重要性。1953年民船民主改革在全国各地全面铺开，水上人无论行船还是停泊都会被各地公安、航政部门要求出示民改证，没有民改证几乎寸步难行。由于江苏各地改革进程各有快慢，兴化船民在进展较快的外地已经遇到了盘查，所以主动配合，积极开会，对水上人而言不过是获得一个"硬正牌子"保住饭碗的必要姿态。相较高耸入云的革命理想，船民的想法却很务实："没得民改证手艺就不好做。"②

户口证也极其重要。上引中央指示明确要求"着手建立水上户口工作"，其用意无非有两点：清理水上匪特等"反革命分子"，长效稳定地管理水上人。这一要求在兴化得到了严格的执行。在改革中"为弄清来源，水有源树有根，船民纷纷至故乡陆上亲邻好友处打证明"③，政府再到各处核实。一位高姓船民谎称原籍是射阳县某村人，结果核实时被查出是滨海县某村人，身上背有血债④。据统计，到民改结束时总共清理出"反革命分子"132人⑤。水上的社会秩序得到了稳固。

兴化水上乡的建立是在民改后的第三年，理论上除河沟与小型河流外，境内渔民作业的水域都属于水上乡的幅员。

兴化的水上乡是笔者接触到的第一个水上乡，第一次接触时非常吃惊，因为它颠覆了传统的行政区划常识——水域一般是不单独作为政区的。起初笔者以为水上乡是一个随便的叫法，可能不是正式政区，但在1956年光化县上报给

---

① 《兴化县第三批民船（行商）民主改革工作总结》，兴化市档案馆藏：301-2-32。
② 《兴化县第九批民船（行商、运输、杂船）民主改革工作总结》，兴化市档案馆藏：301-2-32。
③ 《水上居委会情况初步调查丛报》，兴化市档案馆藏：601-3-20。
④ 《兴化县民船民主改革工作总结（第二批运输）》，兴化市档案馆藏：301-2-32。
⑤ 《兴化县民船民主改革工作总结》，兴化市档案馆藏：301-1-18。

江苏省民政厅的正式呈文中，水上乡作为全县 92 个乡之一赫然在目，为县直属乡①。1957 年，由县民政科填报的《全国行政区划基本情况年报详表》中，水上乡也堂皇入列，只是全县其他乡都有自然村，水上乡辖下一个自然村都没有②。

水上乡辖下有两类水上人：渔民与杂船户③。其管理机构也分成两部分：渔民协会治理渔民，下辖 8 个分会；此外，单列第九居民委员会，单独管辖杂船户。

兴化的渔民协会在民国年间已经建立，但属自愿参加，会员很少。1949 年以后经过逐步改造，到 1954 年全县渔民已全部纳入渔民协会组织；下辖分会，分会设分会长、生产委员和治安委员，共同负责日常事务。较之陆地管理系统，管理较为松散，只是定期召开例会宣传上级指示，平时渔民仍以卡帮、网帮、罱帮等帮别单独进行生产活动。为打破帮与帮之间的界限，加强生产管理，自1954 年起政府逐渐在渔民内部植入新的组织方式——互助组与合作社，以取代旧时代自发形成的帮的组织。按江苏省委的口吻，实施这一措施是因为"有些地区总路线还未向渔民群众深入贯彻，各地渔民协会领导系统混乱，不能统一步骤地加强进行教育，部分渔民思想仍较落后"，所以要强化"生产责任制，充分发挥工具、劳力的潜在力量"④。

显而易见，从民改到渔民协会，再到互助组、合作社，这是一个逐步组织化的过程。短短三年工夫，到 1956 年渔民的合作化程度已经从最初的 32.3% 提升到 65%。正是在这样的基础上，该年渔民协会废止，水上乡建立。1957 年，水上乡继续动员渔民参加合作社，覆盖率达到了 76.2%，其逐年变化如表 4-7所示。

---

① 《呈报我县行政区乡名称一览表》，兴化市档案馆藏：448-1-8。
② 《全国行政区划基本情况年报详表》，兴化市档案馆藏：448-1-8。
③ 1953 年年底国家实行粮食统购统销政策后，行商船户受到严重影响退出了水面；兴化县政府将剩下的运输船户、交通帮船户合并组成木帆船协会，后改组为运输合作社、航运公司，归交通局管理。
④ 《江苏省一九五四年水产初步总结与一九五五年水产任务及主要措施》，兴化市档案馆藏：428-3-4。

表 4-7 1954—1957 年兴化县渔民合作化情况

年份	合作社情况		互助组情况		渔民协会渔民总人数	覆盖率
	合作社数	合作社人数	互助组数	互助组人数		
1954	—	—	206	5458	16965	32.2%
1955	7	463	89	3015	16835	20.7%
1956	36	1575	32	11222	19676	65.0%
1957	35	11949	—		15677	76.2%

资料来源：《江苏省扬州专区兴化县 1954—1958 年渔业发展概况（参考资料）》，兴化市档案馆藏：428-1-8。

水上乡管辖的另一类人是杂船户。按政府的分类，这些都是从事手工业的水上人。从事的行业相当繁杂，诸如铜匠、锡匠、箍桶匠、扎匠、订秤的、卖糖的、磨剪刀的等，共达几十种之多，各行业一直都有自己的帮会[1]，彼此泾渭分明。1956 年水上乡辖有杂船户 658 户，2924 人，分属 28 个帮别[2]。

合并到水上乡前，杂船户经历了几番整治。1953 年民改结束时，最初对杂船户的治理，政府采取了最为省事的消解手腕。半专业杂船户被县里按照省委"陆上有田地房屋，半做生意半种田，不以船为家的船只不予民改"的指示精神，下放回农村种田[3]。1954 年，在兴化升仙荡召开动员大会，再次遣散杂船户，下放归农，最后只剩下 600 余户。对于剩下的杂船户，政府组建了大约 12 个小组进行管理，每组约 50 户；1955 年改组为三个杂船会："四匠杂船会（铜、锡、补锅、订秤匠），大小糖、木匠、箍桶、扎匠杂船会，磨剪刀、青货、走江湖、唱戏、杂技等杂船会"，各会成员每三个月开会一次，归水上派出所管辖。[4]

1956 年，三个杂船会划归水上乡新成立的第九居民委员会管辖，但管理非常松散。杂船户依然漂泊，平时都在县下各乡镇以及其他县份做生意，与乡组织接触甚少，水上乡主要依靠小组进行遥控管理。按惯例水上乡一年只开会两次，农历正月初六才能大集中。采取这样的管理方式，政府当然是出于无奈。

---

[1] 汪曾祺先生是兴化邻县高邮人，在他的小说《大淖记事》中曾经非常形象地介绍过兴化的锡匠帮，汪氏称"这一帮锡匠很讲义气。他们扶持疾病，互通有无，从不抢生意"。参见《北京文学》1981 年第 4 期，第 20—29 页。

[2] 《兴化县水上乡人民委员会关于水上杂船各行各业组织安排的报告》，兴化市档案馆藏：301-7-20。

[3] 《兴化县第十一批民船（杂船、行商、运输）民主改革工作总结》，兴化市档案馆藏：301-2-32。

[4] 《水上居委会情况初步调查丛报》，兴化市档案馆藏：601-3-20。

杂船户行业性质特殊，不像农民靠地吃饭，也不像渔民靠水为生，他们靠手艺，"小小舟船水上飘，五湖四海处处到"①，流动才是他们生存的保证。

此外，维持杂船户与水上乡联系的就是交税。杂船户每户每月需交公积金0.7—0.9元，行政管理费0.2元。但值得注意的是这笔钱由兴化水上派出所经手，杂船户并不需要与乡政府直接打交道②。由此可见，水上乡的功能并不能与陆上乡相提并论。

1958年，随着人民公社化运动的开展，水上乡昙花一现。该年10月，水上乡被撤销，其下辖的两类人群分道扬镳。杂船户另成立水上居委会，划归城内的昭阳公社管辖；而渔民则在合作社的基础上成立水产大队，划归所在各地的农业人民公社领导③。

1959年9月2日，兴化的水上乡以"水上人民公社"的面貌再次出现，按官方说法，是"在［19］58年大跃进的基础上，为了［19］59年加强水产捕捞事业的专线领导，以保证水产事业的高速度发展，在上级党委的正确指示和县委的统一领导重视下"设立的④。此时距水上乡的撤销不到一年。

和水上乡一样，理论上县境渔民捕捞生产的水域都属于水上人民公社，不过二者也有差异。水上人民公社需要管理的只是渔民，"凡是常年捕捞的渔民，一律归水上公社统一领导，渔民归队后油、粮、户口应随同迁到水上公社"⑤。据统计，1960年2月水上人民公社共有渔民2537户，11438人，船只3050只。

水上公社的组织架构和陆地农业公社非常类似，分为三级：大队、生产队和作业组。刚成立时水上公社有47个大队，最终调整合并为13个大队：城北、城西、城南、中堡、沙沟、安丰、魏庄、戴窑、竹泓、高家、戴南、茅山、周庄；下设67个生产队，344个作业组（见表4-8）。此外，针对"以前水上党支部工作比较薄弱和混乱的现象"，建立了12个党支部⑥。模仿陆地农业公社，做到了党政合一。

---

① 《关于对新兴镇水上手工业服务社有关情况的调查》，兴化市档案馆藏：601-3-43。
② 《水上居委会情况初步调查丛报》，兴化市档案馆藏：601-3-20。
③ 《兴化县水产局1958年水产工作总结》，兴化市档案馆藏：428-1-8。
④ 《兴化县水上人民公社关于五九年水产捕捞工作总结》，兴化市档案馆藏：428-3-16。
⑤ 《兴化县水上人民公社关于渔业生产存在几个主要问题和解决初步意见的报告》，兴化市档案馆藏：428-3-16。
⑥ 《兴化县水上乡委员会关于首次党员扩大会议的总结和今后工作意见》，兴化市档案馆藏：428-3-16。

表 4-8 1960 年 2 月兴化县水上人民公社基本情况一览表

大队	生产队	作业组	户数	人口	男	女	大船	中船	小船
城北	8	35	268	1255	697	558	14	206	93
城西	8	32	279	1192	591	601	83	129	113
城南	5	16	148	627	325	302	46	86	78
中堡	6	33	217	948	502	446	32	127	104
沙沟	9	40	351	1639	844	795	123	214	191
安丰	6	30	256	1163	634	529	80	146	34
魏庄	3	16	94	427	227	200	22	37	40
戴窑	5	27	170	691	378	313	90	48	30
竹泓	4	33	202	969	516	453	33	147	42
高家	2	13	134	558	297	261	5	71	87
戴南	3	16	121	554	298	256	30	68	53
茅山	5	41	204	987	444	543	57	157	21
周庄	3	12	93	428	228	200	34	65	14
总计	67	344	2537	11438	5981	5457	649	1501	900

资料来源：据《兴化县水上人民公社调整后各大队基本情况表》改编，兴化市档案馆藏：428-3-16。其中，1 吨以下为小船，1 吨—2 吨为中船，2 吨—5 吨为大船

从档案材料来看，水上公社的管理非常刚性，"生产集体化，组织军事化"。公社一级设立捕捞指挥部，下辖分指挥部；各大队则为营部，生产队为连部，2—3 个作业组为排，小组为班。一般以排或连为单位统一行动，但公社组织声势浩大的大兵团突击捕捞以及誓师比武大会也是家常便饭，渔民无一例外都要参加。[①]

为了完成生产指标，水上公社制订了"以人定分，死分死记，按具定产，按产交钱，超产不奖，减产照赔"的方法，不同帮别分别划出了"四、六、百"的杠子，"小帮别要包日产 40 斤，中等帮要包日产 60 斤，大帮别日产要包 100 斤"，一旦少缴定产则召开"赔产补报大会"督促渔民赔偿。而这条杠子据 1961 年整风整社时的材料披露，"一般都高出正常日产量的四倍以上，根本无法完成"，但在当时"干部不补不过关，社员不补解疙瘩"，所谓"解疙瘩"就是"组织小组轮流纠缠硬劝"。[②]

---

① 《兴化县水上人民公社关于五九年水产捕捞工作总结》，兴化市档案馆藏：428-3-16。

② 《兴化县水上人民公社关于五九年水产捕捞工作总结》，兴化市档案馆藏：428-3-16。

为追求产量，水上公社在渔民的生产工具上也动足了脑筋。以 13 个水产大队之一的沙沟为例，因为大网捕鱼量大，公社在沙沟强制没收该队枪帮的打鸟枪支，并威胁"要按大网帮产量包产"，结果该帮渔民一夜逃走了 27 户；丝网帮也未能幸免，要求"小眼（四指）丝网改大眼（六指）丝网，专捕大鱼"，结果渔民很不适应，"改后丝网轻飘不易下沉，大鱼捕不到，小鱼跑个光"，反而导致"产量下降 80%"。长期以来，卡帮渔民一直都没有捕虾的习惯，但公社强行发给每户 350 只虾笼，限定每百只虾笼每天要包产 4 斤，结果有 7 户渔民因怕完不成任务赔产，吓得将虾笼全部投入水中连夜逃走，损失近千元。①

大兵团作战也是公社时代行政管理的一大特色。1960 年 1 月，水上公社组织沙沟水产大队 92 户渔民，到蜈蚣湖破冰捕捞，搞了一个月，结果因船小、网破，损失相当严重。同年 5 月，又调 93 户渔民到该湖搞大兵团作战，不论是适应大型水面的大网，还是适应小河小沟的捣网，一概集中赴阵，结果不少渔民产量下降约一半。捣网帮渔民虽然在大湖荡里无用武之地，为了服从命令，也只好在湖中凑热闹混了十几天②。这是水上公社时代的寻常景象。

1960 年 10 月，在中央整风整社运动的影响下，水上人民公社被撤销③。前后仅存在了一年时间，渔民损失惨重，且有不少渔户外流。仍以沙沟大队为例，"［19］58 年至［19］60 年先后外流过 206 户"，到整社时"还有 65 户未回"，生动地反映了政府力量过强给居民带来的负面影响。1965 年，省里在一份关于研究设置和调整渔业公社建制意见的报告草稿中提到，"有些地方对渔业组织规模、条件的认识还不明确。有的不论条件，把散在全县的渔民集中起来建立渔业公社"，草稿中这句话后面的括号中点出了兴化。④

三、殊途同归：不同水上人群的上岸

水上人民公社撤销后，13 个水产大队被拆分成 32 个水产大队回归农业公社领导。但渔民与农业公社之间仅仅保持着一种若即若离的联系，"公社只顾农业，不管渔业好丑"⑤，渔民"与农业队仅是交几个钱，拿钱买的粮油关系"⑥，

① 《兴化县水上人民公社关于五九年水产捕捞工作总结》，兴化市档案馆藏：428-3-16。
② 《兴化县沙沟公社水产大队正风正社运动试点工作总结》，兴化市档案馆藏：428-1-11。
③ 《沙沟公社水产大队财物工作总结和今后工作意见》，兴化市档案馆藏：428-2-20。
④ 《关于研究设置和调整渔业公社建制意见的报告（草稿）》，江苏省档案馆藏：4007-002-0658。
⑤ 《沙沟公社水产大队财物工作总结和今后工作意见》，兴华市档案馆藏：428-2-20。
⑥ 《关于农村分散渔民情况的初步调查》，兴化市档案馆藏：2-114-256。

无异于挂着集体招牌流动单干。

渔民这种单干的日子并未持续太久。1966年2月，水产部党组向中央提出了《关于加速连家渔船社会主义改造的报告》。尤其值得注意的是，报告中点名批评了"兴化县二千九百户渔民中有三百户借高利贷度日"的"资本主义剥削"现象。2月23日，江苏省委向省内转发了这份报告。兴化县很快成立了渔改领导小组，下设渔改办公室，并抽调48名干部组建渔改工作队直接督导连改，轰轰烈烈的上岸运动在兴化县域的水面展开，前后持续了12年。

上岸的核心问题是土地，表4-9对此有所反映。

表4-9 1968—1969年兴化"连家渔船社会主义改造"的土地划拨

定居对象	土地来源	土地性质（亩）		总计	利用方式（亩）	
		粮田	荒地		建房用地	生产用地
竹泓水产大队	竹泓公社赵家大队、竹一大队	424.37	—	424.37	24	400.37
合塔水产大队	合塔公社立新大队	48	—	48	4	44
大邹水产大队	大邹公社贾所大队	141	30	171	9.5	161.5
城南水产大队	城南公社北新大队、南新大队	207.43	50	257.43	9.8	247.63
永丰水产大队	永丰公社西营大队、新沈大队	39.9	—	39.9	8	31.9
刘陆水产大队	刘陆公社南余大队	71	60	131	9	122
安丰水产大队	安丰公社府李大队、丁扬大队	104	18	122	—	—

资料来源：1968年4月2日至1969年9月16日《关于渔民陆上定居拨用土地的批复》，兴化市档案馆藏：401-14-4。

从表4-9来看，兴化的连改采用的是"各扫门前雪"的方式，将土地问题分解到公社，再由公社内部自行筹措本地连改所需的建房用地和生产用地。虽然按情理忖度，土地是农民的命根子，农业队一般不会同意让渡，但需要注意的是，连改是一项中央和省里下达的政治任务，是算不得经济账的。在兴化，通过宣传，连改已经变成了"不是上面要搞，而是自己要搞，非搞不可"的头等大事①。为落实土地问题，县里要求公社干部都要"表示态度"。县委书记宣称，问题不解决就要开会，"一个会不行，就开两个会，两个会不行，就开三个会，三个会再不行，你说怎么办？我说屁股就要打板子了"②。个中轻重农业队干部自然掂量得清。

除了划拨农业队的土地，围湖造田也是一些公社经常采用的让渔民"上岸"的方式。沙沟一带陆地较少，但湖荡面积很大，公社就组织水产大队男女老少在郭正湖上"用铁罱子捉湖泥，匡圩子、挑鱼池、打庄基"，围湖造地建渔村③。林湖公社也把眼光钉在了社里"沟多塘大白水荒，既不长草又不长粮"的马家荒，动员水产大队自行开垦。由于马家荒地势低洼，定居三次才获成功。④

除了定居的"地"的问题，渔民怎样看待上岸也是影响连改成败的另一重要因素。就兴化而言，由于岸上的房屋并不是免费提供，需要渔民用船、渔具抵价，"多退少补，分年换清"⑤；定居后又实行"劳力统一安排，船具统一使用，产品统一处理，收益统一分配"的"四统一"政策，因而渔民普遍排斥上岸，出现了不少诸如"定居是个牢，种田是个镣""上陆不如下水好""下水不如单干好"的不满言论⑥。为此，县里又采用了民船民主改革时的做法，通过召开诉苦会、批判会、学习班等多种形式，开展三比、三批活动，忆旧社会的苦，比新社会的甜，对渔民进行二次思想改造。

但即便如此煞费苦心，到改革开放前，按官方的说法，兴化的连家渔户也只定居了1750户，仅完成了定居任务的44.32%⑦。连改12年也未能毕其功于一役。改革开放后，连改在兴化已不再推行，但借着市场化的东风，上岸变成了渔民自发的经济行为和生活方式。就笔者在当地的观察而言，2000年左右兴化的连家渔船户已非常少见，可以说渔民的上岸自此才算基本完成。

① 《多种经营管理局参加专区召开渔民陆上定居试点单位会议材料》，兴化市档案馆藏：428-3-21。

② 《抓纲治渔 大干快上 进一步掀起渔业学大寨的新高潮》，兴化市档案馆藏：428-2-25。

③ 《自力更生学大寨 围湖造地建渔村》，兴化市档案馆藏：428-2-25。

④ 《实行陆上定居 办好水上大寨》，兴化市档案馆藏：428-3-27。

⑤ 《以党的基本路线为纲 巩固和发展"渔改"成果》，兴化市档案馆藏：428-3-27。

⑥ 《抓纲治渔加速"连改"水乡渔业深入学大寨》，兴化市档案馆藏：428-3-25。

⑦ 《抓紧"连改"工作，发展水产事业》，兴化市档案馆藏：428-3-25。

兴化杂船户的上岸走的是另一种路径。由于杂船户的水上户口类似城市户口，民改后挂靠的单位，如杂船会、第九居民委员会和水上居委会都直属县城，所以杂船户的上岸是由城镇来解决的。根据档案材料，早在1958年县里已经以办工厂的形式组织水上铜、锡匠上岸进厂，在城里定居①，但工厂维持不长宣告破产，杂船户又悠游水上。即便在1966年连改如火如荼时也未受影响。1976年，针对杂船户越来越严重的"投机倒把，偷税漏税，跨巷跨业非法经营"的行为，县政府又盯上了这群水上人，提出了"迫切需要将水上船民实行陆上定居组织起来，走集体化道路，把他们所从事的行业纳入社会主义轨道"。具体方式与1958年如出一辙。为此县里建起了铸造厂、塑料厂、钣金铝制品厂等，对口招人，总共安排了204人上岸，此后又陆续在城里以安排工作的方式将杂船户迁居陆上，杜绝流动②。到20世纪90年代，随着杂船户销售市场的萎缩和传统手工业的式微，这一拨人基本退出了兴化的水面，上岸变成了城镇居民。

最后一拨上岸的水上人是运输船民。笔者父祖两代都经历了这一上岸过程。不同于渔民和杂船户，运输船民作为工人，拿着国家固定工资，领有类似城市户口的水上户口本，单位也挂靠在城里的航运公司，归交通局管理。运输船民总体上都非常珍惜自己的身份，不会外流单干；加之计划经济年代一直实行计划运输，即使外出运输，政府通过交通局也可以全程掌握船民动态，所以对这拨人的上岸过程政府最无须操心。

运输船民的上岸是一个自发过程。1982年兴化运输公司的船民开始在城南边上一处淤出的荒滩上建固定住所，起初只是用破布、废竹木，旧塑料纸等简易材料搭棚定居，后来渐成规模，棚子一处连着一处。1983年终于引起了社会各界的关注，航运公司建成船民家属区——交通新村，解决了约500户船民的上岸问题。剩下的船民，除了自己购房外，单位又陆续购买城西、城南两块地建造家属区，其上岸过程在20世纪90年代初基本完成。

综上所述，兴化县域的三拨水上人上岸方式各有不同，时间节点也略有差异，但都经历了从水居到陆居的过程。就其生活方式的变化而言，可谓殊途同归。

---

① 《水上居委会情况初步调查丛报》，兴化市档案馆藏：601-3-20。
② 《水上服务社情况汇报》，兴化市档案馆藏：601-2-196。

第四节　以湖为域的高邮水上公社

一、高邮县境的水域结构与水上人群

高邮处于江淮之间，与兴化毗邻，同属于苏北里下河平原地区。全县地势东低西高，以运河为界，全县分为东西两部，以东是运东，以西是运西。县境陆地主体在运东，地势低洼平坦，其东北部地区水网密布，河流纵横，水域面积较为广大；而运西"北部尽是一片白水，南部有一点陆地，河流很少"[1]，主体是高邮湖，地势比运东要高两三米，是一个著名的悬湖。民国时期据称"全县面积水地占三〇七七方里，陆地四〇五三方里，全境七一五〇方里，水占十之四，陆占十之六"[2]，水陆成四六分的占比。据《高邮市土地志》更精确的数据，1997 年全县总面积为 294.387 万亩，其中水域面积为 126.09 万亩，约占总面积的 42.8%，大致仍是水四陆六的比重。高邮境内的水域主要由湖泊、河流与苇荡三部分构成，其具体比例如表 4-10 所示。

表 4-10　1997 年高邮市的水域构成

名称 类型	水域			总计
	湖泊	河流	苇荡	
面积（亩）	718999.4	180245.55	361676.2	1181918.4
占总面积百分比	24.4%	6.1%	12.3%	42.8%

资料来源：《高邮市土地志》，吉林人民出版社，2000 年，第 26—27 页。

高邮的水域面积中湖泊最为突出，占据了最大份额，其主要由高邮湖、邵伯湖和宝应湖构成。其中高邮湖水面由高邮、宝应、金湖和天长 4 县分割，高邮县面积最大，占到了 60 多万亩，约占全湖总面积的 55%；邵伯湖为淮水经高邮湖南下的入江通道，高邮占据 3 万余亩，此外北部与宝应交界的宝应湖，高邮另占有 8 万余亩。三处湖泊相加达到了 71 万亩的庞大规模，是高邮县的主要水域，在分布上集中于运西地区。苇荡面积亦是高邮县水域的主要组成部分，主要有官垛荡、白马荡、司徒荡、唐墩荡、耿家荡、新民滩、界首滩等，在运

---

[1]　《高邮县水产资源勘察调查报告》，江苏省档案馆藏：4072-010-0018。

[2]　江苏省民政厅编：《江苏省各县概况一览》，江苏省民政厅发行，1931 年，第 401 页。

东、运西广泛分布。此外，高邮县拥有大大小小河流近 50 条，如京杭大运河（高邮段）、北澄子河、横泾河、东平河、澄潼河、六安河、人字河、张叶沟等，主要集中于运东地区。

高邮的水上人群主要是渔民。清人郑板桥在从兴化到高邮的水路中有诗云："烟蓑雨笠水云居，鞋样船儿蜗样庐。卖取青钱沽酒得，乱摊荷叶摆鲜鱼。湖上买鱼鱼最美，煮鱼便是湖中水。"① 鲜活地描绘出水上的渔民景观。嘉庆《高邮州志》载："邮湖产鱼，其地薮、泽、塘、港亦产鱼，种类甚多。小民举罾撒网依以为生，岁荒煮以代饭，贸易者收鲜鱼，或腌咸鱼贩卖各处得倍利者，多矣。"② 民国时，江苏省民政厅在介绍高邮土特产时称，"各种生产中，以水产为最丰，黄瓜鱼银鱼虾子湖蟹，皆为本县之特产，沿湖居民多业渔"③，水产、渔业依然引人注目。显然，高邮的渔民至少自清以来就大量存在。

在国民党统治时期，高邮旧有"渔业公会"，名为保护渔业和渔民，实则沦为渔业资本家摊派苛捐杂税的利用工具。据时人调查，"渔业公会"苛征五花八门，有所谓"鱼厘""旗照捐""烟索捐""补助捐""蟹簖捐"等税种，以及"无准的各种手续费""无限量的私收，或则三元五元，或则十元八元"，任意敲诈，随意暴敛。渔民如若不从，"不是拳足交加，就是阻止下网"，生活完全没有保证，苦不堪言④。新中国成立后，"渔业公会"被彻底取缔。

民改时的一份统计数据显示，截止到 1953 年 7 月，高邮县在已改革的 2677户、11300 人中有"运输船 305 条、交通船 65 条、商船 45 条、半农半运输船 71条、什船 22 条、半农半渔船 572 条、渔船 1497 条"⑤。1953 年的人口普查统计高邮县共有 11637 人，这一数据与 11300 人的改革人数已极为接近，因而这份民改的清单中其水上人群的比例已很能说明问题。从中不难看出，高邮县的水上人群中交通船户、商船户、什船户以及半农半运输船户虽有一定人数，但所占比例较小，其主要是由渔民、半农半渔户构成的。在民改前，高邮县"渔民大部分布在各地，有的远在江南，有的在本县高宝湖、绿洋湖都进行取鱼，生产范围很广"⑥，同样呈现出散漫的生活状态。

---

① 《郑板桥全集（增补本）》第 1 册，卞孝萱、卞歧编，凤凰出版社，2018 年，第 33 页。
② 嘉庆《高邮州志》卷 4《物产》，《中国地方志集成·江苏府县志辑》第 46 册，第 176 页。
③ 江苏省民政厅编：《江苏省各县概况一览》，江苏省民政厅发行，1931 年，第 401 页。
④ 强华：《高邮渔民的痛苦》，《民智月报》1935 年第 4 卷第 12 期。
⑤ 《高邮县近来民改工作简报》，高邮市档案馆藏：301-3-44。
⑥ 《运东典型民改工作总结》，高邮市档案馆藏：470-2-5。

二、湖滨公社的建立与消亡

地理是政治控制和行政治理的基础。基于县境半水半陆的地理特点，从1953 年民改时起，高邮县政府就对境内的水上人实行运东、运西两分的区域管理办法，两地分别成立"运东工作组"和"运西工作组"单独进行民改运动①，既是因人制宜，亦是因地制宜。档案披露，在最初的设想中是要在"运东成立水上渔民乡"②，将该区域内的渔民组织起来，运西地区不单独设立水上乡，不过后来的实际情形却发生了倒置。民改后，高邮在运西菱塘区已有 3 个水上乡的设置，虽设置不久，在合作化运动时将渔民分散给邻近农业乡管辖，但毕竟就设立水上乡的政治操作进行了初步尝试，为 20 世纪 60 年代设立水上公社提供了政治样板。

1956 年，在运东，高邮县渔民协会组成 12 个渔业生产合作社将渔民集中管理；运西渔民则归属各乡管辖（基本情况见表 4-11）。1958 年人民公社化运动开展后，运东渔民全部改划给临近的农业人民公社领导。1962 年，高邮县将运东再次单列出来，成立了"运东渔民办事处"，下辖 11 个渔业大队，对渔民实行专门领导③。

表 4-11　1958 年 9 月高邮县渔业组织的基本情况

社别	渔业总人口	专业渔民					半专业渔民人数
		户数	人口	劳动力			
				合计	全劳力	半劳力	
运东渔民协会第一社	100	28	100	43	36	7	—
第二社	227	39	213	133	121	12	14

① 高邮县民改的过程与兴化大同小异，宣传教育、船只户口登记、户口核实、发动群众召开斗争大会等。按民改结束时的总结，全县"先后召开大会一六二次，小会一一六二次，每个船、渔民平均受到五次至十次的会议教育"，同时清理出一批敌对分子，"先后逮捕了封建把头一名、顽伪两名、惯匪三名、管制十一名、发动斗争有十九名、自觉交代的有四四名、搜集控诉纸三〇八份、互相检举的三六五份、自觉悔过书的一一〇份、面对面斗争六五三人"，水上秩序完全稳固。《高邮县民改以来的工作总结》，高邮县档案馆藏：470-2-5。
② 《中共高邮县委船工作委员会关于民改工作行动计划》，高邮市档案馆藏：470-2-5。
③ 《高邮县运东渔民办事处关于对下放农业生产的专业渔民仍划归各渔业大队统一领导的报告》，高邮市档案馆藏：320-1-36。

社别	渔业总人口	专业渔民					半专业渔民人数
		户数	人口	劳动力			
				合计	全劳力	半劳力	
第三社	630	127	575	339	262	77	55
第四社	237	45	201	108	96	12	36
第五社	98	20	94	57	47	10	4
第六社	213	54	196	133	100	33	17
第七社	363	90	305	210	196	14	58
第八社	169	32	138	72	60	12	31
第九社	281	54	276	139	125	14	5
第十社	336	70	315	193	176	17	21
第十一社	564	105	519	260	239	21	45
第十二社	288	62	279	156	144	12	9
洋荡	166	32	166	117	107	10	—
乔头	282	73	282	183	149	34	—
金墩	137	31	137	61	43	18	—
沙湖	482	100	432	189	180	9	50
白马	509	102	509	289	225	64	—
杂帮	205	56	205	108	95	13	—
太平	855	165	815	427	299	128	40
通湖	227	49	227	139	87	52	—
肿利	187	41	187	116	112	4	—
王桥	379	67	347	196	146	50	32
张渡	294	77	244	138	108	30	50
曙光	339	82	339	191	171	20	—
新民乡6个渔草社	3174	—	—	—	—	—	3174
合计	10742	1601	7101	3997	3324	673	3641

资料来源：《高邮县水产资源勘察调查报告》，江苏省档案馆藏：4072-010-0018。

1960 年运西管理方式发生重大变化，3 月 23 日，高邮县人民政府将运西各乡 12 个渔业大队及 6 个渔草社联合，成立水上公社——"高邮湖渔业公社"，4 月 19 日，改称湖滨人民公社①。

据调查，新中国成立前湖滨公社的渔民、草民长期处于水深火热之中，生活极度困苦，身受"七重灾难"：

（1）国民党的反动统治。新民滩马桥庵这个地方，过去是国民党对湖上渔民、草民统治的中心，先后住过"老三旅"、"还乡团"等反动武装，敲诈勒索，无恶不作。

（2）渔霸、草霸欺压掠夺。当时高邮湖所有水面和草滩，基本上都属大渔霸乔兆余控制，这个大渔霸住在城里，把持水上、横行霸道，不可一世，赛过"红珊瑚"上的"七奶奶"。

（3）地主富农压迫剥削。当时整个草滩百分之七、八十属于地主富农所有，渔民草民两手空空，一浪西一浪东。

（4）土匪盗贼与国民党反动派相互勾结，白天就打家劫船和拦路抢劫。过去的新民滩上，到了下午两点钟之后就没有人敢走。

（5）封建迷信猖獗、宗族统治森严。解放以前，这里有家谱会、七公会、大王会、太平会、火星会、都天会等六种会门，分别为封建族长、渔霸、庄头和神汉巫婆等迷信职业者所控制。

（6）水涝灾害。这里的渔民草民受淮水的威胁很大，今天还是一片绿油油的草原，明天就可能变成白茫茫一片。过去根本没有人关心他们的疾苦，一到雨季，渔民草民经常弄得流离失所，无处可归，有些人甚至弄得妻离子散，死在他乡。

（7）血吸虫危害。滩上钉螺繁生，成年的渔民草民，百分之百都受到感染，解放之前，因血吸虫病死的人，不计其数，真所谓"千村薜荔人遗矢，万户萧疏鬼唱歌"，成为一个地广人稀，民不聊生的荒滩水荡，有百分之四十到五十的渔民草民常年讨饭，流入外乡。

这份调查报告虽一些字词用语较有阶级对立的感情色彩，但基本囊括了湖滨公社渔民、草民面临的政治、社会、经济、治安、思想、生态、卫生等诸方面的不利环境。国民党政府、地方豪强、渔霸、水匪在湖区呈现出各霸一方的负面形象，对渔民造成了严酷的多重剥削和压迫，加上湖滩水灾频仍、血吸虫

---

① 高邮市《湖滨乡志》编纂委员会编：《湖滨乡志》，1999 年，第 43 页。

病肆虐，处于最底层的渔民、草民生活朝不保夕，在生存线上拼命挣扎，这可能是报告中提及的第五点封建迷信思想，特别是"会道门"大行其道的重要客观条件。

新中国成立后，湖区的各种政治经济状况得到了根本扭转。1950年12月19日，华东军政委员会通过《土地改革中关于华东区江河湖海沿岸土地处理办法》，明确规定"湖、沼、河、港等均归国家所有"，"沙田湖田之属于地主所有或为公共团体所有者均收归国家所有"①，地主、渔霸和渔民的地位发生了根本逆转。20世纪60年代，当时中央对渔业公社的定位简明清晰："渔业公社就是渔区的乡政权"②，从这一层意义上而言，湖滨公社即是高邮湖上的水上政权组织，渔民对湖面的占有达到了最大化。

该公社具有两大鲜明特点：一是管辖有运西全部渔民；二是水域面积巨大，拥有高邮县所属高邮湖、邵伯湖的全部，水域面积占公社总面积约90%，是一个以湖为域的水上公社。湖滨公社的陆地主体是新中国成立前的新平滩，新中国成立后改称新民滩，其滩地总面积7万余亩，面积虽广，但由于该滩地地势低洼，"地面真高（指海拔——笔者注）一般为5米，最高的6.5米，最低的4米左右"，在四面环水、河流纵横的情形下，地形极为破碎，被水道切割成150多块滩面，上面零星分布着"岛村"280多个，造成了渔民居住状态的极度分散③。

据记载，为了管理这些渔民，在国民政府时期政府曾经组织过一个渔民保加强控制④，按当时编组原则，保中的渔民人数在400人左右，显然这一覆盖面相当有限。20世纪50年代渔民自由流动的生活方式也让新政权相当头疼，当时官方总结其有四大特点：

（一）他们的生活是一贯在湖里取鱼，行踪不定，或月余不回来。

（二）全乡的鱼［渔］民陆地上也有房屋，他们在湖里取鱼，湖面很大，所以很不容易集中。

（三）他们没有受过教育，生活很散漫，没有文化。

（四）谈起话来，我们是鱼滩猫子，不懂得什么。

---

① 《土地改革中关于华东区江河湖海沿岸土地处理办法》，华东军政委员会民政部编印：《民政工作手册》，1951年，第405页。
② 《中共中央关于农村人民公社渔业若干政策的问题的补充规定（草案）》，江苏省档案馆藏：4072-009-0082。
③ 高邮市《湖滨乡志》编纂委员会编：《湖滨乡志》，1999年，第27页。
④ 高邮市《湖滨乡志》编纂委员会编：《湖滨乡志》，1999年，第70页。

　　民改和互助合作化运动虽然在很大程度上加强了控制力度，缓解了政府的忧虑，但由于水上生活方式的特殊性，上述渔民的特点仍一直存在。湖滨公社建立后其 1 个公社的面积就相当于 10 个高邮普通农业公社的面积，而其人口数量却普遍不及一个农业公社的 1/3[①]，滩多水广的自然地理环境稀释了政府相当多的政治力量。故水上公社虽有建立，但相对于周边的农业公社，其对渔民的行政管理能力还是相当薄弱的。

　　此外，由于湖滨公社建立的政治立意在于管控运西全部渔民，而渔民历史时期流动时形成的星星点点的分布范围并不完全集中在新民滩，故湖滨公社在建立之初就先天存在数处"飞地"：在高邮湖西苏皖交界之处，湖滨公社有沙湖渔业大队、湖北界首公社以西有金墩渔业大队、迁居庄台的乔尖渔业大队亦有一部分在湖南郭集公社以北。三处渔民散落各处，皆悬绝公社驻地，对他们的控制力度更是大打折扣。尤其是金墩、沙湖两个水上大队与公社驻地相隔都有 30 多公里水路，一个来回水程迂回曲折，在当时普遍都要两天左右的时间，远超过高邮其他农业公社"乡脚"的距离，遇上雨雪冰冻天气更是困难重重，时间还要延长。除人民公社化初期一度强行阻止大兵团作战外，湖滨公社一般管理方式是由各大队干部口头传达政策指令，公社干部坐镇新民滩遥控管理。

　　湖滨公社管理方式的重大转变出现在连改时期。1968 年 8 月 26 日，湖滨公社成立了渔改领导小组统筹渔民上岸工作。上岸需要土地，湖滨公社湖广滩大，理论上土地问题并不突出，但实际上由于其管辖的高邮湖为洪泽湖和淮河分洪下泄之所，一遇汛季，湖水弥漫，湖滩即在水下，水灾问题极为突出；加之该地湖滩血吸虫病肆虐[②]，因此长期以来公社对滩地的利用是自然、粗放的状态，很难建立起稳定的定居基地。

　　1970 年冬，为了保证淮水入江水道的畅通及加快渔民上岸进程，高邮县政府举全县之力，集中 25 个公社 2.5 万民工在运河大堤以西 1300 米的湖滩上兴筑南北长 8850 米、顶宽 18 米、真高 11.5 米的庄台。庄台以西是行洪水道，庄台

---

① 参见江苏省人口普查办公室汇编：《江苏省第二次人口普查统计资料》，1964 年 10 月，第 87—91 页。

② 湖滨公社是高邮县血吸虫病最为严重的地区，20 世纪 50 年代公社内新民滩大大小小分为 158 块，但有钉螺的滩地竟达 114 块，总面积高达 53554 亩，占新民滩总面积的 72.97%，这一数字则占高邮全县有钉螺滩地总面积的 81.27%，极为惊人。1950 年 5 月、6 月间，新民滩曾暴发过震惊全国的血吸虫病急性感染事件，全乡 5257 人，急性感染 4019 人，感染率高达 76.45%，数月间死亡 1335 人，死亡率竟高达 25.39%，相当骇人。该乡长期受困于血吸虫病，直到 1982 年才基本根除该病。参见中共江苏省高邮县委血防领导小组办公室编印：《高邮县血防史志 1950—1982》，1984 年。

以东则为生产基地，顶部及朝东的斜坡建立居民住宅区。1971 年 1 月高邮县革命委员会成立"高邮县新民滩拆迁委员会"，强制拆除行洪水道上原先渔民分散定居的 136 个庄墩。同时动员渔民上庄台定居，到 1972 年 4 月底，动员了 9 个渔业大队共 925 户迁上庄台定居。1984 年，湖滨乡①11 个村中有 8 个半村定居在庄台，即前进、朝阳、五一、湖滨、卫东、新民、南湖、曙光 8 个村涉及半个乔尖②，全乡 9123 人中 6678 人完成了定居，定居率达到了 73.2%，按官方的说法是"湖滨人从此结束了几百年'出门见水、举步登舟'的水上渔居生活"③。

上岸的强力推进实际已悄无声息地决定了湖滨公社日后的命运，但最初的危机来自其管辖的飞地。20 世纪 60 年代，其管辖的乔尖渔业大队遭到南部陆地相连的郭集公社猛烈攻击，1965 年郭集公社由党委书记带领 7 个大队 1000 多劳力抢割渔民栽种的蒿草，乔尖人少势单，难以抵抗，损失惨重。虽然事件发生后高邮县委处理后责令郭集赔偿，但"结果分文未交"。受此鼓舞，此后郭集干部习以为常，不断要求乔尖划给滩地，否则即派人抢割④。

同样受扰的还有金墩渔业大队（后改名为金灯村）。金墩渔民长期在高邮湖北与宝应县交界的界首滩一带捕鱼，从 1954 年起，该地的界首滩逐渐长成，引发水面纠纷问题。1962 年 9 月，宝应县银湖大队已明确要求界首滩的部分产权，第二年即组织数百人"准备打架闹事"⑤，此后矛盾长期存在。由于"孤悬海外"，金墩渔业大队不仅受到了邻县的挤压，同时还受到了一河之隔本县内界首公社的掣肘。当时水利部门规定"运河西堤不准建厂房"，金墩局限在运西，发展维艰，只能向兄弟公社的界首租地，租地自然给租金，但界首公社却认为奇货可居，遂不断向金墩摊派各种费用，甚至组织干群闹事勒索，金墩受制于人，苦不堪言⑥。

如果说飞地的问题是悬在湖滨乡头顶的达摩克利斯之剑，那么人的问题就

① 1983 年 7 月 7 日，高邮县撤销公社体制，恢复乡、村、组体制。湖滨公社改称湖滨乡。
② 《入江水道行洪区庄台堤防"三查、三定"工作汇报》，高邮市高邮镇档案室藏：27-84-178。
③ 高邮市《湖滨乡志》编纂委员会编：《湖滨乡志》，1999 年，第 10—11 页。在 2012 年和 2013 年笔者曾两次去湖滨乡实地考察，由于受淮水行洪的影响，湖滨乡向西发展受阻，庄台依然是该乡居民主要的定居基地。
④ 《高邮县湖滨公社乔尖渔业大队关于郭集公社陆桥大队争夺水面生产基地纠纷的报告》，高邮市高邮镇档案室藏：20-77-92。
⑤ 《高邮县界首滩渔业生产的情况调查》，高邮市档案馆藏：8-65-28。
⑥ 《关于金灯村厂址纠纷问题的请示报告》，高邮市高邮镇档案室藏：33-85-193。

是该乡的阿喀琉斯之踵。在连改风气影响之下，三处飞地的渔业大队也就地围垦湖滩①，建立渔业新村和生产基地，逐步从岸上定居。居住方式的转变带来的是生计方式的变革，渔民们开始走亦渔亦农、农草结合的道路，也逐步从专业的渔业队变成了渔农队，此后在市场经济的刺激下开始从事多种经营。1991 年的数据显示，该年全乡渔业劳动力的比重已降至 20.62%，渔业养殖总比重也不过 29.4%（见图 4-4），与水上公社成立之初几乎全是渔民的现象出现了天壤之别。可以说 20 世纪 90 年代湖滨乡虽仍维持水上乡的政区体量，但其人口性质随着渔民定居和产业转型已发生重要变化，与周边农业乡的差别已不是太大。

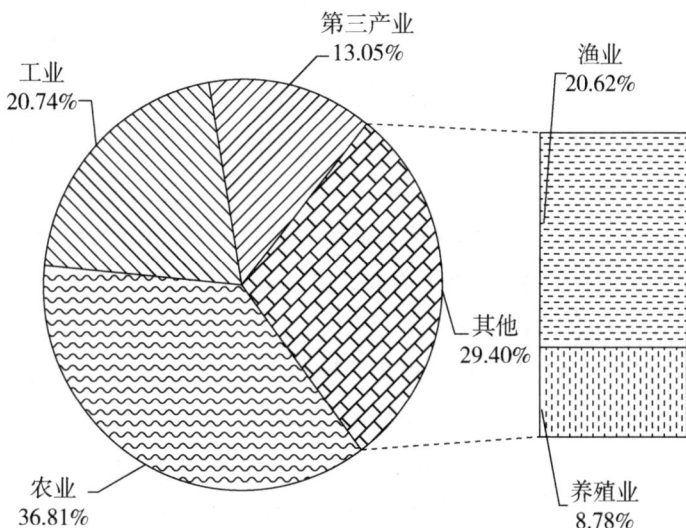

图 4-4 1991 年湖滨乡的产业比重

资料来源：《关于湖滨乡重建规划的报告》，高邮市高邮镇档案馆藏：601-1-20。

渔民问题是渔业问题的核心。韦锦新对香港水面醮的研究显示，渔业式微和渔民人数的持续萎缩，致使一些长期维系渔民社群的民间传统信仰活动难以为继，参加醮会的渔船也从靠近外海"更多地转为停靠在内港的区域"②。陈子

---

① 高邮市《湖滨乡志》编纂委员会编：《湖滨乡志》，第 81 页；《高邮县湖滨公社革命委员会关于渔民开荒种田需借粮食的报告》，高邮市高邮镇档案室藏：13-70-43。

② 韦锦新：《观音、佛祖、朱大仙：从水面醮看香港仔的渔民信仰与组织》，收入蔡志祥、韦锦新编：《延续与变革：香港社区建醮传统的民族志》，香港中文大学出版社，2014 年，第 452 页。

安对香港筲箕湾渔民的研究同样显示，随着渔业的衰弱，"支持张飞诞会的拖网、钓艇及网艇的渔民先后上岸"，这一水上信仰的活动受到了很大影响，吸引力大打折扣①。

渔民、渔业的衰微在民间信仰上有此反应，在高邮湖，政府对渔民的管理自然也有着敏锐的嗅觉和相应的政策调整。1999年，湖滨乡撤销被并入城区的高邮镇，原辖村庄随同并入，高邮唯一的水上乡消失。2009年10月，沙湖村由湖滨乡划归邻近菱塘乡管辖，同年11月金墩村也并入邻近的界首镇。水上乡时代在几处飞地兴建起的渔民新村，除乔尖村外都通过转入所在地农业公社的方式完成了最终改造。今天从结果论，当湖滨公社强力推动渔民上岸定居庄台之时，实际已经在加速其自身的解体，因为当渔民不再是渔民，湖滨公社的价值也就不复存在了。

需要提及的是，除了运西，1966年连改时，运东渔民办事处也经历了渔民上岸的过程。在高邮县委的支持下，该年运东渔民办事处就获得"从各农业公社，划给渔民定居的土地有3219亩"②，此外县委另拨给近2000亩国营草滩，连改的土地问题得到了很好的解决。但值得留意的是，如此设计政府仍有一番长远打算，"目前未利用或大部分尚未利用，属于人少田多多余的土地，由所在地人民公社本着渔农一家的精神移交给渔业，作为今后划交所在地公社创好条件，打好基础"③。渔民上岸的土地由"所在地人民公社"划拨，最终是为了将渔民改回所在地农业公社。1967年，在江苏省水产局的一份文件中，省里表扬了高邮运东地区"生产基地落实得比较理想"，但同时又批评了渔业办事处体制存在的不合理，即"渔业队分散在全县，领导管理不便"的现状④。省里的态度进一步坚定了高邮县委原先的设计，三年间高邮县委持续改革，到1969年4月，运东渔民办事处最终被撤销，11个渔业大队按原先设计方案"分别划交所在地的农业公社革委会统一领导"⑤，运东水陆两分的体制最终完成了陆地化的改造。

---

① 陈子安：《渔村变奏：庙宇、节日与筲箕湾地区历史（1872—2016）》，香港中华书局，2018年，第268页。
② 《关于编制一九六六年渔民陆上定居基本建设设计计划任务的报告》，高邮市档案馆藏：320-1-40。
③ 《关于渔民逐步定居问题的报告》，高邮市档案馆藏：456-2-18。
④ 《关于淡水捕捞渔业社会主义改造的有关方针政策的说明》，高邮市档案馆藏：320-2-76。
⑤ 《关于撤销运东渔民办事处的请示报告》，高邮市档案馆藏：320-1-36。

第五节　太湖与滆湖间的太滆渔业公社

一、从私到公：渔业协会与鱼行

常州地处太湖流域，襟江带湖，水网密布，是江南著名的鱼米之乡，历史时期"濒江湖之民多以捕鱼为业"①，渔业发达。明代曾置河泊所"设官一员，额办西滆沙子湖等处鱼课"②，所谓西滆沙子湖即滆湖，"滆湖，亦名西滆沙子湖。在县西南二十五里，东西三十五里，南北百里，中与宜兴分界"③。在宜兴一侧，"其产鱼之乡，以渔为业者颇不乏人"④，亦是靠水吃水。

民国初期，北洋政府废府留县，取武进而代常州。据载当时曾设立"武进县渔会"管理渔业，其职责包括进行试验和推广渔业合作社，"但实施很少，成效甚微"⑤。1949 年 9 月，武进三河口成立养鱼合作社，开县渔业合作化先河，据称滆湖附近群众也要求组织捕鱼合作社。1951 年 2 月，民间有周轩霖等 13 人申请成立武进县渔民筹备会，未久即解散。据初步调查，1952 年全县专业渔民1276 户，5651 人，此外另有半渔半农户 6551 户，规模庞大。1952 年武进县委派员重新组织渔民协会，各区下设 13 个分会：洛阳、湟里、奔牛、横林、戚墅堰、陈渡桥、丫河、湖塘、小河、北门、东门、运村、荫沙。分会以下为组⑥，形成三级组织架构，各分会另设产销处。毫无疑问，渔民协会看似是民间组织，实际带有浓厚的官方色彩。据协会的干部解释，"当时协会工作，主要是教育渔民把渔货集中分会成立产销，不给私人小贩"⑦。

---

① 康熙《常州府志》卷 9《风俗》，江苏古籍出版社，1991 年，第 184 页。

② 王继宗校注：《永乐大典·常州府》清钞本校注，中华书局，2016 年，第 430 页。

③ 康熙《常州府志》卷 4《山川》，江苏古籍出版社，1991 年，第 69 页。

④ 东南大学农科编：《江苏省农业调查录·苏常道属》，江苏省教育实业联合会印行，1923 年，第 30 页。

⑤ 武进县多种经营管理局编史修志领导小组：《武进多种经营志》，1987 年 5 月，第 126 页。

⑥ 《北门分会十个组情况概述》（原档无题，笔者据内容拟定），常州市武进区档案馆藏：311-6-11。

⑦ 《渔民协会情况》，常州市武进区档案馆藏：311-6-11。

新中国成立前，渔民捕捞的鱼货大都经鱼行转手销售，当时常州有大量私人鱼行从事鱼货买卖。城区主要集中于东外直街、西直街、西仓桥、东仓桥和北门外江阴码头，如协盛渔号、公泰渔号、杨聚兴鱼行、源兴鱼行、陈公和鱼行、潘新记鱼行、协顺兴鱼行、张兴太鱼行等①。在郊区，魏村镇有6家鱼行，小河镇有4家，西来镇有3家②。鱼行一般主营江鲜、河鲜，兼营虾蟹。

《江苏水产供销史》记载，当时常州的鱼行一般向鱼货主提取一成代销佣金，一些较大的鱼行主既向"行商"运贩船放款订货，也向小的鱼贩放鱼零售，二者都采取"销终结算"的方式③。从表面来看，抽一成佣金并不过分，甚至公道，但当时鱼行对市场形成垄断，多会采取其他手段榨取高额利润，如压秤、压价、大秤进小秤出、拖欠鱼款、放高利贷等，实际佣金比例远超明面上的一成。居于中间商的鱼贩尚且这般，个体渔民若独自销售实际更为弱势。此外，由于地方秩序混乱，"兵匪横行，税重捐重，渔民过一方地交一次款，遇一道兵付一起鱼"。渔民从滆湖到常州去卖鱼，日伪时期就有大小哨卡18道，新中国成立前还保留着6道，而两地相距不过20里路④。

新中国成立后，随着江南政治秩序的恢复，常州地方政府已有意识地抑制私营鱼行的发展。1951年8月，民间曾有鱼行向政府申请在南门外陈渡桥设立"常州市鱼行业同业公会"，申报的主观理由是"经营鱼行业已有十余年，对鱼行业素有经验"，客观条件是"南门外陈渡桥当水陆孔道，原址系四家鱼行开设地，有设立的必要"。看似主客观条件充分合理，完全可以准许，但政府的批答否定了这一申请，"该联营组织方式不合，资金亦不足，应再酝酿"。实际从企业的资质来看，当时该鱼行资本总额在1800万元，而常州一般鱼行资本总额在200万—300万元，两相比较，即使不算财力雄厚，也完全可以称得上实力不俗，所谓"资金亦不足"很可能只是托词。值得玩味的是，申请被驳回的次年，该鱼行在1952年登记时将企业名称变更为"城南水产合营处"，似乎已经嗅到了一丝时代革新的味道。档案显示，1954年城南水产合营处因经营不善歇业⑤。原因未予说明。

---

① 资料来源于鱼行登记表，常州市档案馆藏：B47-19-196、B47-19-197、B47-19-198、B47-19-199、B47-19-200、B47-19-201、B47-19-202、B47-19-203。
② 《江阴武进渔业之调查》，《渔况》1930年第15期。
③ 江苏省水产供销公司编：《江苏水产供销史》，1987年，第1页。
④ 江苏省水产供销公司编：《江苏水产供销史》，1987年，第2页。
⑤ 《城南水产合营处企业登记证》（原档无题，笔者据内容拟定），常州市档案馆藏：B47-19-210。

　　水上的革命除了民船民主改革，在经济层面也体现为国营水产供销企业的建立和不断扩张。1951 年，苏南水产运销公司及苏北水产供销公司分别在无锡和扬州成立。苏南水产运销公司下设苏州、太湖办事处，太仓浏河、常熟浒浦收购站及上海临时办事处；苏北水产运销公司在扬州设立推销站，高邮、宝应、兴化三县设立水产收购站。当时江苏还未建省，从设置的地理分布来看，主要兼顾的是省境内的部分重点水产县份，覆盖面较为有限。江苏建省后，省内国营水产企业不断铺陈，到社会主义改造完成后的 1957 年，全省共形成了 37 个市县公司，"下设收购站、组、分销处 286 处"①，立体式的水产供销网络遍布全省。常州在 1953 年 4 月 1 日设立运销站，归南京的江苏省水产公司管辖；1956 年升格为常州水产供销公司，仍归省水产供销公司领导。

　　20 世纪 50 年代，国家对公有制经济的追求和对私营经济的抑制，投射到水产供销政策上影响至深，当时水产供销公司的职能被明确列入了对私营鱼商、鱼贩的社会主义改造的范围内。时代大潮下，顺之者昌逆之者亡，常州绝大部分鱼行积极向政府靠拢。陈公和鱼行是一家 1938 年成立的私营企业，1953 年 2 月 19 日在一份企业调查意见书中自白道："该企业已参加建新水产合营处组织……原企业所雇佣职工已并入合营处服务。"② 同一天，公顺源鱼行歇业解散，并拟参加建新水产合营处，老板陈述的原因是"本行由个体走向集体组织，并集中经济力量直接向产区采购，减少成本，为大众供应"③。话说得滴水不漏。3 月 24 日，另一家自称得自祖传的陈公记鱼行则申明了两点：一是"本行拟参加建新水产合营组织"，二是"所雇佣职工二人移转合营处服务"④。同样创设于 1938 年的公泰鱼号，在向政府报备企业法人变更时亦宣称："原来是批发商，经过私营批发商社会主义改造的学习，转变了努力方向，即向水产公司批购另销。"⑤ 政治觉悟同样敏锐。

　　民船民主改革对水上人是一次意义深远的革命，在提出"打倒封建把头制度"时，实际对所有的私营鱼行就有如当头棒喝。江苏省在 1952 年年底向省内

---

①　江苏省水产供销公司编：《江苏水产供销史》，1987 年，第 4—5 页。

②　《陈公和鱼行企业登记证》（原档无题，笔者据内容拟定），常州市档案馆藏：B47-19-200。

③　《公顺源鱼行企业登记证》（原档无题，笔者据内容拟定），常州市档案馆藏：B47-19-208。

④　《陈公记鱼行企业登记证》（原档无题，笔者据内容拟定），常州市档案馆藏：B47-19-204。

⑤　《公泰鱼号企业登记证》（原档无题，笔者据内容拟定），常州市档案馆藏：B47-19-197。

各地传达的民改计划中明确提出"有条件的有准备的取消鱼行"，并进一步强调"在较大城市建立渔市场""加强渔市场"等重要指示①，其影响更是不言而喻。经过数年与新政权的接触，对时代稍有敏感的鱼行主自然明白政策的分量、运动的威力，所以大多数鱼行集中在这一年或歇业或重组。

当然也有极少数鱼行主仍存有一定的幻想。比如 1955 年 6 月，因水产合营造成歇业的金公兴鱼行向政府递交了一份申请书，强调自从进行了"私营批发商社会主义改造的学习"后，对前途和方向有了更深刻的认识，"但是本人家庭儿女众多，都在培养之时，生活来源感觉困难，找工作亦非易事，这许多人要依赖本人生产而能生活。请给予批准做一零售小商直接为消费者服务"。金公兴鱼行成立于 1938 年，是一家私人独资鱼行，在歇业了两年后希望能重操旧业，忖度情由，大概所陈属实，但在资本主义工商业改造完成的前夕提出这样的要求，显然并不合时宜。申请书递交后，政府批复——"不同意开设"②。

1956 年后江苏全省水产供销机构几经调整。1963 年 8 月，全省根据以城市为中心，按经济区划设置水产机构，实行产销直接调拨的原则，市公司直接下伸设点的地区，县不再专设公司，由市公司统一经营、统一核算、统一调拨；在县与县毗邻地区，三华里之间设有两个收购点的，根据鱼货流量合并为一个点。"调整后，全省建立了 5 个专区分公司，7 个市公司，20 个县公司，下属 241 个收购站、组，57 个市门市部、批发部"。常州地区，由市水产供销公司"下伸武进（雪堰、漏湖）、金坛、溧阳县设站收购"③。

二、从流动到固定：苏南帮与苏北帮的整合

新中国成立初期，常州水面上生活着大量流动的渔民，流动不定是其鲜明的特征。江苏宜兴一老渔民回忆："当时对我们来说根本就没有家的感觉，一条小小摸鸭船，飘到哪里是哪里。"④ 道出了江南渔民四海为家的艰辛。太湖有一首渔歌就很形象地唱出了这种流浪的心态："船漏网破断橹梢，吭田吭屋吭依靠，东漂西泊真难熬，网船叫化像浮萍草。"⑤ 实际上，江南渔民的流动半径还

①《中共江苏省委关于开展民船民主改革工作的初步计划》，收入《建国以来江苏省重要文献选编》第 3 册，江苏凤凰科学技术出版社，2017 年，第 394—395 页。
②《金公兴鱼行企业登记证》（原档无题，笔者据内容拟定），常州市档案馆藏：B47-19-205。
③ 江苏省水产供销公司编：《江苏水产供销史》，1987 年，第 5—6 页。
④《运河记忆——嘉兴船民生活口述实录》下册，上海书局出版社，2016 年，第 22 页。
⑤ 无锡市史志办公室：《太湖渔歌渔谚传说》，珠海出版社，2011 年，第 34 页。

并不是最大的，一衣带水的近邻——江北渔民的流动远胜对方，浮萍的形象更为突出。

近代以来，随着苏北水灾频仍、社会经济的凋敝以及开埠后经济格局的大变迁，大量贫苦百姓流向富庶的江南，纵贯南北的运河水系也越来越成为流民们流向太湖流域的便捷航道。在兴化，每年收完稻子后，很多人就"领着全家老小，携着破烂，登上用芦苇苫盖的破木船，一头撑，一头刮水，往江南沿途乞讨"①；在东台，渔民"从江苏东台一直南下，沿运河边捕鱼边生活"②；在泰州情况极为相似，州志记载"下河秋收后，民人乘艑艑船由口岸出江，往江南一带贸易、取肥料，清明回归春作，有赢［盈］余则演戏酬神"③。据高邮老渔民回忆，"民国初和抗日战争前，先后有两次大批江北人来到江南，一艘小船就是一户人家"④。需要指出的是，很多江北的老百姓在原籍还是农民，但流落江南后生活穷困，往往依托水面或住家或营生，一部分逐渐转化为渔民。武进遥观的一位老渔民自述家史时云："听祖上讲，我们的上代并不捉鱼。在长毛（太平天国）时，从苏北过来帮当地人家罱河泥的，在罱河泥时罱到了鱼，时间长了，次数多了，就置了夹网，在不罱河泥时用青网捉鱼，天长日久，就专门捕捞鱼虾了。"⑤

大量江北渔民的聚集以及原先江南本地渔民的会集，在常州地区形成了差异化的地域人群。本地人如何看待客民、陆上人如何看待水上渔民以及水上渔民又如何看待方音异样的其他渔民，长此以往形成了一个个逐渐清晰化的自称和他称符号，这一过程交织着偏见与歧视，也暗含着以籍贯和生产方式勾连起来的自我认同和自我保护。从笔者调查了解的情况来看，江苏的渔帮没有帮规教义，帮众分散聚集相当自由，至多是一种非常松散的捕捞组织，20 世纪 50 年代以来江苏历次的政治运动也没有像清理"会道门"一样清理渔帮。

据调查，新中国成立初期常州渔民主要有如下帮别：苏北地区的苏北帮、扬州帮；本地的常州帮、西湖帮、钩子帮、塘网帮、避风帮；江南其他地区的苏州帮、无锡帮、镇江帮、吴江帮以及北方的山东帮。⑥实际上这种主要以籍贯

---

① 刘文凤、刘嘉谷：《兴化治水五十年》，河海大学出版社，1999 年，第 2 页。

② 《运河记忆——嘉兴船民生活口述实录》下册，上海书店出版社，2016 年，第 98 页。

③ 民国《续纂泰州志》卷 4，《中国地方志集成·江苏府县志辑》第 50 册，江苏古籍出版社 1991 影印本，第 567 页。

④ 《运河记忆——嘉兴船民生活口述实录》下册，上海书店出版社，2016 年，第 175 页。

⑤ 《遥观渔民的自述》（原档无题，笔者据内容拟定），常州市武进区档案馆藏：311-6-11。

⑥ 武进县多种经营管理局编史修志领导小组：《武进多种经营志》，第 126 页。

来分类渔民的方式仍是一种粗放式的划分，不同的帮采用的渔具不同，交叠出内部大量更复杂的帮别，如罾网帮以泰州、高邮、兴化人为多，从常州人的眼光来看，既可称苏北帮，也可再细化为泰州帮、高邮帮、兴化帮，还可以称罾网帮。很难说以地域分帮合适，还是以作业工具分帮贴切。仅以钩、网、罩、笼4种主要的渔具来看，常武地区就有16种种类繁多的作业帮。这些所谓的帮处于似有似无之间，在水面上若隐若现，归类不易，管理更为麻烦。让政府的行政管理更为头疼的是，各种作业帮生产时间差异非常大，据不完全统计，除了塘网、抄网、招网、丝网和水老鸭5类帮作业月份是从1月到12月，属于全年性质的，其他各类作业帮时间全是断裂的，尤其是拖虾网、滚钩、划钩、龙罩4类作业时间的断裂更为凸显（见图4-5）。作业时间的断裂造成管理时间的断裂。

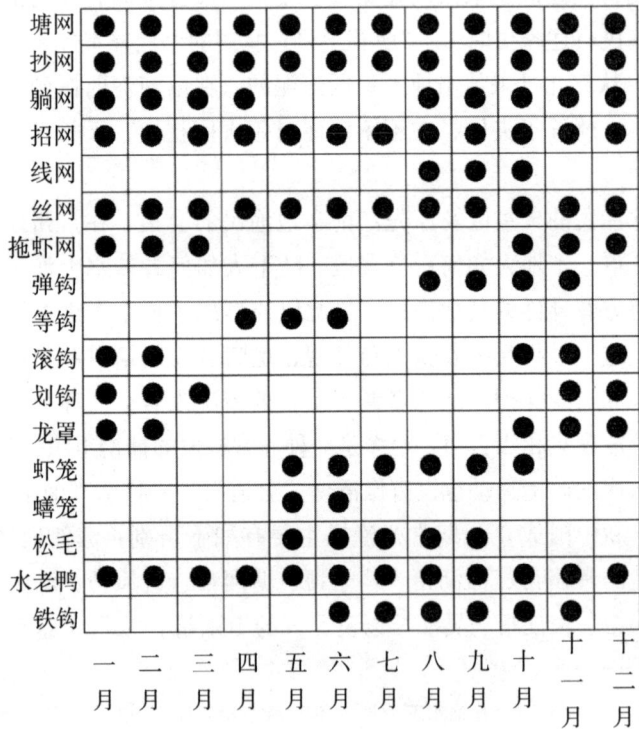

图4-5　武进渔帮的作业时间

资料来源：《武进多种经营志》，1987年5月，第128页。

由于渔民生活的艰难，一个地域帮里的渔民会采用多种作业工具维持生计，如扬州帮采用滚钩、丝网；山东帮采用小钩、弹钩；苏北帮里的兴化帮虽然采用松虾一种渔具，但又经常挖蚌补贴家用；西湖帮是武进沿滆湖的渔民，因常州人也称滆湖为西太湖，故以西湖帮称之，这一帮的渔民在用虾笼捉虾之外又贩鱼营生。① 若以更微观的视野考察，具体情形更为复杂。埃文斯·普里查德认为，"所有的时间都是结构性的，因为它们都是对于并行的、协调的或合作的活动，即一个群体的运动的概念化表达"②。按这一理解，水上的这一特殊人群所显示的同样也是一种结构时间，具有鲜明的群体性格，相较陆地农民农忙、农闲时间的清晰整齐，日出去田、日落归家的简单明了，显得多元而琐碎。显然，这样的组织形态叠加这样的结构时间难以完全以粗暴的"一刀切"方式强行划一。新中国成立初期，站在官方的立场而言，新政权面临的是一个来源复杂、极度贫困、高度流动、分布破碎、组织缺乏、意识散漫、作业时间断裂的特殊管理对象。

1953 年民改后，留在常州的各帮有了正式的户籍身份，如前所述这是一次关键的水上革命，无论是苏北大大小小的帮还是苏南形形色色的帮，都在户籍的熔炉里熔成了同样的政治形态，多样性的来源地混一成常州籍。船只的港籍也是常州。长期散漫无归的渔民们呈现出有序、固定的状态。对这一群体的关注一直是省政府的重点工作内容。1954 年 11 月 4 日，江苏省人民政府转发了中央人民政府内务部《户口登记暂行办法（草案）》，要求全省执行，并做出一系列补充规定，其中特增加对包括渔民在内人群的相关要求："未设公安派出所的市郊区农民、船民、渔民，由所在地乡镇人民政府按照户口登记暂行办法规定办理，并按期上报县市民政部门。"③这一补充规定体现出户籍对渔民管理无可替代的重要性。

与此同时，对常武地区渔民的改造伴随着对这一群体的政治教育。以往苏南人对苏北人的地域歧视在很大程度上是一种嫌贫爱富的经济社会观，此时苏北作为老解放区的心理优势、大量苏北南下干部的进入以及阶级划分中贫穷对

---

① 《新中国成立初武进渔民的帮别》（原档无题，笔者据内容拟定），常州市武进区档案馆藏：311-6-11。

② 〔英〕埃文斯·普里查德：《努尔人——对尼罗河畔一个人群的生活方式和政治的制度的描述》，褚建芳、阎书昌、赵旭东译，华夏出版社，2002 年，第 126 页。

③ 《江苏省人民政府关于实施〈户口登记暂行办法（草案）〉的补充规定（草案）》，收入《建国以来江苏省重要文献选编》第 5 册，江苏凤凰科学技术出版社，2019 年，第528 页。

富裕的凌驾，赋予了苏北人以及被视为"鱼花子"的渔民群体极大的政治优势，嫌贫爱富的观念虽然很难根除也不可能完全根除，但已经很难摆上台面。在革命的教化下，渔民和农民是阶级兄弟，苏北人和苏南人是阶级兄弟，苏北帮渔民和苏南帮渔民同样也是阶级兄弟。新生的人民政权带来了风气一新。

合作化运动是形塑渔民组织的另一种重要手段。1953 年 7 月 7 日，江苏省委向各地、市、县委转发了省民船工作委员会的报告，"希遵照执行"，其中很重要的一点是要求"渔民中可适当地而要稳步地组织渔民生产合作社"，但又原则性地强调"防止急躁冒进"①。1954 年 5 月，武进推行互助合作运动，组织互助组 52 个，组织养鱼组 28 个；9 月以焦溪镇两个互助组为基础，进行建立合作社准备，湖塘也组织起 10 个组。到 12 月，武进共建立起鱼种养殖相结合的生产合作社 3 个，103 户；农渔结合的互助组 124 个，635 户；渔捞互助组 71 个，349 户②。如果按 1952 年专业渔民 1276 户换算，武进合作化率达到 85% 以上。1958 年人民公社化运动开展后，渔民协会各分会开始向大队和生产队模式转变。如丫河分会转为丫河捕捞大队；湖塘分会一部转成湖塘捕捞大队，一部转为村前捕捞大队；横林分会转为横林捕捞队；湟里分会后并入嘉泽捕捞队。前述省民船工作委员会的报告中实际还提供了对小渔船的另一种处置办法，"在内河湖荡地区，对船漏网破的小渔船，又无发展前途或陆上又分有土地的，可适当转一部分从事农业生产，不要任其自流"③，这实际上给了省里很多县份分流渔民的政策依据，武进自然也不例外。如原渔民协会寨桥分会"并入农业"；洛阳分会渔民"后陆上定居在洛阳"；北门分会渔民"后分到东青、郑陆、龙虎"，也是转入农业生产。档案显示，1956 年当年政府"逐步发展农民去农业社，全县968 户，已有 260 户转入农业社"④。渔民的户数在不断锐减。1958 年人民公社运动兴起，渔业社队并入公社，完成历史使命的渔民协会被撤销。

---

① 《中共江苏省委批转民船工作委员会〈关于当前民船民主改革情况及今后工作的情况〉》，收入《建国以来江苏省重要文献选编》第 4 册，江苏凤凰科学技术出版社，2017 年，第 263 页。

② 《新中国成立后武进的渔民组织》（原档无题，笔者据内容拟定），常州市武进区档案馆藏：311-6-11。

③ 《省民船工作委员会关于当前民船民主改革情况及今后工作的意见》，收入《建国以来江苏省重要文献选编》第 4 册，江苏凤凰科学技术出版社，2017 年，第 271 页。

④ 《新中国成立后武进的渔民组织》（原档无题，笔者据内容拟定），常州市武进区档案馆藏：311-6-11。

三、太滆渔业公社的建立与滆湖的围垦

和全省其他渔业重点县份类似，经过 20 世纪 50 年代一系列政治运动，常州渔民的帮不仅被重新塑造，其生活、生产也处于政府严格的计划经济体制管理之下。但最引人注目的是，在武进与宜兴交界的滆湖以及太湖部分水面，常州曾建立过一个渔业公社，存续了整整 38 年。在地图上看似不起眼的这一处飞地，不仅对常州专门管理渔民颇具意义，更对常州保持历史时期以来对滆湖、太湖水面的部分占有，维持其环太湖的重要城市地位，价值不凡。

滆湖是太湖地区湖泊面积除太湖外面积最大的一个湖泊，南北长、东西窄，鱼类资源丰富，据初步调查，全湖共有 60 多种鱼，主要经济鱼类有 20 多种。1958 年江苏省水产勘察队测定，滆湖水面面积达 280500 亩①，是一个 10 万亩以上的大型淡水湖泊。据 1974 年《滆湖水产资源调查报告》，滆湖作为武进和宜兴的界湖，1958 年两县对水面的划分是"武进十六万六千亩，占百分之五十九点二三；宜兴十一万五千亩，占百分之四十点七七"②，武进和宜兴大致六四分湖。

1958 年 8 月，常州、武进、宜兴一市两县联合成立武、宜滆湖水产养殖场，筹集资金共 22 万元，其中常州 11 万元、武进 10 万元、宜兴 1 万元。据记载，养殖场配备干部 10 人，吸收武进、宜兴两县 450 户渔户。1959 年 5 月，因财政困难，鱼池停开。渔民组织生产自给，随即建立起三个渔业大队，由原先供给制改为大队核算，按劳分配，多劳多得。滆湖开放捕捞，湖管费为 10%。

三个渔业大队中，渔业一大队设在武进灵台，约 140 户，船 150 只，总吨位约 500 吨；渔业二大队在武进丫河，约 180 户，船 190 只，总吨位 550 吨；渔业三大队主要是宜兴渔民，设在连树港，约 130 户，船 140 只，吨位不详。

1959 年 7 月，武、宜滆湖水产养殖场改为镇江专区滆湖渔业生产办事处。1961 年 11 月，受太湖渔业行政体制大变动的影响，镇江专区滆湖渔业生产办事处撤销，建立以原办事处和两县两湖一部分渔民以及吴县划来的共 470 户的太滆渔业公社，当时全公社共有湖光、东风、建湖、滆湖、新光、大船 6 个大队、19 个生产队③。这里的太滆指的是太湖、滆湖，《江苏省常州市地名录》记载，"因该社渔民祖祖辈辈都在太湖、滆湖中捕鱼，故公社成立时起名'太滆渔业人

① 江苏省农林厅水产局编：《江苏省水产资源概况》，1959 年，第 81 页。
② 《滆湖水产资源调查报告》，常州市武进区档案馆藏：311-6-11。
③ 江苏省太湖渔业生产管理委员会编：《太湖渔业史》1986 年，第 9 页。

民公社'"①。对常州而言，至关重要的是，太滆渔业公社成立伊始就归常州市领导，这一归属权的确定影响深远。在当时的行政区划体制下，整体上，市管城市及郊区，县管农村。常州市主要管常州城区和部分郊区，武进县则相当于常州市的农村地区，类似于苏州市与吴县、无锡市与无锡县的双城关系。

从档案披露的材料来看，"大跃进"后，常武地区的渔业遭到了极大的破坏。1959 年武进实行全县水面大联合放养，滆湖也一度成为养殖水面，同时把原来渔业合作社负责经营的内塘水面全部收归公社、大队经营，养殖水面的扩张造成了渔民数量的锐减；农业公社为了片面追求产量也曾先后搞大兵团作战，"大捕天然鱼种，大捕亲鱼，大捕螺蛳，大捕糠虾，大办食堂"，"同时还无代价地调用船只、劳力、鱼货等等"。以湖塘捕捞大队为例，每位渔民均摊达到 338 元之巨，不堪重负。此外，部分农业公社的干部粗暴地用农业思维管理渔民，强制抽人去搞农业，对渔业生产毫无规划，渔民收入无保障，船和渔具也无人修理，造成很多渔民怨声载道，"思想动荡不安"②。

长期寄人篱下的被动局面使得很多渔民开始思考新的出路，特别是关于体制的问题。一种思路是水面权下放，"凡一个生产队或一个大队可以放养的水面。亦放给大队和生产队，公社、大队不宜扣留。凡几个大队或生产队可以联合放养的水面，公社和大队亦应主动下放"③，充分发挥大队和生产队的积极性。另一种思路则走得更远，建议直接建立渔业公社，另起炉灶，所谓"一致认为可以成立县的水产人民公社，把所有渔民全部集中，由县统一领导。按片建立捕捞大队，按乡设立生产队"，按这一设想，可形成渔业公社—渔业大队—渔业生产队三级体制，"这样在全县范围内，根据渔具分批分段捕捞"④。

人民公社化运动初期，江苏很多水上公社应运而生。在这一时期，1959 年武进提出建立一个单独的渔业公社。由于史料阙如，很难得知 1961 年年底建立的太滆渔业公社是否是这一想法的旧事重提，但毫无疑问，其设立的政治考量与两年前有异曲同工之妙。

除了行政区划上的太滆渔业公社，滆湖水面上还存在一个渔业管理委员会，并延续至今。1967 年镇江专区投资 2 万元，重新成立镇江专区滆湖水产管理委员会，由武进、宜兴、常州各派国家工作人员 1 名，负责日常管理工作，并提

---

① 常州市地名委员会编：《江苏省常州市地名录》，1983 年，第 179 页。
② 《武进县付业局关于渔业生产情况的调查报告》，常州市武进区档案馆藏：311-2-4。
③ 《关于水面体制的调查》，常州市武进区档案馆藏：311-2-4。
④ 《关于召开水产座谈会议的情况报告》，常州市武进区档案馆藏：311-3-1。

出以繁保为主，资源补充为辅的原则。入湖生产，收取湖管费2%。1972年管委会更名为江苏省武进、宜兴县滆湖水产管理委员会，对滆湖"实行国家领导，国群共管，国家和集体联合经营"①。在这一时期，滆湖水面从传统的捕捞作业，转变为围养结合的经营方式。管委会搞了4个千亩以上的常年繁保区，武进、宜兴各2个。此外，全湖63个港口，均建箔实行围养；大港口又采取拦为主，捕拦结合的方法。渔业则以沿湖的渔业、农业大队为主体，收取湖管费，鱼蟹类10%，虾5%。经湖管会批准后入湖的外来渔民，湖管费统收20%②。

如果用美国经济学家曼瑟尔·奥尔森（Mancur Olson）"排外"集团和"相容"集团的经济学概念来分析滆湖上的湖管会、太滆渔业公社及武进、宜兴、常州不同的政治行为和心态，会发现一个很有意思的现象：湖管会和其他政治主体的利益都不尽相同，湖管会经常扮演的是一种"相容"集团的角色，既要维护好滆湖水面的渔业生产，又要维护好常州、武进与宜兴的地区平衡，同时为减少渔农矛盾和管理麻烦，愿意向沿湖农业公社开放一定水面，甚至在向其缴纳高额的管理费用后也并不排斥非常、武、宜地区的渔民。相较而言，利益最直接的相关方——太滆渔业公社往往呈现出最"排外"集团的面目，包括排斥沿湖农业公社农民分一杯羹的行为，也包括禁绝非太滆渔业公社渔民的进入。常、武、宜三地介乎二者之间，有限"排外"、有限"相容"，最核心的利益是处于己方行政区内的水面和水产资源不能被对方侵占。当然这样的角色并不一定是固化的，"事实上同一个企业或个人的集合可能在一种情况下是排外的集团，而在另一种情况下是相容的集团"③。不同主体的立场还需要在具体问题中具体考察。

作为界湖的滆湖，存在多重管理部门，在当时"以粮为纲"的政治经济风气下，面临着巨大的生态压力，突出表现为围湖造田与围垦芦滩，陆进水退，湖面面积骤减。

数据统计显示（见图4-6、图4-7），1959年至1963年滆湖尚少有向水要地的行为，但从1964年开始，武进和宜兴两县都展开了大规模的占水造地工

---

① 《滆湖水产资源调查报告》，常州市武进区档案馆藏：311-6-11。

② 据2017年笔者在江苏省滆湖渔业管理委员会办公室的访谈，至2017年，滆湖沿湖的水产捕捞村仅武进嘉泽一村，共108户、520人。江苏省滆湖渔业管理委员会办公室、江苏省滆湖渔政监督支队，为两块牌子一套班子，拥有3个分队、26人渔政执法队伍，渔政船5艘，全年除12月基本每月都巡逻，流动监督。

③ 〔美〕曼瑟尔·奥尔森：《集体行动的逻辑》，陈郁、郭宇峰、李崇新译，格致出版社，2018年，第27页。

程。围湖造田方面，武进从 1964 年的 6400 亩暴增到 1968 年的 13700 亩，1969年达到顶峰 36800 亩；宜兴也不甘落后，1964 年尚且只有 1600 亩，但 1969 年也同样达到峰值 20795 亩。两县在漏湖是针锋相对，不甘人后。两县围垦面积合计高达 106125 亩。1958 年漏湖水面积为 28 万多亩，1973 年重新勘测，面积减为 17.4400 万亩，水面积减少 1/3 以上，湖面缩小之剧令人震惊。具体到剩下的湖面积的份额："武进十万零六千亩，占百分之六十点九二；宜兴六万八千亩，占百分之三十九点零八"[1]，和 1958 年两县占比接近，武进略有提高。

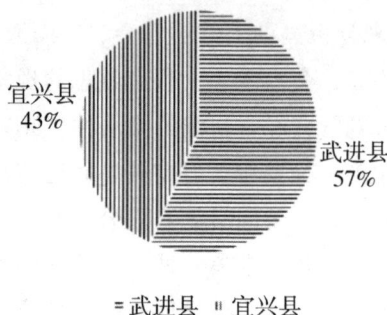

图 4-6 1964—1971 年武进、宜兴在漏湖围湖造田的比重

资料来源：《漏湖水产资源调查报告》，常州市武进区档案馆藏：311-6-11。

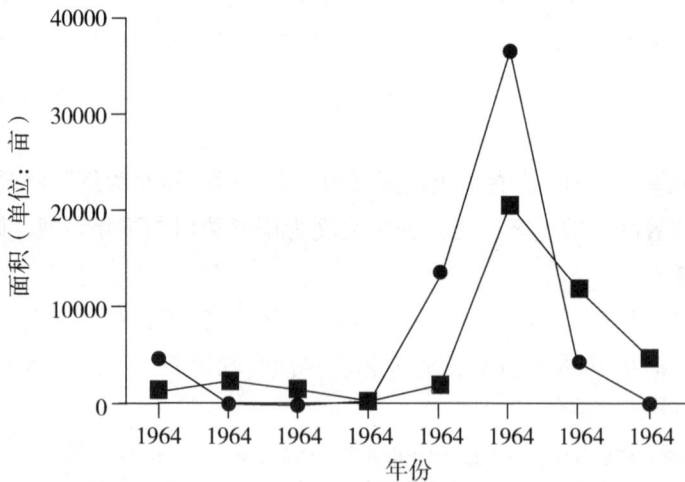

图 4-7 1964—1971 年武进、宜兴在漏湖围湖造田的数量

资料来源：《漏湖水产资源调查报告》，常州市武进区档案馆藏：311-6-11。

---

① 《漏湖水产资源调查报告》，常州市武进区档案馆藏：311-6-11。

《滆湖水产资源调查报告》显示（见图4-8、图4-9），在围垦芦滩方面，武进和宜兴也呈现你追我赶的态势。武进1964年围垦4800亩，宜兴550亩；1965年、1966年武进没有围垦，宜兴则继续围垦了1560亩和1350亩；从1967年到1971年双方依然保持着你围我也围的态势，这一时期武进的巅峰数字停留在3400亩，而宜兴则达到令人瞠目结舌的16875亩。如果说围湖造田武进略胜一筹，那么围垦芦滩宜兴则遥遥领先。经过10多年的围垦，宜兴一侧滆湖仅剩芦滩3020亩，武进也只剩下2850亩。滆湖的水体资源遭到了极大的破坏。

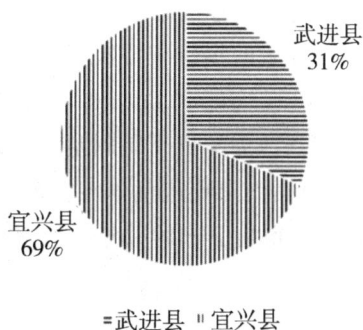

=武进县 ‖宜兴县

图4-8　1964—1971年武进、宜兴在滆湖围垦芦滩的比重

资料来源：《滆湖水产资源调查报告》，常州市武进区档案馆藏：311-6-11。

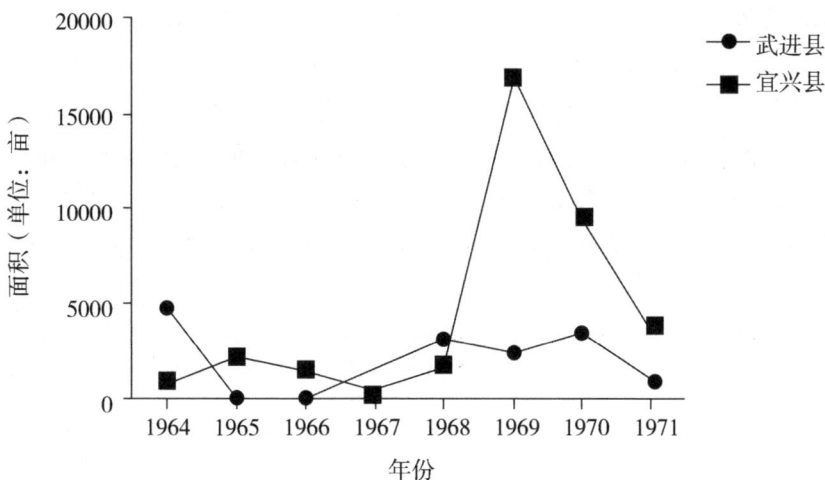

图4-9　1964—1971年武进、宜兴在滆湖围垦芦滩的数量

资料来源：《滆湖水产资源调查报告》，常州市武进区档案馆藏：311-6-11。

除了"以粮为纲"的风气，连改也是重要的影响。1966年中央提出连家渔船社会主义改造后，江苏省水产局研究讨论了如何改造的方式方法，建议"对于有一定水面和滩地可供发展多种经营的也可以集体围垦开荒种田，实行亦渔亦农，亦渔亦牧，亦渔亦付［副］，亦渔亦兵"①。这一观点和武进的想法刚好不谋而合。同年，武进多种经营管理局的改造草案提出，要将分散流动的渔民711户、3741人"全部集中到滆湖，建立滆湖基地"，具体计划是"从丫河到垂虹口一段，湖顶筑堤造闸，围成一万五千亩的湖田"，计划书最后斗志昂扬地称："动员渔民发扬大寨精神，走大寨道路，一不怕苦，二不怕死，向天斗，向地斗，向水斗，围湖垦荒，为了子孙万代造福，为社会主义革命贡献力量。"②此后，以此计划为蓝本给镇江专署的报告中再次明确提出，"我县初步调查勘察，拟组织渔民在滆湖围垦湖田"，雄心勃勃地表示"面向水面，立足陆地，为国家创造财富"。③宜兴同样以连改为契机开展围垦，如宜兴滆湖边的南新水产大队也是1966年一批分散的渔民"来到这荒草滩上定居建村"④。在这样的大背景下，加之政策上的支持，使得接下来的数年，滆湖才进行了如此大面积的围垦活动。

四、太滆渔业公社的飞地价值

对太滆渔业公社而言，1969年是一个关键的年份，不仅是滆湖的围垦在这一年达到峰值，更重要的是公社基地的确认。从1969年开始，政府先后拨下渔业改革经费数百万元在太湖边"围湖造田1800亩，建造渔民住宅22000多平方米"，从渔民自身来说是居住环境的改善，"经过多年的基本建设，世代漂泊水上的渔民住进了新村"⑤，但就是这1800亩变水为陆的土地，从根本上改变了太滆渔业公社的发展定位和空间转向。太滆渔业公社因太湖和滆湖得名，因太湖、滆湖渔民而设，因"水"制宜、因人制宜。公社成立之初，在太湖有5个渔业大队，滆湖有1个渔业大队⑥，分布东重西轻，两湖相距约26公里，中间悬隔

---

① 《关于淡水连家渔船社会主义改造的情况和意见》，常州市武进区档案馆藏：311-3-5。

② 《武进县多种经营管理局关于连家渔船改造的方案（草案）》，常州市武进区档案馆藏：311-1-7。

③ 《武进县多种经营管理局关于改造连家渔船规划的请批报告》，常州市武进区档案馆藏：311-2-11

④ 江苏省宜兴市地方志编纂委员会：《宜兴县志》，上海人民出版社，1990年，第771页。

⑤ 常州市地名委员会：《江苏省常州市地名录》，第179页。

⑥ 江苏省常州市郊区志编纂委员会：《常州市郊区志（1984—2000）》，方志出版社，2003年，第923页。

数个农业公社，是一个双湖模式的公社，也是一个漂浮在湖上的政区。围湖造田土地的拥有使得渔业公社落地生根，但土地的获得既成全了渔业公社，也束缚了渔业公社，渔民的流动性被降解，渔业公社也逐渐由虚向实。

一方面是渔业公社在太湖边有了一定面积的生活驻地，另一方面是滆湖沿湖周边大规模的围垦。但令人稍感意外的是，太滆公社在滆湖没有围垦。据调查统计，武进围垦的是武进军垦场、五七农场，寨桥、坊前、南夏墅、芦家巷、牛塘、礼河、厚余、嘉泽、村前、东安诸农业公社；宜兴则是宜兴军垦场、丰义、宫林、范道、高塍、南星、和桥、闸口等农业公社。从档案材料来看，1974 年滆湖环湖共有 10 个水产大队，武进 4 个，宜兴 6 个，太滆公社的滆湖捕捞大队已经完全被排除在外。从某种程度上来说，滆湖的围垦和连改的推进，虽有农业公社为本公社内水产大队安置渔民的考量，但究其实质可能是农业公社、军垦场和农垦场争地的行为。

改革开放后，国家不再强制推动连改，滆湖边的一些农业公社露出了真面目。1981 年，武进县多种经营管理局出面向县政府提交了一份紧急报告，反映南夏墅公社水产大队在滆湖边的生活生产基地遭到了同一公社王家生产队的威逼，被要求收回所划拨的土地，而该土地是连改时武进县渔改小组发文批准，办理过土地划拨手续，明确长期固定给渔民使用的，但王家生产队并不买账，理由是"文化大革命期内划的不算数，况未有报酬"。此后王家生产队强行在渔民开挖的鱼池内放养鱼种，水产大队多次向公社党委汇报，并以书面形式向县里汇报，公社和解的结果是水产大队向王家生产队赔偿损失费 800 元，据称"成本不满一百，实际是敲诈"，公社拉了偏架。其他农业生产队见有利可图，亦有效仿。南夏墅公社内的西治生产队，跑到水产大队渔民家，将屋前屋后所种农作物全部锄光，强行将土地分给社员耕种，"并扬言，分田到户社员要种，先收回土地，屋基第二步再说"。由于公社和稀泥拉偏架，渔民诉苦道："解放后政治上有了地位，经济上翻了身，有了基地，盖了瓦屋，是共产党、毛主席、社会主义制度给我们幸福，但现在农民来要地，怎么办呢？过去无政府主义，现在有政府无主义。只怪我们命苦。"实际上，当时类似的渔农矛盾在全国普遍存在，国务院〔1981〕73 号文批转国家水产总局《关于水产工作若干问题的请示报告》中的通知明确指出："连家渔船社会主义改造时划给渔民作为生产生活基地的水面土地要长期固定。受国家法律保护。"[①] 法良意美，但当时基层如何执行、执行到何种程度就很难说了。

---

① 《关于保护渔民生活基地不被侵占的紧急报告》，常州市武进区档案馆藏：311-1-23。

农业公社对内部水产大队尚且如此，对其他渔业水产队可想而知。1965 年 7 月，江苏省水产局曾提出"各个渔业队定居基地的布局，应当靠近生产阵地，靠近水边，便利生产"①，按这一原则，水是滆湖、太湖，太滆公社滆湖大队大致在 20 世纪 70 年代被基本排除出滆湖，务实的去向自然是人烟稀少的太湖。生产基地确定到太湖，生活基地则落在 1800 亩内的渔民新村，从这一层意义上理解，太滆终结了两湖模式，专注于太湖了。

1981 年，常州—雪堰—太滆农村改革汽车通车②，公社交通从单一的水路转为水陆两途。而随着渔民上岸定居，"该社的经济由过去单一的渔业生产，发展成渔、工、副业等多种经营的单位"③，成为一个麻雀虽小五脏俱全、有地有产的公社。1982 年，常州市郊区共有 8 个公社，太滆有 865 户，3415 人；而人数最少的农业公社雕庄都有 3032 户，10468 人。1990 年，太滆乡④有 838 户，2973 人；人数最少的农业乡西林有 3056 户，11965 人。长期以来，无论是户数还是人数，包括生产总值，太滆都是常州最少的一个公社或乡（见图 4-10、图 4-11）。

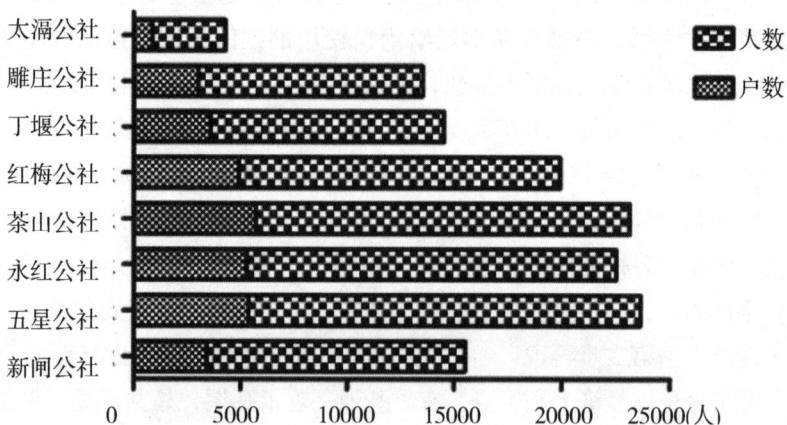

图 4-10　1982 年常州市郊区各公社的人口对比

资料来源：《常州市郊区志（1984—2000）》，方志出版社，2003 年，第 138 页。

---

① 《对小型连家渔船改造的意见（草稿）》，江苏省档案馆藏：4072-009-0150。
② 江苏省常州市郊区志编纂委员会编：《常州市郊区志（1984—2000）》，方志出版社，2003 年，第 26 页。
③ 常州市地名委员会编：《江苏省常州市地名录》，第 179 页。
④ 1983 年 7 月，常州人民公社解体，太滆渔业公社转变为太滆乡。江苏省常州市郊区志编纂委员会编：《常州市郊区志（1984—2000）》，方志出版社，2003 年，第 105 页。

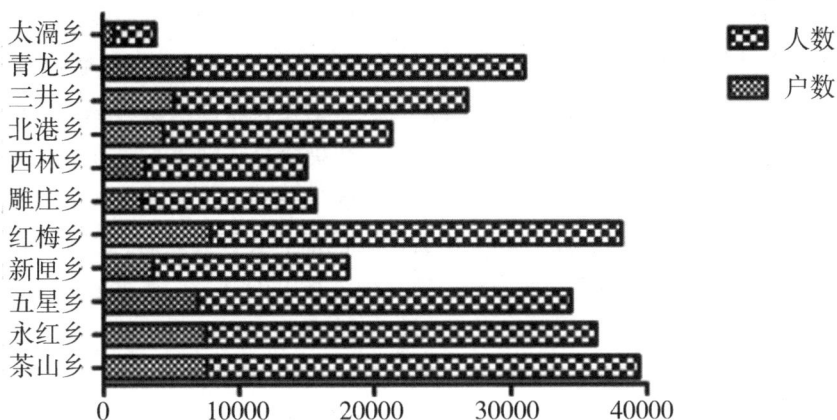

图 4-11　1990 年常州市郊区各公社的人口对比

资料来源：《常州市郊区志（1984—2000）》，方志出版社，2003 年，第 138 页。

从政区的体量上来看，太滆如此之小，甚至显得微不足道，与常州市区的距离长达 60 公里，是一个典型的飞地，完全可以并入邻近乡镇，但常州却一直保留 30 多年。1965 年，在省民政厅党组研究讨论设置和调整渔业公社建制意见的报告草稿中，曾提到"个别地区有的渔业公社，不是设在自己的行政范围内，应该划给邻近有关的市、县领导"，草稿中举的例子有且仅有"常州市的太滆"一例①，可见省里也认识到有调整的必要。在 1983 年江苏省实行市管县体制，常州代管武进后，太滆乡也长期未割界给武进，虽然档案材料还未解密，这中间的政治心态还是可以做一番推测。

从太滆建立渔业公社的动机来看，主要是为了管理滆湖和太湖上的渔民，公社成立后由于渔民与湖天然的紧密的联系，实际成为常州管理滆湖和太湖部分水面的重要工具。无论从历史沿革还是从地缘政治来看，常州和武进都是一体的，武进也长期是常州的附郭县，滆湖有武进沿湖各农业公社"镇守"，宜兴是难以独占的。但太湖不一样，常州在 1950 年之前控有太湖北部水面主要是依靠伸入湖内的马迹山乡。马迹山形似马蹄印，处于常州最南端，直插北太湖湖内。1949 年 4 月 23 日，马迹山解放，后简称马山。1950 年 5 月，马山划入苏州专区的太湖行政办事处，开始脱离武进的管辖，原属马山管辖的雪堰等乡划出，

---

① 《关于研究设置和调整渔业公社建制意见的报告（草稿）》，江苏省档案馆藏：4007-002-0658。

归武进管辖。1951年2月14日，马山区划回武进，这是武进至今最后一次统辖马山。1953年震泽县建立后，马山被划归水县管辖。1954年，马山区划归无锡，无锡自此拥有了马山①。从地缘政治视角而言，无锡对太湖的影响力激增，常州则自此式微。对常州而言，唯一值得庆幸的是，政区改隶时原属马山管辖的椒山划归常州，椒山在太湖中，为日后常州仍留有太湖一片水面保住了一线希望。1959年统管全湖的震泽县撤销后，无锡在1960年7月成立太湖人民公社马山分社，后改为马山公社。1961年常州太溇渔业公社成立后，"来山渔船渐少"②。此后行政体制多变，变为马山镇，今为马山街道，一直隶属无锡。拥有了马山，无锡也就顺理成章地拥有了北太湖最大的份额。

在水域政治地理视角下，如果说丧失马山对常州而言是遭到了沉重打击，那么1983年江苏市管县体制的付诸实施，常州市和无锡市代管县的确定，对常州毫无疑问就是元气大伤了。是年，苏南政治地理版图重新规划：苏州市代管吴县、吴江、昆山、太仓、常熟、沙洲（今张家港）6个县市；无锡市代管无锡县、江阴、宜兴；常州市代管武进、溧阳、金坛。以结果而论，苏州大而强，无锡小而精干，常州则惨淡很多。考虑到历史时期常州的地位，特别是常州府曾控有8县的规模，无锡、江阴、宜兴长期为其属县，1983年的划分显然存在市县间激烈的政治博弈。从水域来看，北部江阴不在治下，使得常州丧失了绵延35公里的黄金江岸线和面积高达57.5平方公里的长江水道③；南部宜兴的不隶属则直接致使宜兴260多平方公里的水面未入版图④，特别是宜兴拥有的太湖水面与无锡太湖水面连成一片，常州的太湖水面则被挤压到东北一角。今天常州南北"缺水"，发展受制，肇端于此。

了解到这两重背景，才能明了飞地太溇乡对常州巨大的水域政治地理价值。因为有了太溇乡毗邻无锡马山1800亩渔民基地的存在，加上1954年马山划归无锡时让渡出来的湖中的椒山，两处相连，才有了我们今天在地图上看起来有些奇怪的尾巴状的常州辖下太湖水面的形象。这对常州而言颇有些"残山剩水"的意味。

---

① 1969年11月5日，经江苏省委批准，无锡市决定在马山周边围湖造田，发动了"万人千船大会战"。1971年元旦，东坝口合围，马山从"孤悬湖中"的岛变成了半岛，消除了太湖的隔绝，马山和无锡的联系更加紧密，和无锡结成一体。江苏文史编辑部：《马山志》，1989年，第181页。

② 江苏文史编辑部编：《马山志》，1989年，第22、23、148页。

③ 江苏省江阴市地方志编纂委员会：《江阴市志》，上海人民出版社，1992年，第142页。

④ 数据来自"无锡市水产养殖水体资源"表，程家骅主编：《中国水产养殖区域分布与水体资源图集·江苏》，上海科学技术出版社，2016年，第23页。

太漏乡飞地的状态一直持续到20世纪末。1999年11月19日，常州市人民政府常政复〔1999〕17号文件发文，撤销太漏乡，将其原辖区划归武进市雪堰镇管辖。2000年6月，太漏乡正式并入武进市雪堰镇。2002年4月武进撤市并区，成为常州市武进区。

第五章

水陆关系的空间透视

段义孚在其名著《恋地情节》中强调："环境里所孕育的价值始终是依托其对立面来定义的"，为了证明这一论断，段氏引用了美国诗人艾米莉·狄金森（Emily Dickinson）的诗做了形象的比喻："因为干渴，我们才认识了水；因为海洋，我们才了解了陆地"①。对于水域与陆地关系的理解，我们也需要从彼此的视角来相互参看。洪泽湖区的案例就给笔者的研究提供了一个极好的场域。

水陆间的滩地是观察的重要媒介。洪泽湖区的滩地纠纷一直是令人头痛的顽疾，前文述及鲁佩璋提出水县之案的前因后果，已清晰可见晚清民国时期此种纠纷之巨大影响。20 世纪 40 年代当中共边区政府在复查土地问题时，发现湖区的地权、产权、粮赋极为混乱，"有许多土地尤其是湖地和滩地；由于过去旧政权的黑暗专制与乡间豪强相勾结，致有许多公地、私地、公滩、私滩被豪强霸占，产权被人剥夺"，一些豪强"其承领荒地之契约，往往四至不明，任意扩大，有以湖心为界者，有说一望之地者，更有所谓水影地者"②，纠纷不断，矛盾频出，不仅严重阻碍农业、水产诸业的发展，对湖区政治秩序的稳定亦有很大的消极影响。

1956 年因湖设县前，新政府为协调这一矛盾进行了多番调解，实际却没有解决任何实质性问题，水陆纠纷成为巨大的政治包袱。按政区沿革，继承全湖的水上根据地之洪泽县、泗洪县洪泽区以及 1956 年正式建立的洪泽县，在获得水面垄断权的同时都先后背上了这一沉重包袱。其中尤以洪泽县受累最重，从 1956 年至 1985 年，近 30 年几乎无一宁日，受到沿湖陆县的全面蚕食。水县长期以一敌众，势单力孤，难以招架。湖西的 5 个渔业乡孤悬一隅，门单户薄，水面辖境不断内缩，矛盾长期积聚。1985 年年底淮阴地委作为沿湖各县的主管

---

① 〔美〕段义孚：《恋地情节》，志丞、刘苏译，商务印书馆，2018 年，第 151 页。
② 《关于土地复查问题的训令（1944 年 5 月 28 日）》，收入：《刘瑞龙淮北文集》下卷，中共党史出版社，2005 年，第 439 页。

部门，为解决湖区经济发展的这一问题，最终选择了一种政治阻力最小的政区调整方案——分湖而治，解决了这一水陆纠纷。

第一节 1956 年因湖设县前的水陆纠纷

1942 年 10 月，刘瑞龙在淮北苏皖边区第二届参议会上代表边区行政公署，对参议员的质询做了答复，提及洪泽湖周围土地问题时，刘瑞龙坦承"很复杂，因有熟地、生荒、草滩、水洼子地等几种，所以历来纠纷不好解决"，对参议员们提出的"制定单行专门法规"也予以赞同①。

据当年的新华社淮北讯记载，为了协商解决这一问题，1943 年 4 月 5 日，洪泽县曾与共产党在洪泽湖边建立的淮泗、淮宝、泗阳与泗南 4 个县的代表，举行了"洪泽湖滩地会议"。会上各县代表"根据数月来各地调查材料，经竟日讨论"，对滩地问题达成了一个初步意见，"认为欲清理滩地，首须清理私滩，应分四个步骤"：

> 第一——清照。以清光绪二十八年以后之管业执照或厅妆作为确定产权依据。所有游单、收据、便条、局收、租条皆属无效；重照重地，以照地相符者有效，照地不符者无效；变更执照者或弓口四至与同照相符者有效，照地不符者一律无效；原领管业执照失落而又四邻以契证明者，得报告政府查明，发给管业执照；水影地以照为凭，以丈量规定，但私库妨碍公益者，政府得强制收回；蠹[蛊]卖盗卖私滩者，由政府以法论处。第二——清丈。所有滩地均根据管业执照，利用各地区固定自然标志，自上而下分区清丈（从产权未确定者开始）。第三——定界。根据清丈结果，由丈量委员会会同业户及时当场分界，打分堆、挖分沟、或栽树、立石。第四——限期垦熟生科。荒滩限四年垦熟，熟地限今年全部生科。此外，对原有公滩及丈余滩地之处理。认为原有佃户者应承认其永佃权；公有草滩宜无款放领各县有关农民草民渔民经营，贫苦抗烈属有优先权。

滩地纠纷源自权属不明，确定权属需要一定的产权依据。据记载，光绪三十二年（1906 年）湖西的泗县曾就水涯滩地"设局清丈，逐段招领"②，发给承

---

① 《对参议员质询的答复（1942 年 4 月 10 日）》，收入《刘瑞龙淮北文集》上卷，中共党史出版社，2005 年，第 163 页。

② 沈豹君：《洪泽湖》，《运工周刊》1932 年第 11 期。

领滩地者以管业执照，引文中所提"以清光绪二十八年以后之管业执照或厅妆作为确定产权依据"，大致即指此事。

第一步骤清照即清理管业执照之谓，根据地政府希望用前清的这一物权凭据确定私人垦荒的滩地归属，既需有照，又得滩地的四至与执照相符，力图以此避免产权紊乱。需要指出的是，这一依据的时间节点存在变动。1944年5月28日由行署主任刘瑞龙、副主任陈萌南共同署名签发的"关于土地复查问题的训令"将其修改为"处理土地纠纷之时限，滩地从原领时起，一般土地自民国元年起，时间太长，无从证明的不必过于深究"①，可见实际土地清查中情况非常复杂，难以"一刀切"。第二步骤清丈的立意是在确定滩地的面积大小。第三步骤定界是要将清丈出的滩地通过确定边界的形式达到稳固权属的效果。前三项措施主要在于解决滩地的纠纷问题，意图比较显性；但不容忽视的是，确定了私滩，公滩的轮廓也就可以辨识，潜在地政府也将自己的权力树立在了湖滩之上。"照地不符者一律无效"，换一种说法就是无照之地皆属政府所有，最后一项"限期垦熟生科"之规定也是这一思路的延伸，力图将滩地的收益权尽早地收回到政府手里。

此次会议见诸报端时曾获得高度评价，云："四十年来纠纷重重发生，而今此一大问题，遂在抗日民主政权下，获得合理解决"，实际执行时确实也查处了一批"有契无地，有地无契约霸占土地"的突出问题②，但从后来披露的材料来看，宣传言过其实，滩地纠纷问题并未得以解决，矛盾却更趋激化。由于洪泽县是以湖为域的水县，周边是陆县，滩地纠纷问题遂逐渐演变为"水陆纠纷问题"，"不但影响沿湖各县及洪泽县的工作进行，而且影响农民和渔民的团结"，据称"已发展到了相当严重阶段"。至于有多严重，当年党内的一则通讯曾转淮北区委书记邓子恢、副书记刘瑞龙给洪泽、泗阳县委的一封信，从信中可以看出一些端倪。信中强调，"今后发生纠纷，绝对不准打人、捆人、押人、不准动手、动绳子、更不准动枪"，可见纠纷中武斗之风盛行；除此之外，围绕矛盾纠纷还出现了诸如抢劫、轮奸的恶性事件③，影响之严重、性质之恶劣着实

---

① 《关于土地复查问题的训令（1944年5月28日）》，收入《刘瑞龙淮北文集》下卷，中共党史出版社，2005年，第442页。

② 参见光群：《临淮乡讨论土地复查》，原载1944年5月20日《拂晓报》，收入《洪泽革命史料选辑》第4辑，1983年，第141—142页；顾祝君：《半城区祖姚两村从反贪污转入土地复查》，原载1944年5月30日《拂晓报》，收入《洪泽革命史料选辑》第4辑，第147—148页。

③ 邓子恢、刘瑞龙：《为解决水陆纠纷给洪泽、泗阳县委信》，原载1944年9月11日《党内通讯》创刊号，收入《洪泽革命史料选辑》第4辑，第154—155页。

令人触目惊心。

当年在面临这一棘手的水陆纠纷时，党内曾检讨总结出 6 个亟待研究解决的重点问题，从中可以窥探出矛盾的焦点所在。

第一个问题是"沿湖各码头领导隶属问题"。码头是渔民泊船休憩之地，在行政管理上既可以按属地原则也可以按属人原则管理，按前者则归陆上县管，按后者则属洪泽县管，洪泽设县时毕竟是战时，职能划分还较粗放，此刻就有必要细致化了，邓子恢、刘瑞龙在信中认为"凡属水上渔船、商船、驳船等居民，一律归洪泽县管，陆上居民仍归陆上管辖"，也就是按属人原则来管。

第二个问题是"开行问题"。行是鱼行之意，"主要是解决渔民合作社与挑鱼小贩问题"，邓、刘二人建议"渔民自己开行，应该允许，但应照顾到挑鱼小贩的生活，总要照顾这一点，其余与陆上鱼行的矛盾就不大了"。相对而言，开行问题水陆纠纷中最为简单的一项争端，属于水产经营许可权的授予范围问题。

第三个问题是"草滩问题"。这一项是水陆纠纷的核心议题，也最为复杂，邓和刘对此也着墨最多：

> 草滩问题主要是划分界限，湖上渔民与陆上农民各管各的，便可杜绝纠纷，这应该注意草滩分配多少之适当处理，应看渔民人数多少？过去依靠刈草为生占其全年生活收入多少？陆上农民过去靠刈草为生又占多少人？多少收入？两相比较，妥为分配，不要以水陆对分为原则（如此则陆上农民太吃亏了），要求得照顾双方人民生活为原则，应严格依据过去习惯参酌改变，不应与过去旧例悬殊太甚，否则，必至影响人民生活。同时草滩分配后，虽然各管各的，但必须严格规定刈草时间，严禁过早刈苇子，致妨碍苇子之生产前途，违禁者应严办。①

洪泽湖新淤出的草滩，按前次会议原则上都属共产党的抗日民主政府所有，但具体属于洪泽县政府，还是属于沿湖的四个陆县政府，就很难说得清了。湖区水陆变迁，不要说界线，就是界限划分清楚也是大为不易，这一点与先前并无二致，在草滩上经营垦殖的渔、农发生纠葛就在所难免。按人数、收入多少来确定水上与陆上对草滩的分配比例，同时又要参酌以往的习惯，这一建议看似面面俱到，但实际上太过官样、暧昧不清。据调查，"当时，占洪泽湖内人口总数百分之九十以上的都是贫苦农民、草民及渔民。农民以地为生，与草、渔

---

① 邓子恢、刘瑞龙：《为解决水陆纠纷给洪泽、泗阳县委信》，原载 1944 年 9 月 11 日《党内通讯》创刊号，收入《洪泽革命史料选辑》第 4 辑，第 156 页。

民相比生活虽较稳定，但也难以糊口"①。同一块地渔民要下簖，农民要割草，双方又都非常贫困，这本身就不是非此即彼、可以简单厘清之事。即使可以划分得清，但谁又能保证划定后农民可以老实地守着划给自己的一亩三分地，逐水捕鱼的渔民也不会越过楚河汉界？至于"照顾双方人民生活为原则"，只是存在于纸面上的理想，利益面前实际很难做到。

第四个问题是"下簖问题"。邓和刘也建议"仿照草滩办法，把湖上渔民与陆上渔民分段捕鱼，以免纠纷"。洪泽湖是一个相对开放的湖面，清代以来山东流民曾大量来此求生，沿湖陆上农民也经常下湖捕鱼，湖中的水产成为农民、草民、渔民共同赖以为生的重要经济来源，分段捕鱼实则难以获得三方满意。

第五个问题是"湖民食粮问题"。邓、刘认为"应实行配给制，按各户一年所需粮食、由县区政府，发给购粮证，持向合作社如数购买（一次买或分头买都可），合作社再与陆上政府商定购粮数量与地区，以保证湖民食粮充足，此外，则禁止购买，以防外运"。渔民不种田地，即无粮可供自给，需要仰仗陆上以渔换粮，在水陆纠纷发生时易受陆上农民反制，故需政府出面代购，化解这一麻烦。

第六个个问题是"挖采湖产问题"。解决的方案与草滩、下簖两问题类似，"亦应由水陆比邻之区会商，渔民与农民分开挖采"，并同样提及"应注意依据旧例及斟酌现在情况加以调剂，以求双方生活得以解决。不应专归渔民采掘，致引起陆上反对"。原则上还是坚持一碗水端平，实际上也是在水陆之间和稀泥。

上述六大问题是水陆纠纷的主要方面，包括码头、鱼行、草滩、簖地、食粮与湖产等具体内容，在政府看来"这是水陆冲突的物质基础"。从纠纷主体而言，既包含渔民、农民、草民等群众主体，也包括洪泽县与陆上县等政区主体，抽象化一些就变成了水陆之间不同的利益诉求，这与抗战前表现为省际边界矛盾截然不同。此刻洪泽县属于水县，作为"有地牧民"的政区，代表的是水上渔民的利益要求，必然在模糊的利益边界固守自己的立场，犯邓、刘信中所批评的"干部本位主义"错误也就毫不稀奇。政区之外，群体在现实利益面前更是锱铢必较，表现出来的是"渔民农民之狭隘心理"，因而水陆纠纷从上到下发

---

① 陈礼宽、王长清：《回忆抗战时期的洪泽湖》，收入《洪泽革命史料选辑》第 4 辑，1983 年，第 44 页。

生得"连绵不绝"①。

从以上诸条来看，邓、刘二人的建议虽不偏袒任何一方，貌似持平中正，但在整体上太过理想，二人反复强调纠纷的解决要"从思想上克服干部之本位主义，行会思想，使之全面照顾"，又要"从政治上启发渔民农民之政治觉悟，加强团结，制止械斗动武"，虽然这两方面的宣传教育有一定的必要性和积极意义，但依靠主观觉悟极易流于形式，难以触动症结的根本。

不过 1944 年的这封信仍有可取之处，即信中提出了要"从组织上建立联席会议制度，发扬自我批评与自我检讨精神"，相对而言这一条较具建设性意义。

文献材料显示，1946 年 7 月 1 日洪泽县曾与沿湖的淮宝、泗阳、泗南、盱眙诸县召开过"五县草滩联合会议"，说明这一建议最终获得了实践应用，但同时也透露出 1944 年至 1946 年间水陆纠纷问题仍相当严重，才使其有了用武之地。此次会议在高良涧举行，"由各县代表共同商讨，分组进行"，最终洪泽县与淮宝县在洪泽湖东部两县连接的草滩问题上达成了如下协议：

> （一）湖东区六千多渔民草民及集镇平民工人，均依靠草滩为生，决议公有林滩苇草（约六十顷）分给洪泽十分之六，淮宝十分之四，清丈后分界。（二）为了照顾和解决淮宝农民的牛草困难，洪泽县湖东区所有牛草地一律给陆地农民收割。（三）三坝滩所有苇草一律给淮宝农民收割，唯该苇滩尖一段草蒲过去为洪泽县渔民收割，今后仍归渔民收益。（四）张滩苇草，洪泽淮宝各分一半。（五）除共有林、张滩三坝以外，湖东区南部所有公私小块滩地一律归洪泽收益管理之。（六）定本月十日由淮宝的越城、盱宝两区和洪泽湖东区各派代表，赴滩地进行清丈。②

此外，洪泽县与盱眙县在洪泽湖西南的草滩问题上亦达成一定协议：

> （一）洪泽县境之小簖十顷地，原盱眙部分农民也参加割草，现全部由洪泽草渔民收益。（二）盱眙所管境内之新滩原被淮河区草民管理十顷，决议说服群众让给盱眙。③

洪泽县与泗阳、泗南两县截止到记者发稿时仍在继续讨论，是否达成协议

---

①　邓子恢、刘瑞龙：《为解决水陆纠纷给洪泽、泗阳县委信》，原载 1944 年 9 月 11 日《党内通讯》创刊号，收入《洪泽革命史料选辑》第 4 辑，第 157 页。

②　陈硕峰：《边府主持五县草滩联合会议草滩问题大部获协议》，原载 1946 年 7 月 18 日《新华日报》（华中版），收入《洪泽革命史料选辑》第 5 辑，1983 年，第 179—180 页。

③　陈硕峰：《边府主持五县草滩联合会议草滩问题大部获协议》，原载 1946 年 7 月 18 日《新华日报》（华中版），收入《洪泽革命史料选辑》第 5 辑，1983 年，第 179—180 页。

与协议内容因未见载，现已不得而知。

从达成的协议来看，边界滩地是此次联合会议召开的缘由与中心议题，在湖区处于中心位置的洪泽县成为矛盾集中之地，应对着来自沿湖诸县的强力挑战，因而会议的基调主要立足于消弭水陆的对立情绪，特别是洪泽县的压力。按最终的协议内容，邓、刘原先设想的按人数及收入多少来划分水上与陆上对草滩的分配比例的想法未能实现，洪泽县与淮宝县、盱眙县互有妥协、退让，没有一方完全占据上风，但整体上还是采取了原先希冀避免的水陆对分的原则。

虽然谈判桌上的讨价还价直接影响着水县的边界与辖境，也牵动着湖区水陆关系的稳定，但旋即内战战火席卷湖区，国民党政府重返湖区，协议沦为了一纸空文，留下的主要遗产只剩下虚无的"互助互让、互相兼顾"的协议精神。

1947 年 11 月，共产党再次确定对洪泽湖区的完全支配权后，洪泽湖管理局重新建立，湖区归其统一管理，不过依然未能有效遏制"少数群众贪图小利或因生活贫困在湖内随便割青柴打席卖，采莲子嫩藕，鸡头梗子等吃"的不法现象①，这一时期的水陆纠纷主要表现为洪泽湖管理局与沿湖群众间的利益冲突。1949 年 4 月，洪泽湖管理局撤销，湖区成立洪泽区，由泗洪县代管，湖区的纠纷对象转变为泗洪县洪泽区与沿湖的淮阴、盱眙与泗阳诸县。兹举数例，以窥全豹。

1951 年，泗阳县群众组织 100 多条船，"使武装四面把我们（泗洪县洪泽区群众——笔者按）船户完全看起……说论钟头打，没有到钟点时点灯笼"，最终打了几里长地段的鸡头。期间双方发生冲突，"泗阳县已被打倒几个，我乡青年计吕某某与朱某某也被绑去了"②，场面失控。

1951 年 8 月，盱眙县老子山镇群众"动意准备开刀割柴"，抢割与泗洪县洪泽区争议地带的柴草，盱眙县政府得知后立即请示行署处理，并三令五申强调，"在行署指示未到之前，我们意见双方均不得开刀，如那［哪］一方先行开刀而引起不良后果，均由主动者一方负责"③，意欲避免冲突。

1953 年 9 月 24 日，泗洪县政府接洪泽区电报称："淮阴顺河区群众纷纷要争砍我湖下十八顷草滩，引起我湖下草渔民不满，因此双方群众都积极准备争夺，很可能出现意外事故。"据查，此草滩原为淮阴县地主周献春垦殖，1942 年上交边区政府，因而淮阴认为"该滩原系我淮阴地主，而产权仍属我淮阴管

① 时永林：《洪管局出布告保护湖产》，原载 1948 年 8 月 2 日《江淮日报》，收入《洪泽革命史料选辑》第 5 辑，第 238 页。

② 《泗洪县洪泽区关于纠纷的报告》（原档无题，笔者自拟），洪泽县档案馆藏：124-1-3。

③ 《盱眙县人民政府公函》，洪泽县档案馆藏：124-1-3。

辖"；泗洪县却不以为然，强调："该滩虽是淮阴地主，但经过草渔民多年培植和护养及凭滩照其产权应属我县草渔民为业。"双方针锋相对，互不相让①。

1953 年 10 月，淮阴县蒋坝镇干部金某某组织群众在靠近蒋坝的七段八段草滩割砍柴草，该处草滩因属洪泽区三坝乡所有，故该乡阻拦不让砍割，不料"金姓威胁说，你们不许我们砍，你们渔民上陆地买粮食都不许你们买"。洪泽区区长极为无奈，上报泗洪县政府云"该滩是处于两省交界地方，我们也无法处理，特报请上级予以解决是盼"②。

弗兰克·爱默生·克拉克（Frank Emerson Clark）在其 1939 年的关于测绘的文章中曾断言："水域尤其可能成为令人困扰的边界。"③ 从上述一系列事件中不难看出，继承了原先洪泽县大部辖境的泗洪县，也继承了原先洪泽县层出不穷的冲突与纠纷，获得老子山镇的盱眙县也背上了该地一直存在的边界矛盾负担。湖区的政区虽屡有变迁，但纠纷却绵延不断，从未消歇。如果说一些地段是权属不明，存在争议乃至爆发冲突尚情有可原，而另一些纠纷地点据档案透露，确曾以"柳树、杨树划过界址"，但割草的群众却毫不理会，"越过界址，任意砍割"④，对政府划定的界线置若罔闻。之所以如此这般，其中的群体心态与当时的政区隶属状况不无关系。其时，泗阳、淮阴属江苏省，泗洪属安徽省，湖区分属两省，群体事件如涉及邻县或邻省之人，按行政流程需先咨请该县会商处理，争执不下就得由专区、行署、省里一级一级协调，迁延日久，往往不了了之。正是在这种侥幸心理和地方保护主义的庇护下，江苏的群众只要能成功得手基本上就会最终获利，换言之，苇草长成之时即是丰收之日。盱眙县与泗洪县皆属皖省，从上引事实来看，相对而言就要克制一些。

---

① 《泗洪县人民政府报告》，洪泽县档案馆藏：124-1-10。
② 《泗洪县洪泽区人民政府报告》，洪泽县档案馆藏：124-1-10。
③ 转引自 Mark Monmonier, *Drawing the Line：Tales of Maps and Cartocontroversy* （《划线：地图与漫画的故事》），Henry Holt and Company，1996，p. 123.
④ 《为你区与湖东淮阴在交界处因砍割苇芦，引起纠纷，希查明具报由》，洪泽县档案馆藏：124-1-3。

第二节　因湖设县后的湖区纠纷

一、"以湖水定界"：洪泽湖水面政区与渔区的划分

1956 年 4 月，江苏省依照国务院"按湖设治"的精神正式设置洪泽县，泗洪、泗阳、盱眙、淮阴四县湖面部分割界予新县形成洪泽一湖统而治之的局面，在《国务院关于设置江苏省洪泽县的决定》及《江苏省人民委员会关于国务院批准设置洪泽县的通知》这两份关乎洪泽县地域构成极为重要的文件中，新县的区乡、户数、人口皆有详细表述，唯独对洪泽县的县界竟无说明。按常理推测之所以会出现这样的情况，可能是由于当年省、专区在区划新县时感觉割界来的区乡已有界线，至少存在一定的习惯线，新县可以直接继承，无须强调，故忽略不谈。

至于洪泽湖的水域界线到底是怎样的？其实是一个很有意思也极为关键的问题。首先，依国务院"按湖设治"的精神，洪泽湖无疑应为洪泽县内湖，但如前章所述，由于江苏省否决了"完全包裹洪泽湖"的设县方案二，故洪泽县在湖滨并不完全拥有湖岸线，因而洪泽湖的水面上就必然存在县际之间的水域界线或界限。其次，洪泽县"原则上以湖水定界"，当时"按国务院规定，洪泽湖在正常水位为十二点五公尺"[1]，如果以洪泽县建立这一时间点确定其幅员，理论上这一水位形成的水陆界线即为洪泽县与邻县的界线，这是洪泽县的普遍认识，也是其坚持"建县初期，洪泽湖的水域界址明确"[2] 的理论依据，在其后大大小小的边界会议上也成为其反复强调的重点，淮阴地委也普遍认可这一说法。不过由于两份建县的文件中未涉及这一水位线及以其对应的水面积作为洪泽县的幅员，将其绝对固定，故泗洪县在后来的边界纠纷中敏锐地寻到了这一漏洞，坚持称："一九五六年建立洪泽县时，两县的界址是以行政区划的边界确定的，从未有过以 12.5 米为两县界址之说"[3]，否定洪泽县在这一水位线拥有的幅员。

无论何种说法为正解，洪泽县始终都存在以水定界的局面，但正如前文多次强调的那样，以水定界存在先天缺陷，湖水的涨涨落落必然会造成界线伸缩

---

① 《关于我县与友邻地县矛盾地点的报告》，洪泽县档案馆藏：201-3-197。

② 《关于再次恳求解决洪泽湖周围水陆纠纷的报告》，洪泽县档案馆藏：201-3-218。

③ 《关于解决我县与洪泽县边界纠纷问题的报告》，淮安市档案馆藏：D1-2-810。

浮动，水域面积同样盈缩不定（见表5-1），中间的面积差亦水亦陆，相当可观却难以界定。由于洪泽与泗洪两种定界认识的不同，这个面积差极易成为争夺的对象，因此会产生无穷无尽的纠纷矛盾，不得不说洪泽设县伊始已留下了巨大的漏洞与隐患。

表5-1　20世纪50年代初洪泽湖的水位—面积关系

水位 （米）	11.0	11.5	12.0	12.5	13.0	13.5	14.0	14.5
面积 （平方公里）	1160.3	1484.2	1809.4	2068.9	2151.9	2231.9	2296.9	2339.1

说明：据洪泽湖志编纂委员会《洪泽湖志》第一章"地形　地质"表1-1"洪泽湖水位—面积—容积关系表"（不含与含女山湖）改制。

从政区地理的角度而言，县界分解向下是诸如区、乡、公社之类基层政区间的界线，按常理洪泽县是以水为境的水县，这些界线似乎在设县初应已明确划定，但令人颇感意外的是，从笔者查阅到的档案材料来看，洪泽县设县之初的20世纪50年代对此都无明文规定，洪泽湖面上基层政区间的界线非常含糊。而对这类界线的划定直到60年代初才做出相应规定，具体界线如下：

（1）成河公社管理木墩河以东至大淤滩，成子湖至大沟头，黄码头至小红滩、小洼口一带水面。

（2）雪枫公社管理木墩河以西、赵沙东至大淤滩，王沙以北、安河口、后河路、八大家、小明塘至洪泽湖农场外圩的水面。

（3）临淮公社管理赵沙西至大淤滩，王沙以南，蒋岗、二河、临淮头、六安镇、羊毛咀至新河头的水面。

（4）老山公社管理八段沟以北的淮河、龙河至大淤滩、马郎岗、盱眙三河农场以西的水面。

（5）淮河公社管理八段沟以南的淮河、龙河上游和斗湖的水面。

（6）三河公社管理盱眙三河农场以东、周桥以南、三河闸上下游水面。

（7）高涧镇和顺河公社管理周桥以北、高涧进水闸上下游、二河闸上下游、顺河集至与淮阴县交界的水面。①

洪泽县对县内水面的划分是约略而言，形成的是大致界限，并非严格意义上的界线。不过自洪泽湖形成后，水面上此疆彼界的分野能如此深入至县以下

① 《洪泽湖湖泊管理试行办法（草案）》，洪泽县档案馆藏：201-3-81。

还是第一次，从这一层意义上来理解，其影响不可谓小，洪泽县对水面管理意识的增强从中亦不难体会出几分。

不过需要特别强调的是，按洪泽县内规定，上述水面划分"不作捕鱼使用水面的界限"，渔民的作业并不受此羁绊，仍然可以全湖作业。在水面上的行政区划界线之外，洪泽县对渔民作业区域稍做划分的是大网船和挂钩的活动范围：

1. 洪泽湖西部：以大淤滩东边为界，挂钩应在大淤滩岑口以上以西作业；大网应在岑口以下以东生产。

2. 成子湖口：留出宽度二百公尺的航道，供洪泽湖和成子湖的来往船只通行；大台子、二台子是挂钩地，仍留给挂钩生产。

3. 大网船采用爬钩作业，也容易损坏其它渔具，故也应按照上述规定，在大网区域作业，不许越界生产。

4. 挂钩生产阵地，除大网外，允许其它渔具生产；大网生产阵地在大网禁渔期间允许挂钩和其它渔具入区生产。①

湖面上因长期是粗放式管理模式，大网渔船在作业时经常进入挂钩的生产阵地，拉坏挂钩，如成河公社二队在 3 个月内曾被网船拉坏尼龙挂钩达 15 万把之巨。二者的矛盾在 20 世纪 50 年代也早就存在，但此类渔民作业区域的划分同样也并非在设县之初就做出明文规定，而是直到 1964 年 10 月才由县委发出通知，正式划定二者的生产阵地范围，与公社间水面政区的划分时间约略同时。

至此，随着洪泽县在水面上管理意识的逐渐增强，洪泽湖水面上出现了两种不同类型的区划，形成了政区与渔区两种范围的大致划分，二者虽都无精确的几何界线界定，但对洪泽县而言一湖之内畛域之分是立然可判，尽管与泗洪在县界上的理解不尽相同。

二、打、砸、抢：湖区边界矛盾的恶化

不管洪泽湖水面人为划定的县界是此是彼，对沿湖百姓而言都几乎难称有效，约束几乎为零，历史上长期养成的入湖讨生活的习惯并未因建立水县的两纸公文而改弦更张。笔者找到洪泽建县后最早的一份指示——《中共洪泽县委关于迅速安排生产阵地及巩固水陆群众关系、制止制造纠纷的指示》，从中看到诸如"扣人、扣船、扣工具、打架"等种种不和谐的场景，至于原因，文件将其归因于"在国民党反动派及封建地主阶级的统治下，恶意地制造农民与渔民

① 《关于再次明确洪泽湖挂钩、大网生产阵地的通知》，洪泽县档案馆藏：201-3-81。

之间的纠纷，促使劳动人民内部互相歧视，互不团结"，以达到"损害劳动人民利益，达到剥削劳动人民财产的目的"。县委希望淡化纠纷，修复渔农关系。纠纷是客观存在，洪泽县背负上这一包袱也是铁定之事。这份文件在当时还属于机密文件，印发日期显示为1956年6月27日，距洪泽县成立不过两月余。肇建之初，洪泽湖水面已是波涛汹涌。

据统计，自洪泽县建立至1984年间，纠纷"经县级处理的有一百二十六起，经地区处理的有二十六起"；有案可稽的"伤于水陆纠纷的有一百四十三人，死于水陆纠纷的有三人"[①]。由此可见，矛盾非常尖锐。表5-2是笔者根据大量档案材料整理出的"1957—1984年间洪泽湖区较大规模的县际纠纷事件"，其中矛盾冲突的肇事方人数，从近百人至上万人规模不等，仅从这一数字，规模之大已令人大为惊骇，绝非一般小打小闹。不过客观而言，就表中所见，肇事方出动如此规模人数，洪泽县人身损害情况并不特别突出，相较之下财产损失之大就让人瞠目结舌了，动辄几千亩滩地、几万斤柴草，用车载斗量形容都毫不为过。这一点是湖区纠纷事件的一大特色，侧重于滩地、水面资源的抢夺，并不追求杀伤人命。一旦行动，目标明确，组织严密。

为了更好地分析此类事件的性质和特点，可以以1979年泗洪县管镇公社谭庄大队洗劫洪泽县老山公社刘咀大队这一典型事件为例进行一番探讨。

泗洪县谭庄大队与洪泽县刘咀大队两队接壤，在历史上曾因湖田所有权和芦苇收割权发生过多次纠纷。洪泽建县后情况也未得到好转，从1958年开始管镇先后从南小尖逐步蚕食刘咀管辖的滩面，面积达6800亩之多。1959年10月，为了处理这一地区的纠纷，淮阴专区曾主持召开泗洪、盱眙、洪泽三县相关负责人的座谈会。经过协商，重申了国务院12.5公尺水位线时沿湖草滩产权仍归洪泽县所有的精神，但会上洪泽县对泗洪也做出一定程度的妥协，将刘咀头以下南小尖至大井滩一段给泗洪县收割，洪泽县作为产权所有者征收一定提成作为收益。但1965年后泗洪县已拒绝再给提成，并将该滩面及原先争议地区完全视为己有。1979年事件爆发前的5月，刘咀大队书记为避免纠纷，曾多次到谭庄大队协商各自该割的草区，均遭到谭庄拒绝。

1979年10月24日，刘咀草民上湖滩割芦苇，谭庄看草人立刻向谭庄大队书记刘某反映，称："刘咀人割我们滩上草。"大队书记又立即向公社正、副书记汇报，正书记称："刘咀人割我们的草不能让"，副书记亦云："对草滩上的草要像管粮食一样。"公社一二把手的表态给谭庄大队定下了反击的基调。此后公社副书记

---

① 《四面进攻久拖不决洪泽湖渔业资源破坏严重》，洪泽县档案馆藏：101-1-184。

又特地写信给谭庄大队书记刘某，再次强调："刘咀割我们草，不能让他们割，割一寸草也不能让"，这几乎是直接在为谭庄大队鼓劲动员。得到公社明确支持的刘某，在 10 月 25 日一方面派人继续监视刘咀割草的情况，另一方面立即召开了大队干部会议策动洗劫事宜，但会上因干部意见没有统一，未能形成决议。

10 月 29 日傍晚，负责监视的看草人向大队副书记王某再次汇报了刘咀人割草的情况后，王立即找到书记刘某说："刘咀人又到滩上弄草，再不动手，下边说我们软弱无能，现在就有人说了，你看怎么办？"书记刘某被激将后，与王某达成了动手的意见，并策划出三条行动方案。由于怕事情不好收场，王提议刘将行动方案带到公社请示。公社副书记接待后，不仅明确表态支持，而且还责怪谭庄大队太过软弱。当刘试探道："考虑到洪泽已全面开刀，人都在滩上，怕去了出问题。又怕这样一搞，地委又要来处理。但又考虑，地委如来处理，就说刘咀交草给我们，我们就交船给刘咀"，公社副书记称："可以，但不能打仗，不能给人逮到。"刘仍然担心，说："就怕这样一弄，地委又要来处理我们了。"公社副书记却斩钉截铁地保证："地委处理你们，我们公社不处理你们。"彻底解除了其后顾之忧。

10 月 30 日晚，刘某得到"尚方宝剑"回队后立即召开了两次会议。一次是大队干部会议，主要研究行动方案。在刘将公社支持的态度传达后，干部们纷纷表示同意行动。大队支委王某提议："干脆我们一片包一队。"该提议获得会议通过后，遂确定下谭庄 11 个生产队按自然村分片到指定地点集中去刘咀。具体是兵分四路：一路由大队副主任、治安副主任带四个生产队 140 人到刘咀一队；二路由大队副书记与会计带四个生产队 160 人到刘咀二队；三路由大队主任、治安主任、支委带三个生产队 100 人到刘咀三队；四路由民兵副营长带12 人到刘咀停船处抢船。行动的时间定在了 10 月 31 日凌晨 5 时，以大队开广播为信号。一切如行军打仗一般细致。大队干部们的计略议定完，紧接着刘又召开了生产队干部会议，会上，刘再次将公社的态度、大队干部会议上的讲话和具体的行动方案进行传达，并强硬地威胁道："弄回来的草那弄那留。不去的人要罚款十元。"至此，行动无悬念获得支持，方案全面下达。

10 月 31 日凌晨 5 时，方案正式实施。谭庄的第四路军首先将刘咀大队看船的两个小姑娘制服，劫走了刘咀的机船、木船，顺利切断了刘咀的交通和运输能力。紧接着其余三路分头到指定地点各自洗劫，有抢草的、抢粮食的、抢手扶拖拉机的，还有一部分人直接冲到鸡场捉鸡，甚至这一过程中还出现了抢塑料布、粪桶等生活用品的荒唐行径。刘咀各生产队面对突袭，毫无防备，虽全队上下全力反抗，竭力阻止物资被抢，但无济于事。

表5-2 1957—1984年间洪泽区较大规模的县际纠纷事件

时间	肇事方				涉事方		冲突地点	主要损害情况		处理结果
	县、专区	社、队	领导	人数	县、专区	社、队		人身	财产	
1957.3	泗洪县	管镇陡湖、铁佛乡	—	数百人	洪泽县	永卿乡	淮河滩	—	苇草被抢割	—
1960.7	专区林柴总场	—	—	300余人	洪泽县	雪枫溧河大队	孟沟一带	—	溧河大队2人被扣，7条小船被拖走，110000捆小草被抢	人、船放回，小草未子，赔偿
1960.8.26	专区林柴总场	—	—	200余人	洪泽县	雪枫临淮、力河大队	二河口	—	43400捆蒲草被抢割	—
1960.9.17	专区林柴总场	—	—	86人	洪泽县	雪枫临淮、力河大队	二河口	—	抢割15000斤小蒲、100捆毛草	—
1960.10.2	洪泽县	雪枫公社	书记、队长	700余人	专区林柴总场	—	二河口	—	抢回250000多斤蒲草	—
1962.9	泗洪县	陈圩陈圈大队	大队书记	100多人	洪泽县	临淮小街大队	小夹滩	—	22000斤大柴被抢	—
1963	泗洪县	管镇公社	—	数千人	洪泽县	老山刘咀大队	刘咀滩	刘咀伤20多人	芦柴5000多捆被抢	—
1963	泗洪县	管镇伏湖、沿淮、仁和、龚庄	—	—	洪泽县	老子山兴隆大队	—	—	8000亩滩面被占	—

续表5-2

时间	肇事方				涉事方		冲突地点	主要损害情况		处理结果
	县、专区	社、队	领导	人数	县、专区	社、队		人身	财产	
1964.5.23	泗洪县	崔集13个大队、陈圩4个大队	各大队书记	800人	洪泽县	雪枫公社	左楼一带滩面	—	约1万亩草滩被抢割	大队干部予以批评教育
1964.8.25－8.26	泗洪县	龙集金圩大队	大队书记、队长	120多人	洪泽县	林柴总场	靳东、高咀一带	—	10多亩柴草被抢割、200多棵杞柳被毁	—
1974.5.15－5.16	泗洪县	管镇伏湖大队	大队副书记	120多人	洪泽县	老山洪明三队	滑皮滩、头道沟	洪明三队伤2人	40多亩草田被割、1条船被抢	—
1975	盱眙县	渔沟侍滩、高银等村	—	千余人	洪泽县	老子山乡兴隆、洪明村	圣山湖	—	水草地1200亩被毁	—
1975	盱眙县	渔沟前港、中港、后港等村	—	1200多人	洪泽县	老子山乡兴隆、洪明村	四山湖	—	2000多亩水面被占	—
1975	泗洪县	管镇伏湖、仁和、龚庄	—	10000多人	洪泽县	老子山乡兴隆、洪明村	仁和洼	—	20000亩水面被占	—
1976.7.29	泗洪县	管镇伏湖大队	大队干部	400人	洪泽县	老山刘明大队	新淤滩	—	近百亩芦柴苗、杞柳被毁	—

时间	肇事方				涉事方			主要损害情况		处理结果
	县、专区	社、队	领导	人数	县、专区	社、队	冲突地点	人身	财产	
1976.8.15	泗洪县	管镇伏湖大队	—	140余人	洪泽县	老山洪明一队	南小尖子滩	洪明一队伤1人	断塘鱼被抢、断箔被毁130多条	—
1976.8.23、8.25	泗洪县	管镇伏湖大队	大队副书记、民兵营长,16个生产队长	1000多人	洪泽县	老山刘明大队	新淤滩	—	刘明大队150多亩杞柳被抢割	—
1976.10	泗洪县	管镇伏湖大队	—	1000多人	洪泽县	老山刘明大队	刘明滩	—	杞柳20多万斤被抢	刘明群众上访无人处理
1977.4	泗洪县	兴隆公社	公社副书记	2000多劳力	洪泽县	淮河黄岗大队	黄泥滩	黄岗大队伤3人	—	—
1977.6.1-6.3	泗洪县	管镇裴庄大队	民兵营长、治安主任,11个生产队长	200多人	洪泽县	老山洪明大队	洪明大队驻地	洪明大队伤6人	抢走渔船3只,捣坏生产、生活用具被抢84件	—
1977.8	泗洪县	龙集公社	群众	—	洪泽县	淮河公社	高明以西水域	淮河公社一队长被打伤	1万斤鱼被抢	—
1978	盱眙县	渔沟公社	—	上万人	洪泽县	老山淮仁、大队	王桥连子、小东滩	—	2500亩芦柴、4200亩水草被毁	老山群众上访四次无果

续表5-2

时间	肇事方				涉事方		冲突地点	主要损害情况		处理结果
	县、专区	社、队	领导	人数	县、专区	社、队		人身	财产	
1978.8.3	泗洪县	崔集张塘、孙庄、刘德三大队	三个大队书记	200多人	洪泽县	半城公社	滩、安两河夹滩	半城死1人，伤18人，泗洪伤2人	—	张塘书记被逮捕、孙庄、刘德书记及打人者给予批评教育，公社评黄、崔集、半城公社书记党内警告处分
1979.10.31	泗洪县	管镇谭圩大队	大队正、副书记及11个生产队干部等	412人	洪泽县	老山刘咀大队	刘咀大队驻地	刘咀死1人，伤24人；谭庄伤23人	拖拉机、农用船、粮食、柴草被抢或被烧，损失1万多元	管镇承担死者善后费用；伤者各县自目理
1984	泗洪县	管镇	—	—	洪泽县	老山刘咀村	三道沟、西滩	—	芦柴被抢8000捆，柳树被割万余斤	—
1984	泗洪县	管镇乡	—	80多人	洪泽县	老子山乡洪明村	滑皮滩	—	3万多斤杞柳被抢	公安机关没有结论
1984.4	泗洪县	管镇沿淮村	—	—	洪泽县	老山刘咀村	—	—	2500多棵树苗被拔	未处理

资料来源：《关于泗洪县管镇谭圩大队、崔集某某等社为省组织几百人到洪泽县老山刘咀进行砸抢打的调查报告》，洪泽县档案馆藏：201-3-218；《中共老山公社与泗洪县崔集管镇公社委员会关于泗洪县管镇公社某庄大队制造打、砸、抢事件情况严肃处理的报告》，洪泽县档案馆藏：503-1-74；《关于泗洪县崔集与洪泽县半城公社发生严重武斗事件的通报》，洪泽县档案馆藏：503-2-69；《关于刘咀一片滩面被占情况的调查》《关于兴隆、洪明两村渔民生产阵地被侵占情况的调查》，洪泽县档案馆藏：503-2-85；《关于迫切请求解决洪泽湖边界纠纷的报告》，洪泽县档案馆藏：201-3-197；《为你县陈湖、铁佛两乡群众入淮砍柴挖草根函请禁止由》《中共泗洪县委关于余社某某带牙余洪泽湖林柴总场与我县管枢公社秋草纠纷情况的调查报告》，洪泽县档案馆藏：201-1-17；《关于我们淮河公社被割洪泽芦柴大队与某某带某公社为边界纠纷问题的报告》，洪泽县档案馆藏：524-2-14；《洪泽大队与专区林柴总场报告我社组织1000余人在他场管镇运他场芦柴和溧河芦柴总场报的情况》，泗洪县档案馆藏：532-2-23。

突袭中，刘咀被打死1人，伤24人，其中重伤4人；由于刘咀的自卫，谭庄大队也被打伤23人，其中重伤6人。人员是互有损失，而财产损失则全部都是刘咀一方。据事后淮阴地委的调查，初步统计就有：芦苇946捆，稻子300斤，小麦315斤，芝麻239斤，大米65斤，绿豆50斤，水泥6吨，船1只，手扶拖拉机1台，拖斗3个及农具、生活用具58件被谭庄洗劫而去。此外刘咀另有1000多斤麦草被烧。损失不可谓不大，刘咀虽在承平时代，却犹如兵灾过境一般惨痛。

事后，谭庄大队书记刘某向公社书记汇报了"打仗"情况。公社书记进一步指示刘回去将人再组织一番，以防刘咀将伤者抬去闹事。刘领命后，立即组织46名民兵，拿着扁担、棍棒、绳子，到谭庄与刘咀接壤处站岗放哨。俨然如敌国临境。

遭受洗劫的刘咀大队随即将事件控告到洪泽县公安局，洪泽县上报至淮阴地委。由于事件严重，地委立即派出由行署副专员、地区公安局副局长牵头，会同洪泽县常委和泗洪县副书记，分别带领地县有关人员30多人组成的调查组介入调查，同时将事件报告江苏省委。省里闻讯后派省公安局、检察院、法院三人现场督导。经过调查，事件来龙去脉一清二楚，调查组最终将其定性为以谭庄大队正副书记刘某、王某为首的"有计划、有组织、有严重后果的打砸抢事件"，并下达处理意见：由谭庄大队支付死者安葬费300元，其家属、子女生活照顾费1500元；打死人的凶手"先拘留再报请检察机关批准逮捕，追究刑事责任"；"对事件中被打伤人员，本着团结起来向前看的精神，由各自负责治疗、营养补助。尚未追回的东西，由泗洪县委和管镇公社党委负责追回，如数退还。或者折款赔偿损失"。相关责任人的处理是：谭庄大队正、副书记"报请检察机关批准逮捕"；管镇公社书记，调查组"建议地委应给与[予]党纪处分，撤销公社党委书记"。①

从淮阴地委的处理意见来看，尚称得上调查周密，处理公正，较为客观。但具体执行时却产生了巨大的偏差，刘咀大队所属的老山公社曾在20世纪80年代初在一份文件中愤愤不平道，所谓的四人追究刑事责任"结果一项都未执行。罪犯判决后，又放回来，照样当干部"②，透露出了真实的执行情况，其间的差距不可以道里计。不言自明，泗洪县内对管镇公社涉事者采取了支持、纵

---

① 上述事件主要依据淮阴地委调查组《关于泗洪县管镇谭庄大队书记刘某某、付［副］书记王某某为首组织几百人到洪泽县老山刘咀大队进行打砸抢的情况调查报告》总结，洪泽县档案馆藏：201-3-218。

② 《关于刘咀一片滩面被占情况的调查》，洪泽县档案馆藏：503-2-85。

容的态度，并不愿处罚为其争滩地的基层官员和社员；甚至可以大胆地猜测，作为上级主管、检察部门的淮阴地委可能也睁一只眼闭一只眼。实际上，整个处理意见是看似雷声大，实则雨点小。

另外，如果仔细分析整个事件，泗洪县涉事基层官员实际不仅只是调查意见中提及的3人，管镇公社副书记、谭庄四路大军中的大队正副主任、治安正副主任、支委、会计及11个生产队队长全都参与了洗劫事件。严格意义上，整个谭庄大队所有干部都应负有较大责任，但正是由于群体的共谋、集团的作案加之群众的规模效应产生了法不责众的客观效果。很难说这一结果不是在公社干部们的意料之中，只是其中需要把握一定的火候，具备相应的政治智慧。管镇副书记称"不能打仗，不能给人逮到"，解读下来的含义是发生冲突时尽量不要出现伤亡情况，即可安枕无忧。从结果而言，谭庄大队处理得不算漂亮，伤亡过大，才引来了地委的深入调查和纸面上的严厉斥责，3名官员和打死人的社员才吃了些牢饭。但即使如此"有计划、有组织、有严重后果"，甚至在省里都有官员介入的情况下，实际处罚之轻还是让人大感诧异。

在湖区历次较大规模的冲突中，管镇公社干部的明确支持并非仅是特例，正是干部们在策划、动员、组织、善后等方方面面提供了直接或间接的政治谋略，纠纷才愈演愈烈。群众的热心参与固然有分享战利品的诱惑，但公社的压力同样广泛存在，如泗洪县鲍集公社铁营大队在动员社员抢割临淮公社双淮大队庄稼时，就有明目张胆的威胁："到麦收时，那〔哪〕一家大人、小孩不来抢（指抢双淮大队居民种的麦子——笔者注）就要追（指整治——笔者注）他的思想，扣他的口粮。"① 此情此景，即使事不关己的社员也很难"光荣孤立"，最有利的选择就是加入抢割的队伍中明哲保身。在动员中谭庄大队书记扬言"不去的人要罚款十元"，这一言语背后很有深意，既是为了人多力量大取得胜利，也是为了事后全队捆绑在一条船上，共同进退。

在此次事件之前的历次械斗纠纷中，刘咀大队是"每打一架，草民被迫退让一步"，一些草民为此事还曾多次上访，但问题始终得不到解决；此次事件之后，管镇没有任何收敛，依然"砍伐被他们占去的滩面的芦柴，还年年到刘咀仅有的一千多亩滩面骚扰、抢劫"，刘咀大队是步步后退，年年受扰。由于该队草民利益受到严重侵害，"人身安全没有保障，原来的一千多户草民现在（1984年——笔者注）有的外流到我省其他县市，仅剩一百一十五户"，外流比重之高

---

① 《关于解决泗洪县与洪泽县"廿四顷草滩及新河头一段土地纠纷"的报告》，淮安市档案馆藏：240-63-21。

极为惊人，民众心中的恐惧可想而知，刘咀几乎到了瓦解的边缘。可以说，淮阴地委的处理结果没能起到杀一儆百的作用，相反谭庄的持续强势倒产生了对刘咀威吓压迫的效果。

谭庄与刘咀的冲突在很大程度上也是管镇与老山两公社间的冲突，同样也是泗洪与洪泽两县间对抗的一次爆发。政治尺度的提升，事件的性质与影响不断被扩散、放大，面貌大不一样。以此为例是因为这一事件具有相当的典型性，但它不是唯一的一起群体性事件，也并非最大的一起，很多冲突都在洪泽湖西部长期上演，其人数都在千人以上，远较这一事件规模庞大。不过这些大大小小的事件有两处最大的相似点值得关注：第一，肇事方都具有严密的组织、计划和目的性，体现为公社或大队内干部的明确支持和参与；第二，事件的处罚非常轻微，肇事方的政治代价和经济成本相当轻微。对于第二点洪泽县最为不满："地区曾派人查处，但处理意见未能付诸实施，故他们不引以为戒，一犯再犯，还有更重要的一点，没有给肇事者及组织者，幕后策划者在政治上予以处分，致使他们十分嚣张。"[1] 受此影响，30 年中洪泽县在湖西的各个水上公社面对陆上县农业公社的进攻是节节败退，损失惨重，原为洪泽县境内的水面和滩地不断被蚕食，陆进水退的趋势非常明显。

三、水陆间争议地点的分布

洪泽县的边界矛盾主要集中于湖西部分，除了最严重的泗洪县，与湖西盱眙、泗阳两县也有此类纠纷。洪泽县控诉，"每当夏季水位下降，泗洪县沿湖地区的社、队部分农民下湖砍草时，看到我县渔民簖塘里有鱼，就任意捕摸，甚至拔取簖箔和捣毁渔具"。当湖水上涨，增高到 12.5 公尺时，包括泗洪县在内的三个陆上县的沿湖群众同样随心所欲地出入洪泽湖水域，任意采割湖内的芦柴、鸡头、菱角、藕、蒿草、蒲草等水生植物，致使洪泽县鱼虾资源的繁殖条件受到严重破坏，产量大幅度下降，"渔民损失较大"[2]。这是约略而言，将湖区县与县之间的矛盾分解下来，实则主要是几段边界线的纠纷。

第一段是从成子湖湖边起，长 48 公里，穿孙庄、靳东湖地，经老杨洼，跨老安河、灘河、顺圩须河至半城陆地部分，由半城陆地部分沿刘岗东边雷三沟、顺二河至汴河。在这一地段，洪泽县成河公社"渔民与泗洪、泗阳县的沿湖农

---

① 《中共老山公社委员会关于泗洪县管镇公社龚庄大队制造打、砸、抢事件请求严肃处理的报告》，洪泽县档案馆藏：503-1-74。

② 《关于洪泽湖周围与友邻县（市）划界意见的报告》，洪泽县档案馆藏：201-1-17。

民矛盾较大。水退时，农民下湖解鱼，并损坏簖箔，还不准渔民下簖在草滩上"①，渔农矛盾突出。

第二段从汴河到新河头，约长 13.5 公里，泗洪县陈圩、双沟两公社、淮阴专区林柴总场与洪泽县临淮公社、半城公社在该段纠纷频出。其中泗洪与洪泽是一对老冤家，在后河路一带交界处的 2 个县 4 个公社"历年来也因争水面、争滩地，争湖产而纠纷不断，常有斗殴"②。淮阴专区林柴总场与洪泽县则属新仇，该场成立于 1960 年，为江苏省属林场，属省农业厅领导。该场成立后，洪泽湖二河以西约数万亩水面从洪泽县划给其管理，该处水生植物面积占临淮全公社管辖面积约 60%③，严重影响到临淮渔民的收入，因而渔民经常越界捕鱼；同时专区林柴总场亦经常联络泗洪农民到二河以西抢夺临淮公社的柴草。洪泽县在此段是新仇旧恨，对立严重。

第三段从新河头到刘咀东的河边，约 31.9 公里，主要是泗洪县鲍集公社与洪泽县临淮公社关于新河头土地的纠纷。洪泽县临淮公社的双淮、新河两大队历史上即在这一地段捕捞生产。1958 年在提倡渔民上岸，腾船生产时，由于两队无立足之地，洪泽县委书记找到泗洪县委书记协商解决。泗洪县同意将新河头两岸 1000 多亩压废的荒地划给双淮、新河两大队渔民定居，渔民遂在该地兴建了鱼塘、养猪场、收购站等单位，并垦荒种粮④。1961 年随着中共中央经济政策调整，强调"三级所有，队为基础"的指示下达后，泗洪县委出现后悔之心，要求洪泽县"算账退赔"原先赠予的土地⑤，遂产生了纠纷问题。

第四段从刘咀到牛尾滩东段，约 29.5 公里，此段滩地纠纷涉及泗洪管镇、鲍集，盱眙官滩及洪泽老山、淮河，共 3 县 5 个公社。对这一地区洪泽县虽有产权，但由于泗洪、盱眙群众进入洪泽县管辖滩面强行割草、放牛及抢夺柴草，导致纠纷长期存在并日益严重。在该段，泗洪管镇公社与老山公社矛盾最为尖锐，前述谭庄大队洗劫刘咀大队事件即是这一矛盾的集中体现。

第五段从牛尾滩东到上三撮毛，约 22 公里，是经常发生争议的焦点地段。老山公社与泗洪、盱眙两县毗邻，"渔民与农民之间在柴滩、水面管理和使用问

① 《成河公社渔业生产调查报告》，江苏省档案馆藏：4072-010-0461。
② 《关于调整我县与泗洪县边界矛盾的社队土地管辖范围的报告》，洪泽县档案馆藏：201-2-240。
③ 《关于我社与林柴总场湖产管理纠纷问题请示解决的报告》，泗洪县档案馆藏：533-1-51。
④ 《关于解决新河头压废土地纠纷问题的报告》，泗洪县档案馆藏：533-1-51。
⑤ 《泗洪县委关于新河头土地要求"算账退赔"致洪泽县委的信》（原档无题，笔者据内容拟定），洪泽县档案馆藏：201-1-17。

题上就有很多矛盾，年年不断纠纷"，仅 1962 年就发生纠纷 35 起，1963 年由于砍柴引起的纠纷达 20 余次①，水陆关系相当紧张。此外，洪泽县淮河公社与泗洪县铁佛、兴隆两公社为争夺生产阵地和湖产收管，在斗湖及牛尾滩、永元滩、腰滩等滩面也存在激烈对立。斗湖与洪泽湖连通，是洪泽湖的一个支湖，泗洪县铁佛、兴隆两公社与洪泽县淮河公社在这一地区隔斗湖南北相望，历史上双方"以有习惯性的自然界址各居南北"②，长期没有明确划定界线。1960 年以来，洪泽县渔民由南至北在水面的捕鱼，与泗洪农民由北自南的围垦湖地发生频繁的水陆接触，斗湖界址及湖滨滩地权属问题即在纠纷中浮出水面。

第三节　陆进水退：洪泽县境的内缩

一、"农吃水"：湖区的渔农关系

洪泽县在湖西有成河、临淮、老山 3 个水上公社以及半城、淮河 2 个半渔半农公社，它们都属于渔业乡，其社员以渔民为主。与其存在激烈竞争关系的是沿湖陆县的农业公社，其社员基本是清一色的农民，双方群众虽属地不同，但水陆相连，你来我往，长期发生联系。历史上，陆强水弱是湖区基本格局，农民远较渔民强势。民谚云："船靠山头怕老虎，船靠街头怕地主，船靠当湖怕风浪，船靠滩头怕老鼠。"③ 形容的就是这一局面，其中的"老鼠"意指农民。虽然旧社会的"老虎""地主"在新中国成立后销声匿迹，再无踪影，但渔民担心的"老鼠"却依然存在。

洪泽县建立后，渔民与农民水陆两分，二者之关系顿时又染上了一层政区的色彩，双方是新仇旧恨，势同水火。有时农民故意放水牛到渔民捕鱼的生产阵地任意践踏，有时渔民的渔具被大风刮到岸边，农民拾起后也并不归还；针锋相对地，渔民对农业队湖滨的水生植物也不爱护，一些渔民甚至用镰刀将农

---

① 《洪泽县老山人民公社渔业生产情况和当前存在的问题》，江苏省档案馆藏：4072-010-0179。

② 《关于我们淮河公社与泗洪县兴隆等公社为边界纠纷请求领导早日调查处理避免武斗的报告》，盱眙县档案馆藏：524-2-14。

③ 《关于张福河渔民在沿湖一带生产情况的调查》，泗洪县档案馆藏：534-1-25。

民的草苗砍掉①。双方在心理上是来而不往非礼也。不过客观而言，渔民以水为生，居住分散，人数稀少，并不谋求侵占陆上土地种田，对农民威胁甚小；而沿湖邻县农民对洪泽湖水域始终存有强烈的觊觎之心，威胁极大。1964年9月，泗洪县龙集公社金圩大队在向江苏省委、省人委的一份申诉中理直气壮地宣称洪泽湖"这块大地就是作为全民的地，大地上的产物就应该全民享受啊，为什么洪泽人民能享受，我们泗洪人民就不能享受呢?"② 这种思想在沿湖陆县的农民脑海中普遍存在。更要命的是，由于并非自家地盘，农民"往往只从眼前利益出发，便不问季节，不按规定，随心所欲，何时需要就何时砍割湖草"③，完全不顾及水产资源的繁殖保护及其对渔民生产、生活的影响。最具破坏性的是所谓的"卷园子"，即利用枯水期，割掉沿边水草，由四边向中间翻卷，以达到竭泽而渔的效果。据透露，这种"卷园子"在湖区年年都有。最严重的是1982年，曾有上万农民入湖，卷掉水草面积达25万亩之巨。农民所到之处，渔民簖塘中的水草、鱼、虾、蟹都被一扫而空。

除了竭泽而渔，农民向渔民征收苛捐杂税也是陆强水弱的一种表征。沿边乡、村普遍私立章法，向渔民征收名目繁多的各种费用，如"允许费""管理费""征草费""辛苦费""弄草费""地皮费"等④，渔民如若不给，农民往往以拔簖拖船相威胁。还有一些恶劣的农民更明目张胆，动不动就上船要求"打酒买菜去"，不答应同样危言恐吓⑤，甚至老拳相向。此外，勒索鱼货也是沿边农民对渔民普遍存在的陋规。笔者在洪泽县档案馆找到一份1964年洪泽县成河公社第四队被泗洪县沿湖农民勒索的鱼货清单，清单详细记载了该年5月至7月间该队渔民的损失情况:

> 五月十日，田集大队十三队十队两个生产队夜里来了卅多人到断（应为簖——笔者注，下同）塘摸鱼，大约被摸去壹［一］百多斤鱼。并被捣烂和拿走花兰34个。
>
> 五月十五日夜间，田集下来15人到断塘摸鱼，当时我们看断五人，被摸去鱼二百多斤。
>
> 五月二十六日早饭后又下来卅余人，当时是陆地马某叫到断塘摸鱼，

---

① 《关于和平大队第八渔业生产队解决水陆纠纷情况的报告》，洪泽县档案馆藏：240-2-33。

② 《为要求解决土地纠纷的问题》，洪泽县档案馆藏：201-1-17。

③ 《关于洪泽湖周围与友邻县（市）划界意见的报告》，洪泽县档案馆藏：201-1-17。

④ 《关于成子湖水面的调查报告》，洪泽县档案馆藏：534-1-25。

⑤ 《关于张福河渔民在沿湖一带生产情况的调查》，泗洪县档案馆藏：534-1-25。

我们看断刘某（65 岁），对他说，你们不要摸，我倒给你，他们不要，结果被撕毁花兰 32 个。

六月 17 日至六月 20 日，龙南大队两个看青陈某与王某下湖到尚咀第三队要鱼吃四次，80 斤不给钱。

七月十六日，田集大队十三小队尹某等四人摸去四队段某断塘鱼 150 斤左右。

七月十八日，田集大队又来廿余人，要去我四队花兰 60 多个，鱼 20 多斤，彼弄坏花兰 30 多个。

七月 19 日又来卅多人要去花兰鱼 30 多斤，损失 30 多个。①

从上引材料可见，陆地农民对渔民的需索相当频繁，既有明抢，也有暗要，稍不顺意即施报复。而且值得留意的是，索要时农民们往往多人参与，以多欺少，渔民人数较寡，只能隐忍。此类农民欺负渔民的现象直到 1985 年湖区行政区划调整前一直持续存在。常年利益受损的成河公社渔民极度不满，曾将其比喻为"农吃水"的严重问题②，非常贴切形象地概括了这一问题的实质。

对于农民的勒索，也有渔民选择了抗争。同样在 1964 年，泗洪县龙南大队的农民也曾在 6 月 25 日至 6 月 27 日，连续四次到成河公社和平大队第一生产队的簖塘内摸鱼，最终矛盾激化，和平大队的渔民与他们口中的这些"陆地人"发生械斗事件。事件中，渔民投入"十余人"，"陆地人"则有 17 人，结果"造成一人死亡，两人受伤的严重损失"③。如果注意到这一事件发生的时间，与上引文献中成河公社在其后的 7 月仍有被勒索的事实，显然可以断定，渔农矛盾是痼疾难除，仍在水涯重复出现。

还有些渔民选择了较为和缓的正常途径，他们找到农民所在的村子讨要公道，"但多数不予处理，少数敷衍了事，找到乡里，那时地界上的纠纷，往往鞭长莫及"。政区间的畛域之分加之敏感的边界矛盾使得基层官员避之唯恐不及，普遍采取了大事化小，小事化了的处理方针；而另外一些"主管县、乡则认为对自己有利，不仅不制止，有的还暗中支持，甚至公开撑腰"。正是在这样的心

---

① 据《成河四队与泗洪田集纠纷》改编，因原件排列较为紊乱，引用时择要按日期先后排序，姓名略做处理。洪泽县档案馆藏：132-1-13。

② 《关于成河乡张福河村沿湖一线的情况调查》，泗洪县档案馆藏：534-1-25。

③ 参见《关于洪泽和平大队渔民与泗洪龙南大队农民闹事问题的调查报告》《关于成河公社渔民与泗洪县龙吉公社农民因断塘逮鱼问题发生殴打情况的报告》《关于泗洪县龙集公社龙南大队社员来成河公社和平大队断塘逮鱼引起械斗致死人命的情况报告》《关于水陆纠纷问题的报告》，洪泽县档案馆藏：201-1-17。

态影响下，索需之风长期盛行，勒索者的"胆子是越来越大，行为越来越猖獗"①，渔民对农民的对立情绪严重加剧。

如果说农民对渔民还算是小打小闹，那么陆县对水县的压迫实际更为严峻，这突出表现为"擅自扩大管区，拼命争夺领地"——抢占水面的现象。档案材料透露，截止到 1985 年年初，被泗洪县划为自己管辖的湖面有 373290 亩，被泗阳县划入的湖面为 142300 亩，被盱眙县划入的这一数字是 45920 亩，淮阴县亦划入 27000 亩湖面，共 588510 亩，"占洪泽湖总面积的百分之十七，占湖区现有水草面积八十九万七千二百六十亩的百分之六十六"②（见图 5-1），比重之高，蚕食之剧，令人惊叹。受官方影响，陆上县农民对水面的占有欲也是越来越强，泗阳一农民在向渔民征收"地皮费"时就宣称："高渡以北的水面都是我们泗阳的"③，俨然一副东家派头。

□洪泽县 ▨泗洪县 ▤泗阳县 ▧盱眙县 ▥淮阴县

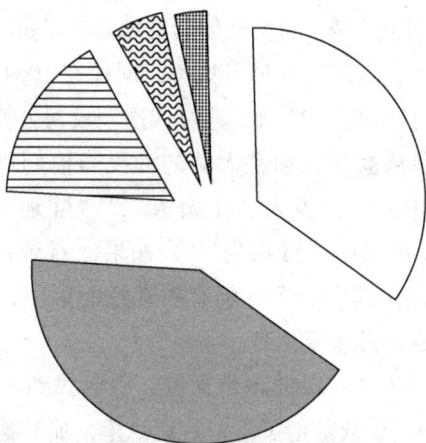

图 5-1　沿湖各县对洪泽湖水草地的占有份额

对渔民而言，农民侵占的全是水生植物茂盛、鱼虾等生长最好的作业阵地；对洪泽县而言，其实际控制的水面不复当年"按湖设治"时的规模，被侵占的水面也已是他人地盘，鞭长莫及。毫无疑问，两种类型的"农吃水"相互作用，都造成了洪泽县县境的内缩。

---

① 《关于洪泽湖管理体制的调查（讨论稿）》，洪泽县档案馆藏：101-1-184。
② 《四面进攻久拖不决洪泽湖渔业资源破坏严重》，洪泽县档案馆藏：101-1-184。
③ 《关于与邻县乡接壤的渔业经济如何翻番的情况调查》，泗洪县档案馆藏：534-1-25。

二、"陆攻水"：围湖造田与洪泽湖水域的减少

洪泽湖为人工蓄水形成的巨浸大泽，水位本身不高。1951 年，《人民日报》发表毛泽东同志题词"一定要把淮河修好"，治淮工程成为国家重大工程，洪泽湖作为治淮的关键枢纽，按中央规定，水位应维持在 12.5 米。以 1983 年实测的洪泽湖湖底地形图计算，海拔 10 米以上的滩地有 1300.84 平方公里，占全湖总面积的 62.2%；11 米以上的滩地有 446.35 平方公里，占全湖总面积的 21.4%；12 米以上的滩地则有 61.73 平方公里，占洪泽湖总面积的 2.95%。这些滩地主要分布在湖西的临淮、王岗洼、侯咀洼、杨老洼及成子湖、老山、淮河口一带①。理论上，围湖造田的利益前景相当可观。

虽然淮阴地委反复宣传"洪泽湖四周真高十二点五公尺以下属湖区蓄水范围，任何单位、任何人不得围垦"②，但湖区各社、队充耳不闻，毫不理会。几十年间水面上出现了此起彼伏的大规模围湖造田现象。据统计，20 世纪 50 年代围垦面积为 52.94 平方公里，60 年代为 75.4 平方公里，70 年代则为 92.5 平方公里，呈逐年递增趋势。到 1984 年整个湖区共围垦 335.2 平方公里，占 50 年代 12.5 米水位线对应水面积的 16.2%（见图 5-2）。垦田数量极为庞大。一进一退，洪泽湖水面自然是不断缩小。

就政治行为主体而言，参与围湖的有泗洪、泗阳、盱眙、淮阴 4 个临湖的县份，同时也包括视洪泽湖为内湖的洪泽县。总之"临湖各县、各乡都围，甚至有些不临湖的乡村也跳过沿湖乡村到湖边围垦"③，风气之盛一时无两。洪泽县的围垦"主要用于建立国家商品鱼基地和四万多渔民定居"，归根到底，垦地尚在自家藩篱以内，除了对洪泽县水陆结构产生影响，于县境幅员并无实质改变。但沿湖各陆上县的围湖造田，性质和影响则截然不同。就本质而言，围湖属于争地的一种特殊类型。垦地尚在水面以下时陆县争抢总需遮遮掩掩些，以陆改水后则可诡辩为水陆殊途，本是自家田地，洪泽县再想讨回难度可想而知。湖区围垦风气盛行，淮阴专区屡禁不止，这是一层重要内因。从实际效果来看，陆县的围湖造田颇有几分打家劫舍的意味，对洪泽县的水域面积及幅员则有着明显的蚕食作用。

---

① 洪泽湖综合开发规划组编：《洪泽湖综合开发规划》，1985 年 5 月，第 111 页。

② 《关于泗洪县崔集公社与洪泽县半城公社因围湖争地发生严重武斗事件的通报》，泗洪县档案馆藏：532-2-134。

③ 《关于洪泽湖管理体制的调查（讨论稿）》，洪泽县档案馆藏：101-1-184。

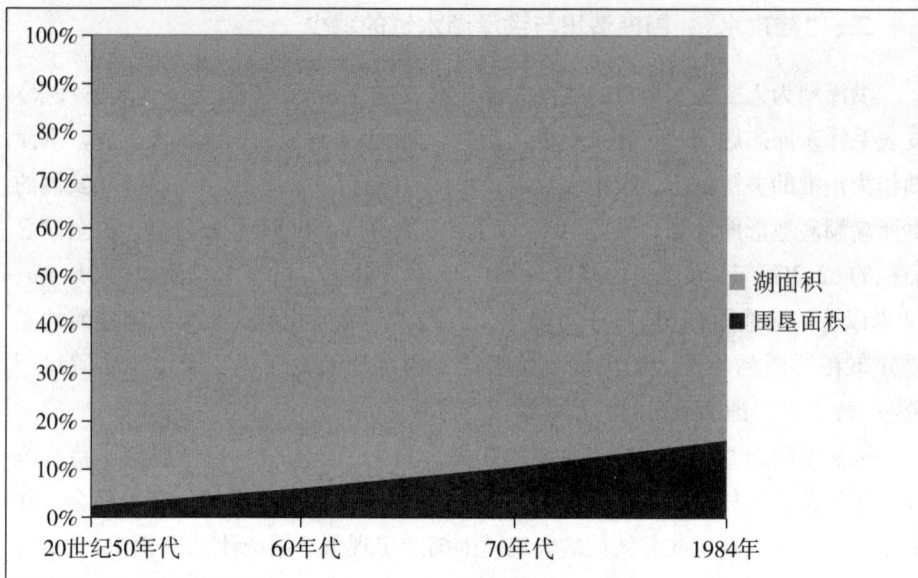

图 5-2　1956—1984 年间洪泽湖面的围垦比重

资料来源：洪泽县地方志编纂委员会《洪泽湖志》，方志出版社，2003 年，第 130 页。

陆上县的围垦湖滨各县虽均有参与，但同样以泗洪最为突出。1979 年，洪泽县称"邻县围垦约四十万亩，则难以处理。尤为严重的是泗洪县围垦达二十多万亩"①，超过总和半数以上。洪泽湖与泗洪县接壤的交界线有 200 公里之长，与盱眙县接壤的有 100 公里，与泗阳县为 50 公里，与淮阴县则为 15 公里，各县都有近水楼台之便利，但因泗洪县最为线长滩广，参与者众，造成底数较大，故往往给人以"急先锋"的形象。1984 年，在湖区的围垦大军中，"泗洪县围湖造田二十二万亩。淮阴、泗阳、盱眙三县，围湖造田十万亩"②，泗洪县仍高居榜首，但其余各县也一个都没少。

洪泽县沿湖的 5 个渔业乡虽多多少少也都有围湖造田的行为，但对邻县的此类行为却深恶痛绝，坚决抵制。1978 年洪泽县半城公社与泗洪县崔集公社就曾在洪泽湖滩、安两河夹滩地，因围湖争地发生严重武斗事件。该滩地在 12 米以下，本应禁止围垦，1978 年夏因干旱，洪泽湖水位降至 11 米以下，滩地遂露出水面。泗洪县崔集公社张塘、孙庄、刘德三个大队书记见状，碰头开了一个

---

① 《关于再次恳请解决洪泽湖周围水陆纠纷的报告》，洪泽县档案馆藏：201-3-218。
② 《关于解决洪泽湖管理体制等问题的请示报告》，洪泽县档案馆藏：101-1-184。

会，研究后决定垦占。7 月 23 日，三个书记带领 360 人上滩动工，打起堤圩，圈地 2500 多亩；8 月 1 日，留下 100 人继续在圩内进行排水作业。洪泽县半城公社发现后，立即致电崔集公社，要求停止围堤，并立即向淮阴地委、泗洪县委及洪泽县委去电，要求制止。在地、县两级主管部门做出处理决定前，半城公社唯恐崔集将事情坐实，在 8 月 1 日召开党委扩大会议，决定集中全公社 11 个大队 2200 个劳力，到崔集圈圩的滩地开挖鱼塘，阻止垦占。崔集公社张塘、孙庄、刘德三个大队书记闻讯后开会商讨对策，最后决定武力压制。会后三队分头召开了大、小队干部会议，向各自群众做了传达和动员。矛盾一触即发。

8 月 3 日凌晨，崔集三个大队"二百多名社员臂扎白毛巾，携带步枪十二支和棍棒、扁担、铁叉等"，精兵突进到濉河两岸，到达滩地后立即砍伐树木准备棍棒，并派人把守渡口，严阵以待。不久，半城公社两名提前渡河的社员被崔集守兵打伤跑回，也带回了敌阵的情报。10 时左右，半城公社 1000 多人被迫改道渡河。公社副书记陈某和副主任周某也在"大战"前召开了大队干部碰头会议，"会上有人提出上去可能要打仗，陈、周说要执行党委挖渔塘决议，但不要同人打仗"，会后两人借口检查生产离开现场，各大队则向下传达了会议精神。11 时左右，双方开始接触，先互相漫骂，后全面武斗。半城人数虽占优势，但受会议精神羁绊，抵抗意志太过薄弱，加之无领导核心居中调度，溃不成军，狼狈奔逃。检点战后伤亡，在这场持续半个小时的冲突中，"共打伤二十七人，伤势较重住院者二十人（泗洪二人，洪泽十八人），其中重伤十人，有一人脾破裂切除，有一人腿被打断"，半城公社一人死亡①。血腥味相当浓重。

这一事件并非偶然的突发事件。1976 年崔集公社就曾因"围圩争地"与半城公社发生纠纷，并被其举报至淮阴地委，地委要求"加强教育，提高路线觉悟，服从大局"②，但显然这类事件并未结束。双方积怨已深。

不仅一地如此，1978 年盱眙县渔沟公社③也曾动员上万农民到王桥洼子、小东滩围湖造田，而这些滩地在 11.5 米以下，应是明令禁止的蓄水区。围湖时，渔沟公社前面围，老山公社后面毁，"先后发生械斗纠纷六次"，老山渔民

---

① 《关于泗洪县崔集公社与洪泽县半城公社因围湖争地发生严重武斗事件的调查处理报告》，泗洪县档案馆藏：532-2-134。

② 《关于洪泽县半城公社与泗洪县崔集公社在洪泽湖内围圩争地的处理》，洪泽县档案馆藏：201-1-26。

③ 据《江苏省盱眙县地名录》记载，渔沟公社在 1958 年建社，以驻地命名，1981 年因与淮阴县渔沟公社重名，更名为官滩公社。在档案中凡以官滩称 1958—1981 年间事者，笔者皆做了相应更改。

"人少力单，只好上访，请组织上解决"，但也无法要回被围滩地。此次围湖，洪泽县老山公社丧失了 6000 多亩水面，180 多户社员的饭碗被砸，其中"六十四户渔民外流金湖寻找生产阵地，二十多户改行搞运输，还有的下了小洪湖，南去兴化，北上骆马湖"[①]，被迫远离故土，寻求生计。

相比半城、老山两公社，成河公社的损失更为惨重，原先的 35 万亩水面遭到了淮阴、泗阳、泗洪三县全面侵蚀，生生被围掉 11 万亩水面（见表 5-3）。

表 5-3　成河公社水面被邻县围湖造田的面积

单位：万亩

县	淮阴		泗阳				泗洪					
社队	赵集	韩桥	黄圩	裴圩	高渡	卢集	重阳	孙庄	金圩	应庄	侯咀	田集
围垦面积	0.5	0.5	2	1.5	2	0.5	0.5	0.5	0.6	0.6	0.8	1

资料来源：《关于与邻县乡接壤的渔业经济如何翻番的情况调查》，泗洪县档案馆藏：534-1-25。

对陆县的围湖造田，洪泽县渔民曾有"陆攻水"之比喻。在笔者翻阅档案时，总能隐隐地感觉到一个"攻"字背后满含着洪泽县渔民的愤懑与无奈，1984 年洪泽县的基层干部曾借渔民之口宣泄道："现在农民欺压我们，有的地方比解放前还厉害。我们名义上解放了，实际上精神没解放，再这样下去我们没有过头气，我们要离开洪泽湖。"[②]

由于守成维艰，人与水、洪泽县都蒙受了相当损失。

三、水不敌陆的原因分析

对于渔民长期吃亏的现象，水上公社也曾进行过各种反思，其总结出最关键的一点是"地理位置的弊端"。从政治地理的角度而言，这一分析卓有见地。以成河为例，成河陆域稀少，水域为主，渔民活跃于洪泽湖北部成子湖水域。其地理位置的最大特点是与"三县七乡"接壤，三县指泗洪、泗阳、淮阴，七乡指龙集、太平、界集、卢集、高渡、赵集、高堰。这一地理特点意想不到地让渔民具有了边民的身份特征，苦不堪言。渔民们常说："我们倒楣［霉］就倒在泗洪、淮阴、泗阳边上。"这句话反映出地理位置对渔民的巨大影响。1982 年

---

① 《关于王桥洼子等滩面被占情况的调查》，洪泽县档案馆藏：503-2-85。
② 《与外县交界处渔业经济如何翻番及其管理体制的调查》，泗洪县档案馆藏：534-1-25。

泗阳县高渡乡一农民强奸了成河张福河村一渔民 17 岁的女儿，并威胁恐吓其不许告状。该渔民直到 1984 年才敢讲出受害情形，隐忍的理由是："在人家下巴底下讨露水喝，俺惹不起人家。"[①] 此事令人唏嘘不已。除了普通渔民群众，作为渔业乡的成河乡，其干部也有类似的抱怨："这种地理位置，弊端在于这一带的自然地理特殊，但上级组织在行政区划时未能认真地、全面地加以考虑，以致给渔业生产带来损失。同时边远的外县农民，也给他们县带来了不好的政治影响。"[②] 由此可见，从上到下见解相当一致。至于干部们口中所谓"不好的政治影响"，在巨大的经济利益面前其实显得非常苍白，整体上只要事情不要闹大，邻县政府对这样的影响往往并不以为意。退一步说，即使闹大，淮阴地委介入了，除了组织者会受到一定问责，其余参与的大多数农民也不会被惩处，洪泽县要追回损失也并不容易。

成河公社面临"三县七乡"挑战的政治地理位置是洪泽县 5 个渔业公社中最为典型的代表，其余 4 个公社虽不像成河处于"四战之地"的尴尬局面，但同样面临被陆县农业公社包围的窘境（见表 5-4）。简化下来，水陆间的政区格局可以体现为两种模式（见图 5-3），这两种模式非常直观地体现出洪泽县两级水上政区不利的地缘政治位置。

表 5-4 洪泽县渔业公社与周边存在争议的农业公社的接壤情况

渔业公社	接壤的陆县	接壤的农业公社	备注
成河公社	泗洪、泗阳、淮阴	龙集、太平、界集、卢集、高渡、赵集、高堰	—
半城公社	泗洪	陈圩、崔集	另有淮阴专区林柴总场接壤
临淮公社	泗洪	陈圩、双沟、鲍集	—
老山公社	泗洪、盱眙	管镇、渔沟	—
淮河公社	泗洪、盱眙	管镇、铁佛、兴隆、渔沟	—

资料来源：江苏省地图集编辑组编：《江苏省地图集》，1978 年。

---

① 《四面进攻久拖不决洪泽湖渔业资源破坏严重》，洪泽县档案馆藏：101-1-184。
② 《与外县交界处渔业经济如何翻番及其管理体制的调查》，泗洪县档案馆藏：534-1-25。

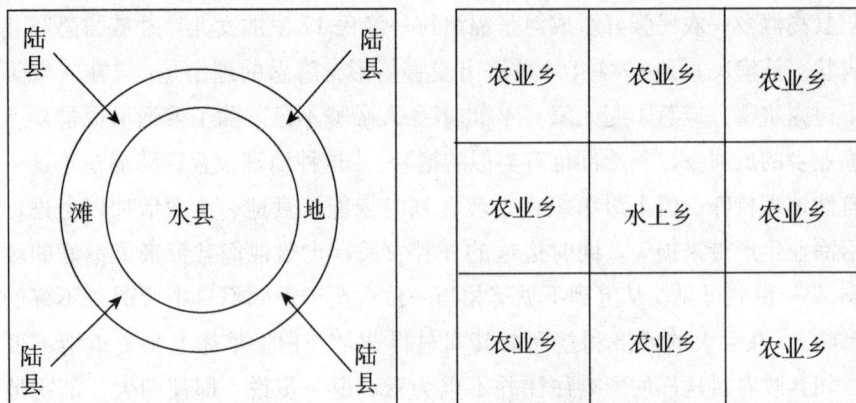

图5-3　水陆间的政区格局示意图

除了地理位置的不利，洪泽县渔业公社与陆县农业公社相比，在人数上也落于下风。在图5-4至图5-8中，通过两份人口统计资料可以非常明显地看到，5个渔业公社与周边发生争议的农业公社相比，人口数量全部位列倒数第一，而且普遍不及一个农业公社人数的一半，处于绝对劣势。在20世纪六七十年代乃至80年代，这一状况都没有明显改观，因而在发生群体性事件时，水不敌陆的局面成为常态。如果考虑到公社以下渔业生产大队与农业生产大队冲突时的实际差距，这一劣势无疑更会充分显现出来。如在1963年管镇与老山公社刘咀的冲突中，管镇组织了全乡诸多生产大队"数千人"到刘咀大队抢割柴草，刘咀守土的"只有一百多人"，"仗"还未打，胜负就已非常明朗。此次冲突最后以刘咀被打伤20多人，其中重伤5人，致残2人收场。事后，刘咀人非常不服气，称"管镇乡采取了人海战术，以几个人对一个人的办法"才获得了冲突的胜利①。以多欺少虽不太光彩，但效果上确实是农业公社在冲突中的制胜法门，无往不利。1984年，淮阴方面在调查中也注意到，一些被陆县霸占的洪泽湖水面，"之所以没有发生大规模的群众冲突，很大程度上是因为渔民人少势弱，分散经营，不能形成足以抗衡的一方"②。人数的多寡成为左右水陆间武斗的关键变量，这在湖区几乎是一个常识。

---

① 《关于刘咀一片滩面被占情况的调查》，洪泽县档案馆藏：503-2-85。
② 《关于洪泽湖管理体制的调查（讨论稿）》，洪泽县档案馆藏：101-1-184。

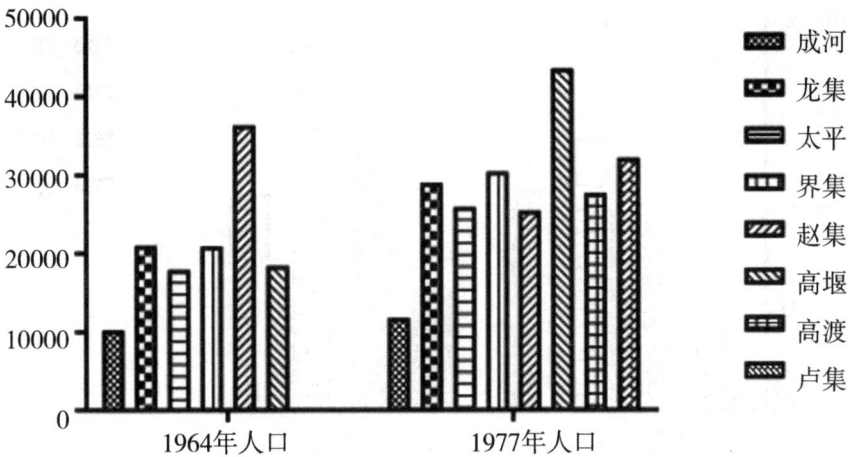

图 5-4 成河公社与周边存在争议的农业公社的人口数量对比

说明：1. 高渡与卢集缺 1964 年人口统计。2. 资料来源于江苏省人口普查办公室编：《江苏省第二次全国人口普查统计资料》，1964 年 10 月；江苏省统计局编：《江苏省农村人民公社基本情况一览表》，1977 年 10 月。3. 图 5-5、图 5-6、图 5-7、图 5-8 资料来源同此，不再注明。

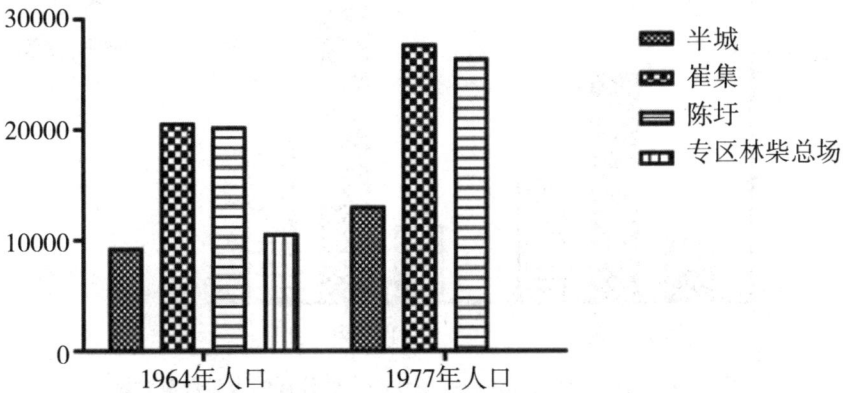

图 5-5 半城公社与周边存在争议的农业公社的人口数量对比

说明：1. 专区林柴总场缺 1977 年人口统计；2. 1964 年半城公社称雪枫公社。

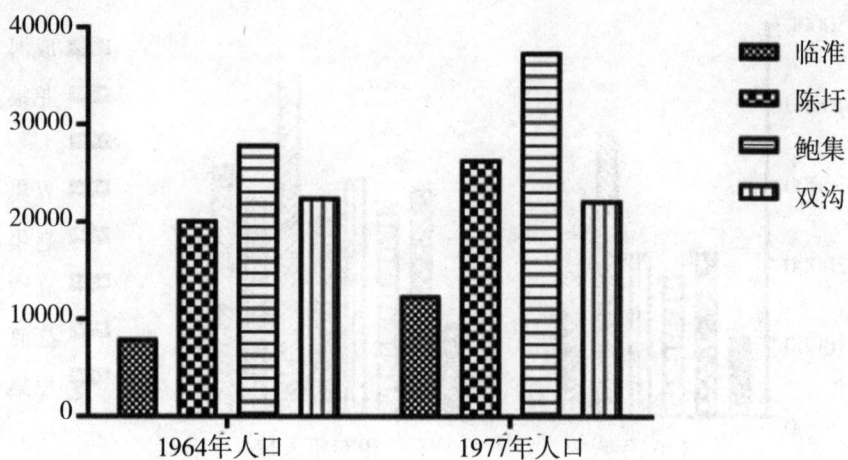

图 5-6　临淮公社与周边存在争议的农业公社的人口数量对比

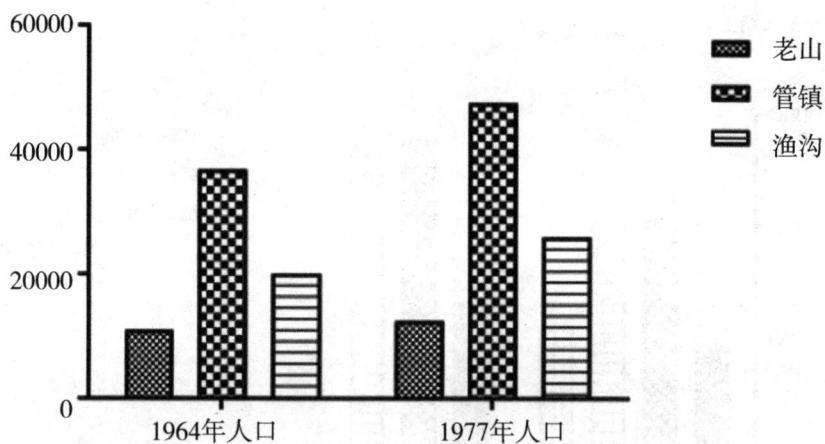

图 5-7　老山公社与周边存在争议的农业公社的人口数量对比

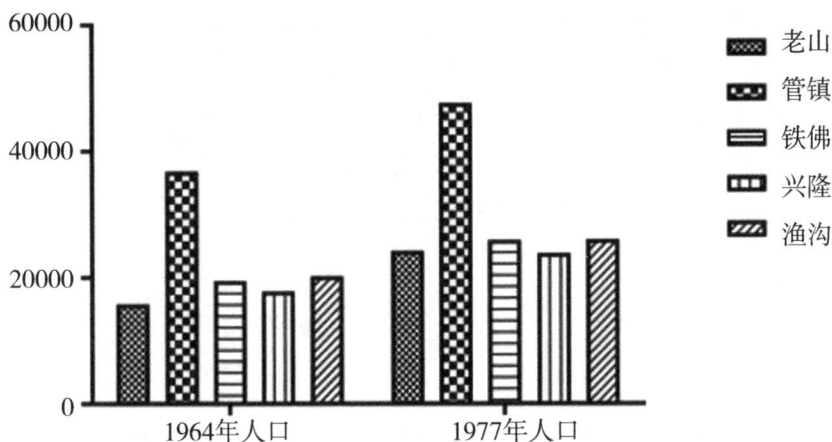

图 5-8 淮河公社与周边存在争议的农业公社的人口数量对比

在地理位置和人口因素之外，其实还可以看到农业社、队普遍在组织性、精神意志方面要强于渔业社、队的现象。上下同欲者胜，历史上所有以弱胜强的案例中，处于弱势的一方必须在领导力、组织力、意志力等软实力上完胜对手，才有可能弥补硬实力的差距，没有这方面的优长，只会不断放大已有的短板，造成更加被动、不利的局面。毫无疑问，渔民乡这方面主要的原因在于领导干部身上，前述半城领导干部在大战前心态之懦弱，与崔集领导们不惜带枪、强悍出击相比，不啻云泥之别，胜负在双方心态的变化上就已悄然决出高下。郑若曾在《江南经略》中曾对御将与练兵的关系做过精辟的辨析："今人但讲练兵，不讲练将。将者，三军之司命也。将不得人，则不能料敌，不能任人，不能驭卒，安望其能成大功也？"郑氏特别强调"练将第一，练兵次之"[1]，这句话与民间俗语"兵熊熊一个，将熊熊一窝"实为一意，作为久居军旅参赞军务的高级幕僚，郑氏所言可谓一针见血。在这一方面，水与陆比又输了一阵。

而从底层视角来观察，群众的集体心理和集体意识逆差的扩大也是左右湖区胜负的重要变量。"女专利而不厌，予取予求"，在水陆二元关系中，农民的强势心理对应渔民的弱势心理，甚至后者给人的感觉是"望风而降"。法国著名社会心理学家勒庞在其关于大众心理的经典研究中曾注意到，"群体随时会反抗

---

① （明）郑若曾：《江南经略》，傅正、宋泽宇、李朝云点校，黄山书社，2017 年，第 19 页。

软弱可欺者，对强权低声下气"①，这一论断可以很好地解释水上渔民的退让何以不能求得苟安与太平，以及在长期积累下陆地农民心理优势不断增长的原因。

在几十年的水陆斗争史中，陆上虽强，其诉求也要靠争靠抢才能实现，由于实力上本来就已处于强势，在手段上又往往以偷袭和人海战术开道，故陆上在冲突中胜多输少；而处于劣势的水上多数情况都是被动地处于守势，几十年中有对抗、有忍让，总体上水面和滩地丢了不少，因而只能勉强维持局面。

第四节　水县与陆县的政治博弈

政治行为主体在尺度的转换中有着不同的身份界定。以人民公社化时代的组织架构来说，洪泽湖区有个人、生产队、生产大队、公社、县、专区、省和中央等多种类型的政治行为主体，但就纠纷发生后实际有效的政治参与而言，中央是"山高皇帝远"很难与闻；江苏省府虽有所耳闻，但很少直接参与；县和专区是最常见的两类，二者中，专区居中协调，心态平衡；公社、生产大队、生产队、个人之间因利益最为攸关，往往剑拔弩张，如同仇敌。

在洪泽县，湖西的 5 个渔业乡由于受陆上农业乡压力较大，维权的方式较为多样，"每与一次干扰和破坏都向公社汇报，或者上诉，要求公社设法帮助，有的并扬言要采取革命行动，来一个两军对垒，或者'以牙还牙'"，公社得知后有支持武斗的，也有息事宁人的，大多数情况下基层群众都不甚满意，除了直接向上一级的洪泽县委寻求帮助，往往将希望寄托在淮阴专区和江苏省委身上。表达政治诉求的方式以上访和写人民来信为主。1976 年洪泽老山刘咀大队被泗洪管镇伏湖大队洗劫后，刘咀大队书记原先的计划是"一边上诉，一边组织百余人准备打仗进行武斗"，但武斗的计划遭到了老山公社压制，大队书记也被"批评教育"，"忍气吞声"回到大队后受到了严重不满的群众包围，"迫不得已组织了一个百余上访团，越级到地区"②，力图以浩大声势引起关注。这样的上访算是规模较大的，其余小的上访及来信在淮阴专区几乎月月都有。人民来信除了以淮阴地委为目标，很多直接以江苏省委为倾诉对象。按行政处理流程，省委基本都将问题返还给淮阴地委，淮阴地委一般视事件大小便宜处理，

---

① 〔法〕古斯塔夫·勒庞：《乌合之众：大众心理研究》，冯克利译，中央编译出版社，2005 年，第 37 页。
② 《关于边界冲突的汇报》，洪泽县档案馆藏：503-1-81。

大的会直接派员调查、协调，小的则再下放给县里具体处理、答复。从结果来看，上访和写人民来信虽然能吸引更多、更高层级行政主管部门的关注，但具体处理仍要由当地政府实际操作，因此来信反映的问题能得到实质性改善的其实并不太多。

在泗洪、盱眙等县，实际占领与武力维持是其在边界矛盾中最主要的政治手段。对国务院关于洪泽湖 12.5 米蓄水、不得围垦的规定，社、队干部们是心知肚明，但出于现实需要也并不向群众宣传，加之以利益诱导，内部的凝聚力相当高。一旦事情闹大，地委工作组介入调查后，按淮阴地委的批评语，干部们又有所谓"统一口径""订立攻守同盟""暗中活动""封锁消息""围攻工作组""内外串联"等诸多行为①，意图影响舆论走向，形成有利己方的政治局面。

在社、队之外，各自属县之间的交涉必不可少，而且相当关键。湖区的边界矛盾主要体现为水陆纠纷，水的代表为洪泽水县，陆的代表则为滨湖陆县，在总体上二者是各自社、队及其属民利益的捍卫者，也是纠纷发生频率最高的交涉对象。从按湖设治到分湖而治，围绕纠纷处理，水县与陆县间的政治博弈不断进行。作为主要的政治沟通方式——会议往往成为水陆之间没有硝烟的战场。

1. 1957 年的双边会议

1957 年 3 月，洪泽县永弼乡与泗洪县管镇区群众因砍割芦苇和高苗产生纠纷②，随后发生群体斗殴事件。洪泽方称泗洪人非法盗割和糟蹋己方作物，泗洪县却坚称曾得到洪泽农林科一科长允诺，洪泽县永弼乡是"不顾信义"。随后双方各有动作，管镇以区公所名义向洪泽县委和人民检察院发出公函要求给涉事的永弼乡乡长"严格的处分"，并语气强硬地要求洪泽县"加强干群的教育"，制止此类行为，"否则今后事故责任是要分清的"。此函同时被抄送淮阴行署和泗洪县委、检察院③。泗洪县将事情闹到了专区，洪泽县永弼乡则直接将事情捅到了省里。该乡 43 名社员联名写信向江苏省委控诉管镇④。收信后，省委将其转给了淮阴行署，交其处理。

---

① 《关于泗洪县崔集公社与洪泽县半城公社因围湖争地发生严重武斗事件的通报》，洪泽县档案馆藏：503-2-69。
② 《为你县陡湖、铁佛两乡群众入滩砍挖苇根函请禁止由》，洪泽县档案馆藏：201-1-17。
③ 《泗洪县管镇区公所公函》，洪泽县档案馆藏：201-1-17。
④ 《泗洪县人民委员会关于洪泽县群众向省委反映问题给淮阴专署的回复》（原档无题，笔者自拟），洪泽县档案馆藏：201-1-17。

同年 6 月 27 日，为解决两县间的这一水陆纠纷问题，淮阴专区专员章化农牵头在泗洪县仁和乡主持召开了两县及双方区、乡有关代表参加的双边会议，这也是洪泽县建立后，水县与陆县的第一次谈判。会上的唇枪舌剑由于材料阙载已难得其详。会上洪泽与泗洪达成如下 8 款协议，现择要摘录于下：

一、两县交界的地方，已往闹事纠纷，一般本着就不追究的精神，双方不再追究处理。

二、属于洪泽县境内管辖的草滩、苇地，允许洪泽县靠近乡的群众进内割草。

……

五、在每年汛期来后水位抬高的情况下，不影响农业生产或排涝者，应准予渔民捕鱼，水位涨到哪里可以捕到哪里，但如影响农业生产或排涝者，陆上有拒绝捕鱼的权利。养鱼池和种植鸡头、菱角的地方不准捕鱼，但在种植菱角、鸡头的湖内，在没有鸡头、菱角的地方，也应准予渔民捕鱼。

六、不准闹事，不准打人，如故意搬弄是非，挑拨打架，不管谁是谁非，对为首打人的都要给予相应的处分。特别是干部，如逞凶打架或明知不问不积极设法制止者，更应给予严格的处分。[①]

……

此外协议中还提出要加强"天下农民是一家"、水陆兼顾、相互支持及法律观点的教育，以密切渔农关系。由此可见，整个双边协议正是在这样的会议基调下拟定了上述条款。虽然协议的精神出于团结友县的良好愿望，但从其后发生的一系列冲突事件来看，此次会议并没有解决最需分清的议题，倒像是开成了茶话会。

不过站在洪泽县的立场，协议对其权益有着明显的伤害。当时参加会谈的洪泽县代表不知是迫于淮阴专署的压力，还是缺乏足够的敏感，以今天后见之明的观点来看，卧榻之侧岂容他人鼾睡，政区的辖地应具有高度的排他性，允许对滩地有强烈诉求的"靠近乡的群众进内割草"，几乎是在默认侵占行为的合法。此口一开，侵占日多。虽然看似陆县也让渡出了汛期"水位涨到哪里可以捕到哪里"的己方权益，但问题的关键是，对于汛期暂时没入水下的土地，洪泽县没有争占的野心，权属归于陆县毫无争议，而且湖区陆强水弱的格局下渔

---

① 《泗洪县、洪泽县人民委员会联合通知》，洪泽县档案馆藏：201-1-17。

民的可进入性也很成问题。

至于发生打架后严格处分为首者，则需属县公检法各机关的高度自觉，从日后湖区较大规模的冲突中干部们频繁活跃的身影不难看出，说与做实际还是两张皮，毕竟在情理上严厉惩处为本县争地的官员大有难度，况且同县之内人情世故的复杂往往使处分极易流于形式。

协议的墨迹未干，纠纷又起。7月28日，洪泽县委又将泗洪县及盱眙县告到了江苏省委，原因是洪泽县林场遭两县群众盗砍柳树，"泗洪县群众砍伐60000棵，盱眙县群众砍100000棵"，损失相当惨重。洪泽县除了要求省委"派员前来检查处理"，另提了两条建议：一是希望省里同意地委成立林柴总场的提议；二是"建议将泗洪县的管镇区、盱眙县的渔沟乡划给我县，以便统一教育群众"[1]。看得出，洪泽县为了避免县际纠纷，已经动了调整行政区划的念头。

同年8月15日，发生纠纷的洪泽县老山镇与盱眙县渔沟乡在各自县里的监督下举行了会谈，最终达成10款协议，协议中洪泽县同样做出重大让步，允许盱眙方进入"凡属老山镇及沿湖靠近渔沟乡群众的草滩、苇地"割草、拾草、放牛；同时，为协调处理日后可能发生的纠纷，特别成立"渔沟乡、老山镇双边调处委员会"，规定"今后凡因割草等问题引起争执者，统由双边委员会负责协商解决。如发生重大问题而不能解决者，请示双方上级政府给予适当处理"[2]。显然洪泽希望调整行政区划的建议未能得到采纳。

水县与陆县的二轮双边会谈，在看似和和气气的氛围中草草收场。

2. 1959年的三县协作会议

1959年的三县协作会议还是在洪泽、盱眙、泗洪三县间进行，主持会议的仍然是淮阴专区专员章化农，区别是1957年是两两会谈，1959年则是三县在洪泽县老山公社共聚一堂。时间在10月6日，缘由是"最近由于水位降低，在县界问题和水陆生产管理等问题上又发生些矛盾"，而且"还有些矛盾闹得很尖锐"，如泗洪县一大队队长摸掉洪泽县渔民塘内1000多斤鳜鱼、铁佛公社抢走洪泽淮河公社万余斤家鱼并打伤6人等，"不仅有碍生产的发展，并将影响到县与县领导之间的团结"，方方面面，兹事体大。

会议主要围绕以下三个核心议题进行讨论、协商。

第一是县界问题。盱眙与泗洪的代表在会上迫切地"要求解决县界不清的

---

① 《洪泽县关于本县林场遭到泗洪、盱眙群众盗砍的报告》（原档无题，笔者自拟），洪泽县档案馆藏：201-1-17。

② 《盱眙县渔沟乡与洪泽县老山镇关于纠纷处理的协议书》（原档题为"协议书"，为清晰起见，笔者做了相应补充），洪泽县档案馆藏：201-1-17。

问题"，两县之间本身没有县界纠纷，提出的县界是各自与洪泽县的县界问题。但就此展开讨论的时候，两县都与洪泽县产生了分歧，最终未能谈拢，将这一最关键的问题搁置——"一致同意暂时仍然保持原状不动"。至于将来如何处理，则将包袱甩给了淮阴地委，建议由其组成工作小组，"前往三县边境实地勘定"。

第二是当年的芦柴收购问题。会上对盱眙和泗洪两县可以进入收割的滩面进行了划定，洪泽县"为了发扬共产主义风格，照顾友邻关系，同意将洪泽湖的柴滩临时划一部分给盱眙、泗洪两县收割"。划给盱眙县收割的有小洪滩、一撮毛、清河滩、小周下尾4个滩；划给泗洪收割的是牛尾、上兴隆、大周滩的八九十段、南小尖至大井涯段，以及陶滩、叫驴滩、挡铺滩、野狗周，总计8段滩面。明确强调"滩地的所有权仍归洪泽县"，陆县在此收割，需要征收提成；但在具体征收钱还是物上，水陆两方各执一词，洪泽要求征柴，盱眙、泗洪则主张征钱。两县最终未能达成妥协。

第三是"割牛草和采挖湖内鸡头、菱、藕的问题"。洪泽县做出较大让步，"所有湖滩上的杂草，皆允许陆上派人割"，收入完全归劳动者所有；喂牛的蒿苏草同样允许两县采割，但洪泽县要求征成；鸡头、菱、藕的采挖也向两县开放，但需要"有领导、有组织的，得到湖上管理单位指定地点采挖"，征成比例洪泽要"征三成"，盱眙和泗洪的代表"说多了，要求地委考虑是否可以减少些"。[1]

10月9日，会议最终按上述讨论议题达成6款协议，同1957年的协议一样，洪泽县在这次三县协作会议上对己方权益仍有重大让渡，芦柴收购问题上划出了相当的滩地，割牛草和采挖湖内鸡头、菱、藕的问题上也有同样行为，洪泽县原本的如意算盘是陆县收割完后再收回本县管理，但由于"门户开放"，陆县则成功地将盗割变成了协议中的合法行为，在其后也并没有收手，未将管理权交还水县。从这一层意义上而言，陆县的获利是极为明显的。

至于征成之争，洪泽县之所以要征柴，主要是因为柴草可以现割现征，直接截留，远较陆县提出的秋后算账式的征钱来得务实和便利。此外，洪泽县为规范陆县群众，在协议中提出"有领导、有组织"地进行采挖，从其后一系列的群体性事件来看，无疑相当失策。"有领导、有组织"地进行采挖最终蜕变成了"有领导、有组织"地进行强挖，对洪泽县而言遗祸无穷，这一点恐怕是当

---

① 据《章化农同志关于洪泽、盱眙、泗洪三县协作会议的情况报告》《关于对老山三边会议协议讨论意见的报告》总结，洪泽县档案馆藏：201-1-17。

时始料未及的。

1959 年的三县会谈是湖区知名度极高的一次会谈，在其后的纠纷协商中总会被反复提及，最重要的一点是此次会议确定了滩地所有权和收益权的分离，这一精神对日后的边界会谈产生了很大的示范作用。洪泽县此次共"让出草滩一万余亩"，而陆县据此获得了对滩地实质上的完全占有。受此鼓舞和暗示，沿湖农业公社的群众"仍不满足"，对垦占滩地的热情更加高涨，前述各种争占冲突即是最好的证明。而且"由于洪泽湖沿湖陆地、柴滩的再三割让，造成农田和柴滩互相'插花'，不断引起抢种、抢收、抢割、抢砍，使不少滩面变成'矛盾滩'、'打架滩'"[①]，权属更加混乱。

总之，1959 年的三县协作会议对保持洪泽县县境的完整是一个极大的破坏，水县对陆县的退让看似暂时起到了消弭矛盾、加强渔农团结的作用，但以陆县对会议精神的领会来看，协议只是在对自己有利的情况下才有效。

3. 20 世纪 60 年代以后的重要边界会议

60 年代以后，由于湖区的边界纠纷是治丝益棼，在淮阴地委的主持下，水县与陆县之间又举行过几次重要会谈，对县界的划分进行过相关探讨。

1961 年 6 月 10 日，在淮阴地委的主持下，洪泽与泗洪两县再次召开了两县协作会议。洪泽县有书记处书记、副县长和临淮公社、成河公社、雪枫公社的书记等代表参加了会议，泗洪县同样派出了第一书记、书记处书记和崔集公社、管镇公社、包集公社的书记等代表出席了会议，由于涉及新成立不久的专区林柴总场的管理范围，该单位副书记也参与了协作会议。会议仅讨论了一天时间，就县界纠纷问题达成了如下讨论结果：

一、二河一线水域与滩地划分问题。"会议议定以二河为界，二河以东归洪泽，二河以西归泗洪和专区林柴总场。沿线的洪泽县渔民和捕捞地点仍按原习惯不变"，但进入专区林柴总场范围时，具体有总场统一安排，各县需"有组织、有秩序的进行采割"。

二、新河头土地问题。"本着不拆迁已兴建的学校、渔民房屋和猪场等，包集公社尽可能满足洪泽方面的需要"，洪泽方则对其所占用的土地，除修河建堤压废的土地外，按国家征用土地的办法向泗洪县进行赔偿。

三、砍草问题。"洪泽县应根据可能尽量满足其需要，而泗洪县亦必须有组织有领导的进行"，泗洪县与洪泽县接壤的公社、生产队、生产大队必须

① 《关于迫切请求解决洪泽湖边界纠纷的报告》，洪泽县档案馆藏：201-3-197。

有分管干部负责组织领导工作。①

此次会议对洪泽、泗洪两县的两处县界进行了界定，由于专区林柴总场的存在，洪泽县在二河以西丧失了全部水面和滩地，从这一层意义上来说，洪泽湖为洪泽县内湖的局面已经被打破。洪泽县占到小便宜的是新河头的一小块土地，"按湖设治"时不在县境的这块定居点通过这次会议最终确定为洪泽县所属，在湖区整个边界纠纷史上这是洪泽县唯一一次的开疆拓土，成果约2000余亩田地②。

关于斗湖问题会上亦有商定，原先议定为"淮河公社目前的经营范围，从淮河公社目前已种的熟地为起点，向湖内推进400公尺为终点，在此范围内的水面由淮河公社经营。……在斗湖水位下降，允许淮河公社开垦种植到斗湖心为界址。泗洪铁佛公社经营范围，在水面上不能越过议定界址，在陆地上不能到斗湖心以南新开垦土地种植"，泗洪县委、铁佛公社及洪泽县淮河公社对此表示了同意，但洪泽县因县长未能赞同，协议最终流产③。

两县就斗湖问题形成最终协议的时候已是5年多后。1967年4月11日至17日，两县及泗阳、淮阴四县在淮阴地委的主持下召开了"解决洪泽湖水陆纠纷矛盾，促进生产发展"的会议，在这次会议中洪泽县彻底丧失了斗湖以南的全部水面，"斗湖全部归泗洪县经营管理，其界址以正常水位为标准，其真高点以现场勘察确定"，协议同时规定"渔民捕鱼问题，原则上应该是水到哪里，任何社队不应以保护水草等名义，拒绝渔民捕鱼。……在种植鸡头、菱角和养鱼的地方，不准捕鱼，但在没有鸡头、菱角的水面上，应准予捕鱼"④。继在洪泽湖西部丧失数万亩水面之后，洪泽县在洪泽湖西南的斗湖也全部丢失⑤。

除以上会议外，水县与陆县之间还曾举行过多次会议，形成过多份协议，但1984年淮阴专区曾检讨道，所形成的协议"几乎没有一件落实执行，结果形

---

① 《泗洪、洪泽两县协作会议情况的报告》，洪泽县档案馆藏：201-1-17。

② 《为报新河头土地纠纷是否属于共产风由》，洪泽县档案馆藏：201-1-17。

③ 《转批黄学法同志关于泗洪与洪泽两县土地纠纷的调查报告及补充协议》，淮安市档案馆藏：240-2-21。

④ 《关于洪泽、泗阳、泗洪、淮阴四县和专区林柴总场解决水陆纠纷矛盾，促进生产发展的协议》，盱眙县档案馆藏：524-2-14。

⑤ 斗湖划给泗洪县后，两县群众仍矛盾频出，"纠纷愈演愈烈，双方生产都不得安定"。"文革"后，洪泽对原先革委会同意让出半个斗湖的决定产生了悔意，认为这一协议是"错误的协议"，要求恢复到"两县执半"的历史原状，但其已无力改变现状。《关于调整我县与泗洪县边界矛盾的社队土地管辖范围的报告》，洪泽县档案馆藏：201-2-240。

成了'冤冤相报不能了'的局面"①，这一说法主要是针对陆县对协议的履行状况而言的。从总的趋势而言，洪泽县在政治会谈中的退让直接在法律意义上确认了陆县对湖滨争议水域和滩地的共享，并最终导致了洪泽县水域幅员的退缩。

第五节 分湖而治：1985 年的政区调整与水界变动

一、1985 年前关于湖区行政区划调整的建议

水县建立之初，水陆纠纷之严重已使得刚刚成立的洪泽县委意识到湖区行政区划调整的必要性。1957 年 6 月洪泽县向省委提出的建议是"最好将泗洪县管镇区，划归洪泽县"②。这一建议虽属局部小范围的调整，但如能被采纳，洪泽湖西南部的县界纠纷就能化解为水县的人民内部矛盾，洪泽县委届时将拥有一言九鼎的话语权，处理起来较为方便。但省委对这一建议未予理睬，洪泽县的如意算盘也就落了空。

1977 年 8 月，在做了反复调查和研究后，洪泽县对湖区的行政区划体制再次提出了调整的建议，并向淮阴地委提供了两条方案以供选择。方案一是将洪泽湖西岸的半城、淮河和临淮划给泗洪县统一管理，同时指出这一方案的好处是可以"满足交界处的泗洪县方面争滩争地争柴争草的要求，避免纠纷"，坏处则是"违背了国务院成立洪泽县的战略思想"。方案二是"将沿湖的泗洪县方面农业社队划给洪泽县统一领导"，利处是"这样也能避免纠纷"，弊端是"交通运输存在问题"③。泗洪县是洪泽县在边界矛盾上最严重的竞争对手，故两条方案主要针对泗洪县说事。在笔者目力所及的档案材料中，这是洪泽县第一次明确提出分湖，有了以"割地"来求卸包袱的情绪表达。地委对这两条方案都没有采纳，水陆维持现状不变。

1979 年 6 月，洪泽县革命委员会考虑再三，对水陆纠纷的解决又向淮阴地委重复了 1977 年的方案二，"拟将沿湖的泗洪部分农业队划归洪泽县统一领导"，并着重强调"这是根本性的解决的办法"④。看得出洪泽县对这一建议是

① 洪泽湖综合开发规划研讨会管理体制组：《关于洪泽湖管理体制的调查（讨论稿）》，洪泽县档案馆藏：101-1-184。
② 《报告——为再次请示处理砍伐森林事由》，洪泽县档案馆藏：201-1-17。
③ 《关于迫切请求解决洪泽湖边界纠纷的报告》，洪泽县档案馆藏：201-3-197。
④ 《关于再次恳求解决洪泽湖周围水陆纠纷的报告》，洪泽县档案馆藏：201-3-218。

念念不忘。

1981 年 10 月，联合国世界粮食计划署在国家水产局的陪同下实地考察洪泽湖，洪泽县政府向其提出了援助洪泽湖渔业经济开发建设的申请①。1982 年 2 月，针对边界矛盾及为联合国"一千多万元投资的援建项目创造一个良好的环境条件"，洪泽县迫切希望化解湖区的恩恩怨怨，在对湖西干群"访问、调查、座谈"后，向淮阴地委又一次提出了调整行政区划的建议。不同于以往粗线条的提法，这一次详细列出的调整清单，精确到了生产大队：

> 一、将泗洪县鲍集公社的戚咀、陈圩公社的成厥咀两个大队划入，以解决与我临淮公社一带的矛盾；
>
> 二、将泗洪县陈圩公社的王岗、团结、大王、郁咀四个大队划入，以解决与我半城公社一带的矛盾；
>
> 三、将泗洪县龙集公社的田集、映山、金圩、南孙庄、侯咀等五个大队划入，以解决与我成河公社一带的矛盾；
>
> 四、将泗洪县管镇公社的伏湖、谭庄两大队划入，以解决与我老山公社一带的矛盾。②

按这一建议，洪泽县将拥有泗洪县在洪泽湖西部的大部分湖岸线，与泗洪县的矛盾将能一举化解，历年来被侵占的水面及滩地也可失而复得，这一建议有一箭双雕的妙处。但是不知最后是泗洪县不愿成人之美，施加了阻力，还是淮阴地委顾虑重重、不解风情，反正洪泽县的想法再次破灭。

时间到了 1984 年，随着国家行政管理体制的变动，淮阴地区行政专署的招牌已经撤去，公社与大队的名称业已分别改成了乡、镇与村。在"分湖而治"的前夕，洪泽县再一次不依不饶地要求调整行政区划。在这一次的要求中，需要划入洪泽县的自然村从原先的 13 个扩展到 24 个，具体有：（1）泗洪县。龙集乡的南孙庄村、金圩村、应山村、南甸村与侯咀村；陈圩乡的王岗村、大王村、渔沟村与郁咀村；双沟乡的周冲村、西湖村与大马村；鲍集乡的戚咀村、谢庄村、归集村与邵墩村；管镇乡的伏湖村与沿淮村。（2）盱眙县。管滩乡的侍涧村、刘庄村、王桥村、戚洼村、金圩村及霍山村的严甸庄。③ 从清单上看，洪泽县的野心不可谓小，但相较原先草稿中涉及泗洪、泗阳、盱眙、淮阴 4 县

---

① 洪泽县地方志编纂委员会编：《洪泽县志》，中国大百科全书出版社，1999 年，第 36 页。

② 《关于建议将泗洪县沿洪泽湖西岸十三个农业大队划归洪泽县管辖的报告》，洪泽县档案馆藏：240-1-45。

③ 《关于调整洪泽湖沿边行政区划的请示报告》，洪泽县档案馆藏：101-1-184。

51 个自然村已是大有收束①。但是提案呈到淮阴市后同样是石沉大海。

从 1957 年到 1984 年，洪泽县对行政区划调整的建议一直是反复提出。可见在心态上，洪泽县对洪泽湖有着很强的"内湖"心理，并不愿在湖西水域与滩地上一味退缩，拱手让与他人。事实上难以收复失地的窘境与仍不断爆发的边界冲突，加剧了其为难的处境，因而如何应对这一局面是一个重大的政治难题。洪泽县想出的一招是划入发生纠纷的农业村，将湖西的岸线逐渐闭合。纠纷可以解决，失地可以复得，理论上这一招确属上策，但现实情况是需要淮阴方面的同意与泗洪县的首肯，割人辖地阻力自然相当巨大，这是洪泽县的建议屡提屡败的根本原因。

二、洪泽湖综合开发规划组关于政区调整的方案

1984 年 12 月 11 日，为了加快湖区资源的开发，振兴湖区经济，淮阴市委、市政府会同江苏省科委、省水产局、中国科学院南京地理研究所和洪泽县委、县政府，组成了规划领导小组，并吸收了包括泗洪县、泗阳县、盱眙县和淮阴县在内的 25 个单位、30 个专业的科研及工作人员，成立了洪泽湖综合开发规划组。规划组在经过实地调查和对资料的分析研究后，提出了 33 个专题报告，涉及洪泽湖环境状况分析、渔业生产发展规划、滩地资源综合开发利用规划及洪泽湖的开发经营四块主要内容②。

在洪泽湖的开发经营中极为重要的一个议题即是湖区的行政区划体制调整。具体负责这一议题的是规划组中的管理体制组。该组在对历史经验进行总结后，首先婉转地否定了原先"按湖设治"的行政区划体制：

> 要搞好洪泽湖的管理必须坚持渔农结合，水陆同治的原则，近水陆域不宜过大，亦不能太小，洪泽县要把主要精力放在湖上。过去由于在这些方面的失误，导致了湖区管理上的混乱和经济上的落后，这并非是对前人的责难。社会的存在决定人们的意识。五十年代那种传统的小农经济以及与之相适应的封闭半封闭的经营方式，决定了这种湖边裸露，水陆分治的行政区划体制，随着生产的发展，经济活动范围的扩大和专业分工协作的加强，人们必然要突破原来狭窄的活动范围，发展、加强各种由小到大，由近到远的横向联系。这样，原有水陆分割、渔农分治的行政区划就成了

① 《关于适应加速发展洪泽湖渔业的需要，请求批准解决有关管理体制问题的报告（草稿）》，洪泽县档案馆藏：101-1-184。

② 洪泽湖综合开发规划组编：《洪泽湖综合开发规划》，1985 年 5 月，第 1 页。

制约经济发展的框框，加之过去计划经济管理过死，这种消极的制约作用和经济发展的矛盾就日趋表面化，在商品生产、市场经济日益繁荣的今天，这种矛盾也就显得更加突出。不主动调节这个矛盾，必然要造成某种程度的混乱。[①]

紧接着管理体制组鲜明地表达了赞同湖区行政区划调整的看法：

> 在我们调查考察中，几乎所有的人都一致认为，调整洪泽湖的行政管理体制已经到了迫在眉睫、非解决不可的地步了。行政区划不调整，湖区管理无法进行。不实施有效的管理，目前这种无政府状况无法改变、不改目前的这种状况，再多的投资项目，再好的经营形式，再完善的生产责任制，效益再高的经济技术措施，再科学再全面的开发规划都难以落实，都不能达到预期的效果。合理调整行政区划，建立科学的管理体制，是综合开发洪泽湖的前提和关键。这就是结论。[②]

可以想见，管理体制组中的调研人员在调研时必定对湖区县际间的纠纷、渔农关系的紧张、水资源的破坏等问题有了相当的感觉，并获得了第一手鲜活的资料后，才形成了如此一致的认识，因而在报告中才以极为直白的词句向淮阴市委、市政府强调了非改不可的迫切性。

仔细分析下来，期盼调整的心情在湖区当时已是普遍弥漫，极有市场。水县对沿湖陆县的侵占早已有通过行政区划手段一举解决的心理；沿湖陆县对洪泽县法理上长期垄断湖面的局面也颇有微词。行政区划的调整则带来了改变的可能，因而在1985年无论是水县还是陆县都有改革的愿望。可以说湖区行政区划体制的调整此时已是众望所归，只不过是各怀心机。至于如何改，当时各方"积极献计献策，提出了若干个方案"，并最终经过综合归纳，形成了五大改革方案。

方案一是维持洪泽县行政区划不便，将近几年来经常闹事、械斗的陆县村、组划给洪泽县。

方案二是分湖而治，把邻近陆县的水域、滩地分别划给各县，各管一亩三分地。

方案三是将洪泽县的湖岸线完全闭合，把沿湖周边的村全部划给洪泽县，

---

① 洪泽湖综合开发规划研讨会管理体制组：《关于洪泽湖管理体制的调查（讨论稿）》，洪泽县档案馆藏：101-1-184。

② 洪泽湖综合开发规划研讨会管理体制组：《关于洪泽湖管理体制的调查（讨论稿）》，洪泽县档案馆藏：101-1-184。

"建立湖周陆上保护圈，把洪泽湖变成洪泽县的'内湖'来开发"，以排除陆县对水面的干扰。

方案四是对行政区划稍做调整，建立湖管组织，并设立水上公安分局，由淮阴市或洪泽县实行统一领导，湖面仍由洪泽县具体负责经营。

方案五是建立一个洪泽湖开发公司，"用经济手段管理洪泽湖"。

第五个方案与前四个方案相比角度更为不同，之所以一并提出，主要是由于1984年10月时任中共中央总书记的胡耀邦在视察洪泽湖时，出于发展经济的考虑曾有此建议。不过在报告中，管理体制组还是对这一方案进行了特殊处理，诚实地强调"成立开发公司是总书记为洪泽县如何组织领导开发湖区资源所作的高瞻远瞩的筹划，这为洪泽湖如何经营指明了方向，并不是要用开发公司来替代洪泽县的政权组织，这与我们研究建立一个科学的行政管理体制是属于两个不同的范畴"①。

管理体制组起初倾向于采用第四个方案，但后来将其彻底否定。理由主要基于三点：一是当时的现实情况是若不调整行政区划，就不可能恢复到"按湖设治"时洪泽县统一经营管理全湖的局面。二是根据法律规定，公安机关必须配套有相应的检察院、法院。为了能管辖全湖，设立洪泽湖水上公安局就应隶属于淮阴市，那么水上公安局及其下属的派出所就必然成为淮阴市直属单位，它们所管理的户口也都会成为"市直户口"，这就剥夺了洪泽县相当大的行政权力，造成行政程序上的不合法。而如果将水上公安局隶属于洪泽县，则又无法有效管理沿湖陆县的群众。三是湖管会同样会涉及隶属的问题。如果湖管会隶属于淮阴市，"则要增加相应数量的编制，花费相当的一笔经费，就是这样，还不一定能管好"，管理体制组还担心这样的隶属关系会导致洪泽县"很可能把大量的矛盾交到市里"，撒手不管，做甩手掌柜。而如果湖管会隶属于洪泽县，则一切又回到了原点，什么也没能解决。

第三个方案，按管理体制组的说法是"狭镶边"的区划，长处是洪泽湖可以作为一个整体来开发，短处是有四个难以解决的问题存在。首先，洪泽湖边围湖造田形成的圩子很多都是陆上全乡及全县调出劳力修成的，修筑时临湖的村庄与内陆的村庄都有参与，也都有份地，因而即使把临湖的村庄划给洪泽县，也不能保证完全闭合湖岸线。其次，滨湖村庄人均占有耕地较多，"即使把他们划归洪泽县，这里也很难抽调出多少劳力开发湖区"。再次，洪泽湖蓄水水位增

---

① 洪泽湖综合开发规划研讨会管理体制组：《关于洪泽湖管理体制的调查（讨论稿）》，洪泽县档案馆藏：101-1-184。下文中的引文如无特殊说明都来源于该文献。

高后，"可供退步安置的范围很窄"，容易形成新的矛盾。最后，水陆矛盾除了在临湖村组的农民与洪泽县渔民间存在，同样在"离湖边隔有一定距离的内陆村组"与洪泽县渔民间存在，只割沿湖村组，不能充分化解纠纷，且狭长的行政区划"也难以组建政权机构，不便于领导"。由于有这些不能克服的难题，故该方案并不受青睐。

第二个方案，管理体制组也认为不宜采取。主要的顾虑是，分湖而治虽然可以调动沿湖各县开发洪泽湖的热情和积极性，但采取这一方案，洪泽县及洪泽湖完整的行政主权将被瓜分，会彻底背离"按湖设治"的建县宗旨；并且分湖而治必然导致政令不一，给湖区的统一规划和管理增加不少困难。

第一个方案，管理体制组认为"具有见效快、涉及面小、工作量不大的优点，能比较容易地为各县所接受"，但同样具有三大弊端。其一，划出最近闹事的村、组虽然能缓和一时的矛盾，但水陆之间的基本矛盾并没有从根本上解决，闹事的地方像韭菜一样，割了一茬又长一茬，会不断出现新的冲突焦点。而且村、组与原先隶属的乡关系十分密切，"划分后交接分割的手续也比较难办"。其二，沿湖被陆县实际霸占控制的水面、滩地如何处理？这些地带虽暂时未有事件发生，但毕竟在湖面上造成了割据的事实，洪泽县仍然不能做到统一管理。其三，该方案是基于解决眼前的矛盾出发，"没有从经济发展的角度去考虑洪泽湖的综合开发，这远远不能适应今天形势发展的要求"。正是具有以上三大弊端，管理体制组虽未直接否决，但心理上并不看好这一方案。

管理体制组对集思广益制定出的五大方案都持否定态度，那么它最心向往之的调整方案到底是什么样的呢？答案是"把临湖乡一级的单位和有关村全部划归洪泽县，建立陆上'宽镶边'的洪泽湖开发区，使水域裸露的洪泽湖变成洪泽县的'内湖'"。具体的调整方案是：将以下一些乡、村划入洪泽县：(1) 淮阴县的赵集、韩桥 2 个乡和高埝的新建、十堡 2 个村；(2) 泗阳县的黄圩、高渡、芦集、中杨 4 个乡，县林柴场和县良繁场的黄场村、裴圩乡的洪湖村，城厢乡姚圩村的陈洼子；(3) 泗洪县的界集、太平、龙集、陈圩、鲍集、管镇、铁佛、兴隆 8 个乡和陈圩林场，城头林柴场及曹庙乡的东湖村、高圩林场，孙园乡的唐李、中洼 2 个村，双沟乡的施马、草湾、大马、西湖 4 个村；(4) 盱眙县的官滩乡、县蚕桑场。以上共计 15 个乡、12 个村、4 个场和 1 个洼子需划给洪泽县。

洪泽县同时需要划出以下 6 个乡：(1) 给淮安县的有黄集、朱坝与岔河 3 个乡；(2) 给金湖县的有万集、仁和与共和 3 个乡。

以上是完成湖区行政区划调整的第一步。第二步则是洪泽县内部进行合并，具体变动如下：顺河乡和新建、十堡 2 个村并入赵集乡；黄场、洪湖 2 个村并入黄圩乡；陈洼子和原先的泗阳林柴场合并成立成子湖林柴场；东湖村和高圩林场划归界集乡；唐李、中洼 2 个村划归半城乡；陈圩林场并入临淮乡；施马、草湾、大马、西湖 4 个村划归鲍集乡；老山林柴场并给老子山乡；原盱眙县林柴场并给官滩乡。

第三步则是将合并后的乡镇"根据自然区划和经济特点"进行优化整合，设 4 个行政区：（1）高涧区（或称湖东区），辖高涧乡、东双沟乡、三河乡、高良涧镇和蒋坝镇，共 5 个乡镇。区公所设在周桥。（2）成子湖区，辖赵集、韩桥、黄圩、高渡、卢集、中扬、界集、太平、龙集、成河 10 个乡，以及成子湖林场。区公所设于中扬。（3）湖西区，辖半城、陈圩、临淮、鲍集 4 个乡，及城头林柴场。区公所设于新河头。（4）淮河区，辖管镇、铁佛、兴隆、淮河、老山、官滩共 6 个乡。区公所设在兴隆。

按这一方案，完成这三步后，洪泽县将形成 2 个镇、23 个乡以及 2 个场的规模，至于县界，"划给、划出洪泽县的各单位，其原来的乡界、场界、村界、洼界即为洪泽县与邻近各县的县界"，在划定后即在地图上标示及在实地树碑立界，以明确权属。如此洪泽湖水面将完完全全属于洪泽县，洪泽县将拥有名义及实质上的统一管理权，可形成其所谓围绕洪泽湖陆上"宽镶边"的区划调整。

这一方案与前述的方案三看似差不太多，实际却有很大不同，关键点即在陆地的"宽""狭"上。方案三沿湖陆地厚薄不一，洪泽湖的西、南、北三个方向连接后的陆地纵深远小于湖东，因而环形的陆地带整体上仍然过窄，属于"狭镶边"。而管理体制组提出的方案，有点"拆东墙补西墙"的味道，让出湖东过深的陆地乡，补上其余三个方向的陆地乡、村后，环湖的陆地带就显得厚薄均匀，平衡了很多，洪泽县的幅员重心就会接近湖心。理论上会形成一个极具美感的陆环水县，同时可以矫正原先洪泽县陆域结构偏于东部的弊端；现实上也可不违背原先"按湖设治"的建县精神①。

---

① 为了说服淮阴市委、市政府接受这一方案，管理体制组在报告中特别强调了该方案所具有的 6 个方面的利处："第一，有利于促进水陆结合、渔农结合，挖掘水、陆两方面的潜力，调动渔农两方面的积极性"；"第二，有利于把全县的工作着重点转移到湖上，集中力量建设具有本地特色的洪泽湖经济区"；"第三，有利于从根本上解决洪泽湖周边的矛盾，实现湖区统一管理"；"第四，有利于节省人力、物力"；"第五，有利于教育文化等各项事业的发展"；"第六，行政区划调整的交接工作比较好做。因为绝大多数都是按乡划进划出的"。

三、水县的消失："各得其所"的政区调整

"宽镶边"的方案在 1985 年 2 月 5 日已经形成，并递交给淮阴市委、市政府讨论研究。最终的结果出乎该组意料，其精心设计的方案被完全否决。淮阴高层的选择是管理体制组否定、认为违背"按湖设治"宗旨的方案二。

至于淮阴方面为什么不认可"宽镶边"的方案，而选择分湖而治，由于没有相关公开的会议记录可供查阅，在此只能做一番大胆推测。第一点是因为需要做的工作量不同。"宽镶边"的方案连洪泽县在内共涉及 7 个县、21 个乡、12 个村、4 个场和 1 个洼子，影响大、涉及面广，需要做的思想动员工作量非常大；而采用分湖而治，从最终的行政区划的调整结果来看，连洪泽县在内共涉及 5 个县、10 个乡、13 个村和 1 个场，影响、涉及面及工作量对比下来要小很多。第二点是因为行政阻力不同。采用"宽镶边"的方案，环湖的 4 个陆县只出不进，利益全部受损，淮安县和金湖县算是得利，洪泽县很难说心理上对"拆东墙补西墙"无抵触情绪，故整体上阻力相当巨大。而分湖而治方案，让 4 个陆县在湖面全部得利，自然对该方案持拥护态度；唯一受损的是洪泽县，丢掉了湖西的一半，其必然持反对态度。但站在淮阴市的立场来看，无论当时湖区行政区划如何调整，洪泽湖始终都是其内湖，手心手背皆是肉，分湖对其无任何实质性的利益侵害，而且分湖所需做的最主要的工作只有一个洪泽县，工作难度上有取巧的好处。不难想见，淮阴方面在对洪泽县做思想动员工作的时候必定在长期让其头疼的边界矛盾上大费口舌，有意强调分湖对其亦有"卸包袱"的客观益处。从这一层意义上而言，分湖而治确有"各得其所"的效果。

1985 年 12 月 4 日，拥有最终决定权的淮阴市委、市政府向江苏省委提交了湖区行政区划体制调整的议案。12 月 10 日，江苏省委做出批复，同意淮阴市的议案。议案中，湖区陆地的行政区划具体出现了如下变动：

一、将洪泽县的淮河乡、淮河鱼种场及泗洪县的鲍集、管镇、铁伏、兴隆乡划归盱眙县管辖。

二、将洪泽县的临淮、成河乡和半城镇划归泗洪县管辖。

三、将淮阴县高堰乡营门口村划归洪泽县西顺河乡管辖。

四、将盱眙官滩乡的霍山、刘庄、洪湖、杨岗、郑庄、王桥、金圩、韩庄、咸洼九个村划归洪泽县老子山镇管辖。

由洪泽县划出的乡镇，其零星散布在沿湖周边的村、组（老子山镇的

龟山除外），划给就近县的乡镇管辖。①

按这一议案，洪泽县在湖西的4个渔业乡全部被划出，该县在湖西陆上彻底无立锥之地。在实际执行过程中，一、二、三条洪泽县与淮阴县都切实执行，完全交割；但该议案的第四条并未执行。起初洪泽县对只从官滩乡划入上述9个村并不满意，认为官滩乡应全部划给洪泽县管辖。理由是"地势倾斜，农田排灌需三级翻水，同时还要经过盱眙的官滩乡，困难较大"②。但最终洪泽县不仅未得偿所愿，反而连原先已是"盘中餐"的9个村也没得到。

至于批复中所提零星散布的村、组，淮阴方面直至1986年才确定其归属，并于当年3月7日向省委做了汇报。具体调整是：将原洪泽县临淮乡的双淮村划给了盱眙县鲍集乡；原洪泽县成河乡张福河村的第一、二、三组划归了泗阳县高渡乡，该村第四组并入了泗阳县黄圩乡，第五、六、七组则并给了洪泽县西顺河乡；原洪泽县成河乡的洪祥村划归洪泽县西顺河乡；此外，老子山镇附近的北大、小兴滩等地划给该镇管辖，成河乡、半城镇原先在这一带生产的群众，根据自愿原则"愿意迁移至老子山镇的，按户口迁移手续允许其迁至老子山镇，在原生产地域生产"，不愿迁移的则"由泗洪县和成河乡、半城镇另行安排生产地域"。

完成了陆地乡镇的交接和整合后，湖区县际之间的陆上分界线重新划定：

1. 泗洪县与盱眙县的陆上分界线是：按泗洪县双沟乡下草湾和盱眙县鲍集乡铁营村之间的自然界线为两县的分界线，西至淮河中心，东至下草湾新河出口中心处。此线以南属盱眙县管辖，以北属泗洪县管辖。

宁徐公路下草湾新河上的下草湾大桥归泗洪县管辖。

2. 淮阴县和洪泽县二河西堤分界线是：以淮阴县高堰乡十堡村一组和洪泽县西顺河乡营门口村一组护林堤段分界线为界，即淮阴县赵集乡小滩电站中心线向南280米处（堤下生产按原有两村自然分界线不变），东至二河心，西至张福河边。此线以南属洪泽县管辖，以北属淮阴县管辖。

除了陆上县界的确定，在洪泽湖水面上，洪泽、淮阴、盱眙、泗阳、泗洪四县间也第一次有了明确的县界，档案材料中称之为"水域分界线"，具体区划如下：

---

① 《关于同意调整洪泽湖区行政区划的批复》，收入洪泽县地方志编纂委员会编：《洪泽县志》附录，中国大百科全书出版社，1999年，第949页。

② 《关于区划调整移交过程中有关问题汇报》，洪泽县档案馆藏：201-1-131。

1. 沿下草湾河口中心向湖区直线延伸两公里，折转向东至临淮、管镇直线湖面中心线处，再折转向东北偏东至洪泽县西顺河圩与淮阴县赵集乡赵集圩之间的洪泽、淮阴交界河出口中心处划一线，作为洪泽、盱眙、泗洪、淮阴县分界线。此线以南分属洪泽、盱眙县管辖，以北分属泗洪、泗阳、淮阴县管辖。

2. 从洪泽县老子山镇刘嘴村西北与盱眙县管镇乡东北的四段路中心起，向正北水域划一线，与洪泽、盱眙、泗洪、淮阴县水域分界线相接，此线以东水域属洪泽县管辖，以西水域属盱眙县管辖。

3. 从淮阴县与泗阳县交界沟出口中心处起，对老子山顶直线至湖区水域七公里处划一线，作为淮阴县、泗阳县水域分界线。

4. 以泗阳县与泗洪县交界的民便河改道排涝沟中心处为起点，向湖区水域直线延伸七公里，再沿成子湖中心折转向东南、正东与淮阴、泗阳县水域分界线的西南端相接，此线以东、以北水域属泗阳县管辖，以西、以南水域属泗洪县管辖。

5. 以洪泽、盱眙、泗洪、淮阴县水域分界线东北端为起点，沿线向水域延伸七公里处折转向西北，与淮阴、泗阳县水域分界线西南端相接，此线范围内水域属淮阴县管辖。

6. 从三河闸中心向正西方向直线延伸三公里折转向北和盱眙县官滩乡咸洼村东北角圩堤向正东湖区延伸三公里处相接，此线以北、以东水域属洪泽县管辖，以南、以西水域属盱眙县管辖。[①]

水面划分落定后，沿湖陆县各自获得一定的洪泽湖水面，相应地，洪泽县退出湖西水面，正式结束了"按湖设治"时一统全湖的局面。据统计，调整后洪泽县水陆总面积为1289.05平方公里，其中水域面积733.15平方公里，陆地面积555.9平方公里[②]。按此折算，该县水域面积占全县总面积约为56.88%，与设县之初90%以上的水域面积相比相去甚远。故自1986年3月以后，洪泽县基本处于水陆两分的格局。从这一层意义上而言，洪泽县已经结束了水县时代，

① 《关于贯彻执行省政府苏政复（1985）140号批复的情况报告》，泗洪县档案馆藏：253-10-12。

② 洪泽县地方志编纂委员会编：《洪泽县志》，中国大百科全书出版社，1999年，第45页。

失去了以水为域的特色。水县在江苏省的行政区划版图上从此消失①。

　　岩田孝三在对日本湖泊界线的研究中指出，日本"湖面分割"的现状有逐渐减少的倾向，相反，独占湖泊的倾向越来越多②。但从其所举的例子来看，一般是面积较小的湖泊，独占相对较易，而像洪泽湖如此大型的湖泊，湖利巨大，处于多重政治势力的包围下，要维持垄断的地位难度极高。洪泽湖水县的变迁无疑提供了大型湖泊演变的政治地理案例。

---

①　笔者在洪泽湖周边考察时，湖区边界矛盾已基本消歇，问及当年的纠纷事件，中年以上的当地人仍留有一定的记忆。由于近年来湖东淮安、洪泽等地经济发展好于宿迁、泗洪，湖西成河当地的一些居民对 1985 年改隶泗洪颇有微词。一位 30 多岁的青年妇女就对笔者提出的就近原则不以为然。她认为虽有一湖之隔，湖面横断，成河到洪泽高良涧轮船只需一个半小时，比到泗洪县城一个小时的农工车也没多多少，并强调洪泽县的拆迁政策要好于泗洪县。由此可见，政区的地域认同中，心理距离与物理距离如何调试是一个很有意思的话题。

②　〔日〕岩田孝三：《境界政治地理学》，帝国书院，1953 年，第 155 页。

第六章

水域政区化的影响因素：水上根据地的经验

　　水域政区化的设想、设置及流变在前述各章已详细阐述，对笔者而言，一个很大的兴趣点在于，水域政区化从设想到现实，思想源头何在，因何而触发，或曰其影响因素到底在哪？1952 年 11 月中央要设立水上政区的文件只是政治决议的结果，并非其思想源头。解决这一疑问的关键无疑在共产党自身，从结论上说，契机是抗日战争时期。

　　抗日战争爆发后，国共合作共赴国难，共产党获得了发展的巨大机遇，在全国范围内广泛建立根据地，因地制宜，在地理空间上主要有山地、平原及水域三种主要类型①。江苏是鱼米之乡，是毛泽东水上根据地战略思想的主要试验场，但由于长江以南地区是日伪政权的腹心地带，控制严密，共产党的渗透较为艰难。经过深思熟虑，共产党最终将其在该地主要武装力量——新四军的发展方向选在了一江之隔的苏北，并成功在这一地区的洪泽湖等地建立起水上根据地，创建出实质性的水上红色政权，并不断发展壮大。在建立政权之后，共产党在其控制水域又实行了战时特殊的行政区划建制，创造出水县与水上区两种特殊政区，而这就是中华人民共和国成立后推行水域政区化的影响因素。本章即对苏北水上根据地这一发展过程予以揭橥。

第一节　水上根据地战略思想的提出

　　1938 年 5 月，毛泽东在延安写出了著名的《抗日游击战争的战略问题》长

---

　　① 关于山地和平原根据地的研究，参见刘家国：《论冀中平原抗日根据地的创建与发展》，《军事历史研究》2004 年第 2 期；黄道玄：《张力与限界：中央苏区的革命（1933—1934）》，社会科学文献出版社，2011 年；黄道炫：《中共抗战持久的"三驾马车"：游击战、根据地、正规军》，《抗日战争研究》2015 年第 2 期；于化民：《中共领导层对华北游击战场的战略运筹与布局》，《历史研究》2015 年第 5 期。

文。该文主要从战略和战术两个方面高屋建瓴地阐述了抗战后中国共产党武装力量发展的问题，其中一个非常核心的战略思想是建立根据地。为此毛泽东专辟一章重点阐述，强调"这个问题的必要性和重要性，是随着战争的长期性和残酷性而来的"，要求共产党领导者吸取历代农民战争流寇主义的教训，建立起能"保存和发展自己、消灭和驱逐敌人之目的的战略基地"。在毛泽东看来，此种战略基地至关重要与必要，称"没有根据地，游击战争是不能够长期地生存和发展的"①，在其心目中，共产党的抗日前景和日后全国性的战略反攻都有赖各地根据地的支撑。

至于在什么样的地理空间上能发展根据地，毛泽东提出了三种地理上的可能——"山地、平地和河湖港汊地"。毛泽东认为这三种地形皆可利用，但党内的认识却较为局限，"山地建立根据地之有利是人人明白的"，平地在此时业已有"河北平原、山东的北部和西北部平原"，相比较下来，河湖港汊地最不被人重视，"各个抗日党派和抗日人民，至今尚少注意这一方面"。为此，毛泽东做出明确指示：

> 江北的洪泽湖地带、江南的太湖地带和沿江沿海一切敌人占领区域的港汊地带，都应该好好地组织游击战争，并在河湖港汊之中及其近旁建立起持久的根据地，作为发展全国游击战争的一个方面。缺少了这一方面，无异供给敌人以水上交通的便利，是抗日战争战略计划的一个缺陷，应该及时地补足之。②

第一次土地革命战争时期，由于秋收起义的失败，毛泽东采取了避实就虚的方针，放弃城市，转而领导工农武装"找敌人统治薄弱的地方"，最终将薄弱环节选在了地图上"眉毛画得最浓的"罗霄山脉中段，并劝说与会同志一起上山，当"有主义、有政策、有办法的山大王"③。自此从山地起家，共产党陆续发展出中央、闽浙赣、鄂豫皖、湘赣、湘鄂西、湘鄂赣等 10 多块革命根据地，建立起苏维埃政权。1928 年，彭德怀在谈论中共武装暴动时曾赠诗黄公略表明心迹："惟有润之工农军，跃上井冈旗帜新。我欲以之为榜样，或依湖泊或山区。"④ 当时彭德怀正在读三本书：《共产主义 ABC》《通俗资本论》和《水浒

---

① 毛泽东：《抗日游击战争的战略问题》，《毛泽东选集》第 2 卷，人民出版社，1991 年，第 418 页。

② 毛泽东：《抗日游击战争的战略问题》，《毛泽东选集》第 2 卷，人民出版社，1991 年，第 419 页。

③ 何长工：《难忘的岁月》，人民出版社，1982 年，第 39 页。

④ 《彭德怀自述》，人民出版社，1981 年，第 76 页。

传》，显然彭德怀"或依湖泊"的军事构想既受毛泽东创建根据地的鼓舞，或许也有水泊梁山农民起义的影子。在井冈山时期，毛泽东撰写了著名的《中国的红色政权为什么能够存在?》《井冈山的斗争》《星星之火，可以燎原》等文，反复宣传"根据地虽小却有很大的政治上的威力"的重要作用，从理论到实践，根据地思想日趋成熟。需要指出的是，土地革命时期的"农村包围城市"和省际边界地带的红色割据，对薄弱空间的利用还主要局限于南方山岳地带，并未建立起类似的水上根据地。抗战时毛泽东将视野独到地扩展至"河湖港汊地"，也是看准了国民党及日、伪诸方对水域的疏忽与管控的不及，在政治地理上，无疑能给共产党留下发挥利用的余地。

落实到实践层面，具体到水域空间，毛泽东提及的洪泽湖在民国时是苏皖分治；太湖是江浙分割，江苏省占绝大部分水面；而沿江沿海敌占区的港汊地带，江苏省亦占有相当分量。故从地域空间而言，开拓水上根据地，全国内陆水域比重最大的江苏省无疑是重点区域。如果再考虑到江苏在中国南北结合部的特殊地缘政治优势，江苏也是最值得经营的水乡泽国。

第二节　苏北——"战略突击方向"

在江苏省发展水上根据地，实际主要牵涉共产党在华中的武装力量——新四军发展方向的战略选择。由南方8省游击队改编的新四军到达苏皖南部时力量极为弱小，战略选择至关重要，一着不慎满盘皆输。当时就发展方向的选择上，党内存在很大矛盾。王明和项英等认为苏北淮北是平原水网地区，一马平川，没有深山老林，不好开展游击战争和建立持久稳固的根据地，"而不切实际地考虑天目山计划、黄山计划，不愿向苏北敌后平原发展"[1]，造成了战机的延误；其后陈毅、粟裕等则不顾项英的阻挠建立起茅山根据地，才将新四军的战略方向集中到江苏。

众所周知，在江苏省内部按地理和经济发展水平衡量，彼时一般有苏北、苏南或曰江北、江南两大区域的划分[2]。近代以来，这二者是一对经常拿来比较的对象，相对于后者，前者十分贫穷落后，时人称"本省农村经济之困苦江北

---

① 管文蔚：《抗日战争时期的苏中根据地》，收入《管文蔚文集》，中共党史出版社，1995年，第118—119页。

② 〔美〕韩起澜：《苏北人在上海，1850—1980》，卢明华译，上海古籍出版社，2004年，第18—31页。

各县实较甚于江南"① 已是极客气的说法，更有甚者云"江南与江北，虽只一水之隔，却有一千年历史的差异"②，虽语有夸张，但反映出的巨大差距却是不争的事实。

不过，这样的比较主要是从社会经济和文化教育等层面立言，反映出的只是空间属性的社会、经济、文化等方面，并不能完全涵盖空间的全部价值。从政治地理学的视角来看，对苏北的空间价值实际还有另一番解读，即通过分析某一区域或国家生聚的广狭、经济力量的厚薄以及人口的多寡来衡量这一区域的空间价值，侧重于从物质层面衡量空间的硬实力③。从这样的观点来看，仅仅以贫富看待某一区域就显得相当片面，实际会遮蔽掉其他重要的空间属性。

在中国，空间价值的评估可以以县之等级作为参照。在各个历史时期，县是中国较为稳定的基层政区单位。历代王朝"为了了解国情，以便进行有效的行政管理"多有将县分等之举，其分等标准"以经济因素为主并结合政治军事因素而定"④，这和现代政治地理学对空间价值的评估多有不谋而合之处，可资借鉴。民国时期，苏北之地域由区域内 31 县构成，以小尺度的县为分析单元，按以上标准进行评估能近似反映其实际的空间价值。

南京国民政府时期江苏省有过三次"厘定县等"的评估。起初"惟以地方收入之多寡为标准"，1931 年 2 月则以"面积、人口、富力及地位冲要为标准，重行厘定"，后因时事变迁，各县人口、富力多有升降，原有等级就有明显不合现实之处。1935 年 1 月江苏省政府在七一六次省府会议上通过重新厘定县等决议，由内政部转呈国民政府核准施行。评定时以面积、人口、富力三项作为计分标准，前两项较为明确，富力一项较有弹性，江苏省采用的是"地价税额两项之平均数为标准"。具体计分规则是：先将面积乘以 20%、人口乘以 30%、富力乘以 50%折算，然后再按"面积以每四百方里为一分，人口以每两万口为一分，地价以每二百万元为一分，税额以每二万元为一分"之规定算分⑤。按此标准，修正后的苏北各县的等级如表 6-1 所示。

---

① 韩作明：《读杨冯署先生"本行本年度之计划草案"后对于江北各区分行之补充我见》，《苏农》1931 年第 2 卷第 11 期。

② 吴寿彭：《逗留于农村经济时代的徐淮各属》，《东方杂志》1930 年第 27 卷第 6 号。

③ 参见沙学浚：《苏芬关系之地理背景》，载《地理学论文集》，台湾商务印书馆，1972 年，第 8—10 页。

④ 周振鹤：《中国历史政治地理十六讲》，中华书局，2013 年，第 225—226 页。

⑤ 陈果夫主编：《江苏省政述要·民政·县行政》，载沈云龙主编：《近代中国史料丛刊续编》第 97 辑，台北文海出版社，1983 年，第 1—2 页。

表 6-1　1935 年苏北各县的等级

县名	面积	人口	富力	总计	等级
启东县	1.0	5.1	6.3	12.4	3
海门县	1.6	8.9	6.7	17.2	3
靖江县	0.8	5.3	8.2	14.3	3
南通县	3.7	19.0	12.9	35.6	1
如皋县	3.1	21.1	28.2	52.4	1
泰兴县	2.0	13.3	13.5	28.8	2
淮阴县	2.3	6.4	2.1	10.8	2
淮安县	9.6	10.9	5.7	26.2	2
泗阳县	0.9	3.2	3.7	7.8	3
涟水县	4.1	8.0	9.5	21.6	2
阜宁县	12.4	14.7	12.2	39.3	1
盐城县	9.2	15.6	16.6	41.4	1
江都县	5.4	17.5	16.5	39.4	1
仪征县	0.9	4.2	3.7	7.8	3
东台县	9.6	17.7	6.2	33.5	1
兴化县	5.7	8.4	12.9	27.0	2
泰县	3.1	16.3	10.8	30.2	2
高邮县	4.3	9.3	22.4	36.0	1
宝应县	4.2	6.8	2.2	13.2	3
铜山县	4.5	14.8	12.5	31.8	1
丰县	2.4	4.6	2.7	9.7	3
沛县	2.0	5.2	2.0	9.2	3
萧县	3.8	7.5	5.0	16.3	3
砀山县	1.8	4.4	1.6	7.8	3
邳县	5.0	8.6	3.3	16.9	3
宿迁县	4.8	9.8	2.6	17.2	3
睢宁县	3.7	8.0	2.7	14.4	3
东海县	4.4	6.0	1.3	11.7	2

县名	面积	人口	富力	总计	等级
灌云县	6.3	8.4	2.3	17.0	2
沭阳县	4.0	8.2	4.4	16.6	3
赣榆县	2.5	6.5	2.0	11.0	3

资料来源：陈果夫主编：《江苏省政述要·民政·县行政》，载沈云龙主编：《近代中国史料丛刊续编》第97辑，台北文海出版社，1983年，第2—3页。

江苏省对县等的厘定有三等之分，一等需31分以上，二等在21—31分之间，21分以下则为三等。表中诸县原则上都依此标准划等，只有淮阴、东海、灌云例外，三县虽评分未及二等规定，但因淮阴是苏北军事重心、东海为国防要地、灌云"或为未来重要商港"，故三县都按地位冲要原则予以等级上调。这样总计苏北共有15个三等县，一等县和二等县各8个。仅仅从数字上似乎还难以看出端倪，为了更好地体现苏北的空间价值，可与省内的苏南进行对比（见表6-2）。

表6-2　苏北与苏南县等级的对比

区域	县数	一等县	二等县	三等县
苏北	31	8	8	15
苏南	30	7	8	15

说明：六合、江浦、扬中、崇明四县因长期隶属苏南统县政区，故计入苏南。

在苏北苏南辖县数量几乎一样的情况下，二者等级之区分也几乎完全一致，当然政治上划分出的轻重并不像人们所习惯认为的经济上的差距那么刺眼。需要指出的是，苏北的一等、二等县在面积和人口两项有较大加成，而同样等级情况下苏南富力得分要优于苏北不少，因而二者给人的总体感觉是苏北以量取胜，苏南则以质见长。不过富力不等于富强，政区的幅员、人口的数量皆是区域最基本的地理基础，在和平年代，富庶之区自然会多受青睐，但在战争年代实际情形要更为复杂，看似贫瘠之地往往大有价值，比如广阔的幅员实际可以转变为空间的纵深，繁多的人口可以转变成统制的劳力、兵员，前者可以以空间换时间赢得回旋的余地，后者则可补益战争的消耗，倒可能较富力转化得直接。此外，苏北当地社会经济凋敝、农民极度贫困，远较苏南为甚，实际更能提供孕育革命火种的温床，广大百姓也更易于发展成革命群众。

另外，从空间的可进入性来说，苏北与苏南存在很大差异。苏南毗邻南京、上海，这两地一直是国民党统治的心脏地带，日本占领后也成为其重点控制的京畿地区。两次大规模的清乡后，按日方说法"该地区内的治安明显得到恢复"，同时"在宣传、文教、经济各方面"日伪政权也达到了"强有力的统制"①。由于太湖日伪控制严密②，新四军的渗透主要集中在苏南西南方边缘的茅山，毛泽东设想的太湖水上根据地未能变为现实，新四军只是在无锡南部和东、西洞庭山局部建立了松散的苏西游击区③，游击规模较为有限。换言之，太湖未能成为共产党的内湖。相对而言，国民党在苏北的统治较为松动，日本侵入后，苏北政治军事格局重新洗牌，最终形成四大势力：占领主要交通线和重要城镇的日伪军；盘踞兴化、东台、盐城、阜宁等地的江苏省政府主席韩德勤部；驻扎泰州的地方势力李明扬、李长江部以及初来乍到的新四军④。这四部明争暗斗、互相攻伐，留出了大片可供发展的政治真空地带。

1938 年 5 月 22 日，中共中央发出《关于徐州失守后华中工作的指示》，明确了新四军发展区域："在津浦路以东、陇海线以南、长江以北的江北广大地区内，即应建立一个能独立领导工作的工委，其主要任务为发展游击战争。"⑤ 按这一指示，苏北成为重点发展区域。1939 年 12 月，中共中原局书记刘少奇根据中央的战略部署和华中的实际情形，极力主张优先发展苏北："江苏北部我们没有正〔规〕部队及党的机关去活动，亦无地方党，而这又是有最大发展希望的地方，因此这是我们突击方向，应集中力量向这方面发展。"⑥

1940 年 6 月，陈毅、粟裕率领苏南新四军主力北上；9 月，新四军在黄桥成立中共苏北区委。9 月底至 10 月上旬，新四军与国民党韩德勤部发生摩擦，黄桥战役打响，最终新四军大获全胜，在苏北立住脚跟。与此同时，为配合新四军北上的八路军第五纵队也胜利到达苏北盐阜地区，与新四军完成了苏北会

---

① 日本防卫厅防卫研究所战史室编：《中国事变陆军作战史》第三卷第二分册，田琪之、齐福霖译，中华书局，1979 年，第 169 页。

② 据老船民回忆，"那时，经过太湖的船是不能随便带货的。要是在路上被日本人发现，就说是带给湖里的'支那兵'，就是闯大祸了"。嘉兴市文化广电新闻出版局、嘉兴市文学艺术联合会编著：《运河记忆——嘉兴船民生活口述实录》上册，上海书店出版社，2016 年，第 54 页。

③ 中共苏州市吴中区委宣传部：《烽火太湖——新四军太湖抗日游击支队史》，古吴轩出版社，2011 年，第 39 页。

④ 江苏省中共党史学会：《江苏抗日战争史》，中共党史出版社，2007 年，第 105 页。

⑤ 中国人民解放军历史资料丛书编审委员会：《新四军》文献（1），解放军出版社，1988 年，第 114 页。

⑥ 中国人民解放军历史资料丛书编审委员会：《新四军》文献（1），解放军出版社，1988 年，第 137 页。

师，这一历史性的会师"标志着开辟苏北根据地战略任务的胜利完成，江苏全境已成为华中敌后抗战的重心"①。1941年1月皖南事变爆发后，新四军在盐城重建军部，苏北毫无争议地成为共产党在华中极力经营的重中之重。

第三节 苏北水域的位置价值与空间价值

1942年，日本兴亚院新成立的"苏北综合调查所"对日伪控制的"苏北行营"地区进行了细致的调查，涵盖县政、治安、财政、产业、教育、文化等诸多内容，形成的调查报告是日军控制苏北、压榨苏北百姓的重要军事指南。对苏北地区，日本人战略上高度评价，认为"苏北在自然地理和交通上离日本最近，且是华北和华中南联络的要冲，更扼守长江咽喉，是治理江苏号令天下最重要的地域"，同时"苏北地区沿着大运河，有高邮湖、宝应湖、大纵湖以及大大小小各种河流湖泊，是邻近上海南京的中支第一天然渔场"②。日本人对苏北地区的判断实际暗含着对战时其位置的充分肯定。

位置是地理学的基本概念，指的是地面上一地点与其他若干地点之间的关系，德国地理学家简洁概括为"位置是联系之确立"，强调其是一种空间的相对关系③。理论上，地面上的任意一地点或一区域均处于一定的位置当中，但却不一定都有位置价值，只有当其与周边其他地点或区域发生政治、经济、交通、军事等某种联系时，才会产生位置价值，且联系越多、越强，其位置价值越高。民国时苏北的水域主要由长江、淮河、运河、洪泽湖、微山湖、高邮湖、宝应湖、白马湖及射阳湖荡地区构成。在国防地理上，长江、淮河的重要性一直备受关注。一条大江自西徂东分割江苏，魏文帝曹丕临江慨叹"此天所以限南北也"，说明了传统时代长江对中国南北的限制作用，突出长江对南方王朝的位置价值。南京国民政府成立后，蒋介石虽以江浙为统治核心区，但"江"的范围基本上局限在江南及苏北狭长的沿江地带，故严格意义上苏北大部在政治经济上均处于江苏的边缘位置，属于边缘区域。承平时代南北混一，边缘的苏北无足轻重。可一旦南北纷争，这一区域就极其要命，南方政权一般以南京为国都，彼岸是江北巨镇扬州，二者往往成为南下兵锋所指之方向，因而造成了冀朝鼎

---

① 江苏省中共党史学会：《江苏抗日战争史》，中共党史出版社，2007年，第111页。

② 大东亚省：《苏北地区综合调查报告》，昭和十八年九月，第78、331页。

③ 沙学浚：《位置价值——一个国防地理的讨论》，载《地理学论文集》，台湾商务印书馆，1972年，第1—2页。

先生所谓淮河流域是"战神祭坛之地"① 的现象。由于这一层军事压力的存在，包括苏北在内的淮南便急剧上升为政治要区、国防重地。"淮者，江之蔽也，弃淮不守，是谓唇亡齿寒也"②，这一经典断语强调了淮河对长江的位置价值。

除此之外，在整体意义上苏北水域的位置价值也体现在交通地理方面。众所周知，江苏是水乡泽国，百姓出行多仗舟楫，在淮北的洪泽湖、淮南里下河地区更是非船不行。千年以来在南船北马的格局下，苏北的陆路交通都较为落后。南京国民政府成立后在公路建设上对边缘的苏北也较为漠视，"所筑路线，均偏在江南，而江北已成之路，寥寥可数"③。1927—1937 年的国民政府十年黄金建设时期，苏北主要建成了两条省道：一条是自江都至清江的扬清公路，利用运河大堤筑成，"土路宽 7.5 至 9 米"，全长 166.44 公里④；另一条是通榆公路，原计划与海岸线平行，自南通连通如皋、海安、东台、盐城、阜宁、滨海、响水、灌云、新浦至赣榆，全长 405 公里，1937 年实际仅完成 292.47 公里⑤。其余修成的县道、乡道较为零星，未能与两条省道形成系统的公路交通网络，因而民众出行一般仍仰仗舟船。抗战爆发后，为阻遏日军进攻与扫荡，国民党军队及共产党新四军、游击队不断挖掘壕沟、焚毁桥梁，公路之利用更趋有限。职是之故，整个民国时期水运在苏北一直居于第一等重要地位，以大运河为轴心的水网仍然是苏北的交通大动脉。

从地图上观察，从南至北，高邮湖、宝应湖、洪泽湖及微山湖紧贴运河大堤，错落分布，位置冲要，对运河的影响非常重大；借助运河诸湖还可互相连通，既可南下苏南亦可北上山东，从入洪泽湖的淮河溯流而上，亦可连接苏皖二省，故运河一线湖泊的位置价值极高。抗战时期，由于日伪重点控制交通干线，并在沿途密布碉堡岗楼加以封锁，共产党人员、物资过境不易，在此背景下，运河沿线湖区的交通地位迅速上升，其中洪泽湖和微山湖地位最为重要。前者处于淮南与淮北、江苏与安徽、淮河与运河结合的十字路口。据当时的共产党干部回忆，淮南与淮北之间"从湖上走，水路只有十八里，如水路不能通，就要从湖边绕旱路走八十里或一百六十里，同时各码头都有敌人把守，事实上

---

①　冀朝鼎：《中国历史上的基本经济区与水利事业的发展》，朱诗鳌译，中国社会科学出版社，1981 年，第 87 页。

②　（元）脱脱：《宋史》卷 368《王德传》，中华书局，1977 年，第 11450 页。

③　张竞成：《江苏公路路面问题之检讨》，《江苏建设月刊》1935 年第 2 卷第 9 期。

④　《江苏公路交通史》第 1 册，人民交通出版社，1989 年，第 144 页。

⑤　《江苏公路交通史》第 1 册，人民交通出版社，1989 年，第 151—152 页。

是不易通过的"[①]，水路便捷且风险较小；后者——微山湖则是"山东通向延安的唯一交通线"[②]。刘少奇、陈毅、肖华等中国共产党领导者都曾假道湖区过境，陈毅著名的《过微山湖》诗云："横越江淮七百里，微山湖色慰征途"，即写于这一程水路。

苏北水域的位置价值同时体现在军事地理上。新四军北上苏北后，共产党在江淮大力发展敌后根据地，洪泽湖、宝应湖和高邮湖逐渐成为共产党苏北、苏中[③]、淮南和淮北四块根据地的咽喉部位，对加强各根据地间的相互联系亦非常关键。同时"新四军的一、二、三、四四个师与敌会战，其主力调动经常经过于此"，使得这一边界区域成为"我军联合作战的走廊地带"[④]，因而其位置价值更显重要。1943年年初，日伪军扫荡新四军军部盐城地区，新四军做战略转移，"军部亦由盐城迁至洪泽湖南岸的盱眙山区黄花塘，一直到指挥江淮地区抗日战争的全面胜利，主要是依托于洪泽湖这块战略要地"[⑤]。不难看出，湖区的位置价值由于区域军事格局的变动仍在进一步提升。在江苏与山东交界的微山湖区，其位置价值亦非常类似。微山湖在国民政府的行政区划上是苏鲁分管，但实际两省行政力量都力有不逮。抗战爆发后，共产党在微山湖东西两侧分别发展出鲁南和湖西两块根据地。微山湖在其中既起着连接二者的作用，又在陆上根据地遭到扫荡难以立足时，成为抗日军民的避难所与战略转移的跳板。总之，湖区对维系共产党武装力量的生存有着很好的托庇作用。

共产党干部也较为重视苏北水域的空间价值。这一点在其言论中也多有体现：如称白马湖、宝应湖"水域宽广，物产丰富，既是天然的好鱼仓，也是理想的游击区。芦苇、柴草、湖藕、菱角、鲜鱼、野鸭，为我们解决了经济上的供给，为我们提供了有利的战场"[⑥]；对洪泽湖亦云："芦苇、蒲草、菱角、鸡头、莲藕的自然繁殖是一片接一片。在一片片的滩头之间，鱼产丰富"[⑦]。在当

---

① 魏存平：《湖上五十八天坚持前后》，收入《洪泽革命史料选辑》第5辑，1983年，第59页。

② 中共微山县党史资料委员会编：《中共微山县党史大事记》，中共党史资料出版社，1990年，第80页。

③ 为适应敌后斗争，1941年3月19日，中共实行"小省制"建制，将苏北大区按南北划分为苏中和苏北两部。

④ 高航：《日寇扫荡残害洪泽人民的回忆》，收入《洪泽文史资料》第3辑，1987年，第28页。

⑤ 洪舟：《开辟洪泽湖》，收入《洪泽文史资料》第4辑，1991年，第15页。

⑥ 李松亭：《淮宝风云——李松亭革命回忆录》，新华出版社，1994年，第97—98页。

⑦ 戴岳：《湖上一年半》，收入《洪泽革命史料选辑》第4辑，1983年，第28页。

时的实际情形下，前来开辟水上根据地的党政干部并没有详细的统计数据，只是在身处现场后得到了一个模模糊糊的感觉。当然必须承认这个感觉是非常对的。这一时期苏北水域的物产及生活其间的水上人数都没有留下相应的统计数据，为了说明该地水域的空间价值，可以以相去不算太远的 1951 年的水产统计做一参照（见表6-3）。

表6-3　1951 年苏北淡水渔业的基本情况

地区	湖泊面积（平方公里）	河川	专业渔船只数	总吨数	水产品产量（吨）	主要水产品
苏北	600	—	43141	86282	3950730	鲤、鲫、鲢、鳙、草鱼、青鱼、蟹等

说明：1. 资料来源于华东军政委员会水产管理局编制：《华东水产统计》，1952 年 8 月；2. 河川一项未有统计数字。

按常理推断，抗战时期苏北淡水的水产品产量与1951 年相比，应有相当差距，必定比这一数字偏低不少，相对而言其余各项上下浮动应不致太过悬殊。从湖泊面积、船只数等指标来看，苏北水域的空间价值亦有可观之处。实际上因统计项目的原因，1951 年的水产统计还有未及之处，如半农半渔的人数及船只数量就未予显示，湖滩之处的水生植物也不在此列，而这几项的价值并不逊色，如洪泽湖上以割草为生半农半渔的山东草民就至少有 1 万多人[1]，沿湖的"芦苇面积就高达一百万亩左右，年产量约六千万捆"[2]。以此观之，苏北水域的空间价值其实际潜力要比上述数据更为可观。

不过在毛泽东的根据地思想中，经济因素相对次要，并不是一个必要条件，他曾解释道："而一切敌人能到之处，当然早就有了中国人，也早就有了吃饭的经济基础，故在建立根据地问题上，不发生选择经济条件的问题。一切有中国人又有敌人的地方，不问其经济条件如何，都应尽可能地发展游击战争，并建立永久的或临时的根据地。"[3]

① 王化东：《党派我到山东帮里去工作》，收入《洪泽革命史料选辑》第 4 辑，第 31 页。
② 潘道一：《抗日战争时期洪泽县的财政工作》，收入《洪泽革命史料选辑》第 4 辑，第 37 页。
③ 毛泽东：《抗日游击战争的战略问题》，《毛泽东选集》第 2 卷，人民出版社，1991 年，第 425 页。

第四节 水县、水上区、水上乡：水上根据地的政区建制

在苏北水域，共产党的水上根据地主要集中在洪泽湖、微山湖及高邮湖等地，其他水网地区虽也有共产党的渗透，但并未专门建立起水上根据地。

在洪泽湖，遵照毛泽东的指示，共产党在 1939 年分别从大别山区、豫皖苏边区和山东分局派遣干部进入湖区，在其西部开创根据地。当时洪泽湖西部属安徽省泗县管辖。经过谈判，共产党一方最终与国民党泗县县长盛子瑾达成合作抗日协议，成立了泗县洪泽湖特区，特区驻地在泗县半城区，辖有陆上生元、阳井、崔集、陈圩、龙集、界集、吕集、管镇、太平等乡，水面则有泗县湖西部分。洪泽湖特区的首任区长是泗县县政府秘书赵敏，但其实际是共产党员。以此为契机共产党在湖西渐渐立住了阵脚，随后将特区中的各乡乡长逐步替换成共产党员，同时组织青抗会发展基层党员①，经过初步发展加之盛子瑾带部出走，湖区共产党势力逐渐成形。

1940 年 5 月，共产党以泗县临淮头为中心正式成立洪泽湖管理局，一般将这一机构的成立视为洪泽湖抗日民主政权成立的标志，原洪泽湖特区的半城区则改为皖东北区党委直属区②。水上政权初步建立起来，但地方秩序相当紊乱，"三里一队长，十里一营长，吊打勒索，无恶不作，洪泽湖大都匪化"③。此时共产党拥有的水上武装几为零，还难以控制水上，而湖面上国民党及日伪势力却非常猖獗。清点这一时期盘踞在洪泽湖面上的力量主要有四方：第一方是日军。日军为控制淮河一线交通，在湖南盱眙县驻有一个大队，另在南岸重镇老子山有一个小队，以控制苏北淮阴至安徽的水道。第二方是高铸九部。高是国民党泗阳县长，自称"九路军"，有 200 多人，主要活动于安河口及以东湖面。第三方是国民党江苏省洪泽湖水警大队长陈佩华，在湖上有 300 多人，"是

---

① 郑淮舟：《1939 年至 1940 年有关洪泽湖的一些情况》，收入《洪泽革命史料选辑》第 4 辑，1983 年，第 24—25 页。

② 王光宇：《关于皖东北区党委直属区情况的回忆》，收入《洪泽革命史料选辑》第 4 辑，第 7 页。

③ 刘瑞龙：《三年来的政府工作》，1942 年 10 月在淮北苏皖边区第二届参议会上所作的报告，收入《刘瑞龙淮北文集》上卷，中共党史出版社，2005 年，第 119 页。

洪泽湖水匪的主力"①，占据着洪泽湖东岸高良涧一带。第四方是刘五练，原属国民党江苏省主席韩德勤第一支队，被新四军二师击溃后逃入洪泽湖，号称"湖霸王"，"盘踞在西南岸老子山、王沙、赵沙一带"②。四方势力之外，国民党张文博、孙乃香，土匪魏友三等在湖上也都有些黑武装，这些林林总总的武装力量相加总计约有千人，虽各占山头各自为战，但无一例外都对共产党极为敌视。共产党水上政权的生存受到严重威胁。

为了改变这一不利局面，清理湖面敌对势力势在必行。共产党一方面发挥其善于群众工作的特长，加大了对湖匪的分化瓦解工作，通过动员家属策反了高铸九一个警卫排投诚，同时以亲戚关系争取到高部强行收编的鸭枪 200 多对作为内应③。另一方面则大力组建自己的水上武装。其来源主要从两处着眼：一是"使旱鸭子变成水鸭子"，加强军事训练使新四军战士熟悉水性，适应水上作战；二是动员当地青年渔民参军扩充兵员，同时利用原有水面武装，将洪泽湖上原来拥有土枪以打取野鸡、野鸭、沙鸥等飞禽走兽为生的"鹰帮"集结，收作水军，为我所用④。1941 年 5 月初，经过充分准备后，张爱萍集中两个团的兵力，分三路入湖围歼湖匪。经过 3 天激战，除高铸九、魏友三漏网投靠盱眙日军外，其余湖匪均被肃清。最终，"除敌伪占据盱眙城下一角外，整个湖面已经是我新四军创立的大块根据地的内湖"⑤。

由于湖西湖东连成一片，毛泽东在 1938 年设想的洪泽湖水上根据地蓝图完全实现。原先局促于湖西的洪泽湖管理局，此时则需要面对全湖的管辖问题，体制上显然已难以适应新的斗争形势。正是在这一背景下，1942 年 4 月洪泽湖管理局被撤销，湖区正式设立县级政区——洪泽县，县治临淮乡，辖淮河区、湖西区、临淮区、成湖区、湖东区共 5 个区，其县境内"只有淮河区的一个仁和乡和一个直属的临淮乡是陆地，每年只能征收少量公粮外，其余都是湖面和码头"⑥。虽然当时没有水陆比重的统计数据，但参照 1956 年设洪泽县时的这一

① 参见张爱萍：《洪泽湖剿匪》，收入《洪泽革命史料选辑》第 4 辑，第 1 页；高曙：《洪泽湖的剿匪斗争》，安徽省新四军历史研究会编：《新四军老战士抗战回忆录》，2007年，第 271 页。
② 周华清：《洪泽湖上剿匪记》，收入《星火燎原》第 7 辑，2007 年，第 124 页。
③ 周华清：《配合主力剿灭洪泽湖匪患》，收入《洪泽革命史料选辑》第 4 辑，1983 年，第 59—60 页。
④ 陈志晟：《回忆洪泽湖上游击式武装"鹰帮"》，收入《洪泽文史资料》第 4 辑，1987年，第 39 页。
⑤ 戴岳：《湖上一年半》，收入《洪泽革命史料选辑》第 4 辑，1983 年，第 27 页。
⑥ 陈育华：《突击运粮》，收入《洪泽革命史料选辑》第 5 辑，1983 年，第 27 页。

比重，笔者猜测抗战时期洪泽县水域的比重至少应在90%以上，称其为"水县"恰如其分。当时根据地行政区划"确定为行政区、县、区、乡（镇）四级"[①]，因而在区划上，洪泽县以下也有区、乡（镇）两级，形成了水县—水上区—水上乡的区划结构，这一政治设计是共产党在敌后武装割据后自行区划的尝试，展现出不落窠臼的大胆创新。洪泽县辖的各区各乡主要范围都在洪泽湖水面，陆地极少，而且区内的民众也主要是靠水吃水的渔民、草民，故在当时被视为水上区、水上乡。再横向对比共产党在苏北其他地区的行政区划设置，在县的规模上，洪泽县是县域面积最大、人口数量最少、人口密度也最小的一个县，特色非常鲜明[②]，是水县有别于陆县的典型特征。

之所以会有这样的特殊设置，从当时人的回忆来看，主要是为了更好地开展水上工作："湖上的工作更难做，他们有着历史性的有名的三大性：一是生产的流动性，没有固定的地址，他们的生产是看风向、看气候、看水势，他们都是随船居住，船走到哪里，就住到哪里，哪里有鱼就取到哪里，陆地上一点财产也没有，说走打起锚就开船，叫你找不着遇不上。二是居住的分散性，这里两户，那里三户，虽然互相也认识，但不是一个帮的，平常少来往。三是思想的落后性，信神信鬼。[③]"正是因为具有这样的特殊性，所以作为政治管理手段之一的行政区划就要做出相应的变通，因地制宜、因人而异，唯此才能将行政工作的焦点聚于水上及这一特殊流动人群身上。毕竟这一时间点上的共产党还羽翼未丰，处于夹缝中求生存空间的艰难时期，需要利用一切可以利用的资源。

最终，共产党付出了两年左右的艰辛努力，完成了湖区从建立政权到设置政区的跨越。考虑到其对湖区掌握着实际有效的控制权，不难看出共产党的水县确是实指，并非历史上曾有过的虚封或遥领，在一定意义上也可以说是颠覆了国民党原有的行政区划格局，代表了这一时期共产党对水域所秉持的一种独

---

① 《关于行政区划分的决定（草案）》，原载《政府工作》1942年4月18日第7期，收入《刘瑞龙淮北文集》下卷，中共党史出版社，2005年，第802页。

② 以1946年1月的统计为例，洪泽县人口53036人，面积13125华里，而苏皖边区其他县：阜宁人口面积分别为408294/4254；阜东491940/6812；盐城4234630/2873；盐东233339/3976；建阳492515/3024；射阳307803/5745；涟东290820/3124；淮安519245/5986；滨海202749/3236；淮宝350000/5000；灌云280513/7815；淮阴348684/2330.92；泗沭284647/1881；宿迁318841/2362.7；沭阳311361/2789.24；潼阳267052/4781；涟水222463/3240；宿北211225/1399；东海134834/2178。数据来源于《苏皖边区各分区所辖县份人口面积一览表》，载淮安市档案馆主编：《苏皖边区政府档案史料选编》，中央文献出版社，2005年，第577页。

③ 王浩：《忆湖上斗争》，收入《洪泽革命史料选辑》第4辑，1983年，第52页。

特的政治理念和利用方式。

水县建立后自然面临如何保卫及利用水域空间的难题，为此共产党不遗余力地大力发展湖区的政治、军事、经济建设。当时主要任务有两个，"一个是对敌斗争；一个是发展生产、增加税收，向部队提供给养"①。第一个任务主要是应对日伪军的扫荡。据1942年曾任洪泽县委书记的张子夫回忆，在这一方面共产党的策略较为灵活、务实。一般在敌人扫荡初期就动用地方武装袭扰敌人，并"在入湖的各个河口安上木桩抛满稻草"，使得"敌人的汽油划子开不进来"。如果遇上大扫荡，则充分利用洪泽湖辽阔的青纱帐和水面，"敌人从湖东来扫荡，我们就跳到湖西，敌人从湖西来，我们就跃到湖东。能打就打他一阵子，不能打就到水上或芦苇荡里"。由于此种特殊的地形优势，很多时候"兄弟县的领导也聚合到湖上。敌人无可奈何，而我们在湖上却运动自如"，洪泽湖也由此得到了"梁山泊"的美名②。

第二个任务是钱粮赋税的问题。在国民党统治时期，洪泽湖的水面和沿湖的草滩大多被地主占据，渔民没有水面权，捕获的鱼货必须卖给鱼行，"渔行的老板和行头，低价买进，高价卖出，从中进行残酷的剥削"；在沿湖滩地上割草为生的草民也没有一寸土地，所割的草要"和地主二八分成或三七分成，即草民得二分或三分，而地主却能得到七分至八分，劳动成果大部分被地主吞食"。洪泽县成立后，共产党自难容忍这一社会现象，当即以洪泽县人民政府的名义要求地主"二五减租"，即减少25%的租税来减轻群众负担；同时组织领导干部深入到广大群众中去，"访苦问贫，扎根串联，和渔民交朋友，通过启发教育，激发了他们阶级斗争的觉悟"，以扩大群众基础；并成立农救会、妇救会、工救会、青救会、儿童会、渔救会等机构来组织渔民同地主、鱼行做斗争；原来的鱼行也受到共产党领导的合作社压制③。为了增加收入，县政府又出台政策将"滩地、湖荡一律收归公有"以此扩大政府经济基础。在这一前提下再由政府出面组织贫苦渔、草、农民下湖砍柴，具体分配上按"二八分成"，公家得两成，群众得八成；湖中盛产的芡实也按这一比例分成，但群众所分得的部分也动员尽量卖给政府，以便统一向敌占区出售换回军需物品。洪泽县的最后一大宗税收来源取自载运淮盐过境的盐船，具体税率不详，但从当年分管财政工作的干部回忆来看也是一项不小的财源。通过以上种种改革措施，共产党在湖区的经

① 陈醒：《洪泽湖管理局成立前后》，收入《洪泽革命史料选辑》第4辑，1983年，第10页。
② 张子夫：《洪泽湖上的群众运动》，收入《洪泽革命史料选辑》第4辑，1983年，第19页。
③ 邓子恢：《淮北、苏皖边四师工作报告》（1942年1月24日在华中局第一次扩大会议上所作报告），收入《邓子恢淮北文稿》，人民出版社，2009年，第92页。

济状况大为改善，洪泽县"除上缴金库的款项外，做到了收支平衡并略有结余"①，财政上自立起来，前文提及毛泽东对根据地经济条件的阐述在此得到了充分印证。

毫无疑问，水上根据地的经营对水运的统制有着极高的要求。日军占领大运河、淮河沿线重要城镇后，造成了运河、淮河与长江的水上交通阻滞，原先集中在日军占领的沿河商埠的商船，因日伪的残暴和沉重的苛捐杂税，无以为生，纷纷靠拢到洪泽湖。据称"约有八百多条专业运输船只，五千多口人"，规模庞大。由于商船从不同地方汇集而来，"贫穷散漫、流动，形成了他们的特点"，如何管理"控制商船为我用而不为敌用"，成为水上政权的重要任务，其组织形式主要有两种。

第一种组织形式：登记、编号领取通行证，其经过情形及手续如下：

（1）凡大小船只一律登记，领取通行证者方得行驶。

（2）凡领取通行证及登记船只者，须人到船到以免冒名顶替，以防奸宄。

（3）在登记证上，须注明船的种类、载重量、人口、以便军运，又便于统计调查。

（4）各湖口设立检查站，凭证可以通过。

第二种组织形式：组织商船抗敌会，为商船的领导机关，把船民组织起来，改善船民生活，改善行业运输，其经过及手续如下：

（1）与第一种办法同，另添一特别通行证，持此证者准许出入口。

（2）以挂号先后装载货物，但十石以下的小船不在此限。

（3）凡五十石以下者，可以装满，五十石以上的船可装七成货。

（4）船抗会应负责介绍商人货物给船主运输，若船主偷盗货物，由船抗会惩罚船主。

（5）船抗会介绍给船主的商人，倘是奸细，由船抗会负责，船主介绍给船抗会商人，倘是奸细，由船主负责。②

从1940年开始，新四军陆续在沿湖地区建立起船民抗敌协会、划工抗敌协会、运输社等水上航运机构，"统一组织，统一安排"。但1941年以前主要实行

① 潘道一：《抗日战争时期洪泽县的财政工作》，收入《洪泽革命史料选辑》第4辑，1983年，第38—39页。

② 洪泽县交通局：《洪泽交通志》，1987年，第68—69页。

的是第一种组织形式，管理模式较为简单直接，由军队直接负责，垂直管控；1942年春，洪泽县成立后，逐步实行第二种组织形式，管理模式较为精细间接，更多借协会之手进行监管。如遇部队行军用船，新四军对船夫的使用也非常人性平等①。1946年沿湖航运组织整合成洪泽县水上运输处，由县政府统一领导，湖中所有运输船只和较大渔船共计千余艘皆受节度。此外，洪泽湖中不在水上运输处直接管理范围的各种渔船数以千计，虽以捕鱼为生，但兼搞运输，对其管理模式更为弹性，"渔民们自己推选领导者，由政府派干部帮助他们进行管理"②。通过多样的管理方法，新四军的粮食和食盐运输源源不断，同时湖中特产鱼、虾、蟹、芡实、莲子、芦苇等也顺畅地运到敌占区，换回大量布匹、枪支弹药和医药用品。水运成为洪泽湖水上根据地的输血管和生命线。

1942年11月，日伪军出动2万多人对水上根据地发动了33天疯狂的大扫荡。洪泽县针锋相对进行了反扫荡。在反扫荡中，洪泽县的水运大军发挥了关键作用。广大渔民出动几百条渔船紧急转移军用物资和党政机关，如兵工厂机器设备被28条小渔船拆卸转运到湖中待命的大网渔船上，军队干部家属100多人则被赵沙村村长组织的50多条船转移至湖中安全处隐蔽起来。整个洪泽湖收纳隐藏了约一两万人③，洪泽县苦心打造的水运系统经受住了血与火的考验。11月24日，日伪《徐州日报》对共产党经营的洪泽湖发表了这样一篇社论：

> 洪泽湖为长江以北之著名湖泊。水域汪洋，绵亘数百里，无事之时，尤为萑苻啸聚之处，况值今日盗匪纵横之日，更为群丑麇集之所，地理使然，无足怪者。数年以来，在共产党组织之新四军，相继窜扰，即以洪泽湖为最大根据，四出劫掠，负隅自固，假息孤魂，妄自滋扰，因其位于苏皖两省之间，且又为江淮之中心地带，所以被其灾害者，不可计数，此种

---

① 新四军四师发布的《关于请用民夫和成立师直民夫管理委员会的通知（一九四一年十月十二日）》明确规定雇船办法如下："一、大部队行军用船：（一）自半城或临淮头至高良涧、黄码头或蒋坝，大船十五元，小船十元（来往同），如装马，须先向船家解释，每匹增加一元，若马匹损坏船板，须照价赔偿。（二）自半城自青阳，大船八元，小船五元。（三）自半城至临淮头，大船五元，小船三元。二、小部队零星用船：（一）包船——按上项规定给钱，自带干粮。（二）乘船——过湖每人给洋一元，自带干粮。（三）不在上项规定之地点和路线者，可酌量给钱。三、凡十只船以上者，应召集船老板进行茶话会，并请他们吃饭。四、路遇政府关卡，须接受检查，并遵守船行规矩。五、在湖中决不准随便打抢或打骂船夫。"收入《彭雪枫文集》，中央文献出版社，2004年，第320页。

② 洪泽县交通局：《洪泽交通志》，1987年，第70页。

③ 《洪泽湖渔业史》编写组：《洪泽湖渔业史》，江苏科学技术出版社，1990年，第108—109页。

匪人巢穴不拔，不仅苏皖两省人民之不得安枕，即滋扰各处之零星共匪，此击彼窜，出没无常，亦皆非短时间内所能扫荡净尽，所以洪泽湖的匪窟，实为和平进展之一极大障碍。①

客观而言，文中虽多诋毁污蔑之词，但换一个角度来看，敌人眼中之"一极大障碍"正是对洪泽湖水上根据地成功经营的充分肯定。天然的地理优势，高效的组织管理，广泛的群众基础，加之共产党游击战略的得当，从洪泽建县直至抗战胜利，共产党在洪泽湖的统治都非常稳固，牢牢控制着除湖南老子山一线外的绝大部分湖面，有力地支撑了新四军在江淮地区的生存和发展。

抗战胜利后，由于政治军事格局的变动，洪泽县的行政区划出现了一定的调整。原先被盱眙日军占据的老子山乡被纳入洪泽县范围，由淮河区管辖；泗阳县的尚咀一带划归成湖区；淮宝县的高良涧则改由湖东区领导，洪泽县的县治也由湖西临淮头迁移至此。此外，原先的湖西区分为溧河区、安河区；成湖区分为成湖、黄码头两个区。最终洪泽县的幅员达到了极盛的七区。

不过这一局面仅维持了不到一年。1946 年 5 月，国民党还都南京后强烈意识到"苏北威胁京沪"，遂决定清洗卧榻之患，为此蒋介石调集 31 个旅约 27.2 万兵力，采取"由南向北，由西向东，逐步压缩"的方针②，向共产党的苏皖解放区大举进攻。为了保存实力，共产党主力北撤山东，洪泽湖区只留下了少量的游击武装就地坚持斗争。这一时期洪泽县的经营极为困难，陆地和码头全部丢失，全县大部分干部被逼到湖上及芦苇荡中隐藏，周围陆地县的干群也不断转移到水上避难，一时间人心浮动；沿湖的国民党地方武装则在湖边昼夜巡逻强化军事管制，并不断入湖清剿，压缩共产党游击队的生存空间，同时加强分离共产党与群众联系的治安工作，"把草、渔民的船只控制在沿湖的码头上，不让动一动"，企图切断水上粮食供应，将共产党干群困死在湖上③。这一时期从实际有效的控制来说，共产党水上根据地的发展陷入前所未有的低潮，作为政区的洪泽县也形成不了有效的组织，名难副实。意识到这一现实后，共产党决定调整管理体制。据时任洪泽县委组织部长陈硕峰回忆，1947 年 4 月、5 月间，"由于战争形势的发展，为了使洪泽湖沿岸特别是西岸和北岸的泗南、泗阳等县有利于恢复和巩固，使这些县有个依托和后方"，洪泽县被撤销，其县境

---

① 转引自彭雪枫：《洪泽湖在反"扫荡"中的战略的地位》，收入《洪泽革命史料选辑》第 4 辑，1983 年，第 80 页。

② 中共江苏省委党史办公室、中共淮阴市委党史办公室编：《苏皖解放区》，1999 年，第 13 页。

③ 陈一石：《战斗在淮河区》，收入《洪泽革命史料选辑》第 5 辑，1983 年，第 93 页。

"分别划归泗南、泗阳和淮宝几个县"①。6年水县昙花一现，湖区从单独政区返回到多县边界的原状。

从某种意义上来说，共产党在洪泽湖区管理体制的变动是其对湖区控制强弱的晴雨表。从无到有，从特殊机构到设立政区是前期线性的发展脉络，暗含着控制力度的逐步增强；洪泽撤县后的从有到无则意味着控制的微弱。到1947年11月，共产党主力军队重返两淮，湖区全部收复，共产党再次成立洪泽湖管理局管理湖区，控制权又回到共产党手上。战争年代波涛汹涌、暗流涌动的洪泽湖最终回归了平静。

除了洪泽湖，微山湖也是共产党在苏北发展较好的水上根据地。不过微山湖水上根据地并未单独设立水县，其主要是以水上区的面貌呈现的。

1938年6月，共产党派遣王传珍率10余名干部到微山湖筹备沛滕边区县委和办事处。王被委任为微山湖水上交通站站长。王传珍进入湖区后"先到湖里协助游击小队"，后"发动渔民群众"，成立"渔救会、妇救会、青救会"等救国会，并组织起姊妹团、儿童团等，将渔民广泛发动起来，很快微山湖湖面上成立了共产党第一个水上党支部，拥有10余名党员②。1938年年底，共产党八路军一一五师进入山东，受此影响，微山湖区的抗日民主政权和抗日武装迅速发展。同年12月，在微山湖南部成立中共沛滕边县委。1939年6月，沛滕边县水上区建立，据《中共微山县党史大事记》记载，"水上区机关活动在微山湖各船帮及大捐、微山岛上，将渔民和岛上农湖民组织起来，凭借湖上百里苇荡这一天然屏障，开展抗日斗争"③。水上区以水为境，以渔、湖民为发动对象，主要也是采取游击战的斗争方式。由于微山湖北部共产党另设有湖东县，故沛滕边县水上区的活动范围主要在南部水域，并未统辖全湖。而且从实际存在时间来说，沛滕边县水上区的寿命也并不算长，至1944年10月被撤销，实际存在4年多。有意思的是，南部的水上区消失后，微山湖北部在1946年10月至1948年2月间也曾设立过一个水上区，当时可直接称水上区，也可称南湖区，其活动范围主要是微山湖北部水域，隶属于中共凫山县委。微山湖的两个水上区一南一北，虽未同时存在，但同样显示出共产党以水为境的独特匠心。

---

① 陈硕峰：《解放战争时期的洪泽县》，收入《洪泽革命史料选辑》第5辑，1983年，第46页。

② 刘毓华：《水上游击队的后盾——微山湖渔民对革命的贡献》，载中共冀鲁豫边区党史云南联络组编：《平原的晨曦——冀鲁豫党史资料选编之五》，1991年，第252页。

③ 中共微山县党史资料委员会编：《中共微山县党史大事记》，中共党史资料出版社，1990年，第52页。

类似的还有高邮湖、宝应湖和白马湖地区。随着 1940 年 4 月上旬新四军五支队进入这一地区，共产党逐渐站稳脚跟，不久在湖西塔集镇成立中共高邮县委，向湖西全面渗透。1940 年 9 月 8 日，中共高邮县抗战区发布紧急命令，宣称为防日伪抢粮，要求"各乡凡沿湖边、河边、大路一带所囤积之积谷公粮，迅即发动民伕星夜将该项积粮离开湖边、河边、大路，移至安全地带，分散保存，以免避损失"①；1941 年正月的一份通知亦称"在农历元月初一、二、三日湖中大小船只一律不许靠岸，三日后如有夜晚行船一律以匪船论罪"②，从这些通知来看，当时高邮湖、宝应湖中共的控制能力非常有限，匪患较为严重。

根据现存的零星档案材料，让中共地方武装紧张的湖上武装力量，除了日伪军，还有湖匪。1940 年，当时高邮湖上较大的湖匪有高兰馨、冀长清、黄天明、盛凤五、刘长法等 30 余股，有和国民党合作的，有和日伪同流合污的，也有独立门户、我行我素的，但皆以打家劫舍为生，不仅在湖上抢劫过往商、渔船，还经常上岸烧杀抢掠，祸害百姓。

对于日伪军，中共立场坚决"准备给匪伪以重大打击"③。对于湖匪，中共是既防也拉，如一份中共高邮县委发布的《严防湖匪信》，就充分体现了中共统战政策的灵活性，强调"近来湖面土匪零散强〔抢〕劫、武器多土枪刀矛，实为不明大义、误入歧途"，指示地方乡长"应站在抗日立场，寻其社会关系，以便争取一道抗日或洗〔手〕归田"④。同时直接向湖匪喊话，以"亲爱的湖上绿林兄弟"相称，发动攻心战"你们受着旧社会的压迫和剥削，致衣食不济。亡命到湖上作江湖生涯。我们是如何痛心啊！"再以民族大义相号召"要把枪口对准日本鬼子，往湖东去打击杀人放火的日本强盗"，最后对中共既往不咎的政策进行说明，"你们拖枪归来自动洗手归田，我们不但不追究你们，还可以享受清明政府的保护，能得到'三七分租'，你们当出的田可以赎回，你们的生活可以改善，不会饿死的"⑤。

---

① 《高邮县抗战区区署紧急命令》，收入金湖县档案馆编：《抗战：金湖革命历史档案选编》，南京大学出版社，2012 年，第 209 页。

② 《紧急通知》，收入金湖县档案馆编：《抗战：金湖革命历史档案选编》，南京大学出版社，2012 年，第 226 页。

③ 《冬防会议报告提纲》，收入金湖县档案馆编：《抗战：金湖革命历史档案选编》，南京大学出版社，2012 年，第 185 页。

④ 《严防湖匪信》，收入金湖县档案馆编：《抗战：金湖革命历史档案选编》，南京大学出版社，2012 年，第 177 页。

⑤ 《告湖上绿林兄弟书》，收入金湖县地方志编纂委员会：《金湖县志》附录，江苏人民出版社，1994 年，第 779 页。

　　宣传攻势的另一面，是中共水上武装的整军经武。1940 年，中共在银涂区组建巡湖队，后扩大为巡湖大队，有两个中队：一中队在高邮湖北部，有数十人，20 多条钢板划子，配备机枪、步枪、驳壳枪；二中队负责高邮湖南部，约百人，有 12 条钢板划子，除机枪、步枪外，另有小钢炮 1 门。1941 年秋在三河以北另组建一支水上大队（后隶属于东湖区），从早期 9 支步枪、2 条船、一个班的人马，发展到 17 条钢板划子、两个连 200 多人的水上武装①。在中共政治宣传、统战联络和武力打击下，湖匪大为收敛，日伪也不敢轻举妄动。

　　1941 年 8 月共产党势力扩展到湖西三河以北，并在这一地区成立中共淮宝县委。淮宝县的"东湖区水上大队，基本上控制了白马湖、宝应湖的水面及其水系支河"。东湖区在 1942 年 6 月成立②，下辖张集、闫圩、倪行、郑圩、渔民 5 个乡③，其中渔民乡非常显眼，应该是一个专管渔民的乡，东湖区在一定程度上具有水上区的性质。而三河以南的高邮湖在理论上属于中共高邮县委的活动范围，北部设有北湖区，南部设有南湖区，但由于时局变迁，裁撤无常。1948 年 8 月 11 日据称"为开展渔民工作，成立南湖区"④。南湖区主要范围大致集中于高邮湖南部水面；北湖区集中于高邮湖北部，据记载，国共在此拉锯战时，"北湖区两个陆上乡逃亡 597 人"⑤。以此推之，北湖区应该还有水上乡，但由于史料阙如，已很难得知其内部详情。不过比照东湖区，南湖区、北湖区应大体类似。从这一系列设置手法来看，在高邮湖、宝应湖、白马湖，中共的领导能力已极大增强。

　　此外，据《中共宿迁地方史（1919—1949）》记载，1942 年 9 月，共产党"为了解决淮北、淮海的交通，进一步控制运河线"，还曾在宿迁、泗阳两县之间沿运河两侧的狭长地带建立起"一个县级抗日民主政权"——运河特区。特区"东自众兴城脚，西近宿迁县城，南至废黄河南堆，北至大兴，东西 30 公里，南北 20 公里，人口 30 余万"⑥，着意于百里长的运河交通线之经营。特区设有警卫营一个，辖三个连，另有百余人枪的游击大队一支，在各区另建有中队、乡有小队和群众性的基层民兵，此外区内另设有农、工、青、妇等各抗日团体发动民众，可谓麻雀虽小五脏俱全。特区在军事上以袭击敌伪碉堡据点和

---

①　《中共金湖县地方史》第 1 卷，吉林人民出版社，2001 年，第 84—85 页。
②　金湖县地方志编纂委员会：《金湖县志》，江苏人民出版社，1994 年，第 739 页。
③　《中共金湖县地方史》第 1 卷，吉林人民出版社，2001 年，第 49 页。
④　《金湖文史资料》第 1 辑，1985 年，第 160 页。
⑤　《中共金湖县地方史》第 1 卷，吉林人民出版社，2001 年，第 172 页。
⑥　戴岳：《运河特区始末记》，收入《泗阳史料选》第 7 辑，1990 年，第 72 页。

伏击过境的日伪军物资船队为主，同时在经济上通过推动区内减租运动、开展大生产运动、征收商品过境税等措施极力充实经济实力。根据地的政权建设逐渐稳固后，1944 年 7 月，运河特区撤销，并入中共宿迁县，因运河设县的特区正式寿终正寝。虽然严格意义上运河特区并不属于以水为境、以水上人为民众主体的水县或水上区，但其同样体现出共产党控制水域的良苦用心。

第五节　苏北水上根据地的影响

自 1938 年 5 月，毛泽东在《抗日游击战争的战略问题》一文中提出发展"河湖港汊地"，根据地思想在水域空间就找到了新的用武之地。按毛泽东的思想，江苏省是践行这一战略规划的优良场地。由于日本的侵略，国民党在江苏的政治军事格局被完全打破，客观上这就给予了共产党在抗日旗帜下进入江苏的良机。在日伪时期，苏北是江苏的薄弱地带，苏北的水域空间更是薄弱环节上最弱的一环。随着共产党将新四军的发展方向定位于苏北，苏北水上根据地的发展顿时风生水起。在第一次国共内战时期，毛泽东对根据地曾有"星星之火，可以燎原"之比喻，看似寻常的苏北水面同样可以迸发出灼热的革命火星。美国记者白修德、贾安娜曾对中国共产党的发展有过这样一段有意思的比较：

> 一九三九年抗战爆发，中共只不过是驻扎在陕北沙丘地带的一个微弱的集团，在一块三万平方英里的地区里统治着一百五十万人民，用来保卫他们的，也不过是一支八万五千人的红军。可是当一九四四年夏天时，我们却发现，他们已经掌握着三十万平方英里的中国土地，在那里居住着九千万人民，用来保卫他们的已经是一支拥有近百万的正规军、再配合这数目两倍以上的民兵的一支强大军队了。他们这样的发展毋宁说是一种爆发。从陕北的基地，他们攀越了秦晋山脉，穿过了直隶平原，直到太平洋边。①

共产党能有如此爆发式的发展，毛泽东的根据地思想居功至伟。山地、平原乃至水域都涓滴不弃，人弃我取，正是这种对地理空间薄弱环节的充分利用和苦心经营，共产党才积少成多，星星之火燃到了广大山河，将红色政权的东至拓展到"太平洋边"的江苏，留下了日后以小博大的政治军事资本。

抗战胜利后，国民党还都南京，苏北依然是近畿之地，但时移世易，在苏

---

① 〔美〕白修德、贾安娜：《中国的惊雷》，端纳译，新华出版社，1988 年，第 221 页。

北的新四军羽翼已丰，全面渗入地方基层社会，民意基础牢固，面貌大不相同。第二次国共内战爆发后，新四军主力北撤，国民党军队虽占得一时便宜，但对卧榻之侧的清洗并不彻底。共产党依托广阔的水域和青纱帐，化整为零，"芦根为粮、淡水作汤"①，坚持不懈在港汊纵横的水面广泛地开展游击斗争，为共产党重回苏北奠定了坚实基础。

在陆地隐蔽不易的情况下，水域的庇护功能不断凸显。在宝应的芦苇荡中，由共产党著名军工专家吴运铎领导的苏中军械处第一总厂源源不断地输送着枪支弹药②；在洪泽湖剪草沟的"苇盘里"，共产党秘密建立的一处粮仓储藏的小麦就高达 10 万斤，"保证了淮河区活动的军民的吃饭问题"③。水上支前运输更为亮眼。1946 年新四军五师皮定均部从大别山突围，大部从淮河和临淮头经过，人困马乏，急需从老子山过湖，洪泽县一方面紧急调运粮草接济，另一方面调配 200 多条船组织两支船队迅速将皮部转运到湖西；1947 年下半年，解放军大军南下，洪泽湖拉起四五百条船、1000 多人的水运大军，白天为躲避敌机轰炸，船只隐蔽在芦苇丛中，天黑后抢运，"整整摆了三夜，把这支几万人的部队安全运过淮河"；1948 年 12 月，华东野战军六十军一部到达湖西的临淮头，需横渡洪泽湖到湖东去，湖中七八百条支前船只再次不辱使命；淮海战役激战正酣时，全湖的船只全部被动员起来，送往前线的公粮、转运后方的伤病员都经过水路④。从某种意义上来说，共产党淮海战役的胜利不仅是山东人民用独轮车推出来的，也是苏北人民用小渔船一篙一篙撑出来的。

在渡江战役时，水运的重点县份转移到里下河水网地区。高邮提供了船只2420 只，献粮 42 万斤⑤；泰州地区则是有船捐船，"没船的就出人、出力"支援解放军渡江⑥；在水乡兴化，据统计，"参加一线随军渡江作战的民兵民工共11381 人，船 2225 只，捐献军粮 48000 担"⑦；在盐阜地区，共组织渡江船 8302艘，运粮（草）船 12675 艘⑧。而这仅是冰山一角，整个苏北水乡各地更是开足

① 李松亭：《淮宝风云——李松亭革命回忆录》，新华出版社，1994 年，第 152 页。
② 中共江苏省委党史工作办公室编：《湖荡春晓》，国家行政学院出版社，2007 年，第146—150 页。
③ 陈一石：《战斗在淮河区》，收入《洪泽革命史料选辑》第 5 辑，1983 年，第 123 页。
④ 洪泽县交通局编：《洪泽交通志》，1987 年，第 71—72 页。
⑤ 《载舟行——扬州泰州人民支前纪事》，中国纺织出版社，1999 年，第 113—114 页。
⑥ 王馨凤、邵釜明、张长荣：《支前岁月》，载《泰州日报》2013 年 4 月 14 日第 A17 版。
⑦ 兴化市史志档案办公室：《水乡风云——兴化人民革命斗争史》，江苏人民出版社，1999年，第 183 页。
⑧ 葛定山：《盐城市航运史》，同济大学出版社，1991 年，第 40 页。

马力，全力支援共产党大军南下。如果没有抗战时期的预先经营，实在很难想象解放军的战争动员能如此成功。1948 年 12 月，时任国民党江苏省政府主席、陆军中将的丁治磐，在对太湖水上警察的一次公开演讲中提及苏北统治崩溃的原因："只因为大家没有注意到组训民众，所以养虎贻〔遗〕患，坐看小匪长大。弄成今天这个样子。"① 丁氏是江苏东海人，亦是所谓的苏北人，既是文官也是武将，这一番反思可以看成是对共产党十年卧薪尝胆的充分肯定。

除了军事上的支持作用，水上根据地的政区建制也直接影响到中华人民共和国成立后的行政区划设置。洪泽湖是毛泽东点名应该重点发展的水域，也是苏北发展最好的一块水上根据地。洪泽湖不仅建立起相对稳固的政权，同时为适应战时体制独出心裁地进行了行政区划的独特设计——水县、水上区、水上乡，其中水上区的设置在微山湖、高邮湖亦有类似手笔。在数千年的中国政治实践中，水面单独设为一县或一区绝对是前无古人，这种做法可谓开天辟地。水县洪泽县的出炉，既更新了传统的行政区划经验，又提供了在小尺度空间上因水制宜的理论灵感。其时，国民党作为大陆执政党，对其自然相当恼怒，称新四军"所经各地，不断袭击国军，驱逐地方官吏，树立政权，变更县制"②，但却无可奈何。对志在夺取全国政权的共产党而言，另起炉灶亦未尝不可，夺得政权就有推而广之的广阔天地。

在对抗日根据地的研究中，一些学者已注意到，战时根据地的政权体制对共产党执政后的中国大陆政体有着深刻的影响，有称为"延安模式"③，也有比之为"新中国政权的雏形"④。笔者在对苏北水上根据地的考察中也发现了类似的倾向。从洪泽湖特区到洪泽湖管理局，再到洪泽县，共产党在对洪泽湖的军事领导中逐步摸索出了在政权之外设置政区的宝贵经验。需要指出的是江南太湖虽然未能建立起稳固的水上根据地，但在 1939 年设立过中共太滆工委、1944年设立过中共太湖县委。如前章所述中华人民共和国成立后，中共中央有"按湖设治"之举，太湖、微山湖、洪泽湖都先后设立水县，全国广大水域更遍设水上乡、渔民乡，从这一层意义上而言，水上根据地的影响不可谓不深远。

---

① 《丁主席对太湖水上警察分局全体警士训词》，《江苏省政府公报》1949 年第 4 卷第 3 期。
② 樊蒂棠：《新四军的前后》，奋斗出版社，1941 年，第 24 页。
③ 参见张冰：《延安模式——国家建设视野下中共根据地政权体制的特征及影响》，《理论与改革》2014 年第 6 期。
④ 杨圣清：《新中国的雏形——抗日根据地政权》，广西师范大学出版社，1994 年，第 283 页。

第七章

水域政治地理过程的理论思考

17、18世纪的彼得大帝一生文治武功彪炳帝俄史册。沙俄的发展可以用其座右铭概括——"俄国需要的是水域",没有水域就没有沙俄的崛起。水域对一个国家的命运有着难以估量的作用。中国领土广饶,既包括幅员辽阔的陆地,也包括一望无际的海洋,进一步细分还可以分辨出平原、水面、山地等不同类型的下垫面。在政治地理学意义上,古代王朝势力、近现代国家力量进入这些不同下垫面的时间点、速率、强度、持续力和覆盖面是迥异的。

长期以来,中国政治地理学的研究"大多指向了对政治地理概念、目的、研究内容等等方向性的内容",因而"很少有建设性的实证研究"[①]。近年来随着研究尺度的下移,欧美的政治地理学在其研究中越来越重视更小的分析单元,其中就包括"本土的分析层次"[②],这对探讨国家内部空间的政治整合尤具意义。

第一节 下垫面:政治地理过程的前提和基础

美国学者詹姆斯·C. 斯科特曾从政治学视角将地理空间划分为"国家空间"与"非国家空间"两大类别,这一分类的标准主要是国家政治权力对空间的控制力度。在其看来,沼泽、湿地、山地、沙漠、大海、不断变化的三角洲和河口在历史时期都是天然的"非国家空间",因为这些下垫面具有类似的共同特征:"他们是很难进入的(原始、没有道路、像迷宫一样、不宜居住的),其人口是分散和经常迁移的,他们不是缴纳贡赋的理想地。"按其观察,近现代民

---

① 刘云刚:《中国政治地理学研究展望》,《人文地理》2009年第2期,第12—16页。
② 〔美〕卡洛琳·加拉尔、〔美〕卡尔·T. 达尔曼、〔美〕艾莉森·茫茨、〔美〕玛丽·吉尔马丁、〔英〕彼得·舍洛:《政治地理学核心概念》,王爱松译,江苏教育出版社,2013年,第1页。

族国家的发展即是将这些"非国家空间"转变为"国家空间"①。在关于东南亚山地的经典研究中，斯科特将海拔 300 米以上的地方称为"赞米亚"（Zomia），强调这些山地空间由于"地形阻力"成为谷地王国无可奈何的碎片区或避难区，而此间的山地居民则成为不服政治威权的逃避者②。

从政治地理学的视角来看，斯科特其实说的是下垫面与政治权力的关系问题，所谓的空间转变实则是下垫面的政治地理过程。

"领土"（territory）与"领土权"（territoriality）是政治地理学的核心概念③，国家在地理空间上如何获得"领土权"，并塑造出"领土"这一空间实体是重大的政治地理命题。众所周知，中国疆域或领土的形成并不是一蹴而就的，同样经历了漫长的政治地理过程。从水域的视角来看，早期中国疆域的发展亦可看作是对江、河、淮、济"四渎"的超越，既包括从中原至四方的扩张，又包含干流支流、上游下游和左岸右岸的整合。及至近现代，国家政治权力已完全不满足于对大江大河的征服，更不断深入扩张到传统时代的未及之地，渗透到毛细血管般的在地图上毫不显著的小河小沟、溪涧池塘，从政治学的观点来看，"领土一体化"④ 的政治整合过程非常明显。

就国家版图内的水域治理而言，在传统的中国农耕文明社会中，水域与水上人在历史上并不占据显要位置。早在先秦时，即使在中原地区，开发都尚未成熟，国野对立，诸侯国之间存在许多的隙地。汉代中原开发日臻成熟，但在广大南方，政区中仍是大片空白，比如今福建一省长期仅设一县。陆地尚且如此，水面自然更是鞭长莫及，在当时水域可称得上是化外之地。宋代虽然政府已开始有意识地在一些水面加强管控，但就江苏境内而言，政策的深入程度很成问题，水域仍然是传统政区中的薄弱地带，与国家保持着若即若离的关系。宋代以来巡检司的设立、明代河泊所的设置虽曾一度将国家权力的触角深入基层水面，但由于制度本身的弊端以及行政维护成本的高昂，特别是政府行政执行力和持续性的不足，对水面的管控能力似不能高估。

自清代设置内河水师营后，水域被纳入"王土"、实施"王化"的速度不

① 〔美〕詹姆斯·C. 斯科特：《国家的视角：那些试图改善人类状况的项目是如何失败的》，王晓毅译，社会科学文献出版社，2012 年，第 234—235 页。

② 〔美〕詹姆士·斯科特：《逃避统治的艺术：东南亚高地的无政府主义历史》，王晓毅译，生活·读书·新知三联书店，2016 年。

③ Kevin R. Cox, *Political Geography*, *Territory*, *State*, *and Society*（《政治地理，领土，国家与社会》），Blackwell Publishers，2002，pp. 1—6.

④ 潘小娟、张辰龙主编：《当代西方政治学新词典》，吉林人民出版社，2001 年，第 463 页。

断加快。这一漫长的政治地理过程大致可以分为三个阶段：第一个阶段是军事管控阶段，通过水师铺陈水面，加强治安控制，统筹管理被政区分割的水面自然单元。这一措施时效难以长久，近代后愈来愈落后于时代潮流。正如蒋介石最为依仗的幕僚杨永泰所言："现代的国家，军队是用于国防的，维持地方治安的责任，是完全由宪兵警察来担任的，如果要靠军队来维持地方治安，就是要叫他来代替警察宪兵的工作。"

到民国改水师为水警时，对水面的管理开始过渡到民政管理的阶段。这一阶段，警察在水面上扮演着政府管理员的角色，这与现代国家依靠水上派出所维护水面日常治安颇为相似，但根本做不到丁治磐期望做到的人民的"保姆""导师"。平心而论，这一管理方式的转变依然意义重大，是现代化行政管理理念革新的表征之一。在基层社会，杨永泰称"往后我们要靠保甲来做农村警察"①。按这一设计理念，水上保甲充当的是另一种水上警察的角色，但代入的是颇有些封建残余味道的旧式保甲身份。在制度层面，国民政府的水上管理是穿着西装套着马褂。

最终的完成阶段毫无疑问是在新中国成立后。中共的空间规划处理的是两类流动：流动的空间与流动的人群。按列斐伏尔之言"这些流动得到了研究、测量和调控"②。在江苏突出表现为对境内匪患从未根绝的大湖进行地毯式的剿匪，强力推行渔改和民船民主改革。通过这些关键步骤，新政权将水上人彻底纳入政府的管控体系，第一次做到了对水面的全覆盖。其后空间政治化，水域政区化，政治完成了对地理的调适，政府在水面全面建立水上政权机构。水上政区在境内的落地生根，既彰显了国家行政力量克服水陆下垫面差异的极力扩张，又意味着作为传统政区中薄弱地带的水域已是"王化"之地。易言之，通过水县、水上区、水上乡以及陆上乡分流部分人与水这一系列行政手段，江苏水域的政治地理化进程已基本完成。算下来，这一政治过程走过了数千年的漫长历史。

现代中国领土广饶，在地理学意义上，中国是一个拥有不同下垫面的立体式国家。除了笔者讨论的水域，国家权力对其他不同类型下垫面的征服也是各有其政治地理过程。如果要挈出一条大概的线索，可以看到，水面的覆盖是在1953年，山地的层层征服伴随20世纪50—80年代民族识别的工作进程，海洋

---

① 杨永泰：《各省保安行政工作之总评及意见陈述》，收入杨璿熙编：《杨永泰先生言论集》，沈云龙主编：《近代中国史料丛刊》第98辑，台北文海出版社，1966年，第194页。

② 〔法〕亨利·列斐伏尔：《空间与政治》，李春译，上海人民出版社，2016年，第119页。

由浅蓝至深蓝可以以 2012 年三沙市的设立作为一个关键标志。这些过程的完成与巩固才能说陆地变成了陆疆，海洋变成了海疆，政治完成了对地理的克服。

第二节 "量地度民"与"体国经野"：属人与属地

中国传统的行政区划向来讲究"量地度民""体国经野"，就本书讨论的问题而言，如果民船民主改革是对水面上的"量地度民"，那么水域的政区化——因湖设县与因水设乡就是对水域的"体国经野"。这两类政治行为实际代表了属人主义与属地主义的两种倾向。

人地关系不仅是地理学研究的核心命题，也是现代国家面临的治理难题。在理论上，水上人群是水面上流动的特殊居民，既然在国家疆域版图之内，那么对于任何有作为的政府而言都是需要管理的国家公民，无远弗届。在最理想的状况下，政府需要具体了解其来源、流向、种类、数量及其家庭社会经济状况，以最大可能地方便收租纳税、征发徭役、灌输国家意识形态，展开国民形塑。历史时期的编组渔户、编组水上保甲，虽然也有此类"量地度民"的行为，力图将对水上人的管理逐步接近到与陆地农民一视同仁的状态，但具体政策的执行上却始终有心无力，无法深入各船各户，最大限度地覆盖到这一特殊人群。国家不能充分掌握水上人群的基本动态，管理上必然力有不及。

在江苏省，1953 年的"民船民主改革"之所以意义深远，第一步关键步骤在于新政权做到了历朝历代都未能做好，却具有基础性作用的"水上户口工作"，正如学者所指出的那样"户籍（户口）制度是中国政府控制与治理社会的主要政治手段之一"①。水上户口兹事体大，通过民改，国家第一次深入码头船头，将户籍体系落实到每一个水上人身上。按照属人主义的原则，水上人被国家从水面上提取出来，划分成了船民与渔民两大类，其后分流、打散、捏合、重新配置，分而治之（见图 7-1）。

---

① 王飞凌：《户籍制度的变迁及其引发的冲突与争端》，收入裴宜理、塞尔登编：《中国社会：变革、冲突与抗争》，香港中文大学出版社，2014 年，第 73 页。

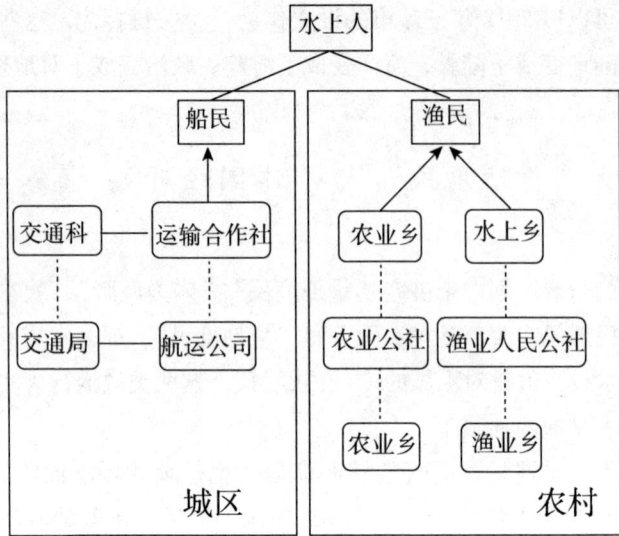

图7-1 政府对水上人分而治之的示意图

政府的第二步关键步骤是按属地主义的原则对这些水上人群实行属地管理。船民们一般被纳入城区管辖，具体由交通部门管控的运输合作社、航运公司管理；渔民们中的一部分被分流给农业乡、农业公社，另一部分则单独设立水上乡或渔业人民公社。在江苏地区，能单独设立水上乡的一般都是渔民众多、水域面积较广的县份，如洪泽县、高邮县、兴化县、吴县等，这体现了政府因地制宜的思路。自此，全部水上人群都变得水有源，木有本，有了身份和空间的两重定位，完全处在了政府的视野之下。

水上政区是本书讨论的核心内容，指的是国家为了对水上人实行专门管理，在行政区划时将水面单独划分成一定区域，形成的以水域为幅员主体的特殊政区。除短暂的水上区外，水上政区主要有县、乡两级，无论是因湖设县还是因水设乡，都是行政区划上"量地度民"与"体国经野"结合的产物。水县是根据按湖设治的原则专管一湖及湖上居民的特殊政区，管理对象包含一定数量的沿岸陆上居民；水上乡按国家的表述是"水上乡以领导陆上无家，全定居水上的居民为主，参加农业生产合作社的渔民一般宜划归陆上乡领导，但有关水上生产应受水上乡管理"。[①] 就设置初衷而言，水县是属人主义和属地主义结合的产物，而水上乡起初主要体现的则是属人主义的政治思路，但政区必然要有空间实体，水上乡落地后就会有"体国经野"的倾向，如洪泽县在设县之初的20

---

① 《关于同意建立两个水上乡的批复》，江苏省档案馆藏：4001-002-0402。

世纪 50 年代，其水上乡的边界皆无具体说明，但到 60 年代，这类界线已有相应规定。

水上政区是以水域为辖境的政区，这种设计多少颠覆了既有的行政区划常识。客观来讲，政区不纯粹包括水域的传统做法是有很大道理的。以兴化水上乡为例，水分散在县境各地，有块状的湖泊、池塘，有细长的河流，还有随季节变化的滩地，整个水上乡呈现出支离破碎的形态。最要命的是所有水体都搭着农业乡的陆境，弯弯曲曲的岸线成为水上乡与农业乡的界线，这就意味着水上乡与其他所有乡都相毗连，而且其界线位置在不同季节是往复推移的。

维持这种政区形态的困难，突出表现为水上乡的渔民与农业乡的农民在水体利用上的矛盾。费孝通先生在 1957 年重访吴江开弦弓村时，曾对水面利用发表过看法："我说水比陆地强，水有底有面，中间还有个体积，立体发展，地有一，水有三，水底的河泥已经利用了，水中可以养鱼，水面可以种水草作饲料。不是一举三得么？"他认为"过去谁都没有力量来管理这不能上门、又不能围墙的湖泊，谁种了东西保不住自己能收得到。现在有社，就可以管理得来"①。但这种循序利用的愿景太过理想，在 20 世纪 80 年代水面定权之前，水面的物权非常含混，利益面前往往是不管不顾。不论最终吴江的水体利用有没有达到费先生的理想，但就兴化而言，从放菱、罱泥到养殖、捕捞，渔农之间一直争执不断，虽然县里一再强调"农民以小浅、小滨及小型的河道为主，渔民以一般的河边及可利用的小型湖荡"为主，但纠纷从未停歇。②

这种矛盾当然不是此时才出现。1949 年以前，兴化可以通过"水面公租"达到渔农平衡，相安无事：

> 兴化地势低洼，河湖分歧，水势平衍，数百或数千亩田之庄，大都四面临水。习惯本庄之水面多有公租，泰半归本庄公有，如挖泥培田、种布菱芰、捕鱼取虾、栽芦作薪、驱鸭入田，秋成以后，俾食道粒等事，各须出有公租，始能相安无事。租率以产生利高下为定，或额定年租不一。③

1949 年以后，兴化县政府完全废除"水面公租"，取消了农民的收益；农民并不买账，矛盾纠纷就此层出不穷。如 1950 年一张姓渔民在李建区杨家庄捕

---

① 费孝通：《重访江村》，收入费孝通：《江村经济——中国农民的生活》，商务印书馆，2006 年，第 270 页。

② 《对有关放菱问题的通知》，兴化市档案馆藏：628-3-3；《兴化县 58—62 年的水产工作规划》，兴化市档案馆藏：428-3-9。

③ 前南京国民政府司法行政部编：《民事习惯调查报告录》第八章"江苏省关于债权习惯之报告"，中国政法大学出版社，2005 年，第 409 页。

到大鱼，"农民即藉要求水面租引起纠纷"，最终渔民被该庄干部及农民打伤。此种现象并非孤例，全县其他河荡也出现了诸多类似现象①。可以说，1949年以后政府打破了原有的物权利用惯例，却没有提供更好的制度，只是原则性地强调"到双方争执时，应按照'主业为主，付［副］业为辅，付［副］业让主业'的精神解决"②。这种模糊的原则对近在水涯"开门见水"的农民完全缺乏约束。水上乡、水上公社继承下来的水面看似波平浪静，实则暗藏汹涌。

仍以兴化为例，从水上乡到水上公社，中间仅相隔一年，但对我们理解水面收益、渔农关系乃至水陆关系都大有裨益。这一年间，渔民组织从合作社过渡为水产队，归并到了农业乡，粮、油、户口都随同迁入。不怕县官就怕现管，没有平级的水上乡出头，农业乡的干部理直气壮地要求水面分成，比如在周奋乡，渔民"每月都交四元五角"，此外还需"十天交四斤鱼给干部私吃私用"③；在沙沟，1958年10月底，公社要水产大队投资1.5万元，任务无法完成，就提出"死钱变活钱，支持工农业生产"的口号，发动渔民变产投资，强迫渔民出售金银首饰、铜、锡、铁器，如项圈、镯子、簪针、耳环、银锁、戒指、铜盆、脚炉、铜勺和香炉烛台，有些社员无办法，连船上不可缺少的铁锚，都变价出售④。

水面成了利薮，渔民成为利源，水上人民公社成立后，农业公社与水上公社间的紧张关系就变得易于理解了。大垛公社有44户渔民已参加水上公社，并已编制划分到竹泓渔业大队，但该乡陆书记不同意，威胁渔民队长"你们如果要归水上公社，你们的粮食我们不解决，跟水上公社去要粮吃"；临城公社33户渔民已参加水上公社进行生产数日，但该乡冯乡长也坚决不同意迁出油、粮、户口，后来这些渔民又回到农业生产；大垛一华姓渔民要求参加水上公社后，兴西乡书记高某知道后，将华狠狠地批评了一顿，竟直接给他扣了顶"私通外国"的帽子，还罚其做了几天苦工⑤。在利益面前，政区之间竟有如敌国。

水陆之间既然关系如此微妙，为何还要划出以水为域的水上乡和水上公社呢？

---

① 《兴化县水产调查报告》，兴化市档案馆藏：428-1-1。

② 《兴化县58—62年的水产工作规划》，兴化市档案馆藏：428-3-9。

③ 《兴化县水上人民公社关于渔业生产存在几个主要问题和解决初步意见的报告》，兴化市档案馆藏：428-3-16。

④ 《兴化县沙沟公社水产大队正风正社运动试点工作总结》，兴化市档案馆藏：428-1-11。

⑤ 《兴化县水上人民公社关于渔业生产存在几个主要问题和解决初步意见的报告》，兴化市档案馆藏：428-3-16。

　　以往，我们经常会把政区看成一个客观的实体，注重从自然、经济、文化等层面解释它的合理性，但这样的分析却忽视了最为关键的一点——政区是由人设立的，其自身存在很大的主观性，这一点张伟然师早已有精辟论述①。同理，两种水上政区也都是由当政者设计的，前者为了统一管理散居各处的水上人，后者则是"大跃进"理想在水面的直接呈现，二者设计的合理之处很明显，但过于理想的不现实之处也极为刺眼，这也是直接妨碍其存续寿命的根本因素。简言之，水上乡和水上人民公社只是一种因人而治的行政手段，只不过包上了一层政区的外衣。

　　1966 年的连改是因人而治的另一种手段。"船底无根，到处乱奔"②，兴化、洪泽、吴县的案例都表明，水上政区并不能定死流动的水上人，如何定人才是管理的核心。从这层意义来看，连改意义极为重大。通过人水分离，将水上人变成农民、市民一样的陆上人，连改终于取得了最稳定的长效。虽然上岸进展并不如设想那般顺利，但借助改革开放后水上人自发的上岸，流动的人群变得固定可控，流质的疆域也终于毫无死角，水面的政区化最终以消解水上人的方式得到全覆盖。就这一意义而言，"度民"（或曰"以人为本"）永远是政治地理应该关注的核心。

第三节　流动与定居：管理技术与政治模式

　　中国历代王朝皆以农为本，在地理空间的开发利用上也普遍是先陆后水，对陆地的重视远甚于湖泊、河流。在这样的状况下水域长期处于一种边缘的位置，客观上获得了很大的自由度和独立性，承载过相当数量的水上人群和陆上逃人，在传统政区中呈现出游离的状态。此外，客观来说，传统时代对水上实施管理颇为不易，水流动不定，港汊分歧，水上人使船如马，机动性很强，浮家泛宅，飘忽无常，也不似陆地农民安土重迁，有迹可循，乾隆《震泽县志》云，本地水上人群"以百数小民生长波涛中，其行舟便利巧捷，他处不能及。古称习流。又云使船如使马也"③。"习流"二字道破了水上人的特质，对陆上政权而言，无论是管人还是管水都很有难度。从历史实际情形来看，历代王朝

---

　　① 参见张伟然：《归属、表达、调整：小尺度区域的政治命运——以"南湾事件"为例》，收入《历史地理》第 21 辑，上海人民出版社，2006 年。
　　② 《抓紧"连改"工作 发展水产事业》，兴化市档案馆藏：428-2-25。
　　③ 乾隆《震泽县志》卷 25《风俗一》，广陵书社，2016 年，第 365 页。

政府对人与水的管理难称高明，在水面治安问题突出时才派兵弹压，对水上人群的管理总体上相当粗放，缺乏计划、组织、协调、监管等一系列精细、有效、持久的管理技术手段。

福柯称政治是"一种维持内部和平与秩序的技术"①，萧公权强调虽然不同政权专制统治的技术有差别，但"基本目的及控制的根本原则基本上是相同的"，即思想控制、经济控制和行政控制②。在这里，我们可以区分出的是两种不同属性的控制技术，一种是抽象意义上的政治治理术，一种是操作层面的"权力技术学"，二者通过权力的并置、技术的交叠，压缩空间、缩短时间，在社会与人群中按国家意志制造脱节，重构联系，树立集体性权威。相较陆地农业社会呈现出的中心性结构模式，水上社会则是典型的分散性结构模式，结构和流向在权力视角下无疑是脱钩、失序、不羁的，威权政治结构要嵌入进去、国家政治目标要贯彻和达成，无一不需要两种技术的支撑与配合。

在专制统治巅峰的清代，时人翁澍在治理太湖匪患时曾提供了一些防湖的思路，具体包括在太湖的登陆要道"令水兵整备船舰，勤勤巡视"；"洗剔腹内之贼为主""举一二巨魁置之重法"起到惩一儆百的恫吓效果；编组渔船"平时籍之于官，蠲其重役""御盗时以其当之"；严格地方官的考核"当致严于失盗之考成，尤当加赏于治盗之官府"③。这四策其实是传统时期惯用的技术手法，并不新鲜。其他的还包括设置水栅、鸣锣示警、实行宵禁、盘诘流民等，这些在地方吏治清明时弥盗尚可一用，但当地方秩序紊乱以及时移世易，专制统治越来越失去活力时，就无可奈何地陷入失灵的状态。

抗战时为发动渔民共赴国难，时人检讨"近年政治上的推动，除了基层的保甲，乡里镇长的设立，同业公会也尽有形式上的组织了。然而老实上说，也仅仅形式而已，工作大多是空虚的"。至于怎么避免形式主义，当时提供的主要策略是利用村中的"行、堂、会、社"，扩大群众基础；同时拎出了"渔民的接近问题"，强调要密切联系渔民"使自己成为他们的一员"；在特殊年代的宣传上更倡导要"下船去"④。在现代政治视野下，后两策很有见地。以此观之，连

---

① 〔法〕米歇尔·福柯：《规训与惩罚》，刘北成、杨远婴译，生活·读书·新知三联书店，2018年，第189页。

② 萧公权：《中国乡村——论19世纪的帝国控制》，张皓、张升译，台湾联经出版公司，2014年，第609页。

③ （清）王维德：《林屋民风（外三种）》上，侯鹏点校，"苏州地方文献丛书"第四辑，上海古籍出版社，2018年，第235—237页。

④ 刘铭基：《怎样动员渔民大众》，中山文化教育馆编印，1938年，第12、20页。

接传统与现代的国民政府，在继承帝制时代的常用技术手法时，并不满足于传统自上而下式的权力散布方式，展露出在渔民内部植入民族国家理念与官方意识形态的意图。这已是完全不同的自内而外的权力技术路径，但令人遗憾的是，至少在江苏，官方并没有放下身段"使他们感到可亲"。

共产党在发展苏北根据地时期，在洪泽湖的工作中也面临过水上人的问题，政治如何调适，权力如何下沉，皆是难题。当时曾提出三个改革方向："变流动为固定的问题""变纷乱为有组织的问题""变生产关系的注意为生产力的注意问题"。三者中流动性的问题最为棘手，也最具有根本性，当年的共产党干部就敏锐地意识到"任他流动则民众不便组织，任他流动则民力不便发挥，甚至不能使用"。如果站在官方立场，这一感觉无疑切中要害，一针见血。毕竟中共当时要利用省际间的零碎空间拼缀出中心地域，以水图陆，而流动带来的含混、模糊、变动、无序、不确定在管理上的风险要远甚于固定的陆上人，需要投入的行政成本和管理精力也明显高于固定的岸上，在战争年代这事关生死。

"怎样对付这种流动，运用这种规律呢？"当时共产党想出来的是两个办法：一是划定渔民各帮靠船停泊的地方，二是指定捕鱼的地点。二者都明显体现出化任意流动为有限流动的管理意图。虽然通过高超的政治谋略与武装斗争、统一战线、团结群众等看家本领，洪泽湖水上根据地成为共产党稳固的红色内湖，但即便这样，当时的干部也谦虚地坦陈"关于这个问题，今天还没有好的办法"[①]。这充分说明了这一问题的棘手，至于如何真正解决，毫无疑问，需要一揽子系统工程的建立、运作与维护，但这在当年的情况下是做不到的。

民改后由于户籍制度实施的彻底、共产党基层组织的完善以及地方政府行政职能的忠实履行，政府对水上人的流动施加了极大的限制，突出表现为其身份和活动范围的相对固定化。民改后水上人或入农业乡之藩篱，或入水上乡之彀中，其流动权力被极大限制，以往南来北往海阔天空，虽有"行船走马三分险"的治安之虞，但迁移的自由权倒是把握在自己手里；水域政区化后，水上人群中的船民须得交通部门调度指令才能外出，而受影响最大的渔民一般则至多只能在县境之内的水面活跃，如到外县生活则必须对方接收，且本乡出具允许迁出的证明材料，手续极为烦琐。1953年前兴化的渔民沿着大运河南来北往，主要活跃在微山湖、洪泽湖、高邮湖、里下河以及江南太湖流域，活动半径和

---

① 子夫：《洪泽湖工作中的三个问题》，《人民通讯》1941年11月第15期，收入《洪泽革命史料选辑》第4辑，1983年，第89—90页。

范围非常大；而这些流域的渔民也可较自由地迁入兴化从事捕捞生产①。1953年民改后，该县的渔民就基本被框定在本县水面，活动半径和范围急剧收缩。虽然也有一些大胆的外流现象，但由于户籍制度的深入实施，这些人过着提心吊胆的黑户生活，如果没有地方接收，时刻面临被迁出地和迁入地两地公安、民政部门遣回原籍的危险，而且一旦被查出有类似"投机倒把"的违法行为，前途就更加难测。总之，户籍制度与政区是国家抑制水上人流动的两件紧身衣。

在政治管理上，户籍制度与政区仍属于相对静态的管理手段，而对水上人日常生活的动态干预，政府主要是借助于计划经济体制来实现的。天天卖的鱼、月月买的米、捕鱼的船具物资以及居家生活的大小物件也都是凭票购买，衣食住行离开了政府的供应就举步维艰。哈耶克认为计划经济是对人类生活的"有意识控制"，控制了经济生活也就控制了人类生活本身②，这即是民改后政府还能始终对渔民保持强力控制的奥秘所在。当然，我们同样也要看到，"中共的行政充满活力与效率"③，能够无限下沉到最基层的渔港、码头，让人印象极其深刻。

1966年推行的连改体现为渔民上岸定居，代表了政府管理模式的重大转变——化有限流动为完全固定。新政权经过数十年摸索后在回答根据地时代"怎样对付这种流动"这一问题上给出了最终答案。水面与陆地划一，渔民与农民同一。人越是静止，水面上的分辨率就越高，政府流失的情报也就越少，政策、指令、意识形态也就可以通过渔民定居点这个根发散到枝枝叶叶。从经济层面而言，连改后政府极力推动渔民种田和鱼塘养殖，亦带有明显的以陆变水的意图。如果从空间的视野出发，可以明显地发现，随着纯渔向半农半渔的转化，渔民有限的活动半径和范围被进一步压缩，逐渐局限在农田和鱼塘周围。与传统时代相比，虽然管理技术并未有多少提高，十年连改也不能毕其功于一役，但毕竟提供了将水上流动性降解到与陆上相埒程度的政治经验，从政治控制的角度来说，这一轮改革的意义不容小觑，影响深远。

---

① 1950年统计显示，境内不少渔民来自外地"如大邹乡水产村渔民原为山东微山湖渔民，刘陆乡水产村多为苏南渔民。东鲍、戴窑的水产村多为如皋、南通一带的渔民。沙沟水产村有部分高宝湖渔民，还有安徽巢湖、浙江杭州地区的渔民。登记时在兴化水域捕捞生产就入了兴化籍"。兴化市地方志编纂委员会编：《兴化市志》，上海科学院出版社，1995年，第212页。

② 〔英〕弗里德里希·奥古斯特·哈耶克：《通往奴役之路》，王明毅、冯兴元等译，中国社会科学出版社，1998年，第90—91页。

③ 萧公权：《中国乡村——论19世纪的帝国控制》，张皓、张升译，台湾联经出版公司，2014年，第608—609页。

需要强调的是，国家治理体系和治理能力不仅是一个时刻需要投入巨额精力的政治工程，也是一个需要不断完善的过程。改革开放后，高度集中的政治经济体制松绑，特别是在市场经济冲击下，曾经倚为撒手锏的计划经济体制威力不再，国家对水域和水上人群的控制力度明显大幅下降。曾有人通过对20世纪80年代全国水上治安案件的采访写过相关纪实文学作品，提及的各类恶性案件令人触目惊心，偷盗、走私、抢劫、强奸、杀人、邪教等事件在水面上层出不穷，政府却屡有鞭长莫及之感。1985年破获的江苏吴小花等人的水上特大流窜盗窃案件，就曾令江苏省公安厅焦头烂额。全省层层封锁、设卡围捕，均无济于事，通缉令广发全国各城市也不见案犯踪影，直至一年后才从千里之外的鄱阳湖、洪湖将该团伙抓获。事后总结经验时罪犯供状有两点值得注意：其一"捕鱼，捞虾，养蚌、捉鳝，在哪儿都可以找到活儿，干什么都可以捞到。有钱可以买到大米，买到油，买到菜"，其二"你这个县抓，我往那个县跑，你这个省抓，我朝那个省跑，可退，可守，可跑，可藏"①。前者从经济角度合理解释了流动中如何解决粮食的大问题，后者则从政区角度回答了流动中如何规避搜捕的风险。易言之，脱离了高度集中的政治经济体制，曾经让水上人穿上的两件紧身衣已不可避免地松弛了。

当今社会，随着技术的革新与新兴技术的运用，政府对水域和水上人的管理在技术层面有了极大的改进，甚至可以说是质变。以改革开放前技术条件相对较好的运输船民为例，早期航运单位为管理外出的船队，普遍强制要求每24小时"须向建制港调度用电话或电报进行联系一次"②，以收遥控指挥之效，而现在完全可以实时监管。20世纪90年代以来江苏乡道、县道、省道、国道如蛛网般地铺开更是取代了传统水路在省内的地位。皮特·萨林斯强调，交通和通信革命是国家一体化和同化过程中的重要阶段③。目前，随着卫星定位系统、地理信息系统、公安部身份信息系统、天眼系统、人像识别技术、人工智能、大数据应用以及电脑、手机的全面普及，辅以各类社交软件的推广，公民留存的个人信息越来越可提取，识别度也越来越精细，理论上所有人都有迹可循，水上人概莫能外。对比治安混乱的严打时期部分地区采取的五花大绑游街的方式方法，这类一阵风似的心理震慑可能持续时间有限；而技术带来的心理震慑则

---

① 中府河：《蓝色大震荡》，湖南文艺出版社，1992年，第25页。

② 盐城市航运公司：《盐城市航运公司企业发展史资料汇编》第1卷，1986年11月，第364页。

③ Peter Sahlins, *BOUNDARIES：The Making of France and Spain in the Pyrenees*（《边界线：在比利牛斯山脉法国和西班牙的形成》），University of California Press，1989，p.285.

江苏水域的政治地理研究 >>>

是常态长效化的，再辅以网格化的社会治理模式，事半功倍，威力更是惊人。我们可以并不夸大地坦言，从高度集中的政治经济体制到福柯所谓"具有普遍性的强制技术"的全景敞视主义，管理技术的提升无疑是革命性的。

当然我们也要看到，虽然技术手段极大地增强了政府的行政管理能力，但在政治模式上国家依然更青睐以陆变水的管理思路。2013 年 6 月 20 日，国家住房和城乡建设部、国家发展和改革委员会、农业部、国土资源部等四部门联合下发了《关于实施以船为家渔民上岸安居工程的指导意见》，政府在全国范围内又重新实施渔民上岸定居工程①，这一举动兼具改善民生与加强行政治理的双重现实需求。

---

① 参见《住房城乡建设部等部门关于实施以船为家渔民上岸安居工程的指导意见》，《中国建设报》2013 年 7 月 5 日 "要闻" 2 版。江苏省政府在 2014 年 7 月召开了 "以船为家渔民上岸安居工程实施工作座谈会"，会后印发了《江苏省以船为家渔民上岸安居工程建设实施方案》，"共下达 1 万户建设任务"，在全省再次启动渔民上岸工程，http：//www.jsof.gov.cn/art/2014/9/15/art_ 10_ 154569.html。

图表索引

参考文献

档案

江苏省档案馆藏档案

常州市档案馆藏档案

淮安市档案馆藏档案

镇江市档案馆藏档案

金湖县档案馆藏档案

洪泽县档案馆藏档案

高邮市档案馆藏档案

泗洪县档案馆藏档案

兴化市档案馆藏档案

盱眙县档案馆藏档案

常州市武进区档案馆藏档案

高邮市高邮镇档案室藏档案

盐城市盐都区档案馆藏档案

报纸杂志

《安徽民政公报》

《安徽政务月刊》

《地政月报》

《管理中英庚款董事会半年刊》

《国民月刊》

《江北运河工程局丛刊》

《警高月刊》

《江苏省公报》

《江苏研究》

《江苏省政府公报》

《首都市政公报》

《明日之江苏》

《申报》

《山东省建设月刊》

《水警旬刊》

《运工周刊》

《苏农》

《政府公报》

《自觉》

《民智月报》

《人民报》

《华东水产》

古籍

（汉）司马迁：《史记》，中华书局，1963年。

（唐）房玄龄：《晋书》，中华书局，2011年。

（唐）杜佑：《通典》，中华书局，1992年。

（唐）杜牧：《樊川文集》，上海古籍出版社，1978年。

（宋）苏轼：《苏东坡全集·前集》，邓立勋编校，黄山书社，1997年。

（元）王逢：《梧溪集》，中华书局，1985年。

（元）脱脱：《宋史》，中华书局，2004年。

（明）杨基：《眉庵集》，杨世明、杨隽点校，巴蜀书社，2005年。

（明）谢肇淛：《小草斋集》，《四库全书存目丛书》集部第175册，齐鲁书社，1997年。

（明）郑若曾：《江南经略》，傅正、宋泽宇、李朝云点校，黄山书社，2017年。

（明）杨循吉：《吴中小志丛刊》，陈其弟点校，广陵书社，2004年。

（明）陈子龙：《明经世文编》，中华书局，1962年。

（清）徐松：《宋会要辑稿》，中华书局，1957年。

《刘坤一遗集》，中华书局，1959年。

（清）于成龙：《于清端公政书》，载沈云龙主编：《近代中国史料丛刊·续编》第 33 辑，台北文海出版社，1976 年。

（清）赵尔巽：《清史稿》，中华书局，1976 年。

（清）查慎行：《敬业堂诗集》，上海古籍出版社，1986 年。

（清）葛士浚：《皇朝经世文续编》，广陵书社，2011 年。

（清）金友理：《太湖备考》，薛正兴点校，江苏古籍出版社，1998 年。

（清）胡长龄：《俭德斋随笔》，中国史学会主编："中国近代史料丛刊"
《太平天国》第 6 册，上海人民出版社，2000 年。

《曾国藩全集·奏稿》，中国致公出版社，2001 年。

（清）胡渭：《禹贡锥指》，邹逸麟整理，上海古籍出版社，2006 年。

（清）谢元淮：《养默山房诗稿》，《清代诗文集汇编》第 546 册，上海古籍
出版社，2010 年。

《李鸿章全集》，顾廷龙、戴逸主编，安徽教育出版社，2008 年。

《陶澍全集》，陈蒲清编，岳麓书社，2010 年。

（清）丁日昌：《抚吴公牍》，朝华出版社，2018 年。

（清）王维德：《林屋民风（外三种）》，侯鹏点校，"苏州地方文献丛书"
第 4 辑，上海古籍出版社，2018 年。

《郑板桥全集（增补本）》第 1 册，卞孝萱、卞歧编，凤凰出版社，
2018 年。

地方史志

咸淳《重修毗陵志》，《续修四库全书》史部·地理类，第 699 册，上海古
籍出版社，2002 年。

王继宗校注：《永乐大典·常州府清钞本校注》，中华书局，2016 年。

嘉靖《江阴县志》，《天一阁藏明代方志选刊》（13），上海古籍书店，
1981 年。

嘉靖《宝应县志略》，《天一阁藏明代方志选刊》（15），上海古籍书店，
1981 年。

嘉靖《吴江县志》，广陵书社，2013 年。

隆庆《仪真县志》，《天一阁藏明代方志选刊》（15），上海古籍书店，
1981 年。

康熙《常州府志》，《中国地方志集成·江苏府县志辑》第 36 册，江苏古籍
出版社，1991 年。

雍正《高邮州志》，广陵书社，2018 年。

乾隆《泗州志》，《中国地方志集成·安徽府县志辑》第30册，江苏古籍出版社，1998年。

乾隆《盱眙县志》，《中国方志丛书·华中地方》第648号，成文出版社，1985年。

乾隆《江南通志》，广陵书社，2010年。

乾隆《震泽县志》，广陵书社，2016年。

嘉庆《高邮州志》，《中国地方志集成·江苏府县志辑》第46册，江苏古籍出版社，1991年。

道光《重修宝应县志》，《中国方志丛书·华中地方》第406号，成文出版社，1983年。

咸丰《重修兴化县志》，《中国地方志集成·江苏府县志辑》第48册，江苏古籍出版社，1991年。

同治《苏州府志》，《中国地方志集成·江苏府县志辑》第10册，江苏古籍出版社，1991年。

同治《重修山阳县志》，《中国地方志集成·江苏府县志辑》第55册，江苏古籍出版社，1991年。

光绪《泗虹合志》，《中国地方志集成·安徽府县志辑》第30册，江苏古籍出版社，1998年。

光绪《武进阳湖县志》，《中国地方志集成·江苏府县志辑》第37册，江苏古籍出版社，1991年。

民国《续纂泰州志》，《中国地方志集成·江苏府县志辑》第50册，江苏古籍出版社，1991年。

民国《三续高邮州志》，《中国地方志集成·江苏府县志辑》第47册，江苏古籍出版社，1991年。

民国《续修兴化县志》，《中国地方志集成·江苏府县志辑》第48册，江苏古籍出版社，1991年。

民国《泗阳县志》，《中国地方志集成·江苏府县志辑》第56册，江苏古籍出版社，1991年。

东南大学农科：《江苏省农业调查录·苏常道属》，江苏省教育实业联合会印行，1923年。

鲁佩璋：《泗县志略》，1936年铅印本。

李长传：《江苏省地志》，1936年铅印本。

江苏省民政厅：《江苏省保甲总报告》，江南印书馆，1936年。

王培棠：《江苏省乡土志》上册，商务印书馆，1938年。

中国科学院江苏分院历史研究所：《江苏十年大事记》，江苏人民出版社，1959年。

中国科学院江苏分院江苏省地图集编纂委员会：《中华人民共和国江苏省地图集》，江苏人民出版社，1960年。

单树模、王维屏、王庭槐：《江苏地理》，江苏人民出版社，1980年。

中国科学院南京地理研究所湖泊室：《江苏湖泊志》，江苏科学技术出版社，1982年。

陈果夫：《江苏省政述要》，载沈云龙主编：《近代中国史料丛刊·续编》第97辑，台北文海出版社，1983年。

赵如珩：《江苏省鉴》，成文出版社，1983年。

台北市淮阴同乡会：《淮阴文献》，1984年。

江苏省太湖渔业生产管理委员会：《太湖渔业史》，1986年。

江苏省水产供销公司：《江苏水产供销史》，1987年。

《吴县水产志》编纂委员会：《吴县水产志》，上海人民出版社，1989年。

江苏文史编辑部：《马山志》，1989年。

《江苏公路交通史》第1册，人民交通出版社，1989年。

《洪泽湖渔业史》编写组：《洪泽湖渔业史》，江苏科学技术出版社，1990年。

中共微山县党史资料征研委员会：《中共微山县党史大事记》，中共党史资料出版社，1990年。

常熟市交通局：《常熟市交通志》，上海人民出版社，1990年。

江苏省宜兴市地方志编纂委员会：《宜兴县志》，上海人民出版社，1990年。

《中国共产党江苏省吴县组织史资料（1925—1987）》，中共党史出版社，1991年。

宝应县地方志编纂委员会：《宝应历代县志类编》，江苏人民出版社，1991年。

葛定山：《盐城市航运史》，同济大学出版社，1991年。

江苏省江阴市地方志编纂委员会：《江阴市志》，上海人民出版社，1992年。

江苏省水产局史志办公室：《江苏省渔业史》，江苏科学技术出版社，1993年。

金湖县地方志编纂委员会：《金湖县志》，江苏人民出版社，1994年。

吴县地方志编纂委员会：《吴县志》，上海古籍出版社，1994年。

《无锡县志》编纂委员会：《无锡县志》，上海社会科学院出版社，1994年。

东台市地方志编纂委员会：《东台市志》，江苏科学技术出版社，1994 年。

吴江市地方志编纂委员会：《吴江县志》，江苏科学技术出版社，1994 年。

无锡市地方志编纂委员会：《无锡市志》，江苏人民出版社，1995 年。

苏州市地方志编纂委员会：《苏州市志》，江苏人民出版社，1995 年。

兴化市地方志编纂委员会：《兴化市志》，上海科学院出版社，1995 年。

《扬州历代诗词》第 1 册，人民文学出版社，1998 年。

洪泽县地方志编纂委员会：《洪泽县志》，中国大百科全书出版社，1999 年。

高邮市《湖滨乡志》编纂委员会：《湖滨乡志》，1999 年。

江苏省地方志编纂委员会：《江苏省志·公安志》，群众出版社，2000 年。

《东山镇志》编纂委员会：《东山镇志》，东南大学出版社，2002 年。

《庙港镇志》编纂委员会：《庙港镇志》，浙江大学出版社，2002 年。

《洪泽湖志》编纂委员会：《洪泽湖志》，方志出版社，2003 年。

江苏省常州市郊区志编纂委员会：《常州市郊区志（1984—2000）》，方志出版社，2003 年。

《席家湖村志》编委会：《席家湖村志》，香港文汇出版社，2004 年。

《续纂淮关统志》，《淮安地方文献丛刻》三，方志出版社，2006 年。

张煦侯：《淮阴风土记》，载淮安市地方志办公室编：《淮安文献丛刻》第 9 册，方志出版社，2008 年。

范成林：《淮阴区乡土史地》，载淮安市地方志办公室编：《淮安文献丛刻》第 9 册，方志出版社，2008 年。

《民国时期无锡年鉴资料选编》，广陵书社，2009 年。

《吴县》，张研、孙燕京主编：《民国史料丛刊》第 829 册，大象出版社，2009 年。

《道光吴江县志汇编》，广陵书社，2010 年。

《盛湖志（四种）》，广陵书社，2011 年。

中华人民共和国国家统计局：《中国统计年鉴（2011 年）》，中国统计出版社，2012 年。

阮性传著，王强校注：《兴化县小通志》，方志出版社，2013 年。

《陆巷村志》编纂委员会：《陆巷村志》，古吴轩出版社，2014 年。

《清宫扬州御档续编》第 3 册，广陵书社，2018 年。

《洪泽革命史料选辑》第 4 辑，1983 年。

《洪泽革命史料选辑》第 5 辑，1983 年。

《洪泽革命史料选辑》第 6 辑，1983 年。

《洪泽文史资料》第 3 辑，1987 年。

《洪泽文史资料》第 4 辑，1991 年。

《金湖文史资料》第 1 辑，1985 年。

《泗阳史料选》第 7 辑，1990 年。

《吴县文史资料》第 10 辑，1993 年。

近人编著

刘铭基：《怎样动员渔民大众》，中山文化教育馆编印，1938 年。

樊苇棠：《新四军的前后》，奋斗出版社，1941 年。

陈序经：《疍民的研究》，商务印书馆，1946 年。

孙得雄：《八斗子渔村调查报告》，敷明产业地理研究所印行，1958 年。

太平天国历史博物馆：《太平天国史料丛编简辑》，中华书局，1962 年。

璠熙：《杨永泰先生言论集》，沈云龙主编：《近代中国史料丛刊》第 98 辑，台北文海出版社，1966 年。

王崧兴：《龟山岛——汉人渔村社会之研究》，"中央研究院"民族学研究所专刊之十三，"中央研究院"民族学研究所，1967 年。

沙学浚：《地理学论文集》，台湾商务印书馆，1972 年。

日本防卫厅防卫研究所战史室：《中国事变陆军作战史》，田琪之、齐福霖译，中华书局，1979 年。

冀朝鼎：《中国历史上的基本经济区与水利事业的发展》，朱诗鳌译，中国社会科学出版社，1981 年。

王尔敏：《淮军志》，"中央研究院"近代史研究所专刊（22），"中央研究院"近代史研究所，1981 年。

《彭德怀自述》，人民出版社，1981 年。

罗正钧：《左宗棠年谱》，岳麓书社，1982 年。

何长工：《难忘的岁月》，人民出版社，1982 年。

陈芳惠：《村落地理学》，五南图书出版公司印行，1984 年。

王树槐：《中国现代化的区域研究：江苏省，1860—1916》，"中央研究院"近代史研究所专刊（48），"中央研究院"近代史研究所，1984 年。

《苏南抗日根据地》，中共党史资料出版社，1987 年。

中国人民解放军历史资料丛书编审委员会：《新四军·文献》，解放军出版社，1988 年。

〔美〕白修德、贾安娜：《中国的惊雷》，端纳译，新华出版社，1988年。

〔美〕卡尔·魏特夫：《东方专制主义》，徐式谷、奚瑞森、邹如山等译，中国社会科学出版社，1989年。

内政部第一期民政会议秘书处：《内政部第一期民政会议纪要》，沈云龙主编：《近代中国史料丛刊·三编》第53辑，台北文海出版社，1989年。

周振鹤：《体国经野之道》，中华书局，1990年。

黄新美：《珠江口水上居民（蜑民）的研究》，中山大学出版社，1990年。

《毛泽东选集》第2卷，人民出版社，1991年。

《丁治磐先生访问记录》，"中央研究院"近代史研究所，1991年。

中共冀鲁豫边区党史云南联络组：《平原的晨曦——冀鲁豫党史资料选编之五》，1991年。

中府河：《蓝色大震荡》，湖南文艺出版社，1992年。

邹逸麟：《黄淮海平原历史地理》，安徽教育出版社，1993年。

荀德麟：《洪泽湖研究》，江苏古籍出版社，1993年。

谭其骧：《长水集续编》，人民出版社，1994年。

李松亭：《淮宝风云——李松亭革命回忆录》，新华出版社，1994年。

杨圣清：《新中国的雏形——抗日根据地政权》，广西师范大学出版社，1994年。

蓝翎：《龙卷风》，上海远东出版社，1995年。

刘翠溶：《积渐所至：中国环境史论文集》，"中央研究院"经济研究所，1995年。

〔法〕费尔南·布罗代尔：《菲利普二世时代的地中海和地中海世界》第1卷，唐家龙、曾培耿译，商务印书馆，1996年。

吴必虎：《历史时期苏北平原地理系统研究》，华东师范大学出版社，1996年。

张乐天：《告别理想——人民公社制度研究》，上海人民出版社，1998年。

徐安琨：《清代大运河盐枭研究》，《文史哲学术丛刊》13，文史哲出版社，1998年。

〔英〕弗里德里希·奥古斯特·哈耶克：《通往奴役之路》，王明毅、冯兴元等译，中国社会科学出版社，1998年。

李伯通：《丛菊泪》，江苏广陵古籍刻印社，1998年。

中共江苏省委党史办公室，中共淮阴市委党史办公室：《苏皖解放区》，1999年。

《载舟行——扬州泰州人民支前纪事》，中国纺织出版社，1999年。

兴化市史志档案办公室：《水乡风云——兴化人民革命斗争史》，江苏人民出版社，1999年。

刘文凤、刘嘉谷：《兴化治水五十年》，河海大学出版社，1999年。

《中共华中工委（1947.9—1949.9）》，江苏省新闻出版局，2000年。

靳尔刚、苏华：《职方边地：中国勘界报告书》，商务印书馆，2000年。

浙江勘界纪实编纂委员会：《浙江勘界纪实》，浙江大学出版社，2001年。

侯杨方：《中国人口史（1910—1953年）》第6卷，复旦大学出版社，2001年。

广东省民族研究所：《广东疍民社会调查》，中山大学出版社，2001年。

〔英〕埃文斯·普里查德：《努尔人——对尼罗河畔一个人群的生活方式和政治的制度的描述》，褚建芳、阎书昌、赵旭东译，华夏出版社，2002年。

缪炳辉、夏荫祖：《里下河民俗风情》D册，人民日报出版社，2003年。

民政部全国勘界办公室：《中国勘界纪实》，中国社会出版社，2003年。

〔法〕吕西安·费弗尔：《莱茵河：历史、神话和现实》，许明龙译，辽宁教育出版社，2003年。

〔美〕韩起澜：《苏北人在上海，1850—1980》，卢明华译，上海远东出版社、上海古籍出版社，2004年。

尹玲玲：《明清长江中下游渔业经济研究》，齐鲁书社，2004年。

彭雪枫：《彭雪枫文集》，中央文献出版社，2004年。

《刘瑞龙淮北文集》上、下卷，中共党史出版社，2005年。

淮安市档案馆：《苏皖边区政府档案史料选编》，中央文献出版社，2005年。

〔法〕古斯塔夫·勒庞：《乌合之众：大众心理研究》，冯克利译，中央编译出版社，2005年。

《清代地图集汇编（二编）》，西安地图出版社，2005年。

南京国民政府司法行政部：《民事习惯调查报告录》，中国政法大学出版社，2005年。

陈经山：《盛世说湖匪——洪泽湖匪事调查与研究》，中国戏剧出版社，2006年。

费孝通：《江村经济——中国农民的生活》，商务印书馆，2006年。

中共江苏省委党史工作办公室：《湖荡春晓》，国家行政学院出版社，2007年。

江苏省中共党史学会：《江苏抗日战争史》，中共党史出版社，2007年。

安徽省新四军历史研究会：《新四军老战士抗战回忆录》，2007年。

叶兆言：《水乡》，华东师范大学出版社，2008年。

林蕴晖：《乌托邦运动——从大跃进到大饥荒（1958—1961）》，《中华人民共和国史》第四卷，香港中文大学当代中国文化研究中心，2008年。

林蕴晖：《向社会主义过渡——中国经济与社会的转型（1953—1955）》，《中华人民共和国史》第二卷，香港中文大学当代中国文化研究中心，2009年。

徐建平：《政治地理视野下的省界变迁——以民国时期安徽省为例》，上海世纪出版集团，2009年。

《邓子恢淮北文稿》，人民出版社，2009年。

江苏省中共党史学会：《江苏解放战争史》，中共党史出版社，2009年。

殷梦霞、田奇主编：《民国户籍人口史料汇编》，"民国文献资料丛编"，第4册，国家图书馆出版社，2009年。

殷梦霞、李强主编：《民国统计资料四种》，"民国文献资料丛编"，第14册，国家图书馆出版社，2010年。

《张家驹史学文存》，上海人民出版社，2010年。

徐斌：《明清鄂东宗族与地方社会》，武汉大学出版社，2010年。

江苏省民政厅：《江苏省行政区划地图集》，中国地图出版社，2010年。

无锡市史志办公室：《太湖渔歌渔谚传说》，珠海出版社，2011年。

靳尔刚：《边界路漫漫》，商务印书馆，2011年。

贺喜：《亦神亦祖：粤西南信仰构建的社会史》，生活·读书·新知三联书店，2011年。

中共苏州市吴中区委宣传部：《烽火太湖——新四军太湖抗日游击支队史》，古吴轩出版社，2011年。

黄道玄：《张力与限界：中央苏区的革命（1933—1934）》，社会科学文献出版社，2011年。

〔美〕戴维·佩兹：《工程国家：民国时期（1927—1937）的淮河治理及国家建设》，姜智芹译，江苏人民出版社，2011年。

《苏南常州行政区（1949—1952）》，南京大学出版社，2012年。

胡英泽：《流动的土地：明清以来黄河小北干流区域社会研究》，北京大学出版社，2012年。

金湖县档案馆：《抗战：金湖革命历史档案选编》，南京大学出版社，2012年。

〔法〕吕西安·费弗尔：《大地与人类演进：地理学视野下的史学引论》，高福进、任玉雪、侯洪颖译，上海三联书店，2012 年。

〔美〕詹姆斯·C. 斯科特：《国家的视角：那些试图改善人类状况的项目是如何失败的》，王晓毅译，社会科学文献出版社，2012 年。

〔美〕卡洛琳·加拉尔、〔美〕卡尔·T. 达尔曼、〔美〕艾莉森·茫茨，玛丽·吉尔马丁、〔英〕彼得·舍洛：《政治地理学核心概念》，王爱松译，江苏教育出版社，2013 年。

周振鹤：《中国历史政治地理十六讲》，中华书局，2013 年。

徐素琴：《晚清中葡澳门水界争端探微》，岳麓书社，2013 年。

刘群：《中国内河流域船民研究》，河海大学出版社，2013 年。

中央档案馆、中共中央文献研究室：《中共中央文献选集》，人民出版社，2013 年。

杭州档案馆：《民国浙江地形图》，浙江古籍出版社，2013 年。

萧公权：《中国乡村——论 19 世纪的帝国控制》，张皓、张升译，台湾联经出版公司，2014 年。

裴宜理、塞尔登编：《中国社会：变革、冲突与抗争》，香港中文大学出版社，2014 年。

蔡志祥、韦锦新：《延续与变革：香港社区建醮传统的民族志》，香港中文大学出版社，2014 年。

程家骅：《中国水产养殖区域分布与水体资源图集·江苏》，上海科学技术出版社，2016 年。

嘉兴市文化广电新闻出版局、嘉兴市文学艺术联合会编著：《运河记忆——嘉兴船民生活口述实录》上、下册，上海书店出版社，2016 年。

〔美〕詹姆士·斯科特：《逃避统治的艺术：东南亚高地的无政府主义历史》，王晓毅译，生活·读书·新知三联书店，2016 年。

〔法〕亨利·列斐伏尔：《空间与政治》，李春译，上海人民出版社，2016 年。

江苏省档案馆编：《建国以来江苏省重要文献选编》，江苏凤凰科学技术出版社，2017 年。

黄纯艳：《造船业视域下的宋代社会》，上海人民出版社，2017 年。

〔澳〕维克多·普莱斯考特、〔澳〕吉莉安·D. 崔格斯：《国际边疆与边界：法律、政治与地理》，孔令杰、张帆译，社会科学文献出版社，2017 年。

陈瑶：《籴粜之局：清代湘潭的米谷贸易与地方社会》，厦门大学出版社，

2017 年。

刘诗古：《资源、产权与秩序：明清鄱阳湖区的渔课制度与水域社会》，社会科学文献出版社，2018 年。

徐斌：《制度、经济与社会：明清两湖渔业、渔民与水域社会》，科学出版社，2018 年。

〔美〕曼瑟尔·奥尔森：《集体行动的逻辑》，陈郁、郭宇峰、李崇新译，格致出版社，2018 年。

〔法〕米歇尔·福柯：《规训与惩罚》，刘北成、杨远婴译，生活·读书·新知三联书店，2018 年。

〔英〕W. G. 霍斯金斯：《英格兰景观的形成》，梅雪芹、刘梦霏译，商务印书馆，2018 年。

陈子安：《渔村变奏：庙宇、节日与筲箕湾地区历史（1872—2016）》，香港中华书局，2018 年。

〔美〕段义孚：《恋地情节》，志丞、刘苏译，商务印书馆，2019 年。

〔英〕大卫·布莱克本：《征服自然：水、景观与现代德国的形成》，王皖强、赵万里译，北京大学出版社，2019 年。

期刊论文

史念海：《论战国时代的国际关系及其所受地理环境的影响：一个政治地理的研究》，《文史杂志》1942—1943 年第 2 卷第 9—10 期。

陈碧笙：《关于福州水上居民的名称、来源、特征以及是否少数民族等问题的讨论》，《厦门大学学报》1954 年第 1 期。

韩振华：《试释福建水上民（白水郎）的历史来源》，《厦门大学学报》1954 年第 5 期。

张家驹：《宋代的两淮山水寨——南方人民抗金的一种武装组织》，《上海师范学院学报》1960 年第 1 期。

傅衣凌：《王阳明集中的江西"九姓渔户"——附论江西九姓渔户与宸濠之乱的关系》，《厦门大学学报》1963 年第 1 期。

汪曾祺：《大淖记事》，《北京文学》1981 年第 4 期。

谭其骧：《中国历代政区概述》，《文史知识》1987 年第 8 期。

施国铭、宋炳良：《苏南地区渔民信仰天主教问题初探》，《宗教学研究》1987 年。

沈立人、戴国晨：《我国"诸侯经济"的形成及其弊端和根源》，《经济研究》1990 年第 3 期。

刘平：《清末民初的太湖匪民》，《近代史研究》1992 年第 1 期。

吴竞：《试论枪船研究中的几个问题》，《苏州大学学报（哲学社会科学版）》1996 年第 2 期。

张建明：《明代湖北的鱼贡鱼课与渔业》，《江汉论坛》1998 年第 5 期。

周振鹤：《建构中国历史政治地理学的设想》，《历史地理》第 15 辑，上海人民出版社，1999 年。

冯贤亮：《明末清初江南的地方防护》，《云南社会科学》2001 年第 3 期。

中国第一历史档案馆：《清光绪朝各省绘呈〈会典·舆图〉史料》，《历史档案》2003 年第 2 期。

刘家国：《论冀中平原抗日根据地的创建与发展》，《军事历史研究》2004 年第 2 期。

苏桂宁：《蛋家女形象：澳门土生族群诞生的母系符号》，《东南亚研究》2004 年第 6 期。

萧凤霞、刘志伟：《宗族、市场、盗寇与蛋民——明以后珠江三角洲的族群与社会》，《中国社会经济史研究》2004 年第 3 期。

王伟凯：《试论明代的巡检司》，《史学月刊》2006 年第 3 期。

张伟然：《归属、表达、调整：小尺度区域的政治命运——以"南湾事件"为例》，《历史地理》第 21 辑，上海人民出版社，2006 年。

胡英泽：《河道变动与界的表达——以清代至民国的山、陕滩案为中心》，《中国社会历史评论》第 7 卷，天津古籍出版社，2006 年。

朱海滨：《九姓渔民来源探析》，《中国历史地理论丛》2006 年 4 月第 21 卷第 2 辑。

徐斌：《明清湖池水域所有制研究》，《中国社会经济史研究》2006 年第 1 期。

张小也：《制度与观念：九姓渔户的"改贱为良"问题》，《社会科学》2006 年第 4 期。

钟毅锋：《厦门港蛋民生计方式极其民间信仰》，《中国社会经济史研究》2007 年第 1 期。

徐建平：《从界限到界线：湖界开发与省界成型——以丹阳湖为例》，《史林》2008 年第 3 期徐建平：《湖滩争夺与省界成型——以皖北青冢湖为例》，《中国历史地理论丛》2008年7月第23卷第3辑。

梁洪生：《捕捞权的争夺："私业"、"官河"与"习惯"——对鄱阳湖区渔民历史文书的解读》，《清华大学学报（哲学社会科学版）》，2008年第5期第23卷。

徐斌：《明代河泊所的变迁与渔户管理——以湖广地区为中心》，《江汉论坛》2008年第12期。

刘云刚：《中国政治地理学研究展望》，《人文地理》2009年第2期。

吴俊范：《河道、风水、移民：近代上海城周聚落的解体与棚户区的产生》，《史林》2009年第5期。

孙国平：《边界风云：一个边界谈判者的回忆》，《地图》2009年第2期。

程美宝：《水上人引水——16—19世纪澳门船民的海洋世界》，《学术研究》2010年第4期。

贺喜：《从家屋到宗族？——广东西南地区上岸水上人的社会》，《民俗研究》2010年第2期。

徐斌：《明清河泊所赤历册研究——以湖北地区为中心》，《中国农史》2011年第2期。

万振凡、周声柱：《清以来鄱阳湖区民间纠纷处理的历史惯性——以都昌、鄱阳两县为中心》，《南昌大学学报（人文社会科学版）》2011年1月第42卷第1期。

夏一红：《上岸的船上人——太湖小船渔民上岸过程中社会文化转变研究》，《田野与文献》2012年第67期。

熊秋良：《"选举下乡"与建国初期农村基层民主政治建设》，《贵州社会科学》2012年第11期。

叶永和、蒋燕燕整理：《叶圣陶未刊日记（1955年·续完）》，《出版史料》2012年第4期。

李敏：《权势格局与业权归属——清代以来鄱阳湖草洲纠纷个案研究》，《地方文化研究》2013年第3期。

计小敏：《水域政区化与水上人的消失——江苏兴化县境水域的政治地理过程》，《九州》第5辑，商务印书馆，2014年。

张冰：《延安模式——国家建设视野下中共根据地政权体制的特征及影响》，《理论与改革》2014年第6期。

李镇：《驰利予民：宋元时期洞庭湖区水面与沙洲的经营理念》，《云梦学刊》2014 年第 3 期。

胡勇军：《1927—1937 年吴县湖匪活动及时空分布研究》，《中国历史地理论丛》2014 年 10 月，第 29 卷第 4 辑。

田蕊：《"水上"的故事：1950 年代的上海水上区》，《史林》2015 年第 2 期。

黄道炫：《中共抗战持久的"三驾马车"：游击战、根据地、正规军》，《抗日战争研究》2015 年第 2 期

于化民：《中共领导层对华北游击战场的战略运筹与布局》，《历史研究》2015 年第 5 期。

张伟然、李伟：《论中国传统政治地理中的水域》，《历史地理》第 34 辑，上海人民出版社，2017 年。

徐斌：《以水为本位：对"土地史观"的反思与"新水域史"的提出》，《武汉大学学报（人文科学版）》，2017 年第 1 期。

硕博士论文

李孝英：《香港的越南难民和船民研究》，华东师范大学硕士学位论文，2004 年。

胡其伟：《民国以来沂沭泗流域环境变迁与水利纠纷》，复旦大学博士学位论文，2007 年。

丁秀娟：《建国后微山湖地区的省际湖田湖产纠纷情况研究》，山东大学硕士学位论文，2007 年。

胡恒：《清代巡检司地理研究》，中国人民大学硕士学位论文，2008 年。

赵思渊：《明清时代江南巡检司体制与社会控制——以苏州府的考察为中心》，华东师范大学硕士学位论文，2009 年。

刘群：《聚合与分化——新蔡船民的地位获得与社会资本分析》，上海大学博士论文，2009 年。

李敏：《"权势格局"与业权归属：鄱阳湖草洲纠纷的历史考察——以银宝湖和黄土湖为中心》，南昌大学硕士学位论文，2009 年。

胡海燕：《晚清长江水师新探》，暨南大学硕士学位论文，2010 年。

占小光：《建国后鄱阳湖区渔业与草洲纠纷研究——以都昌县为中心》，江西师范大学硕士学位论文，2014 年。

外文著作

《滋贺县史》第四卷《最近世》，昭和三年三月刊行本。

大东亚省：《苏北地区综合调查报告》，昭和十八年九月。

〔奥〕アレキサンドル・ズーパン著，〔日〕阿部市五郎译：《政治地理學綱要》，古今书院，1933 年。

〔日〕岩田孝三：《境界政治地理学》，帝国书院，1953 年。

〔日〕可儿弘明：《香港の水上居民》，岩波书店，1970 年。

〔日〕别技笃彦：《地理の完全研究》，清水书院，1971 年。

〔日〕楢木野宣：《清代重要職官の研究》，风间书房，1975 年。

〔日〕岩田孝三：《関址と藩界》，校仓书房，1975。

W. A. D. ジャクソン、横山昭市：《政治地理学》，大明堂，1979 年。

〔日〕太田晃舜：《地域と政治》，明玄书房，1985 年。

〔日〕横仓让治：《湖賊の中世都市近江国堅田》，诚文堂新光社，1988 年。

〔日〕高木彰彦编：《日本の政治地理学》，古今书院，2002 年。

〔日〕太田出、佐藤仁史编著：《太湖流域農村の歴史学的研究——地方文献と現地調査からのアプローチ》，汲古书院，2007。

Frederic L. Paxson, *History of The American Frontier*, *1763 - 1893*, Houghton Mifflin Company, 1924.

J. R. V. Prescott, *Boundaries and Frontiers*, Croom Helm, 1978.

Barbara Ward, *Through Other Eyes*, *Essays in understanding "Conscious Models" —mostly in Hong Kong*, The Chinese University Press, 1985.

Peter Sahlins, *BOUNDARIES*：*The Making of France and Spain in the Pyrenees*, University of California Press, 1989.

Richard White, *The Middle Ground*：*Indians*, *Empires*, *and Republics in the Great Lakes Region*, *1650-1815*, Cambridge University Press, 1991.

Mark Monmonnier, *Drawing the Line*：*Tales of Maps and Cartocontroversy*, Henry Holt and Company, 1996.

Kevin R. Cox, *Political Geography*：*Territory*, *State*, *and Society*, Blackwell Publishers, 2002.

Nola Cooke and Tana Li, *Water frontier*：*commerce and the Chinese in the Lower Mekong Region*, *1750-1880*, Singapore University Press, 2004.

Wilfred Thesiger, *The Marsh Arabs*, Penguin Classics, 2007.

Xi He and David Faure, *The Fisher Folk of Late Imperial and Modern China: An historical anthropology of boat-and-shed living*, Routledge Press, 2016.

后　记

　　我是水乡的孩子，也是船民的孩子。我的爷爷排行第三，他的大哥、四弟都是船民。他们都出生在兵荒马乱的年代，在江苏兴化、东台交界的农村长大，早先都是农民，迫于生计才在水上跑运输讨生活。严格意义上，我的爷爷们原籍应该是东台，新中国成立后，1953年民改后才固定在兴化。此后我的父亲也就成了兴化人。我也生于斯长于斯，一直以昭阳楚水邑人自称。

　　淮扬是泽国，兴化是这片泽国中最典型的水乡。在我儿时，爷爷还是住在运输船上的；而父亲子承父业，也在航运公司跑运输，但已有了工人的身份，即在水上是工作，在陆地有住房。到我则是完完全全"陆化"了，一个表征是，爷爷和父亲水性极好，而我完全不习水性，屡教不会。虽如此，水于我仍是无比亲切的。儿时，父亲有次出船，我吵着要去，他带上我，在兴化至扬州的水道上，我至今记得光着屁股套着救生圈在河里扑腾的场景；还有一个印象就是晚上在农田水畔泊船，落在满胳膊满手的黑花蚊，因此没有蚊帐难以想象。读书后，了解到吾乡先贤郑板桥走过了无数次这条水路，"一塘蒲过一塘莲，荇叶菱丝满稻田"。康熙秀才、雍正举人、乾隆进士，无论失意得意，绿水浮萍、潜鱼流风总会相伴先生左右。千百年来熙熙攘攘，一条一条的水路其实也走过了如我爷爷们般在史书上从不会留下名字的船民和其他芸芸众生。我的博士论文是研究他们的历史的。

　　我是80后，童年时家乡还很闭塞，交通仍是以水运为主。我的外公外婆是地地道道的兴化人，居住在"垛田"上，出行、种田也是撑一篙就走了。母亲带着我从城里回娘家，要走很长一段路到东门码头，然后买上五角钱一张的船票乘帮船回乡。记得我个子很小时还能免票，后来任母亲再讨价还价也不行了。进入乡下河道，船两边坐着旅客，中间和船头堆满了自行车、箱子、蛇皮袋和各色货物，船也因此吃水很深，行得慢。手拂着水面，游鱼一尾一尾，菜花一垛一垛，百转千回。远处轰鸣的挂桨机声、轮船的汽笛声总会浑入水声。现在去外婆家再没有帮船，距离近了，韵味少了，"摇啊摇，摇到外婆桥"于我是水乡特有的绵长。再也没有一条船能摇我回到天蓝水清的童年。

高邮的汪曾祺先生也是淮扬下河人，他的书常读常新。法国女作家安妮·居里安觉得汪先生的作品里总有"水"，名篇《受戒》《大淖记事》尤为明显。汪先生浑然不觉却深以为然。汪先生认为他在水乡出生，水影响了他的性格，也影响了他的作品。自然而然，这也是我喜欢读汪曾祺作品并感觉亲切的原因所在。中国人有浓烈的恋地情节，在地理学上一方水土也是养一方人，郑板桥是水入了诗，汪先生是书浸润了水。虽研究殊域，但二位先生无疑都是我高山仰止的先贤。

初入复旦大学，原先想以淮扬地区的历史文化地理为方向进行论文选题，业师张伟然先生是该领域的权威学者，他却出乎意料地表示了反对。我印象最深的是导师引用了谭其骧先生的话对我进行引导——"文章千古事，没有独到的识解，不能发前人所未发，写它干什么？写一部书至少应自出机杼，人所共知的东西，何必写进去？"现在回想起来，我如果真固执己见，论文即使做出来，在选题的"创新"层面就已输得一败涂地。读博期间，由于我资质驽钝，张老师总是不厌其烦地指导，从论文选题、资料运用、语言文字、结构编排等大大小小的诸多方面，都投入了大量心血。水域政治地理研究老师看得很重，期望很高，我虽有收获，但自知离老师心目中的模样还差得很远，每每念及总会心怀感激又莫名惭愧。

从博士论文开题、中期考核、预答辩、论文送审以及最后的答辩，北京大学的辛德勇老师，华东师范大学的刘敏老师、林拓老师，复旦大学的张晓虹老师、傅林祥老师、余蔚老师、满志敏老师、杨煜达老师、朱海滨老师、安介生老师、徐建平老师等校内外多位专家都曾对论文的完善、提高提供了宝贵的意见。这都是我非常感激的。读博期间，社会发展与公共政策学院的瞿铁鹏教授以深邃的哲理，广阔的视野，引我一窥西方人类学的理论与方法，受益终身。还要感谢我的硕士论文指导老师龚缨晏教授以及杨雨蕾教授，他们的悉心指导，将我一个政治学出身的学生引入史学之大殿。一个学生的成长总是离不开学习道路上诸位老师的关怀与悉心培养，其实这些都是用言语很难表述的。本书第二章《1934年水域政区化的设想》，其中关于民国时期洪泽县的筹设及其流产部分，我曾在中国社科院近代史研究所主办的第一届民国史青年学者研讨会上做报告。报告得到了中国社科院李在全老师、北京社科院王建伟等诸位老师的批评指正，为本书的完善提供了有益的帮助。会后获《历史研究》编辑部武雪彬老师青眼，并索要文稿，后因种种原因，未能在历史青年学者心中的"圣刊"发表。此事于我算是一件憾事。但蒙中国社科院李在全等老师垂青，收入《中华民国史青年论坛（第1辑）》出版。文章发表后，安徽《江淮文史》编辑部删减转发，淮安市地方志办公室亦联系索要完整文稿，我想这都是拙文还有一定学术价值的原因所在吧。在2019年7月云南大学历史与档案学院主办的第二届水域史工作坊，我曾以"因湖设县：洪泽县的设治与洪泽湖水上政治秩序的构建"为题，做了专题报告，得到山西大学张俊峰老师，香港中文大学贺喜老师，云南大学陆韧老师、周琼老师，武汉大学徐斌老师，中山大学谢晓辉老师，厦门大学刘诗古老师等诸位专家学者的批评指正，在此一并致谢。

复旦四年，同门的梁志平师兄、聂顺新师兄、欧阳楠师姐、晏波师兄以及葛洲子、陈浩、于淑娟、王曙宁、徐安宁等师弟、师妹，同级的林宏、王聪明、龙小峰、魏大帅、杨晓光、唐晶等博士，无论是在学习上还是在生活中都给我提供了很多帮助。因为有他们相伴，清寂的学术生活变得生动、鲜亮。史地所的学习氛围让我受益终身。

在田野考察收集资料的过程中，我还曾经得到过很多人的热心帮助。兴化市档案馆的黄洪兴科长对我两个多月的"骚扰"毫不介意。他不仅不厌其烦地帮我调阅了大量档案材料，还主动联系帮我借到了《兴化市交通志》。高邮市档案馆的胡鹤玲、秦爱萍两位科长在档案馆搬入新馆、档案打包的情况下，特许我拆阅档案箱，还积极帮我联系高邮镇档案室补充档案不足的部分。此外，金湖县档案馆的雷应科局长、洪泽县档案馆的石小萍科长以及泗洪县档案馆、盱眙县档案馆的多位工作人员对我的查阅都提供了极大的便利，减轻了我孤身一人在外的奔波劳累之苦。在论文杀青之时对他们给予的理解和支持是要道一声感谢的。江苏省档案馆虽然未能允许我复印或翻拍，但提供了不少档案供我抄录，周一去，周五回，上海、南京来回奔波了一个暑假，虽身累，但收获很大，无论如何我都心存感谢。还要特别感谢日本早稻田大学的小二田章博士，在其繁重的博士论文撰写过程中帮我代查并提供了琵琶湖的日文史料，补上了重要的文献欠缺，提供了域外视野，这些都奠定了本书的史料基础。

本书是在2015年我的博士论文基础上修改、补充后完成的。实际上本书还有很多需雕琢、完善之处，本应继续充实、提高，以冀更扎实。又因书中的核心思想和理念，如"水域的政区化""因湖设县""因水设乡"，以及水上乡案例的演示等内容，已被一些文章沿用，但其参考文献似乎并未提及。为免日后学术上难以说清之嫌，想想还是出版为妙。

工作后，亦曾不停叨扰常州市档案馆、武进区档案馆、江苏省漏湖管理委员会以及相关社区的工作人员，没有相关同志提供便利和花费工作时间接受我的访谈，无论是复原历史，还是理解当下，都很难做到。感谢中共常州市委党校的各位校领导，他们对我的生活、研究都提供了很大的便利；感谢部门领导曹祖平教授对我的优容，曹老师在我入职以来始终关爱有加，尤记得在曹老师办公室里的促膝长谈，以及在我破旧的宿舍书架前站立对谈，这些都大大增进了我作为一个淮扬水乡的孩子对江南水乡、对常州更深的了解。科研处的张丁榕老师亦友亦兄，在科研上对我指点颇多，在生活中也总是给予我兄长般的温暖。我俩是到台湾无他都会带一册《巨流河》回来的人。

最后，我要感谢把太太亲手交给我的岳父、岳母。二老不以我愚钝为嫌，总是无比照顾、关爱我，在做人做事方面令我受教良多，终身受益。太太天资聪慧，毕业于省常中和南大，深耕于生物医学领域，在生活、学术中总能以理科生严谨的思维，弥补我文科生思考的欠缺。本书部分图表太太曾代为清绘，大大提高了我的工作效率。司汤达的墓志铭是"亨利·贝尔，米兰人，爱过、写过、生活过"，虽不能至，心向往之。

写了这么长的后记，再长还是要结尾。亲恩难言谢，感谢生我、养我、育我的父母。作为男孩子未能为家里尽一份力，是愧对"男子汉"这样的称谓的。每次默念"凯风自南，吹彼棘心。棘心夭夭，母氏劬劳"，对家里，特别是对母亲的愧疚总会多增一分。

计小敏
庚子春于毗陵驿运河畔